国家社科基金
GUOJIA SHEKE JIJIN HOUQI ZIZHU XIANGMU
后期资助项目

社会工作嵌入
基层妇联工作的
创新发展路径与机制

王　晶　著

社会科学文献出版社
SOCIAL SCIENCES ACADEMIC PRESS (CHINA)

图书在版编目（CIP）数据

社会工作嵌入基层妇联工作的创新发展路径与机制／
王晶著. -- 北京：社会科学文献出版社，2024.8
国家社科基金后期资助项目
ISBN 978-7-5228-2679-0

Ⅰ.①社…　Ⅱ.①王…　Ⅲ.①妇女组织-研究-中国
②妇女工作-研究-中国　Ⅳ.①D442

中国国家版本馆 CIP 数据核字（2023）第 198157 号

国家社科基金后期资助项目

社会工作嵌入基层妇联工作的创新发展路径与机制

著　　者／王　晶

出 版 人／冀祥德
组稿编辑／杨桂凤
责任编辑／孟宁宁
责任印制／王京美

出　　　版／社会科学文献出版社·群学分社（010）59367002
　　　　　　地址：北京市北三环中路甲 29 号院华龙大厦　邮编：100029
　　　　　　网址：www.ssap.com.cn
发　　　行／社会科学文献出版社（010）59367028
印　　　装／唐山玺诚印务有限公司

规　　　格／开　本：787mm×1092mm　1/16
　　　　　　印　张：22　字　数：350 千字
版　　　次／2024 年 8 月第 1 版　2024 年 8 月第 1 次印刷
书　　　号／ISBN 978-7-5228-2679-0
定　　　价／148.00 元

读者服务电话：4008918866

序

2015 年 7 月，中共中央召开了党的历史上第一次群团工作会议，向群团组织发出了改革的号令。2016 年 9 月，中共中央办公厅印发了《全国妇联改革方案》，吹响了全国妇联改革的冲锋号，正式拉开了全国规模的妇联改革序幕，开启了全国范围的备受瞩目的妇联组织改革创新的伟大实践。

妇联以党的自我革命精神深化改革攻坚，以自我革新的无畏勇气和抓铁有痕的实干精神扎实推进改革。2018 年，中国妇女第十二次全国代表大会报告指出，要将新时代妇联组织改革进行到底，要求各级妇联组织紧紧围绕保持和增强政治性、先进性、群众性这条主线，进一步强化问题意识、增强自我革命勇气，以更大力度、更实举措深化全国和地方妇联组织改革、基层妇联组织改革、妇联干部队伍建设改革、妇联工作方式方法改革，把妇联组织建设得更加充满活力、更加坚强有力。①

妇联以改革创新的手段、强烈的责任担当完成了 2016～2019 年全国规模的自上而下的改革。这是一个妇联自我革新、自我完善和自我能力提高的过程：通过改革进一步加强妇联组织的政治性、先进性和群众性，通过改革进一步发挥妇联组织强大的政治功能、社会功能和服务功能，通过改革把妇联组织建设得更加充满活力、更加坚强有力，通过改革使妇联组织成为推进国家治理体系和治理能力现代化的重要力量。

时代进步永无止境，改革创新未有穷期。习近平总书记在党的二十大报告中指出，"必须坚持问题导向。问题是时代的声音，回答并指导解决问题是理论的根本任务。今天我们所面临问题的复杂程度、解决问题的艰巨程度明显加大，给理论创新提出了全新要求。我们要增强问题意识，聚焦实践遇到的新问题、改革发展稳定存在的深层次问题、人民群

---

① 黄晓薇：《高举习近平新时代中国特色社会主义思想伟大旗帜 团结动员各族各界妇女为决胜全面建成小康社会 实现中华民族伟大复兴的中国梦而不懈奋斗——在中国妇女第十二次全国代表大会上的报告》，《中国妇运》2018 年第 11 期，第 23～34 页。

众急难愁盼问题、国际变局中的重大问题、党的建设面临的突出问题,不断提出真正解决问题的新理念新思路新办法"。[1]

在"十四五"规划的开局之年,习近平总书记明确要求对群团改革进行盘点、做好评估,并在此基础上谋划好"十四五"时期群团改革,推动改革不断向基层延伸、取得更大成效。[2]

改革只有进行时,没有完成时。深化妇联改革,永远在路上。

本书以社会工作嵌入基层妇联工作为视角,以构建妇联治理现代化体系、打造共建共治共享的妇女工作新格局为出发点,以深化妇联改革为时代需求,深入探讨基层妇联工作和服务妇女的社会工作之间的嵌入路径与机制,为建设服务型基层妇联以及充分发挥基层妇联服务妇女的强大政治功能、社会功能、服务功能提供理论思考。

王晶

2023 年 6 月 12 日

---

[1]　习近平:《高举中国特色社会主义伟大旗帜 为全面建设社会主义现代化国家而团结奋斗——在中国共产党第二十次全国代表大会上的报告》,《人民日报》2022 年 10 月 26 日,第 1 版。

[2]　沈跃跃:《践行初心使命 团结带领广大妇女为夺取全面建设社会主义现代化国家新胜利贡献巾帼力量》,《人民论坛》2021 年第 11 期,第 6~10 页。

目　录

引　言

一　研究背景与问题提出

中国妇女在中国共产党领导的民族民主革命和社会主义现代化建设事业中占有重要地位，发挥了巨大作用，做出了不可磨灭的贡献。习近平总书记强调指出："我们党带领人民不懈奋斗的光辉历程，每一个胜利都有着广大妇女的积极参与和卓越贡献。"① 这一结论充分展现了妇女是人类历史文明进步的伟大力量这一马克思主义唯物史观。

妇女事业是党的事业的重要组成部分，妇女工作是党的群众工作的重要内容，妇联组织是党开展妇女事业和妇女工作最可靠、最有力的助手。党的十八大以来，习近平总书记高度重视妇女工作，指出"做好党的妇女工作，关系到团结凝聚占我国人口半数的广大妇女，关系到为党和人民事业发展提供强大力量，关系到巩固党执政的阶级基础和群众基础，必须坚持男女平等基本国策，充分发挥我国妇女伟大作用，为实现'两个一百年'奋斗目标、实现中华民族伟大复兴的中国梦而奋斗"。② 此外，习近平总书记还把妇女工作和妇联改革上升到巩固党执政的阶级基础和群众基础的政治高度，他指出："做好党的妇女工作关系团结凝聚占我国人口半数的妇女，关系为党和人民事业发展提供强大力量。"③ 可见，党的妇女工作是党治国理政的一项经常性、基础性工作。

基层妇联组织是做好妇女工作的基础和关键。习近平总书记指出："联系和服务广大妇女是妇联组织的根本任务。做好新形势下妇联工作，

---

① 沈跃跃：《在实现中国梦的伟大实践中撑起妇女半边天》，《人民日报》2013年12月11日，第7版。

② 《习近平在同全国妇联新一届领导班子集体谈话时强调 坚持男女平等基本国策 发挥我国妇女伟大作用》，《中国妇运》2013年第11期，第4~5页。

③ 《习近平同全国妇联新一届领导班子成员集体谈话并发表重要讲话》，《妇女研究论丛》2018年第6期，第5~6页。

一定要把工作重心放在基层。"① 基层妇联工作是妇女工作的源头、根基和基石，广大基层妇联组织在党和国家的基层组织体系中占有特殊地位，是党的妇女工作延伸到基层妇女群体的重要载体，是党执政的重要组织基础，扮演着引领、动员、团结、服务基层妇女群众的重要角色，也是妇联改革的前沿阵地。为此，针对长期以来基层妇联组织基础薄弱、人员不足，呈现"上面千条线，下面一根针"的科层组织倒金字塔结构现象，党的群团工作会议拉开了妇联改革的序幕。2016 年 9 月，中共中央办公厅印发了《全国妇联改革方案》，妇联改革在全国展开。此次妇联改革重在调整结构，改革妇联倒金字塔组织结构。2017 年 8 月全国妇联印发的《关于进一步深化改革夯实基础更好发挥基层妇联组织作用的意见》进一步强调其改革方向就是坚持工作重心下移，服务资源向基层倾斜，增强基层妇联组织工作力量，最大限度地发挥妇联服务作用，把妇联建设得"更加充满活力、更加坚强有力，使之成为推进国家治理体系和治理能力现代化的重要力量"②。为了以更实举措推进妇联改革，深化基层妇联组织改革，2020 年 5 月，全国妇联印发了《关于深化妇联组织建设改革 实施"破难行动"的意见》，要求各级妇联贯彻习近平总书记关于"把妇联改革进行到底"的指示精神，大胆创新、攻坚破难，将妇联组织建设改革向纵深推进。

党有指示和精神，妇联就有行动。截至 2019 年底，妇联组织结构调整与改革基本落下帷幕，基层妇联改革与工作创新取得了重大成就。但是任何改革都不可能一蹴而就，妇联深化改革仍在继续。面对新时代、新实践、新成果、新问题、新挑战，如何将习近平总书记关于妇女事业、妇联改革以及妇女工作的重要精神领会好、阐释好，如何把妇联改革的宝贵经验总结好，如何把妇联改革进程中发现的问题从理论上研究好、回答好，形成具有中国特色的妇女工作理论成果以指导妇女工作的实践，使妇联改革成果惠及广大妇女群众，让广大妇女群众"看得见、摸得着"，仍是广大学者尤其是妇女理论工作者必须面对和不可回

---

① 《习近平在同全国妇联新一届领导班子集体谈话时强调 坚持男女平等基本国策 发挥我国妇女伟大作用》，《中国妇运》2013 年 11 期，第 4~5 页。

② 中共中央文献研究室编《习近平关于社会主义政治建设论述摘编》，北京：中央文献出版社，2017，第 188 页。

避的问题。

　　从理论上说，结构与功能是互相联系的，有什么样的结构才能发挥什么样的功能，才能实现好组织目标。妇联改革强调组织结构的完善，尤其是基层妇联组织结构的再造。但是组织结构不会自动产生功能，功能的有效实现还需要人的主体性和能动性的参与以及机制的联结和运转。因此，在组织结构与功能之间的关联上，我们不仅要注重结构关系，而且要注重机制关系，要关注机制如何促进组织结构功能的实现。陈伟杰指出："将改革从组织结构转向组织目标，那么从组织结构到运作机制之间的改革同样需要引起高度重视。"①

　　众所周知，妇联组织内部结构已相当完善，与体制内的行政部门之间的外部联系也有机制保障。因此，深化妇联改革，我们要关注的是妇联组织的外部系统性和结构性问题，关注组织结构与组织功能的调适与良性运转，深入研究妇联组织外部环境建设，深入研究妇联如何联合不同妇女工作力量共建形成一个高效的协同工作机制，探讨如何通过机制作用发挥组织结构功能，共享妇联改革成果，更好地促进组织结构向组织目标功效转化。这是深化妇联改革需要继续探讨的重要理论与实践问题，关系着组织结构改革目标的顺利实现以及改革成果的"落地生花"。由此可见，由结构到功能实现，还需要畅通路径，需要完善机制。

　　党的十九大报告提出"打造共建共治共享的社会治理格局"②，这既是新时代加强和创新社会治理的崭新谋划，也为妇联妇女工作的创新发展提供了方向。打造共建共治共享的妇女工作新格局，就是要广泛动员各方妇女工作力量，使之分工合作、各有侧重，使妇女工作中的不同部分顺利运转、合作更为有效。因此，深化妇联组织改革只有建立完善的内外部系统的上下左右纵横交错的各种关系运转机制，才能保证结构与功能的运转顺畅，发挥妇联"联"的组织功能。充分认识妇联与各种服务妇女群体、妇女组织的异同，以及行政性非专业化的妇联工作与专业性妇女社会工作的关系，促成基层妇联改革从内部结构调整向外部结构

---

① 陈伟杰：《群团改革和妇联组织的体系性：一个重要的"结构-机制"议题》，《妇女研究论丛》2018 年第 6 期，第 12~14 页。

② 习近平：《决胜全面建成小康社会 夺取新时代中国特色社会主义伟大胜利——在中国共产党第十九次全国代表大会上的报告》，《人民日报》2017 年 10 月 28 日，第 1 版。

合作机制调整转变，"兼顾内向式的立足妇联与外向式的纵横联合"① 已成为深化妇联改革需要进一步思考的理论和实践问题。

联系和服务妇女是妇联的根本任务和生命线，代表和维护妇女的合法权益、促进男女平等和妇女发展是妇联的基本职能。习近平总书记指出："要把握妇女对美好生活的向往，有针对性地做好联系妇女、服务妇女各项工作，把更多注意力放在最普通的妇女特别是困难妇女身上，格外关心贫困妇女、残疾妇女、留守妇女等困难妇女，为她们做好事、解难事、办实事。"② 解决好这些特殊弱势妇女问题的关键在基层，这就决定了深化妇联改革的重点仍在基层，服务也主要在基层。因此，建设服务型基层妇联组织，提高基层妇联服务能力，迫切需要基层妇联链接更多的组织外部资源，有效激发基层妇联组织的内在活力。社会工作作为专业服务型组织嵌入基层妇联工作中发挥服务妇女的作用，将是建设服务型基层妇联组织的有益尝试。

自 2006 年以来，社会工作在中国无论是在学科建制上还是在实务上都得到了快速发展，在专业服务队伍、专业理论和方法上可以开展服务妇女方面的工作，为嵌入行政性非专业化妇联工作奠定了专业队伍人才基础。而妇联改革为社会工作嵌入基层妇联工作提供了让渡空间，尤其是行政化的妇联具有组织资源、组织认同、组织效率等权威优势，可以解决社会工作在实践中面临的诸多困境。双方优势互补，为双方的合作嵌入奠定了基础。然而，从学界的研究成果来看，关于社会工作嵌入基层妇联工作的研究少之又少。

为此，本书以基层妇联改革的伟大实践为背景，以妇联切实履行联系和服务妇女的职能为目标，针对妇联改革中的问题和困境，补短板、强弱项、建机制、强功能，充分发挥妇联组织"联"的优势，在"联"上下功夫，建立妇联与各种妇女社会组织的外部结构关系，深入探讨行政性非专业化的妇女妇联工作与专业性妇女社会工作嵌入的可行性与必要性以及共生共发展的融合关系，深入探讨社会工作嵌入基层妇联工作

---

① 陈伟杰：《治理现代化与新时代妇联组织改革》，《妇女研究论丛》2018 年第 1 期，第 8~10 页。

② 《习近平同全国妇联新一届领导班子成员集体谈话并发表重要讲话》，《妇女研究论丛》2018 年第 6 期，第 5~6 页。

的实践路径，并进一步探索通过嵌入社会工作走向妇女工作协同、融合发展的机制，为进一步推进基层妇联组织工作创新发展，将妇联改革进一步做深、做细、做实，提供学术上的理论参考和实践上的对策借鉴。2023 年 3 月，中共中央、国务院印发《党和国家机构改革方案》，提出组建中央社会工作部，这将为社会工作嵌入基层妇联工作提供历史机遇，为理论与实践研究提供政策指导和方案指引。

二　文献研究综述

回顾与梳理文献，是为了了解和掌握学界对妇联组织改革创新发展的研究现状，这样一方面可以为本研究提供学术观点借鉴，另一方面可以发现研究局限，为论证本研究的必要性提供学术支持。

关于妇联的研究，通过中国知网进行文献检索，截至 2023 年 5 月底，输入"妇联"篇名检索有 8869 篇文章。其中，《中国妇女报》占 16.78%，《中国妇运》占 12.23%，《兵团工运》占 2.69%，其他报纸占 53.87%。在研究性论文方面，《妇女研究论丛》62 篇，占 0.70%；《中华女子学院学报》67 篇，占 0.76%；《山东女子学院学报》46 篇，占 0.52%；其他非女性核心及以上学术期刊 79 篇，占 0.89%（见图 0-1）。总的来说，有学术价值的论文的占比不到 3%。

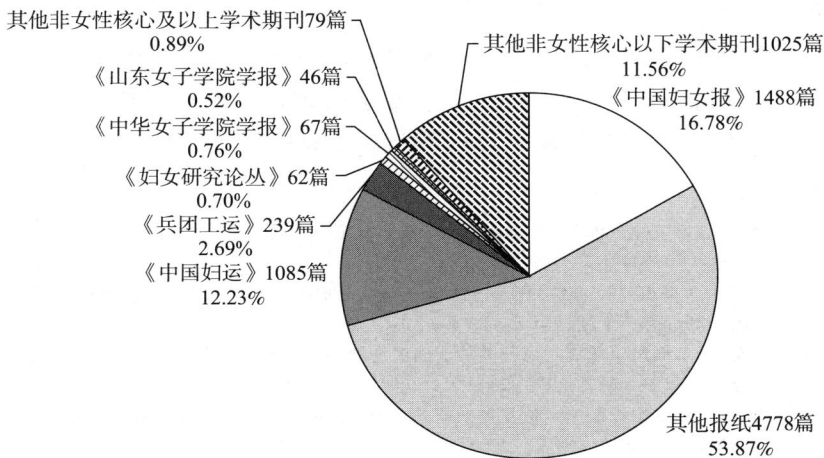

图 0-1　1900 年至 2023 年 5 月底中国知网"妇联"相关研究文献来源

从以上文献检索来源看，关于妇联的文章以妇联的工作报道居多，有学术研究价值的研究性论文比较少。聚焦学界关于妇联组织和妇联工作的学术研究，虽然研究议题各异，研究内容万象，但是研究的主题和中心议题比较集中，问题意识也比较明显，大多集中在以下主题。

（一）妇联组织的角色定位研究

从 20 世纪末到 21 世纪初，从新时期到新时代，妇联组织的角色定位研究热度一直不减（见附录 表1）。周健认为，妇联角色定位除了要明确妇联的工作对象与任务之外，还要对妇联所处的由党政部门、其他政府非主管部门、社会民间团体、社会公众、广大妇女、妇联的团体会员为结点构成的内外部网络关系加以分析。[①] 一方面，妇联是在中国共产党领导下成立的全国性妇女组织，党赋予妇联组织群团组织、人民团体、桥梁和纽带、重要社会支柱的政治属性与社会地位，其组织架构是纳入行政区划建立的，接受同级党委和上级妇联组织的双重领导，代行政府职能，具有政府机构性质。[②] 另一方面，妇联又是妇女群体利益的代表者，代表和维护妇女权益的基本职能使妇联组织拥有群众性，其存在具有现实合法性。[③] 因此，妇联如何完成好党和政府中心任务以及联系和服务好广大妇女群众，处理好这两种角色之间的张力，同时满足党和政府以及妇女群众的需求，扮演好双重角色，成为妇联组织研究的热点和难点。马焱把所有学者关于妇联组织角色定位的观点归纳为6种[④]，诸如政府组织、党派妇女组织、非政府组织、准政府性组织、多重复杂身份、中国特色妇女组织。张睿丽从马克思主义利益观的角度将妇联组织角色归纳为妇女利益代言人、妇女事务管理者、政府决策参与者、社会服务与管理主力军。[⑤] 如果把研究观点再聚焦一下，集中体现为妇联

---

① 周健：《妇联所处网络关系的厘清——对妇联定位及其路径选择的一点思考》，《妇女研究论丛》2004 年第 1 期，第 35~41 页。

② 黄粹：《妇联组织官办性的成因分析：一种路径依赖》，《大连理工大学学报》（社会科学版）2011 年第 2 期，第 75~79 页。

③ 马焱：《妇联组织职能定位及其功能的演变轨迹——基于对全国妇联一届至十届章程的分析》，《妇女研究论丛》2009 年第 5 期，第 38~47 页。

④ 马焱：《妇联组织职能定位及其功能的演变轨迹——基于对全国妇联一届至十届章程的分析》，《妇女研究论丛》2009 年第 5 期，第 38~47 页。

⑤ 张睿丽：《利益观视角下妇联组织的角色及其职能定位》，《新疆大学学报》（哲学·人文社会科学版）2011 年第 5 期，第 25~29 页。

是政府性质的组织还是社会性质的组织，两种观点呈现政府机构角色论和社会组织角色论的二元对立状态。雷水贤认为，双重角色使妇联组织更倾向于回应政府角色期待，忽视了妇女群众的主体性，妇联向下的服务功能减弱。[①] 而新时代妇联组织角色应贯彻妇联改革精神，通过扮演公共服务输送者的角色适应群团改革要求[②]，将公共服务产品精准输送给有需求的妇女，努力提高妇联组织服务妇女群众的社会化水平。

　　妇联职能主要体现在为党和政府决策服务与为满足妇女需要服务两个方面。[③]

　　改革开放前，妇联过多地侧重其政治性功能，扮演政治性角色。这一时期妇联组织的主要任务是协助、配合党的中心工作，更多地承担行政性工作任务，没有反映出妇联作为妇女组织的本能和天性。妇联组织作为由党和政府架构起来的与党和政府有着密切联系的组织[④]，被纳入按行政区划建立的国家妇女组织体系，其配合党的中心工作组织发动妇女的角色定位进一步明确[⑤]。

　　改革开放后，妇联逐步调整自身职能定位，妇联组织功能逐渐回归组织本位，其作为妇女群众组织本身的服务职能开始凸显。[⑥] 组织的基本职能是组织存在的合法性基础。马焱认为，尽管妇联有多种职能，但就其本质而言，妇联代表和维护妇女群众的利益，因此能否代表妇女群体的共同利益并卓有成效地推动男女平等进程，是妇联组织是否具有现实存在的合法性的主要依据。[⑦] 丁娟、马焱认为，妇联组织网络健全，

---

① 雷水贤：《双重角色对妇联履行职能的影响》，《妇女研究论丛》2002 年第 6 期，第 11～13 页。

② 李鹏飞、王晶：《新时代基层妇联组织角色与工作机制创新思考》，《湖北社会科学》2020 年第 3 期，第 59～65 页。

③ 曲雯、陈慧平：《妇联在承担政府推进性别平等职能中的作用研究》，《妇女研究论丛》2006 年第 S2 期，第 110～114 页。

④ 马焱：《妇联组织履行基本职能的优势与制约因素研究》，《中华女子学院学报》2009 年第 6 期，第 58～63 页。

⑤ 王文：《妇联组织的发展变迁与职能定位（上）》，《中国妇运》2010 年第 1 期，第 24～26 页。

⑥ 马焱：《妇联组织职能定位及其功能的演变轨迹——基于对全国妇联一届至十届章程的分析》，《妇女研究论丛》2009 年 5 期，第 38～47 页。

⑦ 马焱：《对妇联组织基本职能的再认识——由"邓玉娇事件"引发的思考》，《中共山西省委党校学报》2010 年第 1 期，第 63～66 页。

与妇女联系紧密，拥有丰富的工作经验和专业的研究队伍，对承接政府转移出去的部分公共管理和服务职能具有与生俱来的优势①，能够随着时代的发展，赋予自身职能新的历史内涵。

妇联组织越来越将自己的角色定位于维护妇女权益、促进妇女发展、推进男女平等和妇女解放上，团结带领广大妇女积极投身社会主义现代化建设，成为推动党和人民事业发展、社会进步、妇女解放和发展的中坚力量。② 妇联组织代表和维护妇女利益的角色功能逐步强化，以满足新形势下各类妇女群体的现实需求。妇联组织要想在市场经济迅速发展、政治体制改革日益深入、社会快速转型的大背景下发挥作用，必须主动实施体制机制创新，努力实现从行政型组织向服务型组织的转变③，通过强化妇联行政角色与维护妇女权益角色的互动，利用其行政角色来为维护妇女权益的角色服务。④ 妇联组织要积极履行自身基本职能，不断扩大自身工作覆盖面⑤，努力增强妇女服务的针对性和有效性，确保为更多的妇女服务，切切实实地履行为妇女群众服务的职能。

（二）妇联的社会服务功能研究

就妇联的本职角色而言，它代表和维护妇女群众的利益，联系和服务妇女是妇联的根本任务。因此，如何履行和发挥好妇联服务妇女的职能与作用，应该成为学术研究的重要议题。但是从研究文献来看，在中国知网输入"妇女"和"维权"篇名检索出论文 165 篇，其中大多是在《中国妇运》（52 篇，占 31.52%）、《兵团工运》（15 篇，占 9.10%）上发表的工作类文章，《妇女研究论丛》2 篇（占 1.21%），《中华女子学院学报》7 篇（占 4.24%），《社会工作》2 篇（占 1.21%）（见图 0-2）。在中国知网输入"妇联"和"维权"篇名检索出论文 59 篇，其中《中

---

① 丁娟、马焱：《妇联承担政府职能的优势与阻力研究》，《妇女研究论丛》2006 年第 S2 期，第 120~123、141 页。

② 范红霞、夏雨佳：《立足职能 与时俱进推进妇联工作》，《中国妇运》2019 年第 7 期，第 10、44~46 页。

③ 汪军庆：《政府职能转变和妇联作用的发挥》，《浙江青年专修学院学报》2004 年第 3 期，第 48~49、52 页。

④ 张洪林：《论妇联维护妇女权益社会职能的历史变迁与现实理路》，《求索》2012 年第 1 期，第 52~54 页。

⑤ 刘潘婷：《简述新时代妇联组织职能发挥的新要求》，《经济研究导刊》2021 年第 1 期，第 102~104 页。

国妇运》和《兵团工运》共 48 篇，占 81.35%，《妇女研究论丛》《社会工作》《中华女子学院学报》各 1 篇，均占 1.69%（见图 0-3）。在中国知网输入"妇联"和"服务"篇名检索出论文 128 篇，其中《中国妇运》《兵团工运》共 69 篇，占 53.90%，《妇女研究论丛》8 篇（占 6.25%），《中华女子学院学报》《福建理论学习》《经纪人》各 3 篇（均占 2.34%），《求是》《社会工作与管理》《奋斗》各 2 篇（均占 1.56%）（见图 0-4）。由以上文献检索可见，关于妇女维权和妇联维权的研究大多是妇联部门的刊物和妇联部门领导及干部的讲话和工作思考，有深度的学术研究不多，基础薄弱（见附录 表2）。

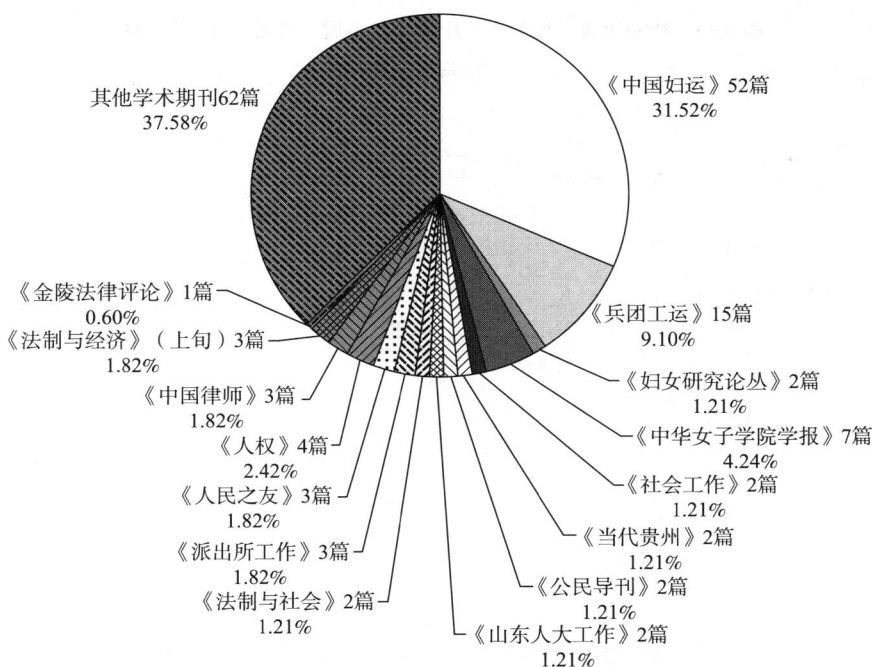

其他学术期刊62篇 37.58%

《中国妇运》52篇 31.52%

《兵团工运》15篇 9.10%

《妇女研究论丛》2篇 1.21%

《中华女子学院学报》7篇 4.24%

《社会工作》2篇 1.21%

《当代贵州》2篇 1.21%

《公民导刊》2篇 1.21%

《山东人大工作》2篇 1.21%

《法制与社会》2篇 1.21%

《派出所工作》3篇 1.82%

《人民之友》3篇 1.82%

《人权》4篇 2.42%

《中国律师》3篇 1.82%

《法制与经济》（上旬）3篇 1.82%

《金陵法律评论》1篇 0.60%

图 0-2　1995 年至 2023 年 5 月底中国知网"妇女"和"维权"
相关研究文献来源

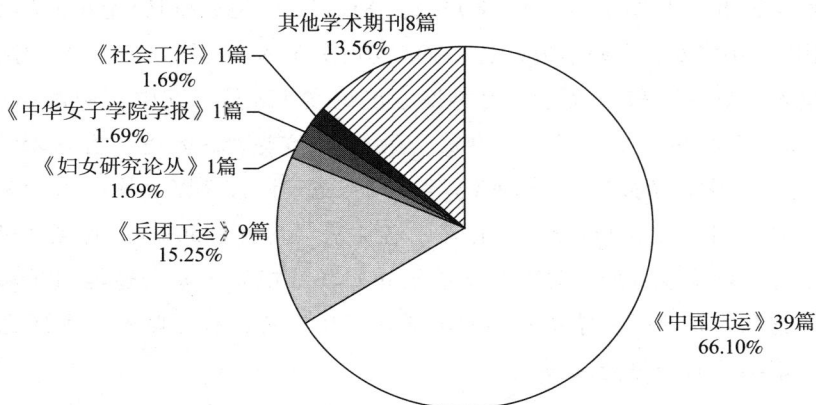

图 0-3　1993 年至 2023 年 5 月底中国知网"妇联"和"维权"相关研究文献来源

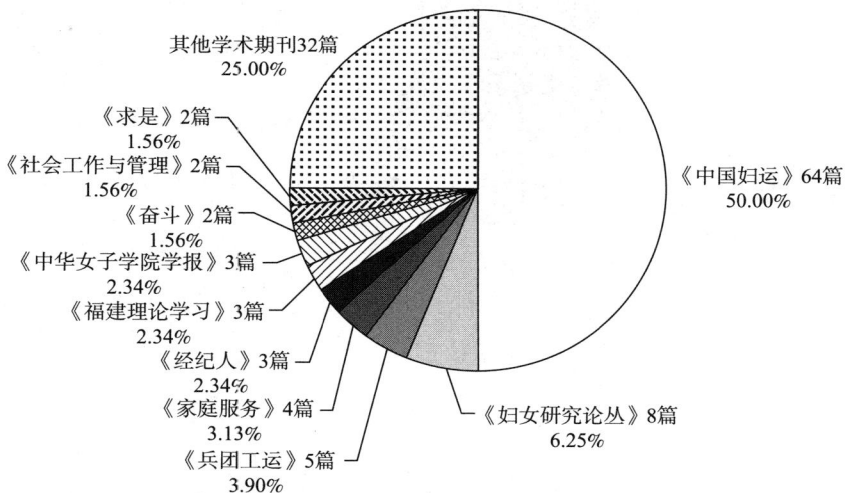

图 0-4　1996 年至 2023 年 5 月底中国知网"妇联"和"服务"相关研究文献来源

1. 关于弱势妇女的服务

服务妇女是妇联的根本任务，妇联尤其需要把更多注意力放在弱势妇女身上。随着中国市场经济的发展，随之而来的是妇女问题的增多，妇联组织在妇女再就业和摆脱贫困工作中发挥着重要作用。有学者以此为例开展了研究。

　　王宏亮、刘梦以天津市妇联再就业服务为例，对下岗女工再就业服务进行了社会性别分析，探讨了下岗女工再就业服务在推进性别平等和社会性别主流化方面的作用和影响，反思了再就业政策的取向。① 姜秀花认为，帮助妇女摆脱贫困是维护妇女权益的一项重要基础性工作，妇联组织在此工作中积累了丰富的成功经验，为贫困妇女精准脱贫做出了巨大贡献。② 妇联在对弱势群体的帮扶过程中面临着参与地位边缘化、反馈渠道阻滞化、专业水平低等困境。黄妮提出通过弘扬社会性别文化、加大财政投入力度、完善制度保障三条途径加大妇联组织对弱势群体的帮扶力度，发挥妇联组织在提供社会公共服务方面的重要作用。③ 蒋佳芮等以泉州市妇联为个案，运用社会关系分析法探究国家、市场、社区及家庭四种制度的动态运作对城市贫困母亲再就业服务的影响，以提升城市贫困母亲再就业的全面性和针对性。④

　　长期以来，基层组织一直是妇联组织建设的薄弱环节，基层妇联组织服务妇女群众实践受到学界的广泛关注。何玲认为，基层妇联组织主要通过提升农村妇女综合素质，培养农村各类妇女人才，改善农村妇女参与发展的外部环境推进农村妇女组织化发展，为新农村建设中农村妇女发展提供借鉴。⑤ 李文等在系统梳理广州市海珠区妇联创新性做法和经验的基础上，提出推动妇联基层组织改革创新的建议，使妇女工作服务内容更加契合妇女群众的实际需求。⑥ 张彬彬、李雪芹从妇联枢纽型社会组织改革实践的视角出发，采用质性研究方法对基层妇联农村妇女

---

① 王宏亮、刘梦：《下岗女工再就业服务研究：以天津市妇联再就业服务为例》，《妇女研究论丛》2006年第S2期，第24~27、46页。
② 姜秀花：《进一步发挥妇联组织在妇女脱贫攻坚中的重要作用》，《妇女研究论丛》2016年第6期，第16~18页。
③ 黄妮：《妇联组织参与精准扶贫的路径探析》，《中华女子学院学报》2016年第3期，第53~58页。
④ 蒋佳芮、徐晞、冼柱宏、马俊：《基于社会关系分析法的城市贫困母亲再就业服务研究——以泉州市妇联再就业服务为例》，《福建行政学院学报》2018年第3期，第112~120页。
⑤ 何玲：《新农村建设中农村妇女发展道路探析——以妇联组织在农村妇女组织化发展中的独特作用为例》，《山东女子学院学报》2012年第4期，第16~19页。
⑥ 李文、简瑞燕、张永英、杨慧：《妇联基层组织服务妇女群众的创新路径探讨——基于广州市海珠区妇联基层组织改革创新案例的分析》，《妇女研究论丛》2018年第1期，第43~52页。

非农就业服务供给的路径进行研究，为妇联组织改革和农村妇女非农就业服务提供新的思路。[①]

2. 关于妇女维权的研究

自 20 世纪 80 年代妇联把维护妇女权益作为妇联的基本职能以来，"维护妇女儿童合法权益，倾听妇女意见，反映妇女诉求"[②] 成为妇联工作的重要任务，妇联与妇女维权也成为学界关注的热点。《中国妇运》成为妇联发声维护妇女权益的主要阵地，其中《加强源头参与 推动协调议事 把妇女儿童维权落到实处——苏浙豫妇联维权工作调研报告》《推进新形势下妇女儿童维权工作的创新与发展——闽鄂赣陕妇联维权工作调研报告》《构筑社会化维权工作新格局》等文章均提到要重视"源头参与，推动法规政策出台，为维护妇女合法权益提供依据"，对完善妇女权益保障法律体系、让法律政策惠及更多妇女群众提出诸多建议。

此外，学者们还从妇联维权路径、维权机制、维权实践、完善妇女权益保障法等方面展开研究。早在 1993 年，王舒波就提出建立完善维权机制，加强维权部门建设，促进社会化维权工作格局进一步健全。加强维权部门建设是做好维权工作的组织保证。[③] 蒋月娥提出建立健全维权组织网络和社会化工作机制，推动各级政府履行保障妇女权益的主体职能，加快形成多部门合作、齐抓共管、社会各界广泛参与的维权工作格局[④]，用制度化、规范化的维权机制保障妇女群众合法权益。于晓琪认为，妇女权益保障法律的不断完善是妇联组织依法履行职能的有力保障，并从《妇女权益保障法》的适用与妇联工作的思路着手，运用立法技术分析《妇女权益保障法》当前热点问题中的法律适用难点，从妇联工作的角度寻求对策和工作出路。[⑤]

学者们在维权实践方面也做出了探讨。婚姻家庭问题是妇女切身利

---

① 张彬彬、李雪芹：《枢纽型社会组织促进农村妇女非农就业服务供给研究——以某县基层妇联为例》，《长沙民政职业技术学院学报》2020 年第 3 期，第 7~11 页。

② 《中华全国妇女联合会章程》，《中国妇女报》2023 年 10 月 28 日，第 2 版。

③ 王舒波：《深化改革中的妇联维权工作》，《妇女研究论丛》1993 年第 3 期，第 14、25~26 页。

④ 蒋月娥：《妇女维权工作——从全国妇联维权工作谈开去》，《中华女子学院学报》2008 年第 4 期，第 16~20、37 页。

⑤ 于晓琪：《〈妇女权益保障法〉法律适用难点与对策研究——立足妇联工作的视角》，《苏州大学学报》（哲学社会科学版）2008 年第 3 期，第 101~104 页。

益所在，妇联组织作为维护妇女权益的非政府组织，在家庭暴力干预中发挥着巨大作用。丁瑜、杨凯文以妇联购买反家暴社会工作服务项目为例，运用融合了性别视角的新制度主义对妇联反家暴的制度环境、内容和演变过程进行了梳理。① 陈莓等通过对重庆市某区妇联防治家庭暴力的调查研究，概括出妇联在防治家庭暴力中的主要工作。② 隋秀娟以淮安市妇联反家暴实践为例，就如何提高妇联干预家庭暴力成效提出具体化建议③，维护妇女权益。陈伟杰在深层次学理方面对妇联维权路径提出理性思考，认为在妇联维护妇女权益的过程中，同时存在"以政入法"和"以法入政"两种弹性策略途径，政治要素与法律要素交叉，成为妇联在维权行动中的依凭，妇联具有选择政治和法律的混合途径开展妇女权益维护的弹性空间。④

3. 关于妇联参与社区家政等服务

社区是社会治理的基本单元，社区服务供给水平与社区居民的幸福感、获得感、满足感息息相关。妇联组织作为公共服务的输送者，将各类服务性资源投入与妇女利益相关的公共服务产品制造中，采取社会化的服务方式实现妇女服务产品的高效能发挥。朱晓红认为，妇联组织能够凭借自身鲜明的政治优势、丰富的资源优势及独特的工作优势使公共服务下沉到社区，在妇女、儿童、家庭三大领域提供心理、情绪及生活等方面的支援。⑤ 随着居民物质生活水平的提升，社区居民对公共服务质量的要求越来越高。汪琦认为，妇联组织实施的社区服务具有鲜明特色，能够从社区居民实际需要出发，采取灵活多样的服务方式，及时就近有效地为居民实际生活排忧解难。⑥

① 丁瑜、杨凯文：《妇联购买"反家暴"社会工作服务的制度变迁研究——以 M 市某反家暴专项服务项目为例》，《社会工作》2019 年第 5 期，第 62~75、110 页。
② 陈莓、唐国秀、石雷、罗琼：《妇联在防治家庭暴力中的作用研究——重庆市某区妇联防治家庭暴力情况调查报告》，《中华女子学院学报》2012 年第 4 期，第 52~56 页。
③ 隋秀娟：《浅析妇联组织对家庭暴力的干预——以淮安市妇联为例》，《法制与社会》2017 年第 27 期，第 149~150 页。
④ 陈伟杰：《政法传统背景下的妇联妇女权益维护（1980—2016）》，《社会学研究》2021 年第 2 期，第 181~203、229~230 页。
⑤ 朱晓红：《协同共治格局下妇联枢纽型社会组织参与社区服务研究——以广东 D 市 H 家庭服务中心为例》，《社会工作与管理》2016 年第 1 期，第 55~60 页。
⑥ 汪琦：《试论社区建设中加强妇联组织建设的重要性》，《中华女子学院山东分院学报》2002 年第 2 期，第 19~22 页。

　　妇女是家政服务业的主体力量，家政服务业的发展离不开妇联组织的保障。妇联组织能够有效推动家政工作方式的转型升级，侯淼分析了妇联在扶持家政中的具体做法，包括营造良好的政策环境、扩大舆论宣传以及开设专项培训课程。① 郑粟文等通过对"越乡嫂"家政服务品牌案例的解读，探析基层妇联组织参与品牌家政服务打造的作用，通过加强家政服务行业规范诚信建设，加大家政服务人才培训力度，使家政服务行业融入新业态元素。②

（三）妇联参与社会治理研究

　　党的十八大以来，以习近平同志为核心的党中央高度重视社会治理工作，多次提出要不断丰富发展社会治理思想，推进国家治理体系和治理能力现代化。党的十八届三中全会首次提出"创新社会治理"这一新理念，开启了党领导下从社会管理向社会治理迈进的新阶段。党的十九大报告又提出"打造共建共治共享的社会治理格局"③，为新时代加强和创新社会治理提出崭新谋划。在共建共治共享治理理念背景下，妇联作为国家重要社会支柱和社会治理的重要组成部分，引起了学者们的关注，迎来了新的研究热潮。学者们围绕妇联在社会治理中的作用、参与现状、路径对策以及创新等方面，提出了理论思考（见附录 表3）。

　　郑长忠认为，国家治理体系和治理能力现代化对妇联改革提出新要求，并从妇联与国家治理体系和治理能力现代化之间的逻辑关系出发，从妇联组织结构、制度、价值三个维度探讨了妇联组织改革创新的机理，从妇联组织目标和内涵两个方面探讨了妇联组织功能的实现。④ 妇联组织作为党和政府联系妇女群众的桥梁和纽带以及国家政权的重要社会支柱，是国家治理体系各要素之间的重要组织性机制，具有与生俱来的政治优势、组织优势和群众优势，能够依据新时代妇女群众的新需要、新

---

①　侯淼：《妇联组织在推进家政行业规范化、职业化建设中的作用与路径》，《法制与社会》2017年第10期，第214~215页。

②　郑粟文、王中萍、叶春辉：《探析基层妇联组织参与品牌家政服务打造的作用——以S市"越乡嫂"为例》，《湖北科技学院学报》2022年第4期，第38~46页。

③　习近平：《决胜全面建成小康社会 夺取新时代中国特色社会主义伟大胜利——在中国共产党第十九次全国代表大会上的报告》，《人民日报》2017年10月28日，第1版。

④　郑长忠：《构建面向未来的妇联组织——国家治理现代化与妇联组织发展研究》，《妇女研究论丛》2018年第1期，第14~26页。

期待，对自身服务职能不断进行创新，以适应国家社会治理现代化的要求。此外，郑长忠还从家庭视角出发，提出发挥家庭家教家风在基层社会治理中的作用应成为新时代妇联家庭工作的重点。① 家庭是社会的基本单元，"家国一体"的文化传统决定了家庭在推进国家治理体系和治理能力现代化特别是构建基层社会治理新格局中具有不可替代的重要地位和作用。② 家教是基层社会治理能够依托的重要教化途径，家风是基层社会治理能够依托的精神力量。③ 家庭家教家风在基层社会治理中具有重要作用，家庭成员之间的关系是否和谐融洽，家庭整体利益、需求是否得到合理关切，不仅影响着家庭功能是否能够正常发挥，还会直接影响基层社会治理效能是否能够实现。妇联组织有责任也有优势将家庭视角引入基层社会治理，丰富妇联家庭工作内涵，创新新时代妇联参与基层社会治理的理念、方法与路径，统筹推动基层社会治理共同体建设。

从社会管理向社会治理的转变要求多元治理主体按照协商、合作的治理机制，依法对社会事务进行规范和管理，以实现社会公共利益的最大化。在新的历史时期，妇联组织以群众性社会团体的身份承担服务社会的功能④，在社会治理过程中维护广大妇女的合法权益，积极协助政府解决妇女权益受损问题⑤。但随着社会政治经济体制、人们的生活方式和思想观念发生了空前的改变，社会格局急剧变化，这在给妇联组织带来发展机遇的同时，也使妇联组织面临着前所未有的复杂局面。新时期妇联组织原有的服务内容及服务模式难以应对日益凸显的社会矛盾。妇联组织在参与社会治理过程中存在自身定位不明确、治理能力不足、工作机制落后、基层组织不健全的困境⑥，在参与社会治理实践过程中

---

① 郑长忠：《新时代家庭工作的逻辑定位与妇联作用》，《妇女研究论丛》2019年第6期，第10~12页。

② 党日红、李明舜：《构建基层社会治理新格局须纳入家庭视角》，《妇女研究论丛》2019年第6期，第12~15页。

③ 马焱：《家庭家教家风：创新基层社会治理体系的新视角——兼论新时代妇联组织的家庭工作》，《中华女子学院学报》2020年第6期，第58~63页。

④ 吴亚慧：《妇联组织参与社会治理问题研究述评》，《探求》2018年第4期，第72~77页。

⑤ 李慧英：《妇联组织在社会治理中的作用》，《山东女子学院学报》2014年第2期，第23~26页。

⑥ 范铁中：《新时期上海市妇联组织参与社会治理的困境与对策研究》，《湖北社会科学》2017年第10期，第47~51页。

面临着资源整合不充分、治理力量不均衡、组织动能不强等问题①，难以满足妇女群众多元化的利益诉求。因此，妇联参与社会治理面临着艰巨的挑战。

　　基于在参与社会治理过程中存在的各种困境，妇联组织应不断深化体制机制改革，将自身职能定位与社会发展需要紧密结合，增强治理能力，提高治理效能，不断探索社会治理新路径。任大鹏等将"黏性"与"弹性"的概念引入妇联组织参与基层社会治理的路径研究，提出基层妇联组织既需要保持政治"黏性"，又需要保持资源整合"弹性"与组织动员"弹性"，以增强基层社会中柔性治理的力量。②治理力量的增强强调实现"共同"，妇联组织可以利用其社会属性使更多的社会主体和市场主体共同进入社会治理体系③，构建"群社协同"的实践路径④，有效提升社会治理的实践效能，实现各主体共同参与的治理目标。

　　总体来看，学者们对妇联组织参与社会治理的作用机制、困境障碍和路径进行了一定程度的探讨，并结合基层妇联组织参与社会治理实践，对妇联组织参与社会治理的实践路径进行了描述。随着政府职能的转变和群团改革工作的不断深入，妇联组织参与社会治理是发挥自身职能作用的重要途径，妇联组织需要在参与社会治理实践中努力满足广大妇女群众日益多元化的需求、提升妇女群众在社会治理体系中的地位，充分发挥妇联组织在新时代社会治理中的积极作用。

（四）妇联组织改革和工作创新研究

　　自 2015 年党的群团工作会议发出改革的号召以来，妇联组织以自我革新的勇气在全国范围内开启了改革的伟大实践。随之，学者们围绕妇联改革实践经验与路径对策等方面提出了理论思考，涌现出一批研究成果（见附录 表4）。学界在对新时代妇联组织改革的伟大成就进行充分

---

① 陈福英：《乡村振兴背景下基层妇联参与社会治理现状研究——以福建省基层妇联改革为例》，《山东女子学院学报》2021 年第 2 期，第 43~51 页。

② 任大鹏、尹翠娟、刘岩：《粘（黏）性与弹性：妇联组织参与基层社会治理的路径研究》，《中州学刊》2022 年第 3 期，第 73~79 页。

③ 葛亮：《群团组织参与社会治理创新——共同参与和搭台唱戏》，《浙江社会科学》2017 年第 5 期，第 62~68、157 页。

④ 杨柯、唐文玉：《"群社协同"：群团组织参与社会治理的重要路径——以 H 市妇联协同女性社会组织为例》，《思想战线》2022 年第 2 期，第 117~126 页。

展示的同时，对妇联改革后面临的组织机构运行、组织外部体系协同、组织能力建设、组织功能功效发挥等问题进行了深入思考。

毛丹、陈佳俊认为，制度安排决定了群团机构的功能与行为特征。当政策导向强调政治先进性时，妇联组织更注重承揽党政部门业务；当政策导向强调向枢纽型社会组织转型时，妇联组织则会增强社会组织的功用和色彩，呈现"钟摆"式的变动①。"钟摆"式变动的状况反映了妇联干部群体对制度的依赖和自身角色的模糊。此外，陈伟杰还提出在群团改革背景下，妇联组织面临着组织网络邻近性和替代性的双重挑战，这阻碍其通过联结党群促进政治整合。② 妇联组织改革工作实践遇到的挑战要求妇联组织从整体上明确自身角色，厘清与不同组织之间的关系。陈伟杰提出，推动妇联组织全面深化改革的前提是辨识妇联组织在整个党群关系格局中的位置特点和妇联组织体系的结构特点。③ 从学术研究的角度来看，学界应重视探讨如何建立组织"目标-结构-机制"之间的合理联结④，在工作理念上厘清与不同组织目标之间的关系，在工作机制上建立更为高效、灵活的运作机制，在工作策略上兼顾内向式立足妇联与外向式纵横联合⑤，形成完善的组织体系，以便及时回应妇女群众的诉求。

妇联组织去行政化、深入群众改革实践是体制机制变化使然。高丽等基于妇联改革实践提出迈向"社会本位"的实践逻辑，以社会本位为核心的改革实践机制强调发挥妇联组织的社会性⑥，要求妇联组织改革从解决实际困难出发，与其他治理主体形成改革合力，主动采取联盟、

---

① 毛丹、陈佳俊：《制度、行动者与行动选择——L市妇联改革观察》，《社会学研究》2017年第5期，第114~139、244~245页。

② 陈伟杰：《社会网络视角下的政治整合与群团改革——以妇联组织为例》，《中华女子学院学报》2018年第3期，第63~70页。

③ 陈伟杰：《治理现代化与新时代妇联组织改革》，《妇女研究论丛》2018年第1期，第8~10页。

④ 陈伟杰：《群团改革和妇联组织的体系性：一个重要的"结构-机制"议题》，《妇女研究论丛》2018年第6期，第12~14页。

⑤ 陈伟杰：《治理现代化与新时代妇联组织改革》，《妇女研究论丛》2018年第1期，第8~10页。

⑥ 高丽、徐选国、徐永祥：《迈向社会本位：群团改革语境下地方妇联的实践机制探索——以S市A区妇联为例》，《妇女研究论丛》2019年第1期，第55~68页。

学习、试验等策略性行动，以渐进式的累积变化带来改革的实质性发展①，在理论、制度和实践等层面进一步加大妇联组织改革创新力度②，总结提炼开展妇女工作的特点和规律，推动工作制度与机制的有效衔接，持续推动妇联组织在党的领导、基层组织建设、干部队伍建设、女性社会组织培育等方面不断创新，进一步探索实现增强其政治性、先进性、群众性改革目标的有效路径。③此外，在对妇联组织改革实践路径的研究上，部分学者从妇联改革中的具体问题入手，提出了合理化的建议。例如，张永英对新时代群团干部队伍建设改革进行探讨④，李文对群团改革背景下基层妇联执委队伍建设进行研究⑤，钱雪飞对妇联工作方式方法创新现状与影响因素进行归纳总结⑥，为妇联改革实践路径的研究提供了学理上的参考，丰富了对妇联组织改革和工作创新的研究内容，奠定了研究基础。

（五）社会工作嵌入妇联组织研究

群团改革背景下，妇联组织将强"三性"、去"四化"作为自身改革的核心内容，以增强自身群众性，充分履行社会服务职能。提高社会公共服务质量是妇联组织改革的关键，而社会工作的基本职能是提供能够满足服务对象需要的专业社会服务，这与妇联组织提高公共服务质量的目标不谋而合。社会工作嵌入妇联组织，承接妇联组织部分公共服务职能，在参与实际社会服务的过程中实现自身发展，同时促进了妇联工作方式的创新，开拓了妇女工作的新局面。关于社会工作嵌入妇联组织

① 杨柯、唐文玉：《路径依赖、目标替代与群团改革内卷化——以 A 市妇联改革为例》，《华中师范大学学报》（人文社会科学版）2022 年第 3 期，第 80~88 页。
② 李文：《新时代深化妇联组织改革的实践探索与制度创新》，《中华女子学院学报》2023年第 3 期，第 75~82 页。
③ 张永英、李文、李线玲：《新时代妇联组织改革的创新实践与思考》，《妇女研究论丛》2019 年第 1 期，第 44~54 页。
④ 张永英：《新时代群团干部队伍建设改革的创新路径探讨——以专挂兼相结合的妇联干部队伍建设改革为例》，《山东女子学院学报》2020 年第 1 期，第 32~37 页。
⑤ 李文：《群团改革背景下基层妇联执委队伍建设及其作用研究》，《山东女子学院学报》2019 年第 3 期，第 44~50 页。
⑥ 钱雪飞：《群团改革背景下妇联工作方式方法创新：现状与影响因素——基于南通市1961 名妇女工作人员与 593 名妇女的问卷调查》，《山东女子学院学报》2017 年第 6 期，第 15~23 页。

的文献包括两方面：一方面是有关社会工作嵌入的研究，另一方面是社会工作嵌入妇联组织的研究。

1. 社会工作嵌入研究

早在 2011 年，王思斌就借用了波兰尼的嵌入概念理论并将其应用于解释社会工作在中国的嵌入性发展状态和发展过程。他认为社会工作恢复重建以来，其发展基本上呈现政府主导下专业弱自主嵌入状态。他分析了社会工作在中国的嵌入发展特点是政府主导下的自主性、政府和人民团体给予的让渡空间和拓展空间，以及依附性发展。他在文章中指出，随着改革的深入和社会转型的加深，以及新的社会管理格局的逐步形成，社会工作将走向政府-专业合作下的深度嵌入。①

"嵌入性发展"概念的提出，犹如形成了一个小的研究场域，学界围绕其开展相关研究。② 此后，学界运用嵌入性理论分析了社会工作在社区治理、社区工作、社区养老服务、儿童福利院、医务、司法、高校等多领地多领域的嵌入。根据这些嵌入性发展的实证研究，学者们对嵌入性发展的理论也有了进一步思考和拓展。赵环、尹阿雳依据研究提出了"增量嵌入"的概念③，陈伟杰提出了"层级嵌入"的观点④，尹阿雳等提出了社会工作发展的"双向嵌入"问题⑤，何雪松提出了超越"嵌入"的理论视角。⑥ 2020 年，王思斌在《我国社会工作从嵌入性发展到融合性发展之分析》一文中对社会工作嵌入性发展的多种图景进行了总结，并尝试用"协同性发展"和"融合性发展"的概念框架阐释和分析中国社会工作的发展实践，提出发展从"机械嵌入"走向了"有

① 王思斌：《中国社会工作的嵌入性发展》，《社会科学战线》2011 年第 2 期，第 206～222 页。

② 王思斌：《我国社会工作从嵌入性发展到融合性发展之分析》，《北京工业大学学报》（社会科学版）2020 年第 3 期，第 29～38 页。

③ 赵环、尹阿雳：《增量嵌入：专业社会工作之于社区服务的一种解读——以深圳市 Y 社区服务中心为例》，《中国社会工作研究》2015 年第 1 期，第 115～136 页。

④ 陈伟杰：《层级嵌入与社会工作的专业性——以 A 市妇联专业社会工作服务试点为例》，《妇女研究论丛》2016 年第 5 期，第 5～16 页。

⑤ 尹阿雳、赵环、徐选国：《双向嵌入：理解中国社会工作发展路径的新视角》，《社会工作》2016 年第 3 期，第 47～55、125～126 页。

⑥ 何雪松：《改革开放 40 年与中国社会工作的发展——"结构-行动"的视角》，《西北师大学报》（社会科学版）2019 年第 2 期，第 41～46 页。

机嵌入"，进而实现了二者的密切合作甚至融合发展前景。①

嵌入为我国社会工作专业的快速发展提供了新的契机，使社会工作专业发展获得了更多的合法性，拓展了自身的生存发展空间，扩大了社会工作专业的活动范围，使社会工作专业的服务职能大大增强。以上关于社会工作嵌入的研究成果为研究社会工作嵌入基层妇联工作提供了丰富的学术资源，奠定了学术研究基础。

2. 妇联工作与社会工作嵌入关系研究

社会工作嵌入妇联组织是学界研究的新兴领域，旨在通过专业社会工作促进妇女工作创新发展，解决基层妇联组织的发展问题。妇女工作与社会工作具有共性，妇女工作紧紧围绕民生，将解决妇女发展进程中的突出矛盾和主要问题作为基本任务，需要在解决妇女问题、促进妇女发展的过程中使用专业、科学的方法和技巧分析妇女问题、了解妇女需求，以提高妇女工作的专业性和有效性，更好地服务妇女、服务大局。

对妇联工作与社会工作关系的研究，最早可追溯到 1996 年朱东武发表的《妇女工作与社会工作之我见》一文，该文在改革开放与社会工作恢复发展背景下，从宏观角度阐释了妇女工作，认为无论是妇联工作还是妇女社会工作，都是妇女工作的组成部分，妇女工作与社会工作有一致性，也有不一致性，并针对妇联工作和社会工作的利弊，尤其是传统妇联工作在从事妇女社会工作时的局限性，指出妇联妇女社会工作要加强社会工作专业价值理念传入、方法和技能的培训。②

2000~2012 年，李洪涛、刘梦、蒋美华、曹振飞和毛飞飞、张洪英、蔡巧玉、徐宏卓、蔡立、方英、谢建社、子木等相继发表文章，探讨了妇女社会工作与妇联工作的关系，以及妇联从事的妇女工作与社会工作中的妇女社会工作之间的异同，论述了妇联工作与社会工作相互借鉴的可行性与必要性，认为妇联工作与妇女社会工作并没有本质上的区别，双方具有结合与借鉴的充分基础③。在对社会工作嵌入妇联组织的实证

---

① 王思斌：《我国社会工作从嵌入性发展到融合性发展之分析》，《北京工业大学学报》（社会科学版）2020 年第 3 期，第 29~38 页。

② 朱东武：《妇女工作与社会工作之我见》，《中华女子学院学报》1996 年第 3 期，第 23~25 页。

③ 方英：《妇联工作引入社会工作模式的探讨——以广州市单亲家庭为例》，《广州大学学报》（社会科学版）2009 年第 12 期，第 41~43 页。

研究中，李洪涛以北京市某区妇联为例①，刘梦等以中国农村基层妇联干部社会工作能力建设项目为例②，祝韵等以福州市基层妇联引入社工维权为例③，着重阐释了社会工作对妇联传统妇女工作的促进作用。此时的社会工作在中国正处于起步和发展阶段，研究基本上是针对传统妇联工作的局限性与弊端指出妇女社会工作的优势以及妇联工作需要引入社会工作专业理念、专业方法与专业理论，对妇女社会工作专业知识体系进行了系统阐释，并以个案为例探讨了妇联引入社会工作的模式。其中，谢建社④、子木⑤在文章中最早提出社会工作嵌入妇联工作，建议将社会工作理念嵌入妇联干部的培训体系中，通过对基层妇联工作人员进行社会工作能力建设培训，提升妇联工作人员的社会工作专业水平和服务质量，从而更好地满足广大妇女的需要。

2012 年党的十八大之后，随着党的群团改革的实施，关于妇联改革创新与社会工作关系的研究进一步深入且主要集中在社会工作嵌入妇联组织的空间、机制及面临的困境等方面。关于社会工作嵌入妇联组织的空间，学者们建议妇联成立社会工作部，负责妇女儿童工作领域社会组织发展、服务等工作的具体指导⑥，设立专门机构统筹购买社会工作服务，打造"妇工+社工+义工"的服务模式，形成立足基层的专业化服务平台。⑦

关于社会工作嵌入妇联组织的机制，陈伟杰提出"层级嵌入"的观点，指出专业社会工作嵌入妇联组织之初呈现"无缝式层级"状态，这一嵌入机制有利于维护社会工作的专业性，因此产生了很好的工作效果。

---

① 李洪涛：《专业社会工作对妇女组织介入》，《中国妇运》2000 年第 4 期，第 24~25 页。

② 刘梦、焦开山、胡艳红：《妇联系统社会工作专业能力建设——基于项目的个案研究》，《社会工作》（学术版）2011 年第 2 期，第 4~13 页。

③ 祝韵、李安红、刘明燕：《浅析妇联在社工介入社区妇女维权工作中的作用——以福州市妇联社区维权为例》，《社会工作》（学术版）2011 年第 11 期，第 78~81 页。

④ 谢建社：《社会工作嵌入妇女工作之思考》，《甘肃社会科学》2009 年第 4 期，第 17~20 页。

⑤ 子木：《将社会工作理念与方法嵌入妇联工作》，《中国妇运》2010 年第 7 期，第 45~46 页。

⑥ 陈步云、马玲亚主编《浙江妇女研究》（第 1 辑），杭州：浙江工商大学出版社，2018，第 257 页。

⑦ 谢平：《探索妇联开展专业化社会工作的思考》，《中国妇运》2014 年第 11 期，第 36~38 页。

但随着嵌入范围的扩大，"无缝式层级嵌入"逐渐演化为"隔断式层级嵌入"，并且产生了逆专业化困境，项目的实际效果也随之下降。① 此后，陈伟杰、矫杨以北京市妇联服务专业化实践为例，运用社会工作承认过程分析框架，通过对专业社会工作服务嵌入妇联工作起步期、扩展期、转向期三个阶段的跟踪调查，揭示出社会工作嵌入妇联工作所经历的由遭遇浅层性的困境到专业性发展被弱化再到妇联的后撤态势的过程，最后转向尝试依托机构运作的方式取代项目制开展业务，提出社会工作的政府承认过程存在迂回式特征，体现为空间、行动与结局向度组合形态随着过程的开展呈现非同步性与非线性变化。②

3. 妇联购买社会工作服务研究

政府购买服务体现了政府职能由管理型向服务型转变，随着政府购买服务的深入推进，越来越多涉及妇女儿童发展的项目将从政府职能中转移出来。购买服务是妇联承接政府转移职能的体现，妇联应成为妇女儿童项目标准的设计主体，积极争取对政府转移的妇女儿童服务的话语权和所有权，以购买服务的方式促进政社关系转型。为此，妇联如何通过购买服务增强自身功能成为热点议题。

有学者探讨了妇联通过购买服务的方式使社会工作嵌入妇联组织中。陈伟通过对浙江省妇联改革中推行的社会服务购买模式进行调查分析发现，当前妇联在购买社会服务的过程中依然存在资金渠道单一、社会组织自身发育不全、对社会组织管理滞后等问题。③ 巨东红、殷春兰指出，妇联组织购买社会工作服务的方式经历了公益创投—项目招标—枢纽型服务平台建设的演变，认为当前妇联组织在购买社会工作服务的过程中依然存在一些问题，需要通过制度设计、机制建设、组织体系重构推动妇联组织购买社会工作服务向制度化、规范化方向发展。④ 丁瑜、杨凯

---

① 陈伟杰：《层级嵌入与社会工作的专业性——以 A 市妇联专业社会工作服务试点为例》，《妇女研究论丛》2016 年第 5 期，第 5~16 页。

② 陈伟杰、矫杨：《社会工作承认过程的多元分析框架——妇联服务专业化中的迂回式承认》，《妇女研究论丛》2018 年第 1 期，第 27~42 页。

③ 陈伟：《浙江省妇联枢纽型社会组织的社会服务购买模式研究》，《改革与开放》2019 年第 14 期，第 65~67 页。

④ 巨东红、殷春兰：《妇联购买社会工作服务的方式演变与路径建构》，《长春大学学报》2018 年第 11 期，第 97~101 页。

文通过妇联购买反家暴专项服务项目的研究，认为在购买服务的形式下，妇联能够为社会组织提供一定的平台和发展空间，社会组织无须承担太多行政任务，可集中精力提供更专业及更有针对性的服务，双方发挥己长，合作互补，营造了一种新的制度环境，同时也指出科层制的组织形态和行政化、官僚化的工作方式使妇联购买服务呈现一种上下层级的指导特征，影响了它的工作理念与方法，抑制了转变的动力，导致其去行政化、专业化的转向变得缓慢与被动。① 高丽、徐选国以上海市 H 区妇联购买服务的改革实践为例，通过对地方妇联购买社会服务的实践逻辑进行分析，探讨了妇联向社会力量购买服务的机制，提出了"中间领域治理"分析框架，剖析了 H 区妇联改革实践的行动逻辑与实践策略。项目的技术性取向、妇联的资方身份及社会组织的弱自主性与专业限度，使妇联与社会组织之间呈现一种不对等的合作关系，在一定程度上影响了购买社会服务实践的应然效力，以及妇联组织多重功能的有效发挥，也在一定程度上影响了社会工作的专业性和项目运行的效果。② 吴佳峻等以上海市妇联购买社会服务项目实践为例，分析了上海市妇联将第三方评估购买服务视为一种治理技术，通过将评估建议及评估结果进行实践的操作化与转化利用，逐步推动购买社会服务结构优化，赋能社会组织成长。③

4. 妇联与女性社会组织的协同关系研究

女性社会组织在满足女性群体美好生活需求、弥补女性群体公共服务供给不足、拓宽女性公共参与活动空间等方面发挥着独特作用。陆春萍认为，妇联组织横向合作网络的建构有助于提升妇联组织的专业性、服务性和社会性，更好地发挥妇联承上启下、综合协调、中枢调度的作用。④ 探索妇联组织与社会组织特别是女性社会组织协同合作、共同参

① 丁瑜、杨凯文：《妇联购买"反家暴"社会工作服务的制度变迁研究——以 M 市某反家暴专项服务项目为例》，《社会工作》2019 年第 5 期，第 62~75、110 页。
② 高丽、徐选国：《中央群团改革视域下地方妇联购买服务的实践逻辑及其理论扩展——基于对上海 H 区的经验观察》，《妇女研究论丛》2020 年第 2 期，第 63~74、87 页。
③ 吴佳峻、高丽、徐选国：《第三方评估何以促进政社关系转型——基于对上海市 H 区妇联购买社会服务项目的经验研究》，《社会工作与管理》2021 年第 6 期，第 14~24 页。
④ 陆春萍：《妇联组织横向合作网络的建构》，《甘肃社会科学》2014 年第 3 期，第 126~129 页。

与的社会治理新模式是新时代加强和创新社会治理的必然要求。杨柯、唐文玉基于妇联协同女性社会组织的经验研究，探讨了"群社协同"的生成逻辑与运行机制，并提出了优化"群社协同"的路径建议。① 多元共治是国家治理现代化的重要标志。侯晓倩认为，项目制为妇联与妇女社会组织的合作、共同参与社会治理提供了有利的空间和良好的契机②，应进一步增强妇联与女性社会组织的联系，将女性社会组织作为妇联组织延伸手臂、激发活力的重要依托。钟耀林等认为，项目化的运作方式能够促成政社合作创新，借力专业社会组织反向培力，强化与社会组织的合作关系③，令妇联组织为社会组织赋权增能，在合作中实现良性互动和可持续发展。

总之，学者们对社会工作嵌入妇联组织的过程、空间、机制进行了一定程度的探讨，指出了当前妇联改革实践中的问题。随着群团组织改革的进一步推进，专业社会工作嵌入妇联工作无疑是一个时代趋势。因此，研究者有必要在这一条件下深入研究社会工作与基层妇联妇女工作有效结合的路径，探索基层妇联组织与社工机构自主性协作机制，助力妇联改革成效的充分发挥，推进基层妇联组织进一步创新发展。

文献研究述评：通过宏观广泛地搜索有关妇联的研究文献以及对已有文献研究的梳理，我们发现关于妇联的文章大多数是妇联部门的工作报道和经验总结，学术期刊论文仅占 20% 左右。研究的议题主要集中在妇联组织角色和职能、妇联服务妇女和维权工作、妇联参与社会管理和治理、妇联参与社会工作服务购买、群团改革背景下的妇联组织改革与创新等。其中，1990~2010 年，关于妇联组织角色和组织职能的探讨成为学界关注的热点和难点议题。2012 年党的十八大开启群团改革之后，关于妇联组织角色与职能的探讨逐步转向对妇联组织改革和角色职能创新发展的研究。其实这两个议题研究的问题意识具有连贯性，前者提出了妇联组织角色和职能履行问题，后者则把对这一问题的探讨放在群团

---

① 杨柯、唐文玉：《"群社协同"：群团组织参与社会治理的重要路径——以 H 市妇联协同女性社会组织为例》，《思想战线》2022 年第 2 期，第 117~126 页。

② 侯晓倩：《以项目制为依托 完善妇联与妇女社会组织的合作关系》，《宿州教育学院学报》2018 年第 2 期，第 14~15、42 页。

③ 钟耀林、康进、钟小珍：《合力与张力：基层妇联协同社会组织创新妇女儿童服务经验研究》，《通化师范学院学报》2019 年第 11 期，第 71~78 页。

改革背景下关于妇联改革的实践创新上。由此可见，关于妇联组织角色、功能创新发展这一问题贯穿妇联组织研究的始终，它事关党和政府联系妇女的桥梁和纽带作用的发挥，事关妇联组织作为国家政权的重要社会支柱的地位巩固。

总的来说，学界对妇联组织的角色定位、作用发挥、机构改革等进行了深入研究，基于妇联改革的实践通过实证研究揭示了妇联改革取得的成效，成果颇丰，为本研究提供了坚实的学术基础。但是学界在妇联改革如何建设服务型妇联和强化妇联服务妇女的功能方面，尤其是妇联在"联"上的探索，妇联与社会工作、妇女社会组织的协同合作以及嵌入性发展的机制和路径的研究方面，还处于探索阶段，研究成果稀缺，有待进一步拓展和丰富。

团结、凝聚妇女，让妇女跟党走，发挥妇联组织的政治性、先进性、群众性，最重要的是提升妇联组织本身的服务能力。因此，妇联改革如何针对妇女的多元需求开展个性化服务，妇联如何围绕自身服务能力建设打造一支善于组织妇女、引导妇女、服务妇女、维护妇女利益的专业化服务队伍，妇联如何在为妇女服务的多元组织力量中发挥枢纽作用，妇女社会工作与妇联工作如何实现融合互嵌式发展，是深化妇联改革面临的理论与实践难题，是需要广大学者今后继续探讨的议题。

正如王思斌指出的，目前学界对专业社会工作和行政性社会工作（如妇联）嵌入的主客体双方的互动关系及宏观走向还缺乏深入细致的研究，而且也缺乏对有代表性的具体实践进行微观分析的、有穿透力的提炼概括。在推进中国式社会主义现代化建设的进程中，我国专业社会工作与本土社会工作如何实现高效合作、协同发展，行政性社会工作如何实现分工合作进而走向整合或融合，需要学界进行深入研究。这些议题对于中国社会工作的发展来说既是基础性的研究，又是前沿性的研究；既是机制方面的研究，也是制度建构方面的研究。[①] 因此，本研究主要探究社会工作与妇联群团组织如何实现嵌入性发展，由机械嵌入转变为有机嵌入，最后走向融合性协同发展。

---

① 　王思斌：《我国社会工作从嵌入性发展到融合性发展之分析》，《北京工业大学学报》（社会科学版）2020年第3期，第29~38页。

三　研究思路和方法

（一）研究思路

本研究围绕妇联改革的伟大实践，本着马克思主义的辩证思维观点和思维方法，一方面宣传妇联改革取得的成效，唱响妇联改革主旋律，总结成功经验和做法；另一方面看到问题，善于发现问题和解决问题。研究聚焦基层妇联组织结构与功能进一步协调的机制建设问题，引入社会工作学科视角，借鉴结构功能理论，对社会工作嵌入基层妇联工作的创新发展路径与机制展开实证研究，探讨社会工作与基层妇联工作嵌入和融合的可能性和必要性，探索妇女社会工作与基层妇联妇女工作有效结合的创新发展路径，构建基层妇联组织与社工机构自主性协作机制，以增强基层妇联的组织力、服务力与活力，充分发挥基层妇联组织联系群众的桥梁和纽带作用，发挥妇联组织在基层社会治理中的作用，助力妇联改革成效的充分发挥，推进基层妇联组织进一步创新发展。

（二）研究方法

本研究以C市妇联改革为案例，以基层妇联（街道、社区妇联）为研究对象，运用问卷调查法和访谈法收集资料，向工作在第一线的基层妇联工作人员（妇联主席、妇联执委、妇女专干等）发放了1020份问卷，并开展访谈，运用数据统计方法和质性分析方法对资料进行深度分析，对基层妇联组织进行扎根式考察调研。这不仅能够揭示出妇联改革的成效，还能分析出基层妇联组织服务群众作用的发挥及发展的困境与障碍，为社会工作嵌入基层妇联工作路径与机制研究提供了可靠的实证依据和路径依据。

四　研究创新与研究局限

（一）视角创新

加强基层妇联组织工作的服务性，建设服务型妇联组织，是妇联改革的一个重要要求和方向。妇联改革侧重于调整组织结构，通过"会改联"、扩大执委、建立"妇女之家"和网上妇联以及在"两新"组织中建立妇联等方式实现组织吸纳、组织扩张及组织区域化，达到"哪里有妇女，哪里有妇联"的组织覆盖，使妇联真正成为妇女的"娘家人"。但是，学术研究还少有探讨妇联工作与社会工作的联结。社会工作是专门提供服务的学科，具有专业化优势和专业人才优势。社会工作有助于基层妇联工作在妇女需求评估、服务方案制订、服务结果评估等方面实现专业化发展，促进基层妇联工作专业化与效能的提升。为此，本研究以基层妇联改革为背景，引入社会工作嵌入视角，探讨行政性非专业化的妇联工作与专业性妇女社会工作协调、融合、嵌入发展的可行性、必要性、实践性，以及协同发展的路径与机制，以增强深化基层妇联改革的问题意识与技术导向，拓展目前学界对妇联组织研究的学科视域。从这个意义上来说，本研究视角独特且具有一定的开创性。

（二）内容创新

关于妇联工作的研究绝大多数来自妇联组织体系内部，以贯彻领导讲话精神和总结实践工作居多，运用社会专业学科视角和社会学理论分析框架研究妇联妇女工作的学术研究较少。本研究将马克思主义妇女理论与马克思的人的自由全面发展理论相结合，首次提出并论证了妇联组织的终极目标、长远目标与阶段目标之间的关系，并运用组织社会学理论阐释了妇联组织的角色、结构与功能，运用社会学结构功能理论分析了妇联组织改革存在的困境，运用嵌入理论探讨了专业妇女社会工作与行政性妇联妇女工作之间共生共融的协同发展关系及创新路径。这些学科和视角的运用使本研究的内容具有一定的创新性，在一定程度上丰富了中国特色妇女发展理论的学术研究，对进一步深化基层妇联改革和工作创新具有一定的现实指导意义。

此外，本研究运用问卷调查法和访谈法收集了大量来自基层妇联的调研资料。对这些资料进行分析、整理为本研究提供了许多观点上和论据上的支持，为研究内容的创新提供了丰富、真实的第一手资料，基层妇联丰富的工作内容通过学术研究可以传承下来，为以后的学术研究提供参考。为此，本研究引用和保留了基层妇联工作的第一手资料，尝试妇联工作内容与学术研究的整合，为妇联工作搭建学术研究平台，促进妇联工作内容的学术转化。

（三）研究局限

　　课题调研期间我国正处于疫情防控阶段，这在一定程度上影响了开展访谈和深入社区参与观察。另外，社会工作嵌入基层妇联工作是一个新课题，在实践领域刚刚起步，还处于探索阶段，有的社会工作嵌入处于嵌入性发展的初级阶段，嵌入的路径和机制不够成熟和完善，有待今后继续开展深入的研究。

第一章　新时代新征程：妇联工作
创新的时代背景

　　党的十八大揭开了中国特色社会主义新时代的序幕，党的十九大报告掷地有声地明确宣告"经过长期努力，中国特色社会主义进入了新时代，这是我国发展新的历史方位"①，开启了在习近平新时代中国特色社会主义思想指引下的新征程。

　　马克思曾说："问题就是时代的口号，是它表现自己精神状态的最实际的呼声。"② 每个时代总有属于它自己的问题，准确地把握并解决这些问题，就会把理论、思想，把人类社会大大地向前推进一步。③ 习近平总书记在党的二十大报告中也指出，坚持问题导向，回答并指导解决问题是理论的根本任务。要增强问题意识，不断提出真正解决问题的新理念、新思路、新办法。④ 新时代主题、新时代主要矛盾转化、新时代国家治理现代化，为我们"聚焦实践遇到的新问题、改革发展稳定存在的深层次问题、人民群众急难愁盼问题"⑤，提供了现实依据和时代背景。

第一节　新时代主题：中华民族伟大复兴的中国梦

　　每个时代都有各自的主题。只有科学地认识所处时代的主题，才能制定正确的纲领、路线、方针和政策。中国妇女运动只有与时俱进地确

---

①　习近平：《决胜全面建成小康社会 夺取新时代中国特色社会主义伟大胜利——在中国共产党第十九次全国代表大会上的报告》，《人民日报》2017 年 10 月 28 日，第 1 版。

②　马克思、恩格斯：《马克思恩格斯全集》（第四十卷），北京：人民出版社，1982，第289~290 页。

③　习近平：《之江新语》，杭州：浙江人民出版社，2007，第 235 页。

④　习近平：《高举中国特色社会主义伟大旗帜 为全面建设社会主义现代化国家而团结奋斗——在中国共产党第二十次全国代表大会上的报告》，《求是》2022 年第 21 期。

⑤　习近平：《高举中国特色社会主义伟大旗帜 为全面建设社会主义现代化国家而团结奋斗——在中国共产党第二十次全国代表大会上的报告》，《求是》2022 年第 21 期。

立时代主题，才能保证正确的前进方向。① 2012 年 11 月 15 日，习近平总书记在十八届中央政治局常委与中外记者见面会时庄严宣告："我们的责任，就是要团结带领全党全国各族人民，接过历史的接力棒，继续为实现中华民族伟大复兴而努力奋斗，使中华民族更加坚强有力地自立于世界民族之林，为人类作出新的更大的贡献。"② 这一宣告明确提出了中华民族伟大复兴的中国梦的新时代主题。2013 年 10 月 31 日，习近平总书记在与全国妇联新一届领导班子集体谈话时指出，"实现中华民族伟大复兴，是党和国家工作大局，也是当代中国妇女运动的时代主题"③，这为新时代中国妇女解放和全面发展指明了根本出路。这是从党和国家工作全局与战略高度审视妇女运动做出的重大判断，赋予新时代中国妇女运动更为丰富的时代内涵，阐明了实现中华民族伟大复兴与妇女发展的关系，也为妇联组织服务大局、团结动员妇女建功新时代明确了坐标定位，指明了路径方法。④

一　妇女是实现中国梦的重要人力资源

马克思主义唯物史观是具有鲜明的群众特征的历史观，马克思、恩格斯认为人民群众是历史活动的主体，社会历史活动越深入，人民群众的力量越强大，并深刻指出"群众给历史规定了它的'任务'和它的'活动'"⑤，"历史活动是群众的活动，随着历史活动的深入，必将是群众队伍的扩大"⑥。妇女作为人民群众的重要组成部分，在人类历史发展中扮演着重要角色。

习近平总书记继承和发展马克思主义人民群众是历史创造者的唯物

---

① 刘亚玫、张永英、杨玉静、石鑫：《论习近平总书记关于新时代妇女发展和妇女工作重要论述的科学内涵》，《妇女研究论丛》2018 年第 5 期，第 9~20 页。
② 赵迎新：《国家记忆：共和国难忘瞬间》，北京：中国摄影出版社，2016，第 387 页。
③ 《习近平在同全国妇联新一届领导班子集体谈话时强调 坚持男女平等基本国策 发挥我国妇女伟大作用》，《中国妇运》2013 年第 11 期，第 4~5 页。
④ 刘亚玫、张永英、杨玉静、石鑫：《论习近平总书记关于新时代妇女发展和妇女工作重要论述的科学内涵》，《妇女研究论丛》2018 年第 5 期，第 9~20 页。
⑤ 马克思、恩格斯：《马克思恩格斯文集》（第一卷），北京：人民出版社，2009，第 285 页。
⑥ 马克思、恩格斯：《马克思恩格斯文集》（第一卷），北京：人民出版社，2009，第 287 页。

史观基本观点，始终坚持妇女的自主性、能动性、创造性，充分肯定和大力赞扬妇女作为社会主体的智慧、才干、能力和力量。习近平总书记指出："妇女是物质文明和精神文明的创造者，是推动社会发展和进步的重要力量。没有妇女，就没有人类，就没有社会。"① 毛泽东也指出："人民，只有人民，才是创造世界历史的动力。"② 在中华民族最危难的时刻，毛泽东又提出："全国妇女起来之日，就是中国革命胜利之时。"③ 中国共产党十分重视妇女力量的发挥，在中国革命、建设、改革、复兴的各个历史时期，始终坚持把实现妇女解放和发展、实现男女平等写在自己奋斗的旗帜上，始终把广大妇女作为推动党和人民事业发展的重要力量。正如习近平总书记所说："我们党带领人民不懈奋斗的光辉历程，每一个胜利都有着广大妇女的积极参与和卓越贡献。广大妇女对党和人民事业的贡献不可磨灭。"④ 广大妇女也自觉把自身解放融入中国共产党领导的民族民主革命洪流中，为国家独立、民族解放做出了不可磨灭的贡献。

巾帼不让须眉，时代成就梦想。新时代，在实现中华民族伟大复兴的征途中，妇女作为一种伟大的人力资源和人才资源，也必将发挥巾帼精神，汇聚巾帼力量，书写新时代巾帼壮美画卷。

二 妇联团结引领妇女共筑中国梦

实现中华民族伟大复兴的中国梦是中国共产党始终不渝追求的奋斗目标，是全中国人民的共同期盼。中华民族伟大复兴的中国梦既是国家之梦、民族之梦、人民之梦，又是亿万中国妇女之梦。因为实现中华民族伟大复兴的中国梦的过程与促进男女平等和妇女全面发展的过程是同步同向进行的，这个梦想成真的过程也是男女依法平等行使民主权利、平等参与经济社会发展、平等享有改革发展成果的图景一步步成为现实的过程。因此，中国梦不是口号，也不是一种宣传，而是需要亿万妇女

---

① 习近平：《促进妇女全面发展 共建共享美好世界——在全球妇女峰会上的讲话》，《中国妇运》2015 年第 11 期，第 4~5 页。
② 毛泽东：《毛泽东选集》（第三卷），北京：人民出版社，1991，第 1031 页。
③ 中华人民共和国妇女联合会编《毛泽东主席论妇女》，北京：人民出版社，1978，第 8 页。
④ 人民日报社理论部编《深入领会习近平总书记重要讲话精神（上）》，北京：人民出版社，2014，第 69 页。

有更加自觉主动的担当，为实现梦想而奋斗。在中国人民追求美好生活的过程中，每位妇女都有共同享有人生出彩的机会①，共同享有梦想成真的机会，共同享有同祖国和时代一起成长和进步的机会②。

中国梦赋予广大妇女实现梦想的重要责任担当。正如习近平总书记所指出的，中国梦是一个具有凝聚力的目标，是中华民族的最大公约数，要牢牢把握这一时代主题，使我国亿万妇女肩负起更重要的责任担当。③没有妇女的广泛参与，就不可能有伟大的社会变革；没有妇女自我意识的觉醒和自觉奋争，妇女的彻底解放和全面发展就不可能实现。同样，实现中国梦也需要广大妇女的自我意识觉醒、自觉奋斗和广泛参与，需要激发广大妇女把个人梦想和实现中国梦紧密结合在一起。因此，习近平总书记指出，实现中国梦是要落实的，妇联组织要帮助妇女点燃梦想、追寻梦想、共筑梦想，为妇女释放创造活力、实现自我价值搭建平台，促进妇女权益更有保障、人生更加出彩、生活更加幸福。④

新时代主题吹响了妇联工作改革和创新的号角。对妇联组织而言，新时代主题是观察和处理新时代妇女问题的出发点，是制定新时代妇联工作策略的根本依据。新时代主题要求妇联组织发挥政治引领作用，以中华民族伟大复兴的中国梦为新时代妇女运动的时代主题，以巾帼建新功、共筑中国梦为方向引领，以开展中国特色社会主义和中华民族伟大复兴的中国梦主题宣传教育为载体，以中国梦筑牢妇女团结奋斗的共同思想基础，以中国梦激发妇女创新创造的无穷活力，承担起新时代赋予妇联妇女工作的新要求、新任务、新使命、新担当，"团结引导广大妇女把自身奋斗追求汇聚到实现中华民族伟大复兴的历史征程之中"⑤，把广大妇女个人梦想融入实现中华民族伟大复兴的中国梦的新征程中，融入

---

① 习近平：《促进妇女全面发展 共建共享美好世界》，《人民日报》2015 年 9 月 28 日，第 3 版。

② 刘亚玫、张永英、杨玉静、石鑫：《论习近平总书记关于新时代妇女发展和妇女工作重要论述的科学内涵》，《妇女研究论丛》2018 年第 5 期，第 9~20 页。

③ 习近平：《坚持男女平等基本国策 发挥我国妇女伟大作用》，《妇女研究论丛》2014 年第 1 期，第 5~6 页。

④ 刘亚玫、张永英、杨玉静、石鑫：《论习近平总书记关于新时代妇女发展和妇女工作重要论述的科学内涵》，《妇女研究论丛》2018 年第 5 期，第 9~20 页。

⑤ 沈文娟编《治国理政新实践 习近平总书记重要活动通讯选（一）》，北京：新华出版社，2019，第 655 页。

中国特色社会主义现代化建设中，让广大妇女与新时代同行，为新时代新目标奋斗，做新时代新女性，在以中国式现代化推进中华民族伟大复兴的中国梦的进程中，大展巾帼风采，书写精彩人生，再创"巾帼不让须眉"的光辉业绩，谱写新时代妇女事业新篇章。

第二节 群团改革：妇联自我革新担当的新使命

新时代主题提出新要求，新时代主题赋予新使命。随着中国特色社会主义进入新时代，妇联妇女工作面临着新使命、新担当。如何提高妇联工作水平，如何开创妇联工作新局面，党的群团工作会议直面这些突出问题，指明了前进方向。

一 中国共产党历史上的第一次群团工作会议

新时代，中国共产党对妇联妇女工作提出了新的更高要求，指明了新方向。2014 年 12 月，中共中央政治局会议通过《中共中央关于加强和改进党的群团工作的意见》。2015 年 1 月，中共中央印发《关于加强和改进党的群团工作的意见》；2 月，新华网对外公开报道，正式拉开了新时代群团改革的序幕。为了进一步贯彻和落实意见精神，2015 年 7 月 7 日，中共中央召开了党的历史上第一次群团工作会议。会议的主要任务是研究与分析新形势下党的群团工作面临的新情况与新问题，针对问题推动群团改革，开创党领导下群团工作的新局面。

习近平总书记在党的群团工作会议上发表了重要讲话，一方面高度肯定了党的群团工作的重要地位和历史贡献，指出群团事业是党通过群团组织开展的群众工作，是党组织动员广大人民群众为完成党的中心任务而奋斗的重要工作，是党的事业的重要组成部分，是中国共产党的一大创举和一大优势，强调了党的群团工作肩负着新时代的庄严使命，即从巩固党执政的阶级基础和群众基础的政治高度，把工人阶级主力军、青年生力军、妇女"半边天"作用和人才第一资源作用充分发挥出来，使之成为推进国家治理体系和治理能力现代化的一支重要力量；另一方面，结合新形势下党的群团工作面临的新情况和新问题，重点针对脱离群众的问题，提出自我革新、问题整改、体制创新，转变思想观念，改进工作作风，提高工作水平，首次提出保持和增强党的群团工作和群团组织的政治性、先进性、群众性的重大命题，提出群团改革的重大任务，提出群团组织要强化服务意识、提升服务能力，要坚持眼睛向下、面向基层。①

群团工作会议召开后，新华社受权发布了《中共中央关于加强和改进党的群团工作的意见》，从党的群团工作的重要地位再次阐述了加强和改进党的群团工作的重要性和紧迫性，指出了中国特色社会主义群团发展道路是中国特色社会主义道路的重要组成部分，并概括了其基本特征是自觉接受党的领导、团结服务联系妇女群众、依法依章程开展工作三者相统一；强调了群团组织是党和政府联系人民群众的桥梁和纽带，加强和改进党对群团组织的政治领导、思想领导、组织领导是做好群团工作的根本保证，既要自觉服从党的领导，增强群众性，又要多为群众办好事、解难事，要创新基层组织设置和活动方式，提高网上群众工作水平，通过创造性工作增强发展活力、赢得群众信任，要把工作重心放在最广大普通群众身上，克服机关化、脱离群众现象，建好群众之家、当好群众之友。②

习近平总书记关于群团工作会议的重要讲话和《中共中央关于加强和改进党的群团工作的意见》，给妇联组织开展妇女工作带来了重大历史机遇，提出了新的更高要求，为新时代妇联组织改革创新指明了方向。

二　责任与担当：妇联改革破"四风"

2015 年 7 月，全国妇联召开十一届三次执委会议，会议主要任务是学习领会和贯彻落实党中央关于群团改革会议精神，结合妇联工作中存在的突出问题，研究妇联组织妇女工作创新发展的思路和举措，推进妇联改革创新，努力开创妇联工作新局面。中共中央政治局委员、国家副主席李源潮在会上作了《认真贯彻落实中央党的群团工作会议精神—大力推进妇联工作改革创新》的讲话，指出要把握新形势下群团工作的行

---

① 《习近平出席中央党的群团工作会议——习近平在中央党的群团工作会议上强调 切实保持和增强政治性先进性群众性 开创新形势下党的群团工作新局面》，《中国妇运》2015 年第 8 期，第 4~5 页。

② 《中共中央关于加强和改进党的群团工作的意见》，北京：人民出版社，2015，第 24 页。

动指南，保持和增强妇联工作和妇联组织的政治性、先进性、群众性，切实解决机关化、行政化、贵族化、娱乐化现象，解决群众组织脱离群众的突出问题。① 全国妇联主席沈跃跃在闭幕式上作了《深入学习贯彻习近平总书记在中央党的群团工作会议上的重要讲话精神以改革创新精神开创妇联工作新局面》的讲话，指出机关化、行政化、贵族化、娱乐化等现象在妇联组织不同层级有不同表现，或多或少、或轻或重地存在；如果看不到这些现象，解决不好这些问题，就会影响妇联的动员力、号召力、影响力；强调妇联必须充分认清自身肩负的重要使命，以高度的忧患意识、问题意识和改革意识下大气力解决突出问题，把自身建设得更加充满活力、更加坚强有力，最广泛地把妇女群众动员、组织、团结起来，为完成党确定的目标任务，推进中国特色社会主义伟大事业努力奋斗。②

为了贯彻落实习近平总书记重要讲话精神和党的群团工作会议精神，2015 年 8 月，全国妇联印发了《关于贯彻落实〈中共中央关于加强和改进党的群团工作的意见〉实施方案》，从九个方面对妇联系统贯彻落实习近平总书记重要讲话精神、党的群团工作会议精神及《中共中央关于加强和改进党的群团工作的意见》精神作出了具体部署。文件指出，要"增强自我革新的决心和勇气，大力推进妇联组织和工作改革创新聚焦突出问题，在克服机关化、行政化、贵族化、娱乐化现象上下大气力"，积极推动妇联改革创新。

2016 年 9 月，中共中央办公厅印发了《全国妇联改革方案》，从妇联组织性质上重申妇联妇女工作的重要地位，提出要以强烈的责任担当和自我革新的勇气全面推进全国妇联改革，提高妇女工作的能力和水平，努力开创妇联工作新局面。它从组织结构再造、妇联干部队伍建设、服务大局服务妇女载体方式路径创新、提高服务妇女和维护妇女合法权益能力、做强基层夯实基础、打造"网上妇女之家"、加强党的领导七个

① 李源潮：《认真贯彻落实中央党的群团工作会议精神 大力推进妇联工作改革创新——在全国妇联十一届三次执委会议上的讲话》，《中国妇运》2015 年第 8 期，第 6~8 页。
② 沈跃跃：《深入学习贯彻习近平总书记在中央党的群团工作会议上的重要讲话精神以改革创新精神开创妇联工作新局面——在全国妇联十一届三次执委会议上的讲话》，《中国妇运》2015 年第 8 期，第 9~13 页。

方面，明确了全国妇联改革的指导思想、基本原则和目标要求，提出了统筹安排、思想引导、循序渐进、监督检查、有序实施改革任务、确保各项改革措施落实到位取得实效的要求。①

问题是时代的声音，也是改革的起点。任何改革都是以问题为导向的，问题导向是群团改革的一个突出特点。群团改革针对的问题是"四风"问题，实质是脱离群众问题。② 群团改革为妇联改革和妇女工作创新指明了方向。如果不解决"四风"和脱离群众问题，就会影响妇联作为党和政府联系妇女群众的桥梁和纽带作用，就会被妇女群众边缘化，就会失去组织存在的功能与价值，无法完成党交给我们的做好妇女群众工作的政治使命。因此，妇联改革要紧紧围绕"强三性""去四化"的总体要求，聚焦服务党的中心工作大局，密切联系和服务好广大妇女群体，解决存在的"脱节、脱离"问题，寻找问题结合点，推进妇联工作的改革创新。自2015年党的群团工作会议召开以来，习近平总书记对妇联工作提出了一系列新指示、新精神，作出了一系列新部署，尤其是对做好基层妇联组织建设提出了新思想、新论断和新要求。各级妇联以改革创新精神开创了妇女工作新局面，引领广大妇女为实现中华民族伟大复兴的中国梦建功新时代。

第三节 社会主要矛盾的转化：妇联工作面临的新任务

一个历史时期内党的中心任务与工作重点是紧密围绕社会主要矛盾的解决制定的。科学判断社会主要矛盾是明确社会发展方向与制定党和国家路线、方针、政策以及确立中心任务、工作方向的重要依据。面对不同历史时期社会主要矛盾转化的新形势、新特征和新任务，妇联工作需要紧密围绕社会主要矛盾转化和妇女需求变化，找好工作结合点。

一 社会主要矛盾的转化与妇联中心工作的转变

社会主要矛盾和党的中心任务以及妇联中心工作是紧密相连的。由

---

① 《中办印发〈全国妇联改革方案〉》，《人民日报》2016年9月22日，第1版。
② 中共中央文献研究室编《习近平关于社会主义政治建设论述摘编》，北京：中央文献出版社，2017，第189页。

于社会主要矛盾的变化，不同历史阶段国家发展呈现不同的阶段性特征。随着不同历史时期社会主要矛盾的转化和党的中心任务变化，妇联领导的妇女工作也会随之发生调整和变化。因此，正确认识和认真分析社会主要矛盾与妇联中心工作，对全面推进妇联改革创新意义重大。

在新民主主义革命时期，中国共产党领导的妇女工作紧紧围绕帝国主义与中华民族的矛盾、封建主义与人民大众的矛盾这两个主要矛盾，动员团结广大妇女投身于民族民主革命的洪流之中。1949 年 4 月 1 日，中国妇女一大通过的《中华全国民主妇女联合会章程》明确了妇联的宗旨是团结妇女群众和全国人民，为彻底反对帝国主义、摧毁封建主义和官僚资本主义，为建设统一的人民民主共和国而奋斗，并努力争取实现男女平等，妇女解放。① 这一宗旨的提出是对这一时期党领导妇女工作重心的概括和总结，同时表明了这一时期党领导的妇女工作与当时的社会主要矛盾是息息相关的。

新中国成立和社会主义基本制度的确立意味着近代中国社会主要矛盾得到化解，中国共产党的中心工作发生重大转变。1956 年，党的八大指明我国社会主要矛盾"已经是人民对于建立先进的工业国的要求同落后的农业国的现实之间的矛盾，是人民对于经济文化迅速发展的需要同当前经济文化不能满足人民需要的状况之间的矛盾"②，党的中心任务是带领全国人民为早日实现工业化开展社会主义建设，以期满足人民群众对经济文化迅速发展的需要，党领导的妇女工作中心也随之发生改变，妇联领导的妇女工作将妇女解放融入建设伟大社会主义的时代主题之中。1957 年，全国妇联三届章程规定"在中国共产党的领导下，团结和教育全国妇女积极参加祖国的社会主义建设"③。只有发展生产力，各种妇女问题才能在建设社会主义过程中得到解决。全国妇联围绕中心、服务大局，科学分析社会主要矛盾，以实现国家工业化为妇女工作的奋斗目标，确定了"以生产为中心"的工作方针，将引导动员广大妇女群众投身土

---

① 孙晓梅：《中国近现代女性学术丛刊 续编九》（第 29 册），北京：线装书局，2015，第 721 页。

② 中共中央党史研究室编《中国共产党历史：第二卷（1949—1978）》，北京：中共党史出版社，2011，第 255 页。

③ 谭琳、姜秀花主编《中国妇女组织发展的理论与实践》，北京：社会科学文献出版社，2007，第 398 页。

地改革运动和工农业劳动生产作为首要任务。妇联组织贯彻执行"勤俭建国、勤俭持家"方针，妇女群众被广泛发动起来，有力地支援了国家经济建设。但是，由于党的八届三中全会对主要矛盾的误判，错误地把阶级斗争看作中心工作，党的路线方针与妇联工作曾经一度偏离了工业化和社会主义建设这一工作中心和主线。

随着改革开放进入新时期，1978年12月，党的十一届三中全会把经济建设确定为党和国家的工作重心。1981年，党的十一届六中全会对社会主要矛盾作了新的阐释："人民日益增长的物质文化需要同落后的社会生产之间的矛盾。"① 基于新形势下的社会主要矛盾变化，党和国家的中心任务也作出了重大调整，坚持改革开放和经济建设，逐步改善人民的物质文化生活，率领全国人民走中国特色社会主义道路。以社会主要矛盾变化为主要依据，妇联工作中心围绕党和国家的中心工作转移而进一步作出调整。一方面，妇联组织围绕党和国家的中心工作，制定了与改革开放相适应的妇女工作方针，团结动员妇女群众踊跃参与国家现代化建设伟大事业。妇联号召妇女群众树立"自尊、自信、自立、自强"精神，大力开展女性创新创业实践活动。妇联工作将男女平等、妇女发展同社会进步融为一体。另一方面，鉴于改革开放以来社会主义市场经济对妇女权利的冲击日益加大，妇联把发展生产力同维护妇女权益有机结合起来制定妇女工作中心任务，不断完善角色和职能，积极承担维护妇女合法权益和促进妇女发展的工作任务，将维权作为主要出发点和归宿。

党的十八大的召开标志着中国特色社会主义进入新时代。2017年11月，习近平总书记在党的十九大报告中指出，"我国社会主要矛盾已经转化为人民日益增长的美好生活需要和不平衡不充分的发展之间的矛盾"。2022年，党的二十大报告再次明确了我国社会主要矛盾是人民日益增长的美好生活需要和不平衡不充分的发展之间的矛盾，提出紧紧围绕这个社会主要矛盾推进各项工作，不断丰富和发展人类文明新形态。新的社会主要矛盾成为党和国家在新时代制定社会发展各种方针政策的主要依据，同时也是新时代妇联工作改革创新的主要依据。妇联坚定不移地服

---

① 《中国共产党中央委员会关于建国以来党的若干历史问题的决议》，北京：人民出版社，1981，第54页。

务实现"中国梦"这一党和国家工作大局，把促进妇女全面发展同国家富强、民族振兴的发展目标有机融合。妇联应该以需求为导向，从广大妇女最关心、最现实的利益问题出发，适时调整中心任务，以积极负责的态度为妇女群众提供切实、有效的帮助。

习近平总书记指出："社会主要矛盾的变化是关系全局的历史性变化，对党和国家工作提出了许多新要求。"[①] 党的二十大报告指出："鼓励共同奋斗创造美好生活，不断实现人民对美好生活的向往。我们要实现好、维护好、发展好最广大人民根本利益，紧紧抓住人民最关心最直接最现实的利益问题。"[②] 新的历史方位和新的历史时期主要矛盾特征赋予妇联新使命和新任务。妇联必须牢牢把握这一新的社会主要矛盾特征，深入基层妇联妇女工作，深入基层妇女群众，认真研究新时代妇女工作的新情况和新特点，紧紧围绕妇女需求，努力提高满足妇女追求美好生活的工作能力。

二　妇女对美好生活的向往与妇联工作新要求

中国特色社会主义进入新时代，社会主要矛盾转化的科学判断表明，生产力的巨大发展促使人民群众产生对美好生活的向往。妇女作为人民群众的重要组成部分，从生理性别和社会性别维度来看，共同的生理特征以及社会体验和社会身份把她们联结为一个共同体，整体而言，具有共同的对更高层次物质文化生活的需要和对美好生活的向往。公平公正、共建共享的美好生活成为妇女发展的目标追求，也对妇联做好服务妇女的各项工作提出了一系列新课题、新要求。

历史唯物主义认为，人的需要不是单一的，是多层次的。人的需要可以划分为物质性、社会性和精神性需要。物质性需要是人的基本需要，当物质性需要得到充分满足之后，人们还会追求社会性需要和精神性需要的满足。[③] 正如马斯洛的需求层次理论所指出的，人的需求由低到高

①　习近平：《决胜全面建成小康社会 夺取新时代中国特色社会主义伟大胜利——在中国共产党第十九次全国代表大会上的报告》，《人民日报》2017 年 10 月 28 日，第 1 版。

②　习近平：《高举中国特色社会主义伟大旗帜 为全面建设社会主义现代化国家而团结奋斗——在中国共产党第二十次全国代表大会上的报告》，《求是》2022 年第 21 期。

③　丁雪露：《论新时代人民美好生活需要的哲学意蕴》，《特区经济》2023 年第 2 期，第 20~23 页。

划分为生理需求、安全需求、归属和爱的需求、尊重的需求与自我实现的需求五个层次。当人的低层次需求（如生理需求和安全需求）得到满足以后，就会追求更高层次的需求，即归属和爱的需求、尊重的需求与自我实现的需求。由此可见，美好生活产生于人民群众对生活需要得到满足、生活水平得到提高的真切追求，是一种全面、多层次并且协调的生活。习近平总书记指出："我们的人民热爱生活，期盼有更好的教育、更稳定的工作、更满意的收入、更可靠的社会保障、更高水平的医疗卫生服务、更舒适的居住条件、更优美的环境。"① 2015 年，他在全球妇女峰会上指出："在中国人民追求美好生活的过程中，每一位妇女都有人生出彩和梦想成真的机会。"②

　　妇女群众对美好生活的需要随着生产力的发展和生活水平的提高在不断地增长。新中国成立以来，尤其是男女平等的基本国策确立以后，我国妇女的地位得到明显提升，妇女的生存发展环境得到不断优化，妇女的权益得到更好保障，妇女的获得感得到显著提升。妇女发展逐渐从物质层面转向精神层面，妇女自我意识增强，自我价值实现的需求日渐增强。无论是收入可观、家庭地位较高的知识女性，还是正在寻找工作的待业女性，尽管具体发展指向不同，但追求美好生活是她们的共同愿景，实现全面自由发展的意愿高度一致。社会公平、社会安全以及个人发展中的社会环境直接影响着妇女群众的现实生活，她们在民主、法治、公平、正义、安全、环境等方面追求享有与男子同等的权利。广大妇女要求加快推进社会主义民主与法治建设的呼声不断高涨。妇女群众要求党和政府不断加强女性政治参与的制度建设，要求法律严惩家庭暴力、性侵、拐卖妇女儿童等犯罪行为，切实保障妇女儿童人身安全，以期依靠法治建设保障美好生活诉求得到充分满足。广大妇女期待党和国家加快推进男女平等，进一步传播性别平等观念，完善就业机制和社会保障体系，迫切希望解决参与经济社会发展中面临的就业权益保障不充分和人力资本未得到充分开发的问题，以期形成良好平等的工作环境；希望男性参与家务劳动，平衡妇女在家庭和就业之间的矛盾冲突，可以在实

　　① 习近平：《习近平谈治国理政》（第一卷），北京：外文出版社，2018，第 4 页。
　　② 习近平：《促进妇女全面发展 共建共享美好世界——在全球妇女峰会上的讲话》，《中国妇运》2015 年第 11 期，第 4~5 页。

现中国梦过程中彰显巾帼风采。总而言之，广大妇女对美好生活充满期盼，向往自身权益得到更可靠的保障，向往有更多机会参与经济社会发展，向往家庭生活更加幸福美满，向往生存环境更加舒适和谐。

美好生活需要是新时代妇女理想生活的真实写照，要把妇女对美好生活的向往变为现实离不开全社会的共同努力。妇联是代表和维护广大妇女利益的群团组织，新时代妇联工作机遇与挑战并存。妇联要坚持以人民为中心的工作导向，将实现妇女对美好生活的向往作为妇女工作的出发点和落脚点，全面推进妇联工作高质量发展，攻坚克难、主动作为，进一步增强做好妇女工作的使命感和责任感。妇联要紧紧围绕实现妇女群众对美好生活的向往这一目标坚持改革创新，以更大力度、更实举措深化基层妇联组织、妇联干部队伍建设和妇联工作方式方法的改革创新，把妇联组织建设得更加充满活力、更加坚强有力。基层妇联组织要深入妇女群众，了解妇女需求，反映妇女呼声，回应妇女关切，牢牢把握妇女对美好生活的需要，从广大妇女最关心、最直接、最现实的利益问题入手，坚持统筹兼顾，增强均衡性和可及性，扎实推进妇女群体的共同富裕，不断增强妇女的获得感、幸福感、安全感。

三　妇女发展不平衡不充分与妇联工作新挑战

新时代社会主要矛盾折射出广大妇女既拥有追求美好生活的共同向往，也存在因发展不平衡不充分而发出的不同声音。习近平总书记指出："各国各地区妇女发展水平仍然不平衡，男女权利、机会、资源分配仍然不平等，社会对妇女潜能、才干、贡献的认识仍然不充分。"[①] 妇女发展不平衡不充分是妇女工作亟待解决的主要问题，对妇联工作提出了新挑战，为妇联改革创新指明了新方向。

妇女群体具有所占人口比重大、年龄跨度大、分布范围广、职业种类多等特点。"妇女"这一看似单一的、整合的、统一的概念，其实掩盖了群体内部的个体差异。美国著名女性主义理论家琼·斯科特认为，由于决定人们身份认同的各种社会差别的相互作用，以及各种差别内涵

---

① 习近平：《促进妇女全面发展 共建共享美好世界——在全球妇女峰会上的讲话》，《中国妇运》2015 年第 11 期，第 4~5 页。

的历史变化，"妇女"不可能是一个内涵一致、固定不变的统一体。① 中国进入社会主义市场经济以后，随着社会结构的变迁，妇女群体逐步打破了传统的政治经济一体化、经济生活单一化、利益主体同质化格局，许多妇女由"单位人"变为"社会人"，这加剧了妇女群体的异质性。② 妇女群体内部开始出现明显分化，因教育背景、政治面貌、工作状况、年龄状况、地域状况、婚姻状况以及生育状况的不同而分化为不同的利益群体。不同妇女群体的自我意识虽有很大发展但又不完全同步，谋独立、求发展的主动性有显著增强但又相去甚远。她们在思维方式、行为举止和生活方式上表现出更加多样化的特点，在利益诉求和人生追求方面也呈现更加多元化的态势。

不同妇女群体的发展呈现不平衡和不充分特征。妇女发展不平衡指的是妇女各方面发展失衡，妇女发展不充分指的是一些方面存在发展不足。由于城乡之间、区域之间的社会发展不平衡，我国边远地区的贫困妇女、留守妇女民生保障力度还需加大，妇女强烈要求提升在婚姻家庭中的地位、提高科技文化素质和增强适应市场经济发展的本领。区域之间、区域内部教育资源分配不均衡，导致教育水平存在差异，寻求区域教育公平成为妇女关心的又一重要问题。由于不同妇女群体发展不平衡，她们在需求上也表现出较大的层次性差异。病残妇女的生活状况和致富需求值得关注，目前主要集中在解决生理需求和安全需求层次的问题，并且老年妇女在养老、医疗和社会保障方面需要切实的帮助。女干部、女企业家、女知识分子、女科技工作者等高层次精英女性的物质需求普遍得到满足，她们开始提出更高的需求，如参与经济社会建设、和谐社会建设以实现自我价值的需求非常迫切和强烈。③ 妇女发展不平衡是整个社会发展不平衡的集中体现，妇女发展不充分是妇女发展质量不高的关键因素。只有把妇女发展的公平问题和妇女发展的充分问题结合起来，才能实现妇女全面的、可持续的、充分的发展。

---

① 王政、杜芳琴主编《社会性别研究选译》，北京：生活·读书·新知三联书店，1998，第360页。

② 汪超：《"一型四化"视角下妇联基层组织建设的治理现代化——以湖北省为表述对象》，《湖北社会科学》2015年第5期，第69~74页。

③ 汪超：《"一型四化"视角下妇联基层组织建设的治理现代化——以湖北省为表述对象》，《湖北社会科学》2015年第5期，第69~74页。

　　面对妇女阶层结构异质化、需求多元化的情况，基层妇联组织的服务能力与当前妇女群众的多元化需求还存在一定程度的不适应，如果基层妇联不及时调整机关化的工作方式和工作手段，那么基层妇女工作将难以触及片区内的所有妇女，无法有效地将各利益群体的妇女纳入自己的服务范围，使部分女性游离于工作之外，妇女工作出现盲区，妇联的桥梁和纽带作用被削弱。妇联如何更好地履行服务妇女多元化需求的职能？习近平总书记强调，特别要关注农村妇女、残疾妇女、流动妇女、中老年妇女、少数族裔妇女的健康需求，保障女童的受教育权，并着眼于女童和妇女未来发展的实际需要，通过发展教育保障妇女能够更好地适应经济社会发展的变化。[1] 这就要求妇联在党的领导下自觉增强做好妇女工作的能力和本领，以改革创新精神不断加强自身建设，切实维护广大妇女群众的权益。因此，基层妇联的妇女工作要充分考虑妇女发展不平衡不充分的现实状况，看到妇女群体由内部差异导致的多元性和复杂性，了解妇女群体尤其是弱势妇女、特殊妇女的需求，准确聚焦各个妇女群体的发展问题，制定满足妇女特殊需求的积极政策和倾斜性措施，对促进妇女发展的主要目标和策略措施做专门安排。习近平总书记指出，要把握妇女对美好生活的向往，有针对性地做好联系妇女、服务妇女各项工作，把更多注意力放在最普通的妇女特别是困难妇女身上。[2]

　　总之，妇女对美好生活的向往和解决妇女发展不平衡不充分的矛盾对妇女工作提出了新任务，为妇联工作创造了新机遇、提出了新挑战，也为基层妇联组织创新改革提供了新思路。妇联要坚持理论与实践、继承与创新、服务大局与服务妇女的有机统一。满足妇女美好生活的需要，解决好妇女发展不平衡不充分的矛盾，促进妇女实现自由全面发展。基层妇联工作要致力于基层妇联组织改革，转变作风，创新思路，不断提高基层妇联的公共服务水平。

---

①　刘亚玫、张永英、杨玉静、石鑫：《论习近平总书记关于新时代妇女发展和妇女工作重要论述的科学内涵》，《妇女研究论丛》2018 年第 5 期，第 9~20 页。

②　《习近平在同全国妇联新一届领导班子成员集体谈话时强调 坚持中国特色社会主义妇女发展道路 组织动员妇女走在时代前列建功立业》，《人民日报》2018 年 11 月 3 日，第 1 版。

四　把握妇女对美好生活的向往，拓展妇联服务新功能

面对新时代新形势下各种新的社会问题的出现，面对广大妇女的需求日趋多样化，拓宽妇联服务妇女的渠道，完善矛盾纠纷调解机制，既是妇联改革创新中面临的瓶颈，也是妇联组织深化改革、创新发展、适应时代要求、回应妇女期盼、加强自身建设的必然选择。

2015 年，习近平总书记在党的第一次群团工作会议上首次提出妇联等群团组织一定要"切实保持和增强党的群团工作和群团组织的政治性、先进性、群众性"[1]，为妇联工作创新发展指明了前进方向，对基层妇联工作提出了更高要求。基层妇联组织改革涉及体制机制、组织架构、方式方法等多个方面，必须抓住关键环节，突出重点领域，将改革落到实处。

（一）　推动妇女发展与经济社会发展同步进行

党的二十大报告提出，中国式现代化是全体人民共同富裕的现代化。共同富裕是中国特色社会主义的本质要求，也是一个长期的历史过程。报告指出，要坚持把实现人民对美好生活的向往作为现代化建设的出发点和落脚点，着力维护和促进社会公平正义，着力促进全体人民共同富裕，坚决防止两极分化。[2] 物质富足和精神富有是社会主义现代化的根本要求，广大妇女的物质贫困和精神贫乏不符合社会主义现代化妇女发展的要求。为此，基层妇联应该注重发挥组织优势，引导和帮助妇女在实现中国式现代化中实现自身发展。

妇联要坚持以妇女为中心的发展思想，维护广大妇女的根本利益，增进妇女民生福祉，不断实现发展为了妇女、发展依靠妇女、发展成果由妇女共享，让现代化建设成果更多更公平地惠及全体妇女。妇联组织要不断增强基层妇联引领妇女服务大局的本领。基层妇联既要坚持开展女性创新创业主题特色活动，又要从发挥女性优势出发，不断拓展活动

---

① 《习近平出席中央党的群团工作会议——习近平在中央党的群团工作会议上强调 切实保持和增强政治性先进性群众性 开创新形势下党的群团工作新局面》，《中国妇运》2015 年第 8 期，第 4～5 页。

② 习近平：《高举中国特色社会主义伟大旗帜 为全面建设社会主义现代化国家而团结奋斗——在中国共产党第二十次全国代表大会上的报告》，《求是》2022 年第 21 期。

的主题、内涵，最大限度地调动广大妇女的积极性，带领广大妇女在参与社会主义现代化建设中汇聚巾帼力量。

党的二十大报告提出实施就业优先战略。就业是妇女最基本的民生，强化妇女就业优先政策，健全妇女就业促进机制，促进广大妇女高质量充分就业，是增进妇女福祉、提高妇女生活品质的重要民生保障。为此，基层妇联要健全妇女就业公共服务体系，完善重点妇女群体就业支持体系，加强困难妇女群体就业兜底帮扶，统筹协调城乡妇女就业政策体系，破除妨碍妇女劳动力、人才流动的体制和政策弊端，消除影响妇女平等就业的不合理限制和就业歧视，使广大妇女拥有通过勤奋劳动实现自身发展的机会。

新时代基层妇联要紧密围绕实现民族复兴的时代主题，把服务大局、服务妇女作为始终不渝的价值追求。妇女既是社会发展的重要推动力量，也是妇联工作的主要服务对象。党和国家始终心系妇女，重视妇女工作，为新时代基层妇联组织更好地实现服务功能营造了良好的社会环境，提供了坚强的政治保证和丰富的资源。习近平总书记指出："服务群众、维护群众权益的大旗要牢牢掌握在我们手中，哪里的群众合法权益受到侵害，哪里的群团组织就要站出来说话。"[①] 因此，基层妇联组织要牢牢扎根于广大妇女群众，从妇女需求出发，将广大妇女对美好生活的期待作为妇女工作的奋斗目标，认真履行妇女维权和发展的职能。

（二）重心下移、服务下沉，夯实群众基础

妇联是根植于妇女群众的群团组织，妇女工作经验丰富，参与社会治理的群众工作基础深厚。作为妇女群众的"娘家"，妇联只有走好群众路线，为妇女群众提供更多更好的服务，让发展成果更多、更公平地惠及广大妇女，才能更好地体现新时代妇联工作的价值所在。而健全的组织结构可以为基层妇联组织覆盖社会各层次妇女群体、团结和凝聚妇女围绕党的周围提供宝贵的政治组织资源。然而，基层机构精减后，基层妇联人员配置极其有限，逐渐形成了倒金字塔组织架构，给妇女工作的开展带来了诸多不便。因此，基层妇联组织迫切需要进行一场改革

---

① 中共中央文献研究室编《习近平关于社会主义政治建设论述摘编》，北京：中央文献出版社，2017，第195页。

来破除壁垒，有效激发妇女工作活力，夯实群众基础。基层妇联工作要最大限度地延伸到基层各个领域，覆盖不同层面的妇女，切实做到妇女群众在哪里集中，就在哪里建立各具特色的"妇女之家"，就把妇女工作做到哪里，从而实现"上面千根线、下面一张网、身边一个家"的改革目标。基层妇联组织只有下基层，与妇女群众谈心交朋友，才能掌握妇女群众的真实情况，才能满足各个层次妇女群体的多元化需求。基层妇联组织要同妇女群众建立更广泛、更密切的联系，从妇女迫切需要的地方入手，将服务落实到日常生活之中。此外，基层妇联还要扩大基层组织队伍，吸收优秀妇女参与妇女工作，不断优化服务妇女群众的干部队伍，织密面向基层妇女的"服务网"。

（三）增强服务意识、拓宽服务渠道和创新服务手段

社会主要矛盾转化的新形势为妇联组织改革发展提供了良好机遇。面对妇女问题的多元性和复杂性，如妇女贫困问题、妇女维权问题、妇女就业问题、妇女教育问题、妇女健康问题、妇女婚恋问题、单亲母亲家庭亲子沟通问题、妇女成长和发展问题等，对这些问题的回应必须改变妇女工作的传统模式，改变行政导向性的妇女工作模式，代之以服务对象为本的专业性服务取向的协同枢纽型妇女工作模式。

基层妇联要充分发挥职能优势，致力于服务意识、服务渠道和服务手段的改革创新。一是基层妇联组织要充分发挥群团组织优势。党的中心工作随着社会主要矛盾的变化而变化，妇联作为党的群团组织，必须发挥群团组织优势和工作优势，切实做好联合各类女性社会组织与不同层面妇女建立广泛联系的工作。在新时代社会治理中，基层妇联要充分发挥政治引领、示范带动以及联系和服务的职能优势，不断推动建设一批专业社会工作者队伍，打造一批服务妇女的工作品牌，引导动员妇女积极参与、广泛受益。二是基层妇联组织要积极推动服务手段的改革创新，提升妇女工作的网络化、信息化水平。互联网的快速发展使人类社会结构和社会生活发生了深刻变革。基层妇联必须顺应时代发展，积极推动服务手段的改革创新，拓展网上工作阵地。基层妇联要充分利用互联网等现代信息手段，为妇女群众提供在线咨询、生活指导、舆情反馈等一体化网上服务；建立服务妇女满意度评价制度的网络平台，对妇女群众反映的新情况、新问题及时进行总结、解决，不断提高服务质量和水

平；探索"互联网+妇联""互联网+妇女"的工作模式，实现基层妇联、妇联干部与妇女群众之间的零距离沟通与联系；利用网站、博客、微博、QQ以及微信等互联网资源与平台，扩大先进思想的宣传阵地，强化思想引领，凝聚巾帼共识；开通党建信息化平台和公众号，开展主题鲜明的思想政治学习教育活动，增强妇联干部的奉献精神和服务意识。三是基层妇联组织要探索多部门多组织联合联动服务模式。基层妇联要充分运用基层现有公共服务设施，与公安局、人力资源和社会保障局等政府部门以及其他群团组织阵地共建、资源共享、信息联动、形成合力。四是基层妇联组织要创建妇女维权的综合服务模式。基层妇联应加快推进妇女维权网络建设，采取网上网下相结合的方式，积极创建集家庭矛盾排查、婚姻纠纷调解、家庭暴力心理疏导和法律援助于一体的妇女维权综合服务模式。

总之，新时代社会主要矛盾的转化预示着社会发展将面临许多新情况、新变化。一个不断发展的中国将为妇女的全面自由发展提供更多的可能性，也为把妇联组织建设得更加充满活力、更加坚强有力提供历史机遇。基层妇联组织只有加大力度严格要求，全面深化改革和总结经验，抓住联系和服务妇女这一工作生命线，在发挥妇联广泛性动员引领作用的基础上更加关注、关心特殊妇女群体的需求，了解广大妇女日益增长的对美好生活的需要，帮助她们解决最关心、最直接、最现实的利益问题，完善正确处理新形势下人民内部矛盾的机制，畅通和规范妇女群众诉求表达和利益协调以及权益保障通道，及时把矛盾纠纷化解在基层、消灭在萌芽状态，扛起依法维护妇女权益的大旗，让妇女感受到党的温暖，才能发挥妇联组织的优势，激发妇联组织的活力，开启基层妇联工作的新篇章。

第四节　国家治理现代化：妇联组织的新作为

新时代，以习近平同志为核心的党中央提出了一系列治国理政的新理念、新思想、新战略，为推进和实现国家治理现代化提供了有力武器，擘画了宏伟蓝图。妇联组织作为国家治理现代化中的重要一环，是围绕妇女发展而联结党、国家和社会的一个组织网络和制度通道①。它的发展不仅受到国家治理现代化发展趋势的影响,而且在一定程度上反作用于国家治理体系中各要素之间的关系。随着中国特色社会主义和中国式现代化的不断发展,妇联组织如何通过深化改革适应国家治理现代化的新任务、新要求,已成为妇联组织面临的一个重要现实问题。

一　妇联组织在国家治理现代化中的重要地位

2013 年 11 月 12 日,党的十八届三中全会通过了《中共中央关于全面深化改革若干重大问题的决定》,明确提出:"全面深化改革的总目标是完善和发展中国特色社会主义制度,推进国家治理体系和治理能力现代化。"② 这一重要命题的首次提出顺应了世界各国治理理念创新的发展趋势,体现了中国共产党执政理念和执政方式的与时俱进。从本质上讲,国家治理体系和治理能力是一个国家的制度和制度执行能力的集中体现。"国家治理体系是在党领导下管理国家的制度体系,包括经济、政治、文化、社会、生态文明和党的建设等各领域体制机制、法律法规安排,也就是一整套紧密相连、相互协调的国家制度"③,而"国家治理能力则是运用国家制度管理社会各方面事务的能力,包括改革发展稳定、内政外交国防、治党治国治军等各个方面"④。显而易见,两者之间相辅相成,缺一不可,共同致力于现代化的目标,只有"有了好的治理体系才能提高治理能力,提高国家治理能力才能充分发挥国家治理体系的效能"⑤。2017 年 10 月 18 日,党的十九大明确规定,到 2035 年"各方面制度更加完善,国家治理体系和治理能力现代化基本实现"⑥,到 21 世纪中叶

---

① 郑长忠:《构建面向未来的妇联组织——国家治理现代化与妇联组织发展研究》,《妇女研究论丛》2018 年第 1 期,第 14~26 页。
② 《中共中央关于全面深化改革若干重大问题的决定》,《人民日报》2013 年 11 月 16 日,第 12 版。
③ 中共中央文献研究室编《十八大以来重要文献选编(上)》,北京:中央文献出版社,2014,第 548 页。
④ 中共中央文献研究室编《十八大以来重要文献选编(上)》,北京:中央文献出版社,2014,第 548 页。
⑤ 中共中央文献研究室编《十八大以来重要文献选编(上)》,北京:中央文献出版社,2014,第 548 页。
⑥ 习近平:《决胜全面建设小康社会 夺取新时代中国特色社会主义伟大胜利——在中国共产党第十九次全国代表大会上的报告》,北京:人民出版社,2017,第 28 页。

"实现国家治理体系和治理能力现代化"①，为推进和实现国家治理现代化绘制了阶段发展图谱。2019 年 10 月 31 日，以习近平同志为核心的党中央在中华人民共和国成立七十周年的重要历史节点，站在实现"两个一百年"奋斗目标的历史交汇点，首次通过一次中央全会专门研究国家制度和国家治理体系问题，并通过《中共中央关于坚持和完善中国特色社会主义制度 推进国家治理体系和治理能力现代化若干重大问题的决定》，着重强调："新时代谋划全面深化改革，必须以坚持和完善中国特色社会主义制度、推进国家治理体系和治理能力现代化为主轴，深刻把握我国发展要求和时代潮流，把制度建设和治理能力建设摆到更加突出的位置，继续深化各领域各方面体制机制改革，推动各方面制度更加成熟更加定型，推进国家治理体系和治理能力现代化。"② 国家治理现代化不断迈出新步伐、取得新进展，成为推进国家治理现代化的政治宣言和行动纲领。

在国家治理现代化整体格局下，妇联组织作为党和政府联系广大妇女的桥梁和纽带，是国家治理体系和治理能力建设中多元治理的主体之一，在聚焦妇女发展问题和推进国家治理现代化中发挥着独特作用。2013 年，在同全国妇联新一届领导班子集体谈话中，习近平总书记就曾充分肯定妇联组织在国家治理中的重要地位，强调各级党委政府要为妇联组织履行职能创造有利条件，并指出"把妇联组织所能的事情更多交给妇联组织去办"③，为妇联组织积极参与国家治理现代化进程提供了重要支持。2015 年 7 月召开的中央党的群团工作会议又从群团改革的目标层面明确了妇联组织在国家治理中的重要地位，强调要建设更为坚强有力和充满活力的群团组织，使之成为推动国家治理现代化的重要力量。之后，2020 年 11 月，全国妇联要求妇联组织立足自身职能，找准问题的切入点、着力点和结合点，认真落实党的十九届五中全会精神，带动妇女在共建共治共享的社会治理格局中发挥作用，着力提高妇女群众的生

---

① 习近平：《决胜全面建设小康社会 夺取新时代中国特色社会主义伟大胜利——在中国共产党第十九次全国代表大会上的报告》，北京：人民出版社，2017，第 29 页。

② 《中国共产党第十九届中央委员会第四次全体会议文件汇编》，北京：人民出版社，2019，第 74 页。

③ 习近平：《习近平同全国妇联新一届领导班子集体谈话》，《人民日报》2013 年 11 月 1 日，第 1 版。

活质量、扎实推动共同富裕。① 这是党和国家基于我国国情、妇情对妇联组织参与社会治理，继而团结广大妇女共同推进国家治理现代化提出的新要求。以上重要论述不仅高度肯定了妇联组织在新的历史阶段和发展形势下对推进国家治理现代化的积极意义，还反映出妇女议题在国家治理现代化中的重要地位和妇联组织在妇女工作中的独特优势。因此，我们需要从国家治理现代化的角度来理解和定位妇联组织，厘清妇联组织在国家治理现代化中的地位，高度关注妇联组织发展变化的特点，加强专业指导和管理，使各级妇联组织按需设置、按职履责、有人办事、有章理事，既种好自留地、管好责任田，又唱好群英会、打好合力牌，充分发挥妇联组织在国家治理现代化中的治理主体作用，促使国家治理体系有效运转，助推国家治理效能整体提升。

二　妇联组织参与国家治理现代化的三重优势

在推进和实现国家治理现代化的实践中，尊重不同社会群体在治理实践中的主体地位、发展需求及合理权益，既是有效推进国家治理现代化和获得群众支持的重要基础，也是评价和衡量国家治理实际效能与客观表现的内在依据。从我国国家治理现代化的变化和趋势来看，妇女作为伟大的人力资源是国家治理的中坚力量，妇女事业成为共享发展成果和协调利益分配的关键领域之一，妇女发展也成为影响治理人才储备和国家未来发展的重要因素。可以说，我国在国家治理力量建设、治理效能巩固等方面面临如何推进妇女工作以满足国家治理的客观需要这一课题。妇联组织作为党和政府联系妇女群众的桥梁和纽带，作为国家政权的重要社会支柱，不仅在开展妇女工作中积累了丰富经验，而且能够凭借其独特的政治优势、社会优势以及家庭优势继续在国家治理现代化中发挥突出作用。

（一）政治优势

在我国政治系统格局中，国家通过赋权为妇联组织参与国家治理提供了合法化的制度身份和支持性的政治资源，这是一般妇女组织无法企

---

① 田珊檑：《全国妇联就认真学习宣传贯彻党的十九届五中全会精神下发通知》，《中国妇女报》2020年11月10日，第1版。

及的。妇联组织凭借这种政治优势，不断释放活力，从而进一步增强自身参与国家治理现代化的效能。

妇联组织作为被国家认可的、赋予法定权力的群团组织，是全国各族各界妇女在中国共产党领导下，为争取进一步解放与发展而联合起来的最具广泛性和代表性的妇女组织，在国家制度设计中具有国家法团主义的特征，在组织序列上隶属于党群系统。这就决定了中国共产党的领导是妇联组织助力国家治理现代化的根本前提，也是妇联组织能够参与国家治理现代化的根本政治保证。简言之，妇联组织参与国家治理的政治优势正是源于这种党群关系的特殊逻辑，它意味着妇联组织自诞生之日起就肩负着党和政府的重托，并通过设立相应的组织体系架构，将"各个组织层级分别纳入相应的党政管理体系之中"[①]，切实发挥着党和政府联系妇女群众的桥梁和纽带作用。在国家治理现代化实践中，这种被赋予的独特政治地位和政治属性可以使妇联组织在国家治理中扮演妇女利益统合者的角色，即妇联组织可以与党政等国家机构建立相应的联系和沟通渠道，在党和政府推进政策民主化、专业化、规范化的过程中，借助各种制度化座谈会、委员会等政策咨询机制，利用其广泛的民意基础和扎实的工作能力，发挥政策倡导作用，积极影响政策的制定和执行，实现妇女意见和需求的畅通表达，在推进国家治理现代化进程中发挥政治优势。与此同时，由于妇联组织在现实性上是为维护和保障广大妇女群众的合法权益服务的，代表了广大妇女群众的利益，在日常工作中更是与妇女群众建立了彼此信赖、彼此依靠的深厚情感，与妇女群众具有内在的、本质的必然联系，这种天然的优势不仅能将广大妇女紧紧团结在中国共产党的周围，巩固中国共产党的群众基础，而且能使妇联组织在参与国家治理现代化中获得强大的群众力量，进而增强国家治理的主体力量。

当然，作为党和政府联系群众的桥梁和纽带，作为党和政府在妇女工作领域的助手，妇联组织也需要合理运用国家赋权，防止和避免机关

---

① 陈佳俊、史龙鳞：《动员与管控：新中国群团制度的形成与发展》，《社会发展研究》2015年第3期，第151~168、245页。

化、行政化、贵族化、娱乐化①倾向的发生，保证妇联组织在思想上、政治上、行动上同党中央保持高度一致，在国家治理现代化中履行好引导广大妇女群众"听党话、跟党走"的政治任务，并借助其政治优势将妇联组织发展的目标和任务融入国家治理现代化的总体目标和整体格局中，积极寻求妇联组织参与国家治理现代化的变通之路。

（二）社会优势

妇联组织参与国家治理现代化的社会优势与妇联组织本身的社会属性和社会功能密切相关。妇联组织自成立之日起，经过多年的发展与完善，已经在全国各省、市、县、乡等行政区划建立了覆盖广泛、层级完备、条目众多、纵横交错发展的组织架构，这使其具有较强的社会整合能力和组织黏性，特别是在深入推进服务型政府的建设上，它作为社会服务和公共服务的重要提供者能够在国家治理现代化中发挥独特的社会优势。

从根本上讲，国家治理现代化是一个宏大的体系，其中"政府治理、市场治理和社会治理是现代化国家治理体系中三个最重要的次级体系"②，这意味着推进国家治理现代化的核心问题在于处理好政府、市场和社会的关系，从而真正推进国家治理现代化。就妇联组织而言，作为桥梁和纽带，它与政府、市场和社会等国家治理体系的主体要素之间初步形成了相应的联结机制和具体制度，在处理政府、市场和社会之间的关系上具有相对优势，而这种关系的处理效果直接反映在对社会治理资源的优化整合上。优化整合社会治理资源一方面需要建立强有力的中央政府，另一方面需要构建政府、市场与社会的沟通交流机制。妇联组织在社会转型过程中发挥着沟通政府与社会、联系政府与妇女群众的渠道和桥梁作用。现代国家治理的客观需要要求妇联组织将自身打造成体制内增量资源、社会资源、社会组织内生资源的配置窗口。在处理妇联组织与政府间的关系上，妇联组织因受党和政府的委托参与治理公共事务，比较容易获得承接政府牵头实施开展的妇女儿童和家庭建设项目，并通过合

---

① 《中国共产党第十九届中央委员会第三次全体会议文件汇编》，北京：人民出版社，2018，第103页。

② 俞可平：《推进国家治理体系和治理能力现代化》，《前线》2014年第1期，第5~8、13页。

理有效的手段积极争取政府的资金和政策支持，实现资源的优化配置和有效链接，更好地服务于广大妇女群众。可以说，妇联组织通过承接具有针对性的政府项目，多元链接政府资源，能在构建共建共治共享的社会治理格局中探索出真正适合妇联组织参与国家治理的有效方式，并通过输送社会服务不断提高社会的自我协调、自我供给能力，从而彰显妇联组织在治理中的优势。在处理妇联组织与市场间的关系上，妇联组织在市场经济环境下，以妇女实际发展需求为立足点，积极引导生产资源、闲置资源的流动配置，将各类分散的社会资源予以整合调配，为党和政府的治理活动注入多元资源，始终为市场经济下的公共治理供需平衡保驾护航。在处理妇联组织与其他妇女社会组织的关系上，妇联组织通过发挥其枢纽作用在联系凝聚同类别、同领域服务妇女的社会组织中、在服务妇女的多元社会主体协同共治中、在激发与增强妇女社会组织的创造活力和市场意识中发挥着龙头和枢纽作用。妇联组织的枢纽性使其在内生动力和关系联结方面能够积极参与国家治理。

一般来说，任何社会组织在深层次上都反映了一定群体的联合，这种联合只有在社会关系的意义上才真正进入了国家治理的范畴。因此，妇女社会组织参与国家治理现代化的重要方式，便是通过规范、协调特定的组织间关系实现社会有序发展。在这个意义上，妇联组织作为枢纽型组织，能够为其他妇女组织赋能赋权，促进不同领域、不同专业、不同类型的妇女社会组织多元健康发展，为妇联组织全面参与国家治理现代化奠定组织基础。可以说，妇联组织参与国家治理现代化的社会优势，使其最大限度、最充分地彰显着服务大局、服务中心、服务社会以及服务妇女的功能，是党和国家推进国家治理强有力的抓手和助手，是广大妇女始终信得过、靠得住、离不开的"娘家人"。

（三）家庭优势

家庭是国家治理现代化的基础环节。家庭承担着生育和繁衍后代、对新生代进行教化、提供家庭成员间的照料和情感依托、规范成员行为等独特的使命和功能。从本质上讲，家庭功能与国家治理功能相融相嵌，家庭功能的发挥直接影响着国家治理的成效，关系到社会和谐与国家稳定。这是因为无论是协调利益关系、化解社会矛盾、推进社会规范建设、维护社会秩序，还是整合各类资源、解决民生实事、培育社会心态、凝聚社会共识等国家治理的每项具体问题的解决，都将在家庭领域得到反映与体现。从这个意义上看，国家治理现代化的一个重要目标就是促进家庭发展，其内在遵循"家国一体"的中国国家治理原则。可以说，把家庭作为推进国家治理现代化的重要突破点和着力点，是新时代党和国家在国家治理方面的重大理论和实践创新。对于妇联组织而言，它是承担加强家庭建设和发挥家庭作用具体落实的重要机构之一，因而妇联组织有责任也有优势推动国家治理引入家庭视角，丰富和创新新时代国家治理现代化的理念、方法与路径，不断提升组织治理效能。

家庭是妇联组织工作的传统优势领域。习近平总书记强调："做好家庭工作，发挥妇女在社会生活和家庭生活中的独特作用，发挥妇女在弘扬中华民族家庭美德、树立良好家风方面的独特作用，以小家庭的和谐共建大社会的和谐，形成家家幸福安康的生动局面，是党中央交给妇联组织的重要任务。"① 这一重要论述不仅为妇联组织开展家庭工作提供了方向指引和行动指南，而且是妇联组织服务大局、服务妇女、提升组织治理效能的重要着力点。长期以来，妇联组织在夯实法治和德治根基、提升家庭道德文明素质、促进未成年人健康成长以及推动以家庭和谐促进社会和谐方面发挥了重要作用。进入新时代，妇联组织在党的领导下，始终紧紧围绕党和国家工作大局，充分利用和发挥工作特色与组织优势，不断引领广大妇女听党话、跟党走，不断积极回应人民群众对家庭建设的新期盼、新要求，研究家庭领域出现的新情况、新问题，促进家庭建设和发展，为党和国家筑牢家庭工作基石，推动家庭成为国家发展、民族进步、社会和谐的重要基点。一般来看，妇联组织参与国家治理的独特家庭优势主要体现在：以家庭为重要载体把社会主义核心价值观要求融入日常生活中，在鲜活的实践中帮助广大妇女和家庭成员在潜移默化中受到熏陶并寻求认同；以培养担当民族复兴大任的时代新人为着力点，在家庭中找准立德树人的切入点，明确妇联组织在家庭教育中的定位和任务，构建覆盖城乡的家庭教育指导服务体系，搭建传播科学家庭教育知识的新媒体平台，引导广大家长以身作则、言传身教，以实现"为党

---

① 中共中央党史和文献研究院编《习近平关于注重家庭家教家风建设论述摘编》，北京：中央文献出版社，2021，第5页。

育人，为国育才"的目标；充分发挥家庭先进典型对全社会的引领示范作用，通过挖掘先进典型弘扬家庭美德、彰显文明风尚，推动全社会共圆家庭幸福梦、共筑伟大中国梦；等等。这些家庭优势的充分发挥促使妇联组织在国家治理中不断释放组织活力，从而提升了其参与国家治理的能力和水平。

家庭兴，则社会稳、国家强。在国家治理现代化背景下，以家庭为立足点探索和创新国家治理方式显然已成为新时代妇联组织参与国家治理现代化的题中应有之义。现阶段，随着新时代社会主要矛盾的转变，家庭需求越来越立体化、个性化、多样化和品质化，人们对幼有所育、学有所教、劳有所得、病有所医、老有所养、住有所居、弱有所扶等与家庭息息相关的民生需求越来越强烈。这些问题是国家治理中需要高度关注并着力解决的重要问题。问题解决的程度不仅影响到家庭功能的正常发挥，而且将直接关系到国家治理现代化的整体效能。对此，妇联组织仍需以家庭为立足点，准确把握家庭需求，深入了解不同家庭类型的多元化需求及动态变化趋势，注重供需对接，提高工作的有效性和精准度，把家庭工作提升到一个前所未有的高度，依托妇联组织在家庭这个传统阵地和领域的独特优势，为实现国家有效治理与社会和谐稳定打牢基础，扎实推动以小家庭的和谐共建大社会的和谐，从而形成家家幸福安康的生动局面。

三　妇联组织改革是国家治理现代化的必然要求

随着中国特色社会主义进入新时代，国家治理场域形成了"党委领导、政府主导"的治理体系。走出政府单一主体治理格局，强调多元化社会力量的共同参与，已然成为当前我国国家治理现代化的重要风向标。妇联组织作为党动员、组织妇女群众的重要载体和力量，作为国家政权的重要社会支柱，以其独特的政治优势、社会优势和家庭优势发挥着联结党、国家和社会的重要作用。从这个意义上讲，将妇联组织改革作为推进国家治理现代化的一项重要战略举措，是切实发挥自身优势、推进国家治理体系建设、提升国家治理现代化水平的一项重要内容，其改革思维是否创新、改革举措是否有力、改革成效是否显著将直接关系到国家和社会是否能够稳定发展。为此，妇联组织必然要着眼于国家治理现代化的新要求，通过深化改革不断提升组织整体工作质量和效能，实现国家治理体系各要素之间的内外有机结合，进而成为推进国家治理现代化的重要力量。

从系统论的角度来看，妇联组织改革是顺应国家治理现代化发展大趋势的现实要求。国家治理现代化是一个宏大的系统工程，旨在为党和国家事业发展、为人民幸福安康、为社会和谐稳定、为国家长治久安提供一整套更完备、更稳定、更管用的制度体系，其本质是完善和发展中国特色社会主义制度。因而在推进国家治理现代化的过程中，国家必须坚持整体、系统、协同的观点，避免"零敲碎打"式的"碎片化修补"，促进各个领域改革的联动和集成，形成总体效应、取得总体效果。妇联组织作为国家治理体系中的一个组织机制，在国家治理现代化中发挥着重要作用，为此，妇联组织需着眼于建立组织外部空间关系，打破组织外部区隔，真正发挥"联"的作用。一般来讲，妇联组织要建立的外部空间关系具体表现为妇联组织与党组织、政府和社会力量之间的关系。这就要求妇联组织不仅要在党的领导下明确自身的角色定位和改革方向，坚持党建带妇建，承担起教育引导妇女听党话、跟党走的政治任务，还要始终保持与政府之间的弹性和张力，既要积极主动承接与妇女发展、维权相关的政府转移职能，又要逐步厘清与政府的职能边界，克服对政府的依赖，不断提升自身服务能力，探索完善多样化的有效承接方式。除此之外，还要高度重视和处理与社会力量之间的关系，利用自建组织、合建组织等手段，"联系和引导相关社会组织"①，使其成为妇联组织的助手和传手，延伸到社会的各个领域。总体看来，妇联组织与党组织、国家机构和其他社会力量等国家治理主体要素之间虽已初步形成相应的联结畅通体制机制，但在具体实践中，这些互动的体制机制在开发利用、创新优化上仍然存在一些问题，需要妇联组织通过改革加以解决，自觉融入国家治理现代化的发展潮流。

从价值论的角度来看，妇联组织改革是对国家治理现代化坚持人民至上价值理念的积极回应。人在社会历史中具有特殊的地位，既是社会财富的创造者，又是社会财富的享有者，人在社会变革中具有决定性力

---

① 中共中央文献研究室编《习近平关于社会主义政治建设论述摘编》，北京：中央文献出版社，2017，第201～202页。

量。对此，马克思强调要把人的自由全面发展作为社会发展的最高目标。从这个意义上讲，推进国家治理现代化的最终目的是实现人的全面发展，彰显着人民至上的鲜明特征和根本立场，这一内在本质要求与妇联组织的根本特性和价值追求高度契合。所以，在提升国家治理效能、实现国家有效治理的背景下，妇联组织自然要着眼于自身的全面改革，在深化改革中使妇联组织自身回归服务社会和服务妇女的初心，真正承担好"群"的使命，以群众性促进政治性、先进性，实现存量改革和增量创新，并在国家与妇女群众双向服务互动中，把价值引导融入妇女需求回应和利益维护中，提高对各种矛盾和突发问题的预测、预警、预防能力，促进社会整合和组织增效，创造性地以妇联自身改革助推国家治理效能提升。特别是新形势下，随着社会主要矛盾、市场以及互联网的变化与发展，妇女群众的交往方式和生存形态以及社会结构与社会运行方式发生了巨大变化，许多新兴领域尚存在妇联组织网络的整体空白，导致妇联组织与这些领域内的妇女群众缺乏应有的组织联系。这些问题和现象的存在要求妇联组织改革应以小机关、大网络、强基层、全覆盖为原则，以组织盲区为突破口，在巩固传统组织网络的基础上，把握新兴领域的特点和规律，在新兴领域逐渐构建起纵横交织的网络化组织体系，进而形成广泛覆盖、立体式联系、区域化服务的妇联组织工作新格局，通过改革实现重心下移、力量下沉、资源下倾，最大限度地把一切有利于妇女发展的力量都凝聚在妇联组织周围，使广大妇女在身边就能找到组织。从这个意义上讲，推进妇联组织改革不仅是实现国家治理现代化的题中应有之义，还是妇联组织履职尽责和发挥群众性特质的必然要求。

从功能论的角度来看，妇联组织改革是提升国家治理现代化整体效能的内在诉求。国家治理体系是一个纵横交错的结构，纵向结构是自上而下主体之间的层级关系，横向结构是同一层级不同治理主体及其内部要素之间的关系。我国国家治理环境具有复杂性，依靠单一纵向的治理体系不仅难以实现国家治理效能的提升，还容易陷入"一管就死、一放就乱"的窠臼，进而产生结构僵化等一系列问题。对于妇联组织而言，妇联的组织架构采用同党政部门高度一致的科层制，在提升工作效率的同时易导致层级化，出现日常工作的机关化、行政化、贵族化、娱乐化等不良现象，造成部分妇联组织出现能力较弱、脱离妇女群体、过度依附党和政府的情况，在一定程度上影响了其参与国家治理现代化的深度和广度。从这个意义上说，保障妇联组织全面参与国家治理现代化的先决条件就是深入推进妇联组织改革，优化调整组织结构，建立"纵向到底，横向到边"的网络化组织体系，以提升妇联组织参与国家治理现代化的效能。具体而言，一方面，妇联组织要进行扁平化治理，建立以层级较少、贴近基层为主的妇联组织架构，通过减少管理层级和明确职责分工的方式，实现工作的高效灵活运转，促使妇联组织适应国家治理现代化的客观要求；另一方面，妇联组织要明确妇联组织内部不同层级的职责重点，中央妇联组织负责宏观层面的战略规划和整体部署，省市妇联组织侧重于决策层面的项目制定和资源调配，基层妇联组织则重在执行决策及落实项目，从而形成上下联动、各负其责、功能互补、运作顺畅的组织结构，最大限度地发挥妇联组织参与国家治理现代化的整体效能。除此之外，妇联组织还要在组织机构层面整合分散化、碎片化和区域化的治理资源与工作力量，构建联结不同地域、不同领域、不同群体的资源跨界互补式的协同治理，提升工作水平和业务能力，整合妇联组织内部不同部门的同质性和互补性资源，形成人才集中、资源密集、信息互通的治理优势，为妇联组织参与国家治理提供物质资源支撑和奠定人力资源保障基础。

在共建共治共享治理理念的时代背景下，妇联妇女工作作为社会治理的重要组成部分，需要在实践中寻求新的突破，打造共建共治共享的妇女工作新格局。这对妇联来说是一种责任，更是一种挑战。妇联组织作为推进国家治理现代化的一支重要力量，在全面参与国家治理现代化的过程中必须在坚持党的领导下，坚定正确的政治方向，团结和带领广大妇女群众跟党走，要立足于推进国家治理体系和治理能力现代化、构建共建共治共享的社会治理格局等政策背景找准着力点。在加强政治性、先进性、群众性三大本质属性建设中，妇联组织要回归到作为群团组织的组织特性，充分发挥其独有的组织优势，夯实其作为群团组织和政权支柱应有的群众基础，积极回应国家治理现代化的迫切要求，加强妇联组织专业化建设，增强妇联组织参与国家治理现代化的实效，打造人人有责、人人尽责、人人享有的治理共同体，助力打造人民安居乐业、社会安定有序的平安中国。

结论与思考

中国特色社会主义进入新时代，中国社会的主要矛盾和妇女运动的根本任务发生了变化，党和国家的工作大局转变为实现中华民族伟大复兴，这决定了新时代中国妇女运动和妇联工作的主题也要随之发生改变。

新时代孕育新蓝图，新使命需要新担当。对于妇联组织而言，时代主题是观察和处理妇女问题的出发点，是制定妇联工作策略的根本依据。群团改革工作会议的召开、社会主要矛盾的转化、国家治理体系和治理能力现代化的提出，为妇联组织改革和工作创新发展提供了历史机遇，也提出了现实挑战，更发出了时代使命的呼唤。习近平总书记对妇联组织如何开展工作提出了要求，指导妇联组织深入开展中国特色社会主义宣传教育，开展富有特色的巾帼建功立业活动，增强广大妇女的历史责任感和主人翁精神，动员广大妇女自觉把人生理想、家庭幸福融入国家富强、民族振兴、人民幸福的伟业之中，充分发挥"半边天"的独特作用。①

因此，我们只有站在新时代的高度，进一步透彻理解妇联组织，深入学习习近平总书记关于妇联组织的重要论述，学习妇联组织章程，准确了解和把握具有中国特色的妇联组织的性质、目标、角色、结构、功能等特征，准确理解妇联组织的工作主线、根本任务和基本职责，充分发挥妇联组织的坚强阵地作用，才能最广泛地为党的事业团结凝聚妇女力量，团结带领广大妇女群众建功新时代、巾帼心向党，做好新时代妇女工作，在新时代党的群众工作中展现新作为，以奋斗的姿态开启新时代妇女工作新征程。

---

① 沈跃跃：《在实现中国梦的伟大实践中撑起妇女半边天》，《人民日报》2013年12月11日，第7版。

第二章　妇联组织的职责定位与功能

传统意义上的"组织"一词，按希腊文的原义是和谐、协调。到了现代，组织是"有相对明确的边界、规范的秩序（规则）、权威级层（等级）、沟通系统及成员协调系统（程序）的集合体"①。现代组织是现代社会特定环境与背景下的产物，一般包括规范、地位、角色和权威四个要素②，具有特定的组织目标、组织结构、组织角色、组织职责、组织功能。

1949 年 3 月 24 日至 4 月 3 日，中国妇女第一次全国代表大会在北平举行，正式宣告中华全国民主妇女联合会成立。1957 年 9 月 9~20 日，中国妇女第三次全国代表大会在北京召开。大会审议通过《中华人民共和国妇女联合会章程》，将"中华全国民主妇女联合会"改为"中华人民共和国妇女联合会"，全国领导机关是中华人民共和国全国妇女联合会，首次明确规定中华人民共和国妇女联合会的性质为全国各民族、各阶层、各种不同宗教信仰的妇女的群众组织。1978 年 9 月 8~17 日，中国妇女第四次全国代表大会召开，大会提出了"四个现代化需要妇女，妇女需要四个现代化"的口号，并决定将名称改为"中华全国妇女联合会"（以下简称"全国妇联"）。

新中国成立后，全国各地纷纷成立了妇联组织。妇联组织从成立之日起，作为党和政府联系妇女群众的桥梁和纽带，带有明显的现代组织特征和功能，有固定的规章制度，有明确的组织目标、组织功能和权威地位，以特有的角色与党和妇女群众展开互动。本章运用组织社会学相关概念和理论并结合全国妇联章程，阐释了妇联组织的目标、结构、角色、职责和功能，为新时代妇联组织找准定位提供了学术思考。

---

①　理查德·H. 霍尔：《组织：结构、过程及结果》（第 8 版），张友星、刘五一、沈勇译，上海：上海财经大学出版社，2003，第 35 页。

②　郑杭生主编《社会学概论新修》（第五版），北京：中国人民大学出版社，2019，第 219 页。

第一节　妇联组织目标

任何组织都要有目标，组织目标是组织的灵魂，是组织存在的合法性基础，是组织职能定位的重要依据。组织目标是组织对自身未来发展所取得成就的一种期待。组织目标规定了组织的发展方向和具体要求。从这个意义上说，组织目标包括组织的使命、目的对象、时限和指标几部分内容。从组织内部的角度来说，组织目标是组织功能的依据，为组织内部分工提供标准，激励组织成员完成各项任务；从组织环境的角度来说，组织目标有助于增强社会对该组织定位的认识，区别于其他组织，进而提升组织的合法性与认可度。可以说，组织目标对组织的存在、运行和发展具有重要意义，也是不同性质组织相互区别的标准。①

妇联组织作为中国最大的党联系妇女的群团组织，目标鲜明、方向明确，具有可操作性和引领性。妇联组织目标可以说是关于妇女解放和发展的目标。马克思主义妇女理论指出，妇女解放的终极目标是实现自由全面发展，但在不同的历史时期，妇女解放和发展的目标具有阶段性。中国特色社会主义妇女解放和发展的目标，是在实现社会主义现代化的进程中，推进以男女平等为核心的妇女解放和发展。② 据此，我们把妇联组织目标分为终极目标、长远目标和阶段目标。终极目标是组织为妇女解放和发展长期奋斗的方向；长远目标是组织自身价值追求和实现的方向；阶段目标是围绕党的中心工作把终极目标和长远目标转换成具体行动和任务，是衡量妇联组织工作效率与效益的标准。终极目标为妇联组织的奋斗发展指明方向，对长远目标、阶段目标起着指引方向的作用；长远目标是支配妇联组织开展工作的合理依据；阶段目标是各个阶段妇联组织制定方针、政策、策略的准绳，也是衡量妇联组织工作效率与效益的标准。妇联组织目标是有机整体，明确妇联组织目标，有助于充分把握新时代妇联组织工作的内涵、深刻理解新时代妇联组织的职能与定位。

---

①　王思斌主编《社会学教程》（第二版），北京：北京大学出版社，2003，第 122 页。
②　彭珮云主编《中国特色社会主义妇女理论与实践》，北京：人民出版社，2013，第 73 页。

一 终极目标：实现妇女的自由全面发展

把妇女的自由全面发展作为妇联组织终极目标，源于马克思关于人的自由全面发展理论。

（一）妇女解放是人类解放的重要组成部分

马克思运用历史唯物主义的观点和唯物辩证法，从物质资料生产和人类自身生产的角度，揭示出妇女在社会发展中的作用以及妇女受压迫的原因，因而把妇女解放作为人的发展和人类解放的一部分。

马克思以人本主义思想为基础，从唯物史观把握人的解放，形成了关于人的自由全面发展的理论。马克思所追求的"人的解放"，就是"随着社会生产的无政府状态的消失，国家的政治权威也将消失。人终于成为自己的社会结合的主人，从而也就成为自然界的主人，成为自身的主人——自由的人"[1]，即人从自然界、社会关系、自身中解放出来。

马克思和恩格斯站在人类解放的高度深刻把握妇女解放。恩格斯认为，两性之间真正实现社会平等，如同实现阶级平等一样，"只有当双方在法律上完全平等的时候，才会充分表现出来"[2]。由此可见，性别压迫绝不亚于阶级压迫，"反抗性别压迫就是反抗阶级压迫"[3]。因此，妇女解放是人类解放不可或缺的组成部分。马克思借用傅立叶的一句经典"妇女解放的程度是衡量普遍解放的天然尺度"[4]，指出"社会的进步可以用女性（丑的也包括在内）的社会地位来精确地衡量"[5]。作为衡量普遍解放的标准，妇女解放意味着一半人类的解放，妇女解放的程度制约着人类解放的程度，没有妇女的解放，就不可能有人类的解放。

人类解放的最终目标和归宿是实现人的自由全面发展。马克思认为

---

[1]　马克思、恩格斯：《马克思恩格斯选集》（第三卷），北京：人民出版社，2012，第817页。

[2]　马克思、恩格斯：《马克思恩格斯选集》（第四卷），北京：人民出版社，2012，第85页。

[3]　王定全：《马克思主义视域下的妇女解放思想及其当代价值》，北京：光明日报出版社，2017，第5页。

[4]　马克思、恩格斯：《马克思恩格斯选集》（第三卷），北京：人民出版社，2012，第647页。

[5]　马克思、恩格斯：《马克思恩格斯选集》（第四卷），北京：人民出版社，2012，第480页。

"人以一种全面的方式，就是说，作为一个完整的人，占有自己的全面的本质"①。人类解放就是人类摆脱盲目而强大的自然力以及异己对立的社会关系对人的限制、束缚，从而获得自由全面发展的过程。② 人类解放的程度关系着人的全面自由发展程度，人类解放的目的是实现人的主体性本质回归。

马克思的人的自由全面发展包括妇女的自由全面发展。"每个人的自由发展是一切人的自由发展的条件"③，也就是说，人的发展是以"每个人"的发展为前提的。妇女作为占人类一半的群体，其解放与人类解放具有同质性和同步性，妇女的自由全面发展亦是人的自由全面发展。

妇女的自由全面发展既是妇女解放的崇高境遇，又是妇女未来发展的价值追求。马克思和恩格斯描绘了共产主义社会妇女自由全面发展的美好愿景，即妇女重新获得了人的自由本性，实现了人与自然的统一。两性关系实现了真正意义上的平等，男子一生中将永远不会用金钱或其他社会权力手段去买得妇女的献身，而妇女除了真正的爱情以外，也永远不会再出于其他某种考虑而委身于男子，或者由于担心经济后果而拒绝委身于她所爱的男子。④ 妇女实现了自身个性的生成，从而获得了自由全面发展。

（二）妇联组织以实现妇女自由全面发展为神圣使命

马克思的妇女解放理论是马克思的人的自由全面发展理论的重要组成部分。马克思的妇女解放理论与马克思的人的自由全面发展理论的终极价值是一致的，因此，马克思主义妇女理论蕴含的妇女解放的终极目标是实现自由全面发展，就是要实现妇女的自由全面发展。习近平总书记指出："没有妇女解放和进步，就没有人类解放和进步。"⑤ 马克思的妇女解放理论指导下的中国妇联组织把实现妇女的自由全面发展作为组

① 马克思、恩格斯：《马克思恩格斯文集》（第一卷），北京：人民出版社，2009，第189页。
② 陈志尚主编《人的自由全面发展论》，北京：中国人民大学出版社，2004，第94页。
③ 马克思、恩格斯：《马克思恩格斯选集》（第一卷），北京：人民出版社，2012，第422页。
④ 马克思、恩格斯：《马克思恩格斯选集》（第四卷），北京：人民出版社，2012，第94页。
⑤ 习近平：《促进妇女全面发展 共建共享美好世界——在全球妇女峰会上的讲话》，《中国妇运》2015年第11期，第4~5页。

织工作的终极目标和使命，积极组织动员广大妇女群众为实现自身全面发展而奋斗。

马克思、恩格斯认为，实现妇女解放和自由全面发展的首要先决条件是妇女重新回到公共事业中，找回妇女的尊严与地位；要使妇女在政治领域获得与男性平等的政治权利，找回作为人的各项政治权利。中国妇联组织在马克思的妇女解放理论的指导下，在不同发展阶段积极推动妇女参与社会事务，将实现妇女全面发展贯穿妇联工作的全过程，为妇女参加社会主义革命和建设提供各种有利条件，带领中国妇女以主人翁的姿态投身于中国特色社会主义现代化建设，教育引导妇女树立自尊、自信、自立、自强的精神，提高综合素质，实现全面发展，成为创造物质文明和精神文明的伟大力量。

党的十八大以来，中国特色社会主义进入新时代。妇联围绕中华民族伟大复兴这一时代主题，坚定不移走中国特色社会主义妇女发展道路，在推进中国式现代化进程中推动妇女的全面发展，把妇女事业融入中国特色社会主义事业"五位一体"总体布局，积极探索顺应时代要求、符合妇女期待、体现妇女成长规律的发展路径，为妇女建功立业搭建广阔舞台，为妇女成长进步创造良好条件，实现妇女发展与国家发展同步进行。

实现妇女的自由全面发展使命重大，任重道远。妇联组织以马克思的妇女解放理论和习近平新时代中国特色社会主义思想指导妇女工作，通过对中国妇女解放与发展的规律性认识和科学判断，明确了自身的终极目标是实现妇女的自由全面发展，使中国的妇女解放与发展呈现令世界瞩目的中国式独特个性，为中国妇女解放运动提供了强大的动力支撑，赋予妇联组织鲜明的使命型组织特征。

二　长远目标：实现男女平等基本国策

促进男女平等是妇联组织的基本职责。中国政府将男女平等纳入基本国策，不仅是中国共产党对马克思主义妇女理论的重要贡献，也是中国共产党领导妇女工作一贯坚持的主张。

（一）中国共产党将男女平等确定为基本国策

中国共产党自成立以来就把实现男女平等写在了奋斗的旗帜上。

1949 年 9 月，中国人民政治协商会议第一届全体会议通过的《中国人民政治协商会议共同纲领》，确定了国家实行男女平等和保护妇女的政策。1954 年 9 月，第一届全国人民代表大会第一次会议通过的《中华人民共和国宪法》规定妇女在政治的、经济的、文化的和家庭的生活各方面享有同男子平等的权利，这标志着男女平等有了可靠的法律保障。1956 年，社会主义制度的确立为妇女摆脱封建宗法制压迫提供了政治基础，为妇女提供了平等享有民主权利和社会地位的制度保障。1988 年，中国妇女第六次全国代表大会首次把促进男女平等作为妇联工作的基本职能等写入妇联六届章程中，指导妇联工作，成为妇联工作的一项长期任务常抓不懈。1995 年 9 月 4 日，中国政府在联合国第四次世界妇女大会上首次宣布"把男女平等作为促进我国社会发展的基本国策"[1]，这意味着男女平等作为我国一项社会发展战略，被纳入社会主义现代化建设的总体规划。

2012 年 10 月，党的十八大报告第一次把"坚持男女平等基本国策，保障妇女儿童合法权益"写入党的报告中。[2] 2013 年 10 月，习近平总书记首次明确提出"要坚持男女平等基本国策，在出台法律、制定政策、编制规划、部署工作时充分考虑两性的现实差异和妇女的特殊利益"[3]，逐步将男女平等基本国策细化为具有可操作性的政策措施和工作部署。党和政府相继出台了一系列法律法规，将男女平等落实到社会生活的各个领域，不断推进男女平等基本国策的法制化、制度化。《中国妇女发展纲要（2011—2020 年）》指出："实行男女平等基本国策，保障妇女合法权益。"[4] 2022 年 10 月 30 日，中华人民共和国第十三届全国人民代表大会常务委员会第三十七次会议修订通过的《中华人民共和国妇女权益保障法》（自 2023 年 1 月 1 日起施行）第二条又一次明确规定了男女平等是国家的基本国策。党的十九大报告和二十大报告再次强调："坚持男

---

① 江泽民：《在联合国第四次世界妇女大会欢迎仪式上的讲话》，《人民日报》1995 年 9 月 5 日，第 1 版。
② 中共中央文献研究室编《十八大以来重要文献选编（上）》，北京：中央文献出版社，2014，第 29 页。
③ 国务院妇女儿童工作委员会办公室编《男女平等基本国策的贯彻与落实》，北京：人民出版社，2016，第 3 页。
④ 《中国妇女发展纲要（2011—2020 年）》，北京：人民出版社，2011，第 3 页。

女平等基本国策，保障妇女儿童合法权益。"①②

由上可见，男女平等在中国共产党的执政纲领中一以贯之，中国共产党多措并举，在社会发展的各领域中贯彻落实男女平等基本国策。妇联组织亦将男女平等作为长远目标贯穿工作始终，积极推动落实男女平等基本国策，营造有利于妇女全面发展的社会环境。

（二）实现男女平等是一项长期任务

实现男女平等不仅体现了平等、公平、公正的社会价值观，也体现了男女两性在家庭和社会领域受到同等的尊重与对待，不能因性别而产生任何偏见与歧视。受长时期历史文化的影响，重男轻女、男尊女卑的落后观念尚未根除，严重影响着人们对两性关系的看法和行为规范，歧视妇女的社会现象时有发生，妇女在发展和权益保障方面仍面临许多困难和问题，阻碍了男女平等基本国策的实施。男女平等不仅仅是两性之间的问题，也不仅仅只关涉妇女个人发展问题，而是与社会和谐稳定密切相关的重要问题。只有充分认识中国男女平等的现状和男女不平等问题产生的根源，才能更加明确新时代中国妇女运动的目标，把握正确的方向，提出更具实践性、更具可操作性的路线、方针、政策。③ 因此，实现男女平等不是一蹴而就的，它是一个长期的过程，是全党全社会一项艰巨的任务，更是妇联组织需要坚持的工作目标。

2013 年 10 月，习近平总书记同全国妇联新一届领导班子成员集体谈话时进一步从权利、机会、结果三个方面提出实现妇女平等依法行使民主权利、平等参与经济社会发展、平等享有改革发展成果这"三个平等"，并将其作为新时代实现男女平等的战略目标，这进一步丰富了男女平等的时代内涵，强化了贯彻落实男女平等基本国策、实现"三个平等"的国家责任。这也为深入推动男女平等事业、促进妇女全面发展指明了方向，提供了理论遵循和实践指南。为此，妇联组织在工作中不断

① 习近平：《决胜全面建成小康社会 夺取新时代中国特色社会主义伟大胜利——在中国共产党第十九次全国代表大会上的报告》，《人民日报》2017 年 10 月 28 日，第 1 版。
② 习近平：《高举中国特色社会主义伟大旗帜 为全面建设社会主义现代化国家而团结奋斗——在中国共产党第二十次全国代表大会上的报告》，《人民日报》2022 年 10 月 26 日，第 1 版。
③ 刘亚玫、张永英、杨玉静、石鑫：《论习近平总书记关于新时代妇女发展和妇女工作重要论述的科学内涵》，《妇女研究论丛》2018 年第 5 期，第 9~20 页。

强化促进男女平等和妇女全面发展的制度保障，"将男女平等基本国策从政治宣言和战略规划的治国理政最高层次细化为有目标、有步骤、有内容的具有可操作性的政策措施和工作部署"①。

三　阶段目标：围绕时代主题配合党的中心工作

在不同的历史时期，妇女解放和发展的目标具有阶段性。围绕党的中心工作确立妇女运动的主题是党领导的妇女运动的传统。因此，妇联工作除了为实现终极目标和长远目标奋斗外，还要围绕党在不同历史发展阶段的中心工作开展，始终把围绕中心、服务大局作为阶段目标和近期任务。

（一）围绕建设和巩固社会主义时代主题与推进妇女翻身解放

新中国成立后，中国共产党的主要任务由领导反帝反封建的新民主主义革命转变为社会主义革命和建设，如何建设和巩固社会主义成为党在那个时期的中心工作。

妇联紧紧围绕这一中心工作，团结动员妇女参与劳动生产和社会主义建设各项事业，肃清与破除束缚妇女的封建残余观念和习俗，提高妇女地位，推动妇女翻身解放。中国妇女二大、三大报告都涉及全国人民中心任务与妇女运动总任务一致性的论述，这表明新中国成立后，妇联主要配合党的中心工作，紧紧围绕建设和巩固社会主义这一时代主题，制定妇女运动的指导思想、中心任务和根本方针，妇女运动融入社会主义革命与建设。

1956年，我国顺利完成社会主义改造，标志着我国确立了社会主义制度。随着社会主要矛盾的转化，为了解决"人民对于经济文化迅速发展的需要同当前经济文化不能满足人民需要的状况之间的矛盾"②，社会主义建设成为中国共产党面临的新课题。于是，妇联工作服务于党和国家全面建设社会主义的工作大局，积极响应党提出的"妇女能顶半边天""时代不同了，男女都一样"的号召，各级妇联组织都把团结动员

---

① 刘亚玫、张永英、杨玉静、石鑫：《论习近平总书记关于新时代妇女发展和妇女工作重要论述的科学内涵》，《妇女研究论丛》2018年第5期，第9~20页。

② 中央档案馆、中共中央文献研究室编《中共中央文件选集 1949年10月—1966年5月》（第24册），北京：人民出版社，2013，第248页。

妇女参与社会主义建设各项事业作为阶段的中心工作，引导广大妇女将勤俭的美德贯穿到"建国"和"持家"的各个方面，有力地支援国家经济建设，积极参加工农业生产，成为社会主义建设的生力军，使"半边天"作用日益凸显。

（二）围绕社会主义现代化建设时代主题与促进妇女发展

党的十一届三中全会开启了改革开放和社会主义现代化建设的伟大进程。党和国家面临的主要任务是坚持"一个中心、两个基本点"的基本路线，大力发展社会生产力，全面建设小康社会。基于社会主义初级阶段的现实国情和社会主要矛盾的变化，把中国建设成社会主义现代化国家成为当时国家发展的时代主题。"四个现代化需要妇女，妇女需要四个现代化"①，妇联工作围绕建设社会主义现代化国家这一时代主题和中心工作，制定妇联工作的阶段目标。从中国妇女四大到十大的文献中不难发现，新时期妇联工作的目标、方针除了要求继续推动妇女解放和发展外，还强调团结动员组织广大妇女投身社会主义现代化建设。这充分证明，妇联紧紧围绕时代主题，着眼于党和国家以经济建设为中心的大局，自觉服务于党的中心工作，将党的路线、方针、政策作为妇联组织阶段目标的定位坐标，引导妇女自觉地把自身发展融入党和国家事业发展全局，充分发挥妇女在改革开放和社会主义现代化建设中的作用。

（三）围绕民族复兴中国梦新时代主题实现妇女高质量发展

2012 年 11 月，党的十八大的召开标志着中国特色社会主义进入了一个新时代。实现中华民族伟大复兴成为时代主题，也成为党和国家的工作中心和大局。2022 年，党的二十大报告进一步指出："从现在起，中国共产党的中心任务就是团结带领全国各族人民全面建成社会主义现代化强国、实现第二个百年奋斗目标，以中国式现代化全面推进中华民族伟大复兴。"②

---

① 康克清：《新时期中国妇女运动的崇高任务——在中国妇女第四次全国代表大会上的工作报告（一九七八年九月九日）》，《人民日报》1978 年 9 月 13 日。

② 习近平：《高举中国特色社会主义伟大旗帜 为全面建设社会主义现代化国家而团结奋斗——在中国共产党第二十次全国代表大会上的报告》，《人民日报》2022 年 10 月 26 日，第 1 版。

　　实现中华民族伟大复兴的时代主题成为妇联组织服务大局、团结动员妇女建功新时代的目标。妇联组织围绕时代主题，将妇联阶段目标与国家富强、民族振兴的发展目标紧密融合在一起。中国妇女十一大、十二大均强调妇联工作要牢牢把握民族复兴中国梦的时代主题，"更加自觉地服务大局、服务妇女群众"，"团结动员广大妇女坚持走中国特色社会主义妇女发展道路，为全面建成小康社会、加快推进社会主义现代化、实现中华民族伟大复兴的中国梦而奋斗"，[1] "把促进男女平等和妇女全面发展的历程同国家发展进步的历程更加紧密融合在一起"[2]。党的二十大报告提出加快构建新发展格局，着力推动高质量发展，进一步明确高质量发展是全面建设社会主义现代化国家的首要任务。[3] 为此，各地妇联紧紧围绕这一时代首要任务，坚持以推动高质量发展促进妇女高质量发展，围绕中国特色社会主义事业"五位一体"总体布局和协调推进"四个全面"战略布局，从维护妇女的根本利益出发，动员和引领广大妇女在参与经济社会发展中提升自身地位，创造自我价值，构建男女平等的和谐社会。增强维护妇女权益以及联系和服务妇女的实效性，促进妇女平等依法行使民主权利、平等参与经济社会发展、平等享有改革发展成果，不断推进妇联组织的改革创新，成为推动妇联工作的阶段目标。

　　总之，围绕党的中心工作确立妇女运动的主题是党领导的妇女运动的传统。从革命、建设、改革、复兴各个历史时期中国共产党领导妇女运动的实践来看，围绕每个历史阶段党的中心工作来确定妇女运动的主题是一以贯之的。

四　妇联组织目标实现的手段：将性别意识纳入决策主流

　　"所谓性别意识，就是从性别的视角观察社会政治经济文化和环境，

---

① 宋秀岩：《高举旗帜 凝心聚力 团结动员各族各界妇女为实现中国梦而奋斗——在中国妇女第十一次全国代表大会上的报告》，《中国妇运》2013 年第 11 期，第 2、26~35 页。

② 黄晓薇：《高举习近平新时代中国特色社会主义思想伟大旗帜　团结动员各族各界妇女为决胜全面建成小康社会 实现中华民族伟大复兴的中国梦而不懈奋斗——在中国妇女第十二次全国代表大会上的报告》，《中国妇运》2018 年第 11 期，第 23~34 页。

③ 习近平：《高举中国特色社会主义伟大旗帜 为全面建设社会主义现代化国家而团结奋斗——在中国共产党第二十次全国代表大会上的报告》，《人民日报》2022 年 10 月 26 日，第 1 版。

对其进行性别分析和性别规划，以便防止和克服不利于两性发展的模式和举措。"① 1995 年，联合国第四次世界妇女大会通过的《行动纲领》明确提出将性别意识纳入决策主流，该文件指出："在处理提高妇女地位的机制问题时，各国政府和其他行动者应提倡一项积极鲜明的政策，将性别观点纳入所有政策和方案的主流，以便在做出决定以前分析对妇女和男子各有什么影响。"②

中国政府在实践中积极践行将性别意识纳入决策主流这一国际战略，妇联组织不断推进性别意识主流化，推进将性别意识纳入法律，使法律制定部门与决策者更加关注性别意识、男女平等问题，增强了法律决策者的性别意识；将性别意识纳入政策的制定过程，建立性别平等评估机制，通过增强政策制定者的性别意识，减少政策中损害妇女权益的因素，发挥公共政策维护妇女权益的作用；将性别意识纳入学术研究，成立性别研究机构，开设妇女/性别课程，阻断传统落后的性别文化的传播，建设先进性别文化，构建中国特色社会主义妇女发展理论体系，为国家立法、党政决策和妇联工作提供了重要的理论依据，对将性别意识纳入决策主流产生了积极影响。

总之，性别意识主流化作为促进男女平等的手段发挥着重要作用。

第二节　妇联组织结构

组织结构是指"组织中要素之间相对稳定的关系形式，是构成组织的各个部分之间互动模式以及各自在组织中的位置，是组织中对岗位的设定和安排，用以完成组织目标"③。组织结构分为正式的组织结构与非正式的组织结构。正式的组织结构是指组织在正式分工的条件下所形成的职位关系体系，非正式的组织结构是组织中成员之间基于某种客观条

---

① 李慧英：《将性别意识纳入决策主流的讨论》，《妇女研究论丛》1996 年第 3 期，第 5~7、18 页。

② 全国妇女国际部编《联合国妇女儿童重要文件汇编》，北京：中国妇女出版社，2008，第 94 页。

③ 安妮·玛丽·弗朗西斯科、巴里·艾伦·高尔德：《国际组织行为学：理论、案例、操练》（第二版），顾琴轩译，上海：格致出版社，2014，第 215 页。

件形成的非正式的职位关系。一般来说，正式的结构是组织的主要结构，是为了实现组织目标而细致设计、慎重安排的职能关系。本书所探讨的是妇联正式的组织结构。

《中华全国妇女联合会章程》明确指出："妇女联合会实行全国组织、地方组织、基层组织和团体会员相结合的组织制度。"① 妇联组织为了实现组织目标，在不同的行政区域层次建立了分工合作关系，这体现了妇联组织的现代性组织管理结构。如图 2-1、图 2-2 所示，全国妇联包括全国妇联执行委员会、全国妇联常务委员会以及全国妇联下设的中央机关机构；地方妇联组织包括省级妇联、市级妇联、区级妇联；基层妇联组织包括乡镇、街道、村（社区）级的妇联组织以及机关事业单位等建立的妇女委员会。

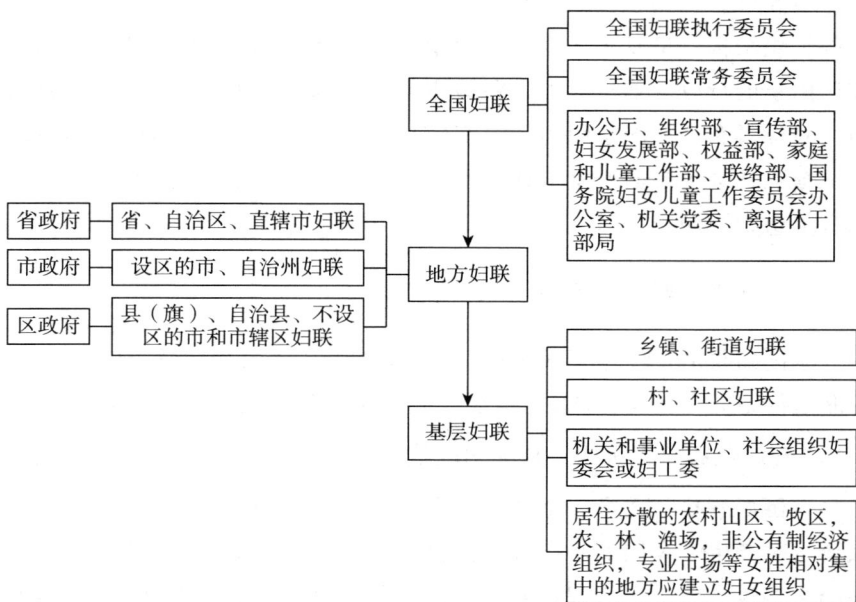

图 2-1　全国妇联纵向组织架构

① 《中华全国妇女联合会章程》，《中国妇运》2018 年第 11 期，第 35~39 页。

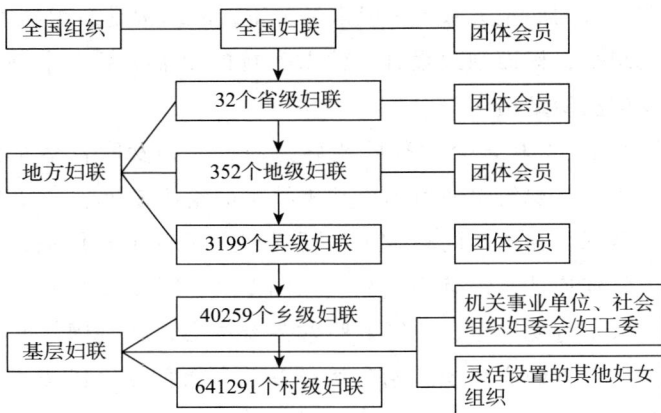

图 2-2   全国妇联一横一纵组织架构

由此可见，妇联组织拥有从全国到地方、从中央到基层的完整、统一的组织结构，呈现地方妇联和团体会员相结合的一横一纵组织架构，按照国家的行政区划建立地方各级组织。妇联组织对内具有严密的管控力，对外具有强大的组织力。组织结构是妇联组织的政治优势，是妇联组织覆盖社会各层面妇女群体，团结和凝聚妇女围绕在党的周围最宝贵的政治组织资源。

一　全国妇联组织体系

全国妇联是妇联的全国组织，由全国妇女代表大会选举产生，由全国妇联执行委员会、全国妇联常务委员会构成，下设 10 个中央机关机构。

（一）最高权力机构：全国妇联执行委员会

全国妇联执行委员会是全国妇联的最高领导机构，由全国妇女代表大会选举产生。全国妇联执行委员会每五年召开一次全国妇女代表大会，大会主要讨论、决定全国妇女运动的方针、任务及重大事项。全国妇女代表大会闭会期间，全国妇联执行委员会贯彻执行全国妇女代表大会的决议，讨论并决定妇女工作中的重大问题和人事安排事项。[1] 全国妇联第十二届执行委员会共有 295 名委员[2]，执行委员的主要职责是执行全

---

①　《中华全国妇女联合会章程》，《中国妇运》2018 年第 11 期，第 35~39 页。
②　《中华全国妇女联合会第十二届执行委员会委员名单》，《中国妇运》2018 年第 11 期，第 47~48 页。

国妇女代表大会和全国妇联执行委员会的决议，积极参加全国妇联组织的有关活动，密切联系妇女群众，努力开展妇女工作①。

（二）执行机构：全国妇联常务委员会

全国妇联常务委员会是执行委员会闭会期间的领导机构。《中华全国妇女联合会章程》规定，全国妇联执行委员会的全体会议选举主席一人、专兼职副主席若干人、常务委员若干人，组成常务委员会。2018 年 11 月 1 日，全国妇联第十二届执行委员会举行第一次全体会议，选举产生了主席 1 人、专兼职副主席 15 人、常务委员 40 人②，组成第十二届常务委员会。常务委员会定期向执行委员会汇报工作，接受监督。每半年举行一次常务委员会会议，在特殊情况下，可提前或推迟召开。全国妇联常务委员会由主席、副主席、常务委员和书记处组成（见图 2-3），书记处由常务委员会推选第一书记和书记若干人组成，主持日常工作。③ 全国妇联常务委员会充分发挥妇女工作载体作用，对妇女工作进行谋划与指导，将党的方针政策落实到妇女工作各个层面；运用自身在妇联组织中的权威关系，自上而下地动员各个地方妇联组织的职能部门。

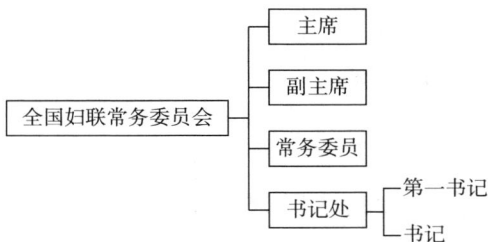

图 2-3　全国妇联常务委员会机构设置情况

（三）下设机构

全国妇联下设机构包括办公厅、组织部、宣传部、妇女发展部、权益部、家庭和儿童工作部、联络部、国务院妇女儿童工作委员会办公室、机关党委、离退休干部局，共 10 个职能部门（见图 2-4）。办公厅负责

---

① 《妇女联合会的组织机构》，《中国妇运》2009 年第 3 期，第 45 页。
② 《中华全国妇女联合会第十二届执行委员会主席、副主席、常务委员、书记处书记名单》，中华全国妇女联合会，https://www.women.org.cn/col/col82/index.html.
③ 《中华全国妇女联合会章程》，《中国妇运》2018 年第 11 期，第 35~39 页。

内外协调、妇女事务管理与政务服务工作；组织部负责机关干部和直属单位领导干部的管理工作，以及联系各民主党派妇委会、工商联妇女组织及非公有制经济、民族宗教等女性代表人士工作；宣传部负责宣传党的路线方针政策、马克思主义妇女观、男女平等基本国策等工作；妇女发展部负责动员和组织妇女参与经济建设和社会发展，如开展"双学双比""巾帼建功"等活动；权益部主要负责依法维护妇女儿童权益工作；家庭和儿童工作部负责家庭文明建设工作；联络部负责全国妇联机关及直属单位的外事工作；国务院妇女儿童工作委员会办公室承担国务院妇女儿

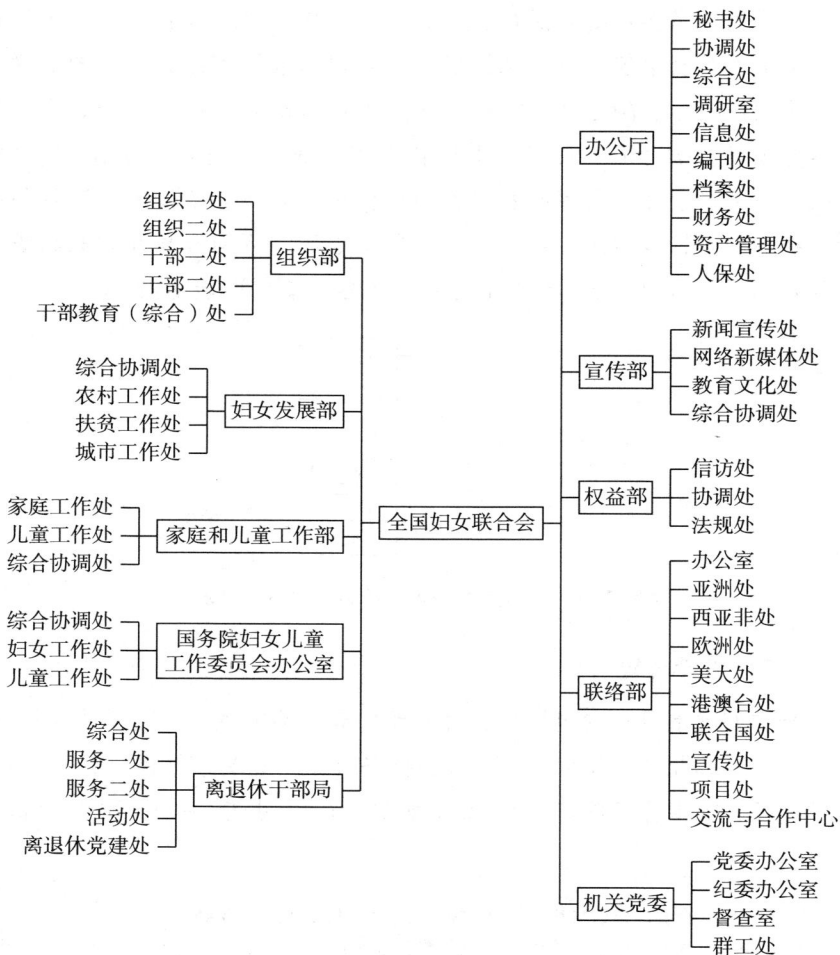

图 2-4　全国妇联下设机构

童工作委员会日常工作；机关党委负责机关及直属单位党的建设和纪律检查工作；离退休干部局负责全国妇联机关离退休干部的管理、服务等工作。

总之，全国妇联的组织结构呈现科层体制特征，下设 10 个职能部门呈现劳动分工和专业化特征，每个部门都承担不同的职能，设有主席、副主席、书记等呈现职权等级化特征，有恒定的行为规则（如《中华全国妇女联合会章程》），人员选拔通过选举和聘用呈现量才用人特征。

二　地方妇联组织结构

地方妇联是全国地区各族各界妇女的群众组织，是全国妇联的地方组织。

本书地方妇联组织结构以 J 省 C 市 N 区妇联三级组织为例呈现。J省妇联成立于 1949 年 8 月，组织设置效仿全国妇联组织结构，机关下设办公室、组织部、宣传部、研究室、权益部（信访办公室）、妇女发展部、家庭和儿童工作部 7 个职能部门及机关党委（见图 2-5），行政编制37 个，工勤编制 5 个。

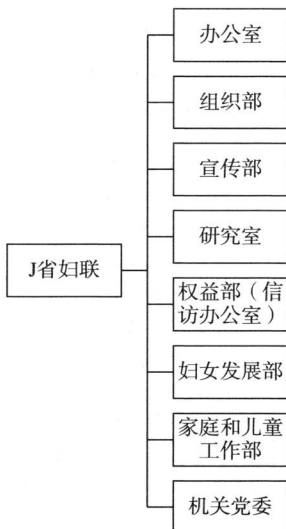

```
                    ┌─────────────┐
                    │   办公室     │
                    ├─────────────┤
                    │   组织部     │
                    ├─────────────┤
                    │   宣传部     │
                    ├─────────────┤
                    │   研究室     │
  ┌────────┐        ├─────────────┤
  │ J省妇联 │────────│权益部（信   │
  └────────┘        │访办公室）   │
                    ├─────────────┤
                    │  妇女发展部  │
                    ├─────────────┤
                    │ 家庭和儿童   │
                    │  工作部      │
                    ├─────────────┤
                    │  机关党委    │
                    └─────────────┘
```

图 2-5　J 省妇联组织架构

C 市妇联由机关、妇女儿童活动中心、妇儿工委办公室三部分组成（见图 2-6）。机关包括办公室（研究室）、组织部、权益部、宣传部、妇女发展部、家庭和儿童工作部 6 个部门及机关党总支。妇女儿童活动中心是其所属的事业单位。妇儿工委办公室归省政府管辖，挂靠在 C 市妇联组织内。

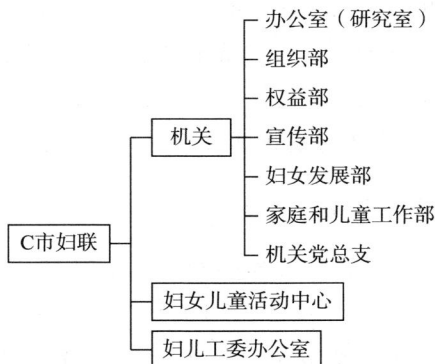

图 2-6　C 市妇联组织架构

N 区位于 C 市中南部，面积约 80 平方千米，户籍人口约 50 万人，全区共辖 12 街 1 乡，1 个省级开发区，7 个行政村，59 个社区。调研发现，N 区妇联设有专职主席 1 名，专职副主席 1 名、兼职副主席 2 名，挂职副主席 1 名，专职工作人员 2 名（包括 1 名办公室主任），执委 43 名，组成区级妇女联合会（见图 2-7）。N 区妇联领导班子实现专职兼职挂职合理配置，专职主席、副主席与挂职副主席各司其职，兼职副主席在其专业领域内提供协助，有效承担起区妇联工作和其他任务。

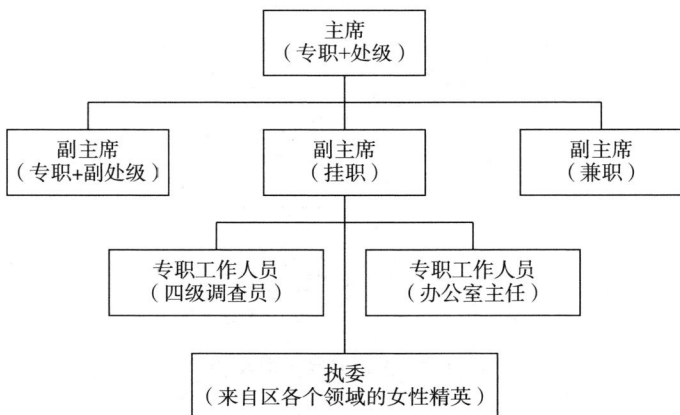

图 2-7　N 区妇联组织架构

注：此图为改革后的基层妇联组织架构，在调研基础上制作。

三　基层妇联组织架构

基层妇联组织架构是妇联覆盖各个阶层和领域、团结和凝聚妇女力量的重要载体，是妇联组织最有效和最宝贵的社会资源。

关于"基层"的界定，王思斌从我国政权建设架构出发，认为基层包括县区以下的乡镇和村庄、城市区（街道）及社区。① 妇联组织正是依托政府行政建制设立的群团组织，在县区以下建立了多种形式的基层妇联组织。2018 年新修改的《中华全国妇女联合会章程》第五章"基层组织"的第二十五条规定："妇女联合会在乡镇、街道，行政村、社区，机关和事业单位、社会组织等建立基层组织。"②

一般来说，妇联组织在乡镇、街道、行政村、社区都建立了妇联组织，有多少个乡镇、街道、行政村、社区就有多少个妇联组织，并且基层妇联组织成员基本都是兼职。

本书以 C 市 N 区的 T 街道 W 社区妇联为例。T 街道位于 N 区东部，面积 0.87 平方千米，人口约 3 万人，下辖 5 个社区。T 街道妇联主席由街道党工委副书记（女性）兼任，负责妇联全面工作；下设 1 名专职副主席，由街道主任科员担任；还有 5 名兼职副主席，由来自街道社区的书记、社会组织负责人、企业管理人员兼任（见图 2-8）。

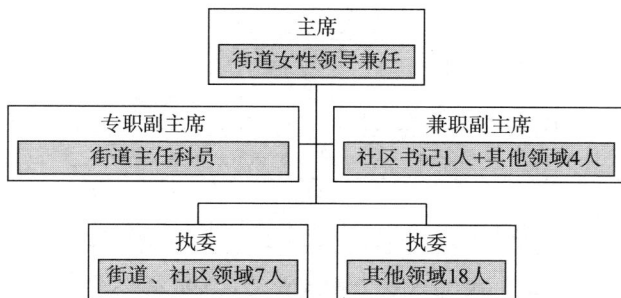

图 2-8　C 市 N 区 T 街道妇联组织架构

注：此图为改革后的基层妇联组织架构，在调研基础上制作。

---

① 王思斌：《新中国 70 年国家治理格局下的社会治理和基层社会治理》，《青海社会科学》2019 年第 6 期，第 1~8、253 页。

② 《中华全国妇女联合会章程》，《中国妇运》2018 年第 11 期，第 35~39 页。

　　T街道下辖5个社区，每个社区都有1名妇联主席，一般由主任或书记（女性）兼任；4名副主席，其中1名由社区党委副书记兼任，其他3名由区域化其他部门优秀女性兼任；11名执委，其中3名由社区网格长担任，其他由各界女性担任。

　　以W社区妇联为例，W社区是T街道非常具有地域特色的社区，社区服务网格有11个，辖区共有居民住宅楼31栋，建筑户数3573户，实际登记录入2937户，现居住总人口6911人。其中，残疾人有125人，低保户58户。社区工作人员共有29名，其中1名书记、1名副书记、1名主任、1名副主任、11名网格长。需要注意的是，每名网格长兼任妇女专干，副主任兼任网格长和妇女专干，副书记为妇联兼职副主席。书记、副书记及网格长均由街道管理，不属于公益岗。公益岗人员14名，主要负责办公楼一楼大厅基本业务的办理，如就业、退休认证等，网格长由居委会选举产生。

　　W社区妇联由16人组成，社区党委书记（女性）兼任主席，社区党委副书记兼任副主席，还有来自其他领域的女性精英（3人）担任兼职副主席，这也是体现妇女工作区域化的一个重要举措。此外，还有执委11人（见图2-9）。

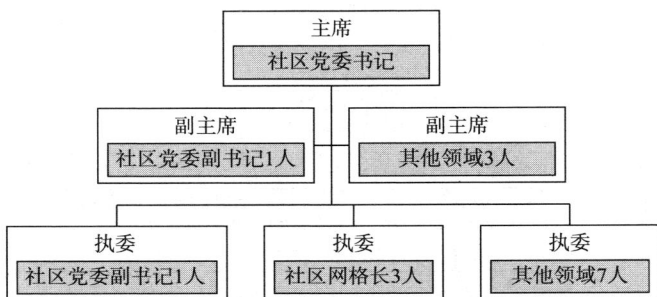

图2-9　C市N区T街道W社区妇联组织架构
注：在调研基础上制作。

　　基层妇联的作用是把妇女工作深深扎根社会基层，把上级指令"一竿子插到底"，发挥联系和服务妇女群众前沿阵地的作用。

（一）基层妇联主席：落实基层妇联组织工作的领头雁

　　社区居委会主任和党委书记一般情况下是一肩挑，个别社区的党委书记和主任是分开的。基层妇联主席一般由基层党政班子中的女性领导人兼任。如果基层一把手是女性，就由一把手兼任妇联主席；如果基层一把手是男性，就由女性副职兼任妇联主席。基层妇联主席和行政职务一肩挑，对完成上级妇联工作任务、维护基层妇女权益、落实男女平等基本国策具有保障作用。

基层妇联主席的职能履行情况关系到党和国家的政策方针能不能落实到妇女群众中，关系到妇联工作部署能不能下达基层，关系到一个地区的妇女工作做得好不好。调研发现，基层妇联工作的开展与妇联主席的个人能力、个人感召力密切相关。她们是联结党和政府与妇女的桥梁和纽带，是密切联系妇女群众的知情人。可以说，她们就生活在妇女群众中，了解妇女的疾苦和需求，基层妇联不仅可以把党的温暖送到妇女群众中，还可以把妇女的疾苦和需求传递给上级妇联部门和政府部门，发挥"联"的作用，解决好"党政所需""妇女所急"的问题，更好地为党和政府分忧，为妇女群众解难。由此可见，发挥好基层妇联组织作用是联系和服务妇女群众的关键环节。

（二）基层妇联执委：联系和服务妇女的重要载体

为整合资源、更好地为妇女群众服务，基层妇联组织不断强化执委的作用，使其成为拓展基层妇联组织覆盖面的有效载体。

基层妇联执委一般由经过选拔的各层次各领域中素质较高、奉献精神较强、在妇女群众中有一定威信的优秀妇女兼任，她们可以发挥自身优势，深入各阶层妇女群众中，了解妇女群众的真正困难，及时反映妇女的意见、建议和诉求，真正起到打通服务妇女群众"最后一公里"的作用。由于妇联执委对身份的丰富性有要求，需要来自不同领域扮演不同角色，街道执委由少数来自各个社区的女性领导兼任，能很好地把社区一级最基层妇女的情况反映上来，也可以把街道妇联工作、指示精神贯彻到社区。例如，社区执委有一些来自社区优秀的网格长，而网格长是联系妇女的最前沿，可以直接接触妇女，了解基层妇女的生存状况。来自其他领域的妇女代表兼任执委，有利于广泛宣传涉及妇女儿童权益的法律法规，使更多妇女群众真正了解妇联工作，配合妇联完成工作目标和任务并给予支持。

（三）妇女专干：基层妇联工作的重要支撑

妇女专干是 C 市妇联为解决妇女下岗再就业问题、加强基层妇女工作队伍，于 2006 年协调政府出资购买公益岗位，由社区具有工作热情和能力的下岗女性通过选拔担任。妇女专干来自社区，守家在地，上下班方便，对基层妇女有同理心，了解基层妇女的生活疾苦，可以有效协助社区妇联主席开展工作。

调研发现，社区涉及妇女的事情基本由妇女专干来做，社区妇联主席接受访谈时说："社区妇女工作一定是专干来做，其他人也做不过来，所以说，那些其他执委还有副主席也就是有重大事项时开会到场，平时哪有时间来做呀。"（20210526LYL 访谈员）由此可见，妇女专干是社区妇联主席的得力助手，解决了基层妇联组织人力资源匮乏的问题，是妇联组织联系基层妇女群众最直接的重要力量，是基层妇联做好妇女工作的重要支撑。如果说基层妇联组成人员基本是兼职，那么妇女专干则是基层妇联编外的专职人员。妇女专干帮助社区开展了大量具体细致的妇女工作，很好地发挥了联系妇女的桥梁和纽带作用，很好地解决了妇联组织联系妇女群众"最后一公里"的问题，很好地发挥了妇联组织作为妇女姐妹的"娘家人""贴心人"的作用。

然而，由于妇女专干是以开展妇女工作为前提招聘而来的，是为了解决社区妇女就业问题而设置的，她们自身受到文化程度、年龄等的限制，难以担任执委进入基层妇联班子。加上基层社区工作人员短缺，部分妇女专干并不专干，还要兼做社区其他工作，这就出现了妇女专干兼职的倾向。

（四）基层妇联组织结构特征

我国基层妇联组织结构呈现"条""块"纵横交错、科层制、单位制等多元化特征。

1. "条""块"纵横交错

所谓"条"，是指中央政府延伸到基层的各层级政府中职能相似或业务内容相同的职能部门。全国妇联在省、自治区、直辖市，设区的市、自治州，县（旗）、自治县、不设区的市和市辖区等建立地方妇联组织。按照"上下对口、左右看齐"的职能部门设置原则，省、区、市级妇联的机构设置与全国妇联大体相同，对下一级妇联的工作进行指导，妇女工作呈现上下垂直的业务指导性管理关系。全国妇联对地方妇联的业务指导，通过地方妇联组织架构来实现。全国妇联通过起草工作文件对省级妇联进行指导，省级妇联通过职能部门实现文件在市级妇联的贯彻落实，市级妇联通过发通知、发通报或者召开会议的方式指导基层妇联开展工作，上级妇联的指示可以一竿子贯彻到底，这是"条"的运行逻辑。

所谓"块"，是指以政府属地管理为原则，一级地方政府及其派出机构。① 地方妇联组织主要依托城乡行政层级，建立市、区（县）妇联。地方妇联组织接受同级党委的领导，在同级党委的领导下，其人员组成与任命、行政经费、业务活动和事业发展经费主要由政府拨款，列入各级财政预算，依赖权威资源、政治激励开展妇女工作。由此可见，地方妇联组织接受同级党委领导和上级妇联组织指导的双重管理。

不难看出，妇联的组织形式为"条""块"结构；管理模式为双重管理，以"块"为主。上级妇联仅对下级妇联存在业务指导关系，各级妇联最主要的领导是其同级党委，这就使整个体系存在形式化特征②③，使妇联组织决策权力分散化，也使地方妇联组织有效地嵌入地方行政运行当中。各级妇联组织成了妇女工作的"行动者"，通过这种横纵的网络关系生成妇女工作政治资源，进而使妇联组织政治优势与组织优势得以充分发挥，高效地完成妇联工作任务，呈现德国社会学家韦伯所说的科层制特征。

2. 科层制

科层制最早由德国社会学家韦伯提出，他认为科层制就是结构和运行均被成文的规章制度高度控制的组织和制度。④ 其主要特征是：第一，

---

① 周振超：《构建简约高效的基层管理体制：条块关系的视角》，《江苏社会科学》2019年第3期，第143~149页。

② 陈伟杰、矫杨：《社会工作承认过程的多元分析框架——妇联服务专业化中的迂回式承认》，《妇女研究论丛》2018年第1期，第27~42页。

③ 谭琳、姜秀花主编《中国妇女组织发展的理论与实践》，北京：社会科学文献出版社，2007，第358页。

④ 迈克尔·曼主编《国际社会学百科全书》，袁亚愚等译，成都：四川人民出版社，1989，第50页。

组织成员分工明确且对自身的工作越来越熟练①；第二，组织中的岗位遵循等级制原则，每一级都在更高的权力层级管理之下②；第三，通过规章制度规定了每个职位之间的关系，组织成员要严格遵守组织的规章制度；第四，感情中立，职位不为个人专有，办事无法掺杂个人情感；第五，用人标准具有普遍性且量才用人，组织成员凭借能力入职而非依靠先赋特征。职务晋升取决于员工的资格与业绩。韦伯认为，科层制的组织是最有效率、最有纪律的群体。

妇联组织具有明显的科层制特征，具有明确的组织规范。《中华全国妇女联合会章程》确立了妇联组织的基本职能范围和运作依据，构成了妇联组织的行动规范。妇联组织接受双重领导，即上级妇联的工作指导（"条"）以及同级党委的领导（"块"）。这种"条""块"特征是一套复合的科层制体系。妇联组织与所嵌入的地方政府都有科层体系，二者并非处于疏离的状态，更不是各自运行，而是紧密联系的体系。上层妇联组织的分工相对更为细致，层级越低，分工越综合，但是妇女工作的开展都依据相同的妇女发展政策与妇联组织文件。

作为中国最大的妇女组织，妇联组织以引领、服务、联系为基本职责，对各层级妇联进行职能分工。为了有效落实责任目标，不同层级妇联有着相同的部门，如全国妇联、省级妇联、地方妇联都设置了妇女发展部。全国妇联通过对业务职能部门进行业务指导实现从全国到地方各级妇联的科层机制运转，由此构成一个结构完整的科层组织体系。

作为党和政府联系妇女群众的桥梁和纽带，妇联组织必须应对复杂的妇情，诸如妇女就业、妇女健康、反家庭暴力、维护妇女权益，这些工作必须依托行政力量才有可能进行。妇联组织嵌入国家行政体系中，各地方政府都有妇联组织的一席之地。妇联组织和各级行政组织的互嵌提升了各级妇联组织的工作效率与工作效能。

妇联组织的专业化体现在对妇联干部专业技能的要求上。妇联组织根据不同的职能部门限定了基层工作经历等条件，在任职期间参加妇女

---

① 马克斯·韦伯：《韦伯作品集Ⅲ：支配社会学》，康乐、简惠美译，南宁：广西师范大学出版社，2004，第22页。

② 彼得·布劳、马歇尔·梅耶：《现代社会中的科层制》，马戎、时宪明、邱泽奇译，上海：学林出版社，2001，第17页。

工作专业化培训，同时采取各种提升妇女工作专业化水平的措施，如基层历练、考察学习、邀请授课等。此外，妇联组织成员职务活动与私人活动相分离，公款公物与私人财产分清，这是妇联组织的基本规范。

也有学者认为，妇联组织内部分工明确、权力分层，具有纵横交错的复杂结构，层级和部门高度分化，易出现目标与结果之间的偏差，科层制的结构特征造成行政力量内部观念与行动模式的分割[①]，具有明确规则且照章办事，这些也都是妇联组织科层制的典型特征。

3. 单位制

单位制是由单位体制支配的组织运行形式。它是国家实行的以企事业为单位承担国家社会分工任务和对社会成员进行全面管理的制度。国家通过单位进行社会整合与社会控制，单位赋予社会成员身份、权利以及福利，社会成员通过单位获得社会资源，维护自身利益。[②] 妇联组织具有中国特色的单位制特点。妇联组织作为党联系妇女群众的桥梁与纽带，肩负着党和国家联系妇女、服务妇女、引领妇女的重任。从这个意义上说，妇联组织承担了党和国家推进妇女发展事业的责任，表现出典型的单位制的组织特征。

妇联组织是中国特色的妇女组织形式。妇联组织通过单位制度构建妇女资源整合的制度化组织形式，是党和国家与妇女群体联结的桥梁。从社会治理的角度来看，在国家和妇女组织的关系上，党和国家拥有社会资源，形成对妇联组织的绝对领导；在妇联组织和组织成员的关系上，妇联组织具有对组织成员发展机会的指导、分配的权力。由于存在这种资源支配的关系，妇联组织成了党和国家与妇女联结的桥梁，形成了妇女对党和国家的依赖关系。党和国家通过单位制度向妇女提供社会福利资源，是妇联组织优于其他妇女组织之处。因此，妇联组织具有较为明显的单位制特征，这也是妇联组织作为最大妇女组织所具有的中国特色，确保了中国妇女事业朝着正确的方向发展。

当然，无论是科层制，还是单位制，都存在理性人假设的成分，认

---

① 陈伟杰、矫杨：《社会工作承认过程的多元分析框架——妇联服务专业化中的迂回式承认》，《妇女研究论丛》2018 年第 1 期，第 27~42 页。

② 任学丽：《单位制度的初始意图与意外后果》，《理论探索》2010 年第 5 期，第 111~114 页。

为人可以像制度一样为之设置与设计。但是在现实生活中，组织成员受到环境的影响且具有多元需求。忽略了环境变化和个人需求因素，无论是科层制还是单位制，都会产生负功能。例如，妇女群体的需求随着社会的发展而变化，这就要求妇联组织转变工作方式来适应不断变化的妇情。但是组织结构并不会紧随环境变化，这就导致结构与功能的错位，出现了妇联组织机关化、行政化等问题，这在一定程度上影响了妇联组织实现组织目标。

尽管妇联组织存在一定程度的行政化和机关化倾向，但是基层妇联组织体系基本保证了妇联组织目标的实现。有些基层妇联主席和书记一肩挑，依托党建平台，依靠妇女专干和妇联执委，调动社会组织中的妇女干部以及基层党员妇女，实行党建促妇建，协同共建开展妇女工作。

第三节 妇联组织角色

妇联组织凭借其特有的政治优势在动员妇女参与国家建设和推进妇女解放与发展中扮演着重要角色。明确妇联组织角色的定位，有助于充分认识并发挥妇联组织的作用。

关于妇联组织角色的定位一直是学者讨论的重点议题。新中国成立后至改革开放前，关于妇联组织角色的讨论不多，争论不大，基本是凸现妇联组织的政治角色，主要是配合党的中心工作组织发动妇女，多侧重于行政性的工作任务，忽视了组织本身的角色定位，没能体现其群众性组织的基本特征。[1] 改革开放后，随着妇女的分化和需求的多样化，妇女问题不断涌现。尤其是在 1995 年举办的联合国第四次世界妇女大会及其非政府组织妇女论坛上，面对来自参会各国纷呈的妇女组织，为了与国际上各种妇女社会组织对话和对接，中国政府也正式宣告妇联是"中国最大的提高妇女地位的非政府组织"，由此带来了对妇联组织角色的讨论和争论（是代表政府的行政组织还是代表妇女的非政府组织）。

根据中国妇女历次全国代表大会通过的全国妇联章程，党对妇联组

---

[1] 马焱：《对妇联组织基本职能的再认识——由"邓玉娇事件"引发的思考》，《中共山西省委党校学报》2010 年第 1 期，第 63~66 页。

织角色的认识是逐步深化和明晰的。《中华全国妇女联合会章程》是妇联组织依据党和国家的需要对组织性质、目标、职能、任务、制度等作出的规定，是妇联开展组织活动的基本规则与准则，也是妇联组织角色定位最直接的依据。1949 年、1953 年通过的全国妇联第一届、第二届章程没有对妇联组织角色给予界定，1957 年全国妇联第三届章程开始对妇联组织作出了明确界定。之后中国妇女历次全国代表大会修订的全国妇联章程对妇联组织角色的描述都有不同（见表 2-1），揭示了妇联组织角色的历史演变。目前，对妇联组织角色的定位以全国妇联第十二届章程修订的对妇联组织角色的最新表述为依据。

2018 年 11 月 2 日，中国妇女第十二次全国代表大会修订的全国妇联章程规定："中华全国妇女联合会是全国各族各界妇女为争取进一步解放与发展而联合起来的群团组织，是中国共产党领导下的人民团体，是党和政府联系妇女群众的桥梁和纽带，是国家政权的重要社会支柱。"①"群团组织""人民团体""桥梁和纽带""重要社会支柱"的全新论述赋予新时代妇联组织角色全新内涵，蕴含了妇联组织的性质、地位和作用。

表 2-1　全国妇联历届章程规定的组织角色

历届章程	妇联组织角色
第一届 （1949 年 4 月）	无明确表述
第二届 （1953 年 4 月）	无明确表述
第三届 （1957 年 9 月）	全国各民族、各阶层、各种不同宗教信仰的妇女群众组织
第四届 （1978 年 9 月）	中国共产党领导下的，以各族工农劳动妇女和革命知识妇女为主体，广泛团结各界妇女的群众组织，是党联系妇女群众的桥梁
第五届 （1983 年 9 月）	中国共产党领导的全国各族女职工、女农民、女知识分子和其他劳动妇女、拥护社会主义的爱国妇女和拥护祖国统一的爱国妇女的群众组织，是党联系妇女群众的纽带
第六届 （1988 年 9 月）	全国各族各界妇女在中国共产党领导下为争取进一步解放而联合起来的社会群众团体，是党和政府联系妇女群众的桥梁和纽带

---

①　《中华全国妇女联合会章程》，《中国妇运》2018 年第 11 期，第 35～39 页。

历届章程	妇联组织角色
第七届 （1993 年 9 月）	全国各族各界妇女在中国共产党领导下为争取进一步解放而联合起来的社会群众团体，是党和政府联系妇女群众的桥梁和纽带
第八届 （1998 年 9 月）	全国各族各界妇女在中国共产党领导下为争取进一步解放而联合起来的社会群众团体，是党和政府联系妇女群众的桥梁和纽带
第九届 （2003 年 8 月）	全国各族各界妇女在中国共产党领导下为争取进一步解放而联合起来的社会群众团体，是党和政府联系妇女群众的桥梁和纽带，是国家政权的重要社会支柱
第十届 （2008 年 10 月）	全国各族各界妇女在中国共产党领导下为争取进一步解放而联合起来的社会群众团体，是党和政府联系妇女群众的桥梁和纽带，是国家政权的重要社会支柱
第十一届 2013 年 10 月	全国各族各界妇女为争取进一步解放与发展而联合起来的群众组织，是中国共产党领导下的人民团体，是党和政府联系妇女群众的桥梁和纽带，是国家政权的重要社会支柱
第十二届 2018 年 11 月	全国各族各界妇女为争取进一步解放与发展而联合起来的群团组织，是中国共产党领导下的人民团体，是党和政府联系妇女群众的桥梁和纽带，是国家政权的重要社会支柱

资料来源：根据第一届至第十二届《中华全国妇女联合会章程》整理而成。

一 妇联组织是妇女联合起来的群团组织

党的事业是人民大众的事业，需要广大群众的积极参与和支持。中国共产党在发动和领导人民大众的过程中一方面直接开展群众工作，另一方面通过群众性组织开展群众工作，群众性组织是党的手臂的延伸。

从全国妇联章程来看，对妇联群众性组织角色的认识也是逐渐深化的。全国妇联第三届、第四届、第五届章程将党领导下的"妇女群众组织"作为妇联群众性组织这一角色的表述，全国妇联第六届至第十届章程将其变更为"社会群众团体"，全国妇联第十一届章程将其表述为"全国各族各界妇女为争取进一步解放与发展而联合起来的群众组织"，全国妇联第十二届章程首次最新表述为"群团组织"。由此可见，妇联组织的群众性角色定位经历了一个由群众组织到群众社团组织再到群团组织的演变。这一演变是对妇联组织性质认识的深化，是适应新时代妇女运动特点变化作出的最新判断。相比于普通的群众组织和社团组织，这一群团组织新定位的突出特色是具有鲜明的政治性、先进性和群众性，这是党的群团工作会议赋予群团组织的最高期盼和责任担当。这一群团组织角色定位解决了人们关于妇联组织是政治性组织还是群众性组织的困扰。

群团组织是群众性社团组织的简称，但它不同于一般意义上的群众组织和社团组织，群团改革要求群团组织具有鲜明的政治性、先进性和群众性。妇联作为群团组织的政治性，是要承担起引导妇女群众听党话、跟党走的政治任务，把自己联系的妇女群众最广泛最紧密地团结在党的周围[①]；妇联作为群团组织的先进性，是要承担组织动员广大妇女群众为完成党的中心任务而共同奋斗的重大责任[②]；群众性是群团组织的根本特点，是衡量群团组织功能的标准[③]。

"强三性"为妇联组织正确处理党和国家与群团组织以及人民群众之间的关系指明了方向。妇联组织作为党联系妇女的群团组织，在把广大妇女群众紧紧团结在党的周围，完成党的中心任务方面发挥了重要作用。[④] 作为党建立的旨在帮助党做妇女群众工作的组织，妇联组织服务党和国家工作大局，同时服务妇女群众，既要搞好"公转"，又要搞好"自转"，既要教育妇女群众服从国家整体利益，又要努力代表和维护妇女的正当利益，不断强化服务意识，提升服务能力，更加精准地把握妇女的多样化需求，让妇女群众真正认可妇联组织是自己的组织，代表妇女的利益诉求，从而使广大妇女群众凝聚在党的周围。

党的群团事业是党的事业的重要组成部分，群团组织是党领导的群众组织，是党推进群团事业、开展群团工作的组织载体。2015 年 2 月印发的《中共中央关于加强和改进党的群团工作的意见》明确了群团组织的作用，指出"工会、共青团、妇联等群团组织联系的广大人民群众是全面建成小康社会、坚持和发展中国特色社会主义的基本力量，是全面深化改革、全面推进依法治国、巩固党的执政地位、维护国家长治久安

---

① 习近平：《切实保持和增强群团组织的政治性先进性群众性》，《党建》2015 年第 8 期，第 1 页。

② 习近平：《切实保持和增强群团组织的政治性先进性群众性》，《党建》2015 年第 8 期，第 1 页。

③ 习近平：《切实保持和增强群团组织的政治性先进性群众性》，《党建》2015 年第 8 期，第 1 页。

④ 《中华全国妇女联合会章程》，《中国妇运》2018 年第 11 期，第 35~39 页。

的基本依靠"①，是推进中国式现代化以及国家治理体系和治理能力现代化的重要力量。

二 妇联组织是中国共产党领导下的人民团体

人民团体也可称为群众团体或群众组织，是我国社团的重要组成部分。② 从政府管理的角度来看，人民团体是指有别于政府、政府官方机构、企业、公司，作为人民政协的界别，按照其章程开展活动的非营利性社会组织。③ 从人民团体的章程来看，其承担着党和政府联系、组织、协调各自类别的群众的任务，承担着统一战线整合力量、协调关系功能的一部分，是党和国家进行社会力量的布局与整合以及民主政治建设的重要载体。

妇联是我国八大人民团体之一。妇联是中国共产党领导下的人民团体这一组织角色定位始于 2013 年中国妇女第十一次全国代表大会通过的章程。2018 年，中国妇女第十二次全国代表大会再次明确了妇联人民团体的组织角色。维护所代表群体的合法利益是人民团体的职能要求，是党赋予人民团体重要的工作任务。《中华人民共和国立法法》第 36 条规定，各立法主体在立法过程中，涉及重大意见分歧或者重大利益关系调整时，应当听证的，应听取包括人民团体在内的意见，听证情况应向全国人大常委会报告。《中华人民共和国全国人民代表大会和地方各级人民代表大会选举法》第 29 条规定，人民团体可以联合或者单独推荐人大代表的候选人，并通过其推荐的代表参与国家立法。由此可见，人民团体是推进协商民主广泛多层制度化发展的重要力量，在我国协商民主中具有重要的作用和优势。

人民团体的组织角色定位为中国的妇联组织提供了西方妇女组织所不具有的、为妇女争取权益的组织合法性。妇联组织作为人民团体的成员，通过参与立法保障和维护妇女的基本权益，既可以代表妇女向党和政府部门提出关于妇女维权的建议，又可以在全国人大和全国政协会议上为妇女代言。《中华人民共和国妇女权益保障法》第 7 条明确授予妇

---

① 《中共中央关于加强和改进党的群团工作的意见》，北京：人民出版社，2015，第 18 页。
② 李俊：《论人民团体的民主协商功能》，《中州学刊》2014 年第 9 期，第 24~27 页。
③ 李俊：《论人民团体的民主协商功能》，《中州学刊》2014 年第 9 期，第 24~27 页。

联、工会、共青团维护妇女权益的职能；第 10 条规定，妇女组织有向国家机关包括立法机关提出建议和意见的权利，在涉及妇女重大权益的立法程序中，应当征集妇联意见；第 13 条规定，全国妇联和地方各级妇女联合会代表妇女积极参与国家和社会事务的民主决策、民主管理和民主监督。由此可见，妇联组织以人民团体的身份参与民主协商，在党和国家的制度平台上行使人民当家做主的权利，代表妇女就经济社会发展中的重大问题和涉及妇女切身利益的实际问题等进行利益表达，进而履行妇联组织维护妇女权益的职责。

三　妇联组织是党联系妇女群众的桥梁和纽带

从中国妇女第一次至第三次全国代表大会通过的全国妇联章程中可以看出，妇联组织的角色主要是配合党的中心工作组织发动妇女。最先把"桥梁"作为妇联组织的角色表述始于 1978 年的改革开放。1978 年，中国妇女第四次全国代表大会修订的全国妇联章程除了阐明妇联组织是中国共产党领导下的群众组织外，还首次新增加了"妇联是党联系妇女群众的桥梁"这一角色定位。1983 年，中国妇女第五次全国代表大会修改的妇联章程又将"桥梁"改为"纽带"，纽带比桥梁更能凸显党对妇联角色的认识，更能强化妇联作为联结党和妇女的组织的功能。把"桥梁"和"纽带"结合在一起进行表述的是 1988 年中国妇女第六次全国代表大会通过的全国妇联章程，"桥梁"的意义在于联通，"纽带"的作用在于联结。这是党细化赋予的妇联组织角色的表现。"桥梁"与"纽带"结合在一起更能完整地表达党对妇联之所期和妇女发展之所需，要求妇联不仅要发挥党与妇女群众的纽带作用，还要发挥桥梁作用，畅通党联系妇女群众的渠道，上传下达，不仅要把党的路线方针输送到妇女群众中，还要把妇女群众的需求与心声传达上来，蕴含了妇联具备政府组织和社会组织的双重性质。

"桥梁"和"纽带"的组织角色定位揭示了妇联在中国共产党与妇女群众之间扮演的双重角色，"纽带"的一头是党和政府，另一头是广大妇女群众。这一角色定位决定了妇联要"一手托两家，妇女与国家"，决定了妇联既要向上对党和国家负责，又要向下对妇女群众负责，使党和政府以及妇女群体对妇联产生相应的组织角色期待①；既要为党传声，又要为妇女发声；既要围绕中心、服务大局，又要代表和维护妇女权益。习近平总书记在党的二十大报告中强调："深化工会、共青团、妇联等群团组织改革和建设，有效发挥桥梁纽带作用。"② 为此，扮演好双重组织角色，避免角色冲突和角色紧张带来的工作倾斜，牢牢牵住联结党和妇女群众的纽带，架起党和妇女群众之间的桥梁并使之畅通，是党对妇联改革和工作创新的期份，如何做好这些工作是需要妇联高度重视和重点解决的问题。

四　妇联组织是国家政权的重要社会支柱

"社会支柱"较早出现在对工会的描述中。1951 年，刘少奇在论述工会问题时指出，工会"是人民政权的主要的社会支柱之一"③。1989年，中共中央印发《关于加强和改善党对工会、共青团、妇联工作领导的通知》，首次明确提出妇联组织具有重要社会支柱的作用。"工会、共青团、妇联是党领导的工人阶级、先进青年、各族各界妇女的群众组织，是党联系群众的桥梁和纽带，是国家政权的重要社会支柱。"④

随着妇联组织在党和政府体系中的地位不断明确，妇联组织的国家政权重要社会支柱的角色不断明晰。2003 年，中国妇女第九次全国代表大会通过的全国妇联章程在桥梁和纽带作用的基础上，又增加了"是国家政权的重要社会支柱"的提法⑤，指出妇联组织要"巩固和扩大各族各界妇女的大团结"⑥。此后，"国家政权的重要社会支柱"就成为妇联组织的重要角色之一，这为妇联组织夯实群众基础、为人民民主专政的

---

① 高鹏：《坚持向党负责与向妇女群众负责的一致性》，《中国妇运》1996 年第 1 期，第15～16 页。

② 习近平：《高举中国特色社会主义伟大旗帜 为全面建设社会主义现代化国家而团结奋斗——在中国共产党第二十次全国代表大会上的报告》，《人民日报》2022 年 10 月 26日，第 1 版。

③ 中共中央文献研究室编《建国以来重要文献选编》（第二册），北京：中央文献出版社，2011，第 439 页。

④ 中共中央文献研究室编《十三大以来重要文献选编》（中册），北京：中央文献出版社，2011，第 216 页。

⑤ 《中华全国妇女联合会章程》，《中国妇运》2003 年第 10 期，第 18～20 页。

⑥ 谭琳、姜秀花主编《中国妇女组织发展的理论与实践》，北京：社会科学文献出版社，2007，第 427 页。

社会主义国家凝聚妇女力量提供了根本遵循。

时代进步与妇女群体特点的更新促使妇联组织"国家政权的重要社会支柱"的外延不断扩大。2008年，全国妇联章程指出"加强与社会各界的联系，协调和推动社会各界为妇女儿童办实事"①，揭示了妇联组织成为国家政权的重要社会支柱的路径，即不断创新协助党推进妇女事务的工作机制，探索依靠妇女群众推进妇联工作的方法，形成群众工作群众做的生动局面。

进入新时代，面对复杂的国内外环境，妇联组织需要增强政治敏锐性，不断提高政治站位，进一步发挥国家政权的重要社会支柱作用。2018年，全国妇联章程进一步指出："发挥党开展妇女工作最可靠、最有力的助手作用，巩固和扩大党执政的阶级基础和妇女群众基础。"② 为此，推动妇联改革在基层落地见效，一是坚持党建带妇建，坚定改革方向，把握改革目标，以更高标准、更大力度推进妇联改革向纵深发展；二是努力把握新时代妇女工作的特点和规律，在推进国家治理体系和治理能力现代化中找准位置，持续发力，着力破解工作难题；三是扩大妇联工作覆盖面，发挥"联"的优势，联系政府部门、人民团体，联络社会组织，联动各级妇联组织。

由此可见，妇联组织不断对组织本身的职能进行创新，把妇联的国家政权重要社会支柱作用落到实处，以实现党对妇女群体的政治吸纳，对国家政权的稳定做出积极贡献。

总之，妇联组织不断明确自身角色定位，不仅是适应国家社会治理战略的需要，还是深化改革、破除"四化"的必然要求，更是妇联组织在新时代履行自身职能的重要前提和基础。妇联组织只有不断增强政治性、先进性、群众性，不断完善组织角色，才能应对更为复杂的妇情，在创新妇女工作的实践进程中承担起实现妇女群众对美好生活向往的责任。

第四节　妇联组织职责

组织职责是组织的职能或者组织需要完成的使命，是对组织负责的

---

① 《中华全国妇女联合会章程》，《中国妇运》2008年第11期，第18、35~39页。
② 《中华全国妇女联合会章程》，《中国妇运》2018年第11期，第35~39页。

工作范围和承担一系列任务的抽象概括，是对完成组织任务所需承担的相应责任的总结。以往的研究常常把妇联的组织功能与组织角色、组织职责整合在一起进行论述，称之为妇联职能。因为妇联组织角色定位与组织性质、组织职责、组织任务是紧密相连的，不能分开和剥离，所以研究妇联组织结构关系常常会出现使用相同话语的情况。此处阐述的妇联组织职责定位，主要依据 2018 年中国妇女第十二次全国代表大会新修订的《中华全国妇女联合会章程》。该章程明确提出，全国妇联在新时代担负着团结引导各族各界妇女听党话、跟党走的政治责任，以围绕中心、服务大局为工作主线，以联系和服务妇女为根本任务，以代表和维护妇女权益、促进男女平等和妇女全面发展为基本职能。

一　政治职责：引领妇女群众听党话、跟党走

妇联组织的政治职责事关妇女运动的方向，是关系中国妇女解放和发展走什么道路的根本性、原则性问题。2018 年 3 月，中共中央印发的《深化党和国家机构改革方案》第七部分"深化群团改革"指出，要"牢牢把握改革正确方向，始终坚持党对群团组织的领导，坚决贯彻党的意志和主张，自觉服从服务党和国家工作大局"，这是对妇联组织政治职责的高度概括。

妇女是中国革命和建设的主力军和生力军，中国共产党自成立之日起就非常重视对妇女的引领。民主革命时期，在中国共产党的引领下，广大劳动妇女把自身解放与国家独立民族解放紧密结合在一起，在积极投身反帝反封建的新民主主义革命洪流中实现了自身解放。社会主义革命和建设时期，各级妇联组织作为党联系妇女的桥梁和纽带，引领广大妇女热爱祖国，支持社会主义制度，全面投身社会主义建设的热潮中发挥半边天作用，中国妇女全面参加社会劳动引领了世界妇女解放潮流。改革开放新时期，妇联组织引领妇女解放思想，争当改革创业先锋。进入新时代，围绕中华民族伟大复兴的中国梦这一时代主题，妇联更要履行好引领职责，凝聚妇女建功新时代。

（一）思想政治引领

1. 思想引领

思想引领就是以马克思列宁主义、毛泽东思想、邓小平理论、"三个

代表"重要思想、科学发展观、习近平新时代中国特色社会主义思想为行动指南。2018 年新修订的《中华全国妇女联合会章程》总则明确将习近平新时代中国特色社会主义思想作为妇联组织的行动指南。《中华全国妇女联合会章程》第一章第一条明确指出"组织引导妇女学习贯彻习近平新时代中国特色社会主义思想和党的路线方针政策，用中国特色社会主义共同理想凝聚妇女"。

2. 政治引领

中国共产党的领导赋予妇联组织政治引领的职责。从全国妇联第三届章程开始，此后全国妇联历届章程都在总则的开篇明确提出中国共产党对妇联的领导。妇联组织的政治性决定了其具有引领广大妇女群众听党话、跟党走的政治职责。

中国妇女第十二次全国代表大会修订的全国妇联章程在总则中还明确强调，全国妇联坚持中国共产党的领导，自觉坚持党中央集中统一领导，增强政治意识、大局意识、核心意识、看齐意识；坚决维护习近平总书记党中央的核心、全党的核心地位，坚决维护以习近平同志为核心的党中央权威和集中统一领导①。习近平总书记指出："我们的妇联组织是由党领导的妇女群众组织，必须把广大妇女紧紧团结在党的周围，决不能成为国外的那种女权组织、贵妇人联合会。"② 因此，强化妇女政治引领，团结带领广大妇女听党话、跟党走，为党扩大执政基础，是党交给妇联组织的政治任务和政治职责，是妇联组织保持和增强政治性的集中体现。

基层妇联组织按照全国妇联章程规定，以妇女思想政治引领为主责，在具体工作中积极履行思想政治引领职责，并将其作为妇联的常规工作常抓不懈。妇联通过积极开展"强国复兴有她""我与中国梦""巾帼心向党""党史故事接力传""不忘初心、牢记使命""喜迎党的代表大会"等主题活动，大力传播党的声音，弘扬时代主旋律，宣传习近平新时代中国特色社会主义思想；通过深入开展党的十八大、十九大、二十大精神学习宣传教育，推动党的创新理论深入人心；通过开展学习贯彻

---

① 《中华全国妇女联合会章程》，《中国妇运》2018 年第 11 期，第 35~39 页。
② 中共中央文献研究室编《习近平关于社会主义政治建设论述摘编》，北京：中央文献出版社，2017，第 193~194 页。

习近平总书记在党史学习教育动员大会上的讲话精神，推动妇联系统党员干部学党史、悟思想、办实事、开新局，引导广大妇女学党史、感党恩、听党话、跟党走，在各种形式的党史学习教育中，把妇联干部和广大基层妇女群众组织起来、动员起来、凝聚起来，激发出其爱党爱国热情和奋斗精神，凝聚广大妇女团结奋斗的强大精神力量。

（二）道路方向引领

1956 年社会主义制度建立后，1957 年全国妇联章程就明确规定了"团结和教育妇女热爱祖国，坚定地走社会主义道路"。

走什么道路是事关党的事业兴衰成败的首要问题。中国共产党坚持把马克思主义基本原理同我国具体实际相结合，成功开辟了中国特色社会主义道路。"这是一条植根于中国大地、反映中国人民意愿、适应中国和时代发展进步要求的道路，是实现'两个一百年'奋斗目标和中华民族伟大复兴的必由之路，是实现我国社会主义现代化和创造人民美好生活的必由之路。"[1] 为此，2018 年《中华全国妇女联合会章程》总则规定，坚定中国特色社会主义道路自信、理论自信、制度自信、文化自信，团结、引导广大妇女坚定不移地走中国特色社会主义妇女发展道路，在统筹推进"五位一体"总体布局和协调推进"四个全面"战略布局中发挥积极作用，为实现"两个一百年"奋斗目标、实现中华民族伟大复兴的中国梦而奋斗。[2]

中国妇女解放和发展道路与中国特色革命道路和中国特色社会主义建设道路紧密相连。中国共产党在探索中国式现代化道路的进程中，始终高度重视发挥妇女的伟大作用，成功开辟了中国特色社会主义妇女解放和发展道路。广大妇女紧跟党的步伐，坚定不移地走中国式妇女解放和发展道路，为新民主主义革命、社会主义革命和建设、改革开放与中国特色社会主义现代化建设贡献了巾帼力量，书写了巾帼篇章。历史告诉我们，妇女的命运始终同党和国家的命运紧密相连。进入新时代，习近平总书记提出了中国特色社会主义妇女发展道路，因此各级妇联要

---

① 中共中央党史研究室理论研究中心：《坚定中国特色社会主义道路自信——庆祝中华人民共和国成立 68 周年》，求是网，http://www.qstheory.cn/dukan/qs/2017-09/30/c_1121731826.htm。

② 《中华全国妇女联合会章程》，《中国妇运》2018 年第 11 期，第 35~39 页。

引领妇女肩负起时代重任和责任担当，把中国特色社会主义妇女发展道路与中国特色社会主义现代化道路紧密结合起来，以中国式现代化和妇女的全面高质量发展助推中华民族伟大复兴。

（三）先进性引领

党的群团改革对妇联提出了"强三性"的要求，其中，只有保持和增强先进性，才能不断增强妇联组织凝聚力，才能完成全国妇联章程要求的"团结动员妇女投身改革开放和社会主义经济建设、政治建设、文化建设、社会建设和生态文明建设，注重发挥妇女在社会生活和家庭生活中的独特作用，为中国特色社会主义伟大实践作贡献"①。

妇联要把先进性作为履行妇联组织职责使命的重要着力点，承担好组织动员妇女为完成党的中心任务而共同奋斗的重大责任。为此，全国妇联章程规定"宣传表彰优秀妇女典型，培养、推荐女性人才"①。体现先进性也是妇联常抓不懈的一项重要工作，发挥先进典型示范引领作用，是妇联组织在实践中积累的重要经验。妇联十分注重发挥先进榜样的作用，把开展"三八红旗手（集体）""巾帼文明岗""最美家庭"等先进模范评选活动作为常规工作常抓不懈，通过榜样的引领，充分调动妇女群众的积极性、主动性、创造性，增强妇女群众的历史责任感和主人翁意识。妇联通过培养各类巾帼典型，发挥示范带动作用，宣传妇女、教育妇女，努力增强妇联组织的凝聚力、战斗力，引领妇女走在时代前列，为高质量发展贡献巾帼力量。

（四）价值观引领

从全国妇联历届章程来看，妇联十分重视对广大妇女价值观的引领和培育。1983年，全国妇联第五届章程规定，"向妇女进行爱国主义、集体主义、社会主义、共产主义的思想教育，进行妇女解放、男女平等的教育，鼓励妇女树立崇高的革命理想"，"教育妇女以社会主义思想道德正确处理恋爱、婚姻和家庭问题"。② 2013年，全国妇联第十一届章程首次提出了"教育和引导广大妇女践行社会主义核心价值观"，重申了

---

① 《中华全国妇女联合会章程》，《中国妇运》2018年第11期，第35~39页。
② 谭琳、姜秀花主编《中国妇女组织发展的理论与实践》，北京：社会科学文献出版社，2007，第408页。

发扬自尊、自信、自立、自强的精神，提高综合素质，实现全面发展。①
2018 年 11 月，中国妇女第十二次全国代表大会通过的《中华全国妇女
联合会章程（修正案）》把"组织开展家庭文明创建，支持服务家庭教
育，传承中华民族家庭美德，树立良好家风，推动形成家庭文明新风尚"
作为妇联组织的一项重要工作任务②，明确地写进了第一章中。全国妇
联章程第六条规定："教育引导妇女践行社会主义核心价值观，弘扬中华
优秀文化，组织开展家庭文明创建，支持服务家庭教育。"

引领妇女在促进形成社会主义家庭文明新风尚中建新功，是新时代
党和国家赋予妇联组织的重要任务。习近平总书记指出，"家庭的前途命
运同国家和民族的前途命运紧密相连"③，"我们都要重视家庭建设，注
重家庭、注重家教、注重家风，紧密结合培育和弘扬社会主义核心价值
观"④。妇联组织把引领妇联社会主义核心价值观作为重要职责贯穿妇联
工作之中，以社会主义核心价值观为统领，引导妇女家国同构，既爱小
家，也爱国家。此外，妇联还组织策划以"家国情""家庭新风尚""巾
帼暖人心"等为主题的系列特色活动，组织巾帼志愿者参与以关爱老年
人、留守儿童、孤独症儿童等特殊群体为重点的"与爱同行巾帼暖人
心"系列活动，在"唱好祖国颂歌、讲好家庭故事、践行志愿精神"等
活动中引导妇女群众践行志愿精神，强化对女性群体的价值引领，创新
开展家庭和儿童工作，搭建发挥妇女"两个独特作用"的运载平台，丰
富发展新时代家风家教内涵，推动社会主义核心价值观在家庭中落地
生根。

总之，妇联组织是党和政府联系妇女群众的桥梁和纽带，定位妇联
组织角色，明确妇联组织职责，是充分发挥妇联组织作用的前提。妇联
的基本职责是妇联组织开展活动的基本遵循，为妇联组织开展工作提供
了行动指南。

---

① 《中华全国妇女联合会章程》，《中国妇运》2013 年第 11 期，第 36~40 页。
② 《中华全国妇女联合会章程》，《中国妇运》2018 年第 11 期，第 35~39 页。
③ 中共中央党史和文献研究院编《习近平关于注重家庭家教家风建设论述摘编》，北京：
　中央文献出版社，2021，第 4 页。
④ 中共中央党史和文献研究院编《习近平关于注重家庭家教家风建设论述摘编》，北京：
　中央文献出版社，2021，第 3 页。

二　工作主线：围绕中心、服务大局

围绕党和国家工作大局开展工作，是妇联组织发挥作用的根本遵循。围绕大局开展工作是中国妇女事业发展的重要经验和基本原则。妇联的政治属性和政治功能决定了妇联工作主线必须围绕中心、服务大局，自觉以党的中心任务为行动指南，自觉围绕党的路线方针政策确定妇联工作的方针和任务。妇联从成立之日起始终配合党的中心任务开展妇女工作，这条主线没有偏移过。

1949年4月，中国妇女第一次全国代表大会通过的《中华全国民主妇女联合会章程》宣布其宗旨是"团结全国各阶层各民族妇女大众，和全国人民一起，为彻底反对帝国主义、摧毁封建主义及官僚资本主义，为建设统一的人民民主共和国而奋斗，并努力争取废除对妇女的一切封建传统习俗，保护妇女权益及儿童福利，积极组织妇女参加各种建设事业，以实现男女平等，妇女解放"[①]。这也是当时中国共产党面临的中心任务，即推翻三座大山，建立中华人民共和国。

中华人民共和国成立和社会主义建设时期，围绕建设祖国和建设社会主义的中心任务，全国妇联章程规定要"团结全国各民族各阶层妇女积极参加祖国各种事业建设"[②]，把"围绕社会主义建设需要，积极参加祖国的社会主义建设，为社会主义建设服务"[③] 作为围绕和服务党的社会主义建设中心工作任务大局来抓。

改革开放新时期，妇联组织始终把围绕中心、服务大局放在工作首位。全国妇联第七届至第十届章程都把围绕中心、服务大局放在首要位置。全国妇联第七届章程提出"改革开放和社会主义现代化建设，促进经济发展和社会全面进步"[④]；全国妇联第八届章程提出"团结、动员妇

---

① 谭琳、姜秀花主编《中国妇女组织发展的理论与实践》，北京：社会科学文献出版社，2007，第392页。

② 谭琳、姜秀花主编《中国妇女组织发展的理论与实践》，北京：社会科学文献出版社，2007，第395页。

③ 谭琳、姜秀花主编《中国妇女组织发展的理论与实践》，北京：社会科学文献出版社，2007，第398页。

④ 谭琳、姜秀花主编《中国妇女组织发展的理论与实践》，北京：社会科学文献出版社，2007，第417页。

女投身改革，参与经济建设，促进社会发展"①；全国妇联第九届章程提出"团结、引导广大妇女在全面建设小康社会和推进社会主义物质文明、政治文明和精神文明""团结、动员妇女投身改革开放和社会主义现代化建设，促进经济发展和社会全面进步"②；全国妇联第十届章程提出"团结、引导广大妇女在全面建设小康社会，推进社会主义经济建设、政治建设、文化建设、社会建设和生态文明建设中发挥积极作用，为建设富强民主文明和谐的社会主义现代化国家而奋斗"③。以上都是围绕改革开放新时期"以经济建设为中心""建设社会主义现代化""党的基本路线""小康社会""和谐社会"这些党的中心任务和大局开展的妇联工作。

进入新时代，实现中华民族伟大复兴的中国梦作为时代主题成为党和国家工作的大局。习近平总书记在党的二十大报告中提出："从现在起，中国共产党的中心任务就是团结带领全国各族人民全面建成社会主义现代化强国、实现第二个百年奋斗目标，以中国式现代化全面推进中华民族伟大复兴。"④ 妇联牢牢把握这一时代主题，把促进男女平等和妇女全面发展同国家发展进步的历程紧密地结合在一起，围绕中国特色社会主义事业"五位一体"总体布局和协调推进"四个全面"战略布局，凝聚动员妇女参与新时代中国特色社会主义建设。为此，全国妇联第十二届章程提出："团结、引导广大妇女坚定不移地走中国特色社会主义妇女发展道路，在统筹推进'五位一体'总体布局和协调推进'四个全面'战略布局中发挥积极作用，为实现'两个一百年'奋斗目标、实现中华民族伟大复兴的中国梦而奋斗。"⑤

总之，围绕中心大局组织妇女开展活动是基层妇联的一项重要内容，这一工作主线为妇联工作指明了道路和方向。妇联通过围绕中心、服务

① 谭琳、姜秀花主编《中国妇女组织发展的理论与实践》，北京：社会科学文献出版社，2007，第 422 页。
② 谭琳、姜秀花主编《中国妇女组织发展的理论与实践》，北京：社会科学文献出版社，2007，第 427 页。
③ 《中华全国妇女联合会章程》，《中国妇运》2008 年第 11 期，第 18~21 页。
④ 习近平：《高举中国特色社会主义伟大旗帜 为全面建设社会主义现代化国家而团结奋斗——在中国共产党第二十次全国代表大会上的报告》，《人民日报》2022 年 10 月 26 日，第 1 版。
⑤ 《中华全国妇女联合会章程》，《中国妇运》2013 年第 11 期，第 36~40 页。

大局开展妇女工作，将妇女事业与党的事业紧密联系在一起，将妇女的利益与党和国家的利益联系在一起，可以增强妇女的凝聚力，汇聚妇女力量。正如习近平总书记所指出的："妇联组织要把工作放到大局中去部署、去开展，把党的主张转化为广大妇女的自觉追求和实际行动。"①

三　根本任务：联系和服务妇女

习近平总书记指出，妇联组织是因广大妇女而建立和存在的，联系和服务妇女是妇联组织的根本任务。② 2015 年 10 月，全国妇联《关于扩大基层妇联组织成员的意见》指出，基层妇联组织肩负着直接联系群众、服务群众的历史重任，妇联组织要把联系和服务妇女作为工作的生命线。

（一）联系妇女：强化妇联组织群众性、广泛性

"一切为了群众，一切依靠群众，从群众中来，到群众中去"是中国共产党的群众路线，是我们党的根本工作路线，也是我们党的根本领导作风和工作方法，是中国革命制胜的三大法宝之一。妇联组织自觉贯彻中国共产党这一群众工作路线。

社会主义制度刚刚建立时，全国妇联就把联系妇女写入章程中，全国妇联第三届章程明确规定："中华人民共和国妇女联合会在一切工作中坚持群众路线，密切联系群众，遇事同群众商量，虚心向群众学习，通过妇女群众中的积极分子的模范行动和说服教育的方法带领妇女前进。妇女联合会要加强同各有关方面的联系，努力为妇女群众服务。中华人民共和国妇女联合会的组织原则是民主集中制。在妇女联合会都要充分发扬民主，经常开展批评和自我批评，同一切脱离群众、脱离实际和妨碍团结的主观主义、官僚主义和宗派主义的思想行为进行斗争。"③ 此后全国妇联历届章程都对妇联联系妇女给予高度重视和明确规定。全国妇

① 习近平：《坚持男女平等基本国策 发挥我国妇女伟大作用》，《妇女研究论丛》2014 年第 1 期，第 5~6 页。

② 刘亚玫、张永英、杨玉静、石鑫：《论习近平总书记关于新时代妇女发展和妇女工作重要论述的科学内涵》，《妇女研究论丛》2018 年第 5 期，第 9~20 页。

③ 谭琳、姜秀花主编《中国妇女组织发展的理论与实践》，北京：社会科学文献出版社，2007，第 408 页。

联第四届章程把妇联的联系职责与党的三大作风联系起来，规定："要实事求是，一切从实际出发，发扬理论联系实际，密切联系群众，批评与自我批评的作风。要深入实际，调查研究。"① 以上规定充分体现了妇联对党的群众路线的贯彻。此外，为了更好地服务妇女，妇联不断扩大联系范围，诸如"协同有关部门并推动社会各方力量，兴办儿童保教事业和福利事业，兴办生产、生活服务事业，为妇女儿童服务"②"加强与社会各界的联系，推动社会各界为妇女儿童办实事，办好事"③"协调和推动社会各界为妇女儿童办实事，办好事"④。此后的全国妇联第八届章程、第九届章程都重申了对联系职责的定位。⑤ 全国妇联第十届章程加强了对"联系"职责的表述，提出"加强与社会各界的联系，协调和推动社会各界为妇女儿童办实事"⑥。新时代，妇联组织明确把联系的职责扩大到女性社会组织，全国妇联第十一届章程规定"加强与女性社会组织和社会各界的联系，推动全社会为妇女儿童和家庭服务"⑦"联系和引导女性社会组织，加强与社会各界的协作，推动全社会为妇女儿童和家庭服务"⑧。

　　由上可见，密切联系群众是妇联工作的永恒主题。如果离开广大妇女群众，妇联的政治属性将成为无水之舟，妇联组织所承担的团结引导妇女听党话、跟党走的政治责任，以及代表和维护妇女权益、促进男女平等和妇女全面发展的基本职能将无法实现。只有最广泛地联系和团结广大妇女群众，才能汇聚起全面深化改革、建设中国式现代化强国、实现中华民族伟大复兴的中国梦的强大力量。

---

① 谭琳、姜秀花主编《中国妇女组织发展的理论与实践》，北京：社会科学文献出版社，2007，第404页。
② 谭琳、姜秀花主编《中国妇女组织发展的理论与实践》，北京：社会科学文献出版社，2007，第408页。
③ 谭琳、姜秀花主编《中国妇女组织发展的理论与实践》，北京：社会科学文献出版社，2007，第413页。
④ 谭琳、姜秀花主编《中国妇女组织发展的理论与实践》，北京：社会科学文献出版社，2007，第417页。
⑤ 谭琳、姜秀花主编《中国妇女组织发展的理论与实践》，北京：社会科学文献出版社，2007，422~427页。
⑥ 《中华全国妇女联合会章程》，《中国妇运》2018年第11期，第35~39页。
⑦ 《中华全国妇女联合会章程》，《中国妇运》2013年第11期，第36~40页。
⑧ 《中华全国妇女联合会章程》，《中国妇运》2018年第11期，第35~39页。

总之，"群众性是妇联组织的根本特点，彰显着新时代妇联工作的力量源泉"①。党的十八大以来，习近平总书记高度重视妇联工作的群众性，认为群众性是妇联组织的力量源泉，是妇联组织必须不断夯实的根基。因此，妇联组织要把群众性与政治性、先进性并重，将妇联组织改革"强三性"作为妇联工作的根本要求。

（二）服务妇女：打通娘家服务"最后一公里"

妇联组织的服务具有双重性。一是以围绕中心、服务大局为工作主线，"大局"事关道路方向，"中心"事关党的路线方针的贯彻落实，这方面的服务与妇联的政治职责相一致，这是妇联组织政治性的体现；二是以联系和服务广大妇女为根本任务。此处的服务主要是指后者。

妇联的服务职责是妇联组织人民性和群众性的集中体现，妇联一贯重视服务妇女的根本任务。全国妇联第三届章程开始把"为妇女群众服务"写入章程中。全国妇联第六届章程对妇女的服务有了进一步明确的表述，提出"为妇女儿童服务，加强与社会各界的联系，推动社会各界为妇女儿童办实事，办好事"②。此后，全国妇联第七届、第八届、第九届章程都重申了妇联服务妇女这一表述。全国妇联第十届章程在第一章"任务"第五条中进一步细化了服务妇女的表述，提出"关心妇女工作生活，拓宽服务渠道，建设服务阵地，发展公益事业，壮大志愿者队伍，为妇女儿童和家庭服务。加强与社会各界的联系，协调和推动社会各界为妇女儿童办实事"③，对如何服务妇女提出了具体措施。全国妇联第十一届、第十二届章程对妇女的服务更多是从法律维权角度提供帮助。

习近平总书记指出，妇联组织要把联系和服务妇女作为工作生命线，把服务妇女、维护妇女权益的旗帜牢牢掌握在自己手中——哪里的妇女合法权益受到侵害，哪里的妇联组织就要站出来说话。妇联组织开展工作和活动，要以妇女群众为中心，要重点关注普通妇女和困难妇女，增

---

① 黄晓薇：《高举习近平新时代中国特色社会主义思想伟大旗帜 团结动员各族各界妇女为决胜全面建成小康社会 实现中华民族伟大复兴的中国梦而不懈奋斗——在中国妇女第十二次全国代表大会上的报告》，《中国妇运》2018 年第 11 期，第 23~34 页。

② 谭琳、姜秀花主编《中国妇女组织发展的理论与实践》，北京：社会科学文献出版社，2007，第 398~408 页。

③ 《中华全国妇女联合会章程》，《中国妇运》2008 年第 11 期，第 18~21 页。

强她们对党的信心。① 习近平总书记还指出："群团组织和群团干部特别是领导机关干部要深入基层、深入群众，争当全心全意为人民服务宗旨的忠实践行者、党的群众路线的坚定执行者、党的群众工作的行家里手。"②

妇联组织必须深化加强基层妇联组织联系妇女的职能，落实以人民为中心的工作导向，把服务妇女与履行政治职责紧密结合起来，积极联系和引导妇女群众以及妇女组织，把各行各业的优秀妇女都纳入组织，坚持把联系妇女和服务妇女有机结合起来，推进在新领域、新业态、新阶层、新群体中灵活多样地建立妇联组织，最大限度地扩大覆盖面、填补盲区，努力实现哪里有妇女群众、哪里就有妇联组织，怎么有利于做好妇女工作、就怎么建立妇联组织，把党的领导、联系妇女、服务妇女有机结合起来，将党的决策部署转化为妇女群众的自觉行动，推动妇女群众"跟党走"，带领妇女群众"一起走"，发挥基层妇女工作的强大威力。

四　基本职能：代表和维护妇女权益、促进男女平等和妇女全面发展

《中华全国妇女联合会章程》规定，全国妇联以代表和维护妇女权益、促进男女平等和妇女全面发展为基本职能。③

（一）代表和维护妇女权益

妇联组织是中国共产党领导的全国最大规模的妇女组织，代表着全国各族各界妇女，因此，代表和维护妇女权益是党赋予妇联组织的基本职责。

习近平总书记指出："妇女权益是基本人权。我们要把保障妇女权益系统纳入法律法规，上升为国家意志，内化为社会行为规范。"④ 中国妇女历次全国代表大会都把维护妇女权益写进章程中，如"保护妇女权

---

① 刘亚玫、张永英、杨玉静、石鑫：《论习近平总书记关于新时代妇女发展和妇女工作重要论述的科学内涵》，《妇女研究论丛》2018 年第 5 期，第 9~20 页。
② 习近平：《切实保寺和增强群团组织的政治性先进性群众性》，《党建》2015 年第 8 期，第 1 页。
③ 《中华全国妇女联合会章程》，《中国妇运》2018 年第 11 期，第 35~39 页。
④ 习近平：《促进妇女全面发展 共建共享美好世界——在全球妇女峰会上的讲话》，《中国妇运》2015 年第 11 期，第 4~5 页。

益"① "保护妇女权益及儿童福利"② "关心和保护妇女儿童权利和利益"③ "保护妇女儿童权益"④。全国妇联第五届章程多处提到"国家保护妇女的权益和利益""代表妇女儿童利益",并在总则中首次从法律角度明确提出"坚决贯彻执行宪法和法律的规定,维护妇女儿童的合法权益"⑤。1988 年,全国妇联第六届章程在总则中首次提出妇联的基本职能是"代表和维护妇女利益,促进男女平等"⑥。1993 年,全国妇联第七届章程重申了这一基本职能。基本职能的提出是妇联组织功能转变的体现,表明"妇联有它自身的目标与追求,有了自身的代表对象"⑦。1998 年,全国妇联第八届章程把基本职责修改为"代表和维护妇女权益,促进男女平等"。职责由"利益"改为"权益",表明维护妇女的范围扩大到权利和利益的结合。⑧ "代表和维护妇女权益"这一基本职能表述延续至今。全国妇联第十一届、第十二届章程在重申妇联基本职能的基础上,在第一章"任务"中进一步强化了"妇联维护妇女权益"的职能,提出"维护妇女儿童合法权益,倾听妇女意见,反映妇女诉求,向各级国家机关提出有关建议,要求并协助有关部门或单位查处侵害妇女儿童权益的行为,为受侵害的妇女儿童提供帮助"⑨。

由上可见,维护妇女合法权益作为妇联组织的一项重要职责,已经成为指导妇联工作的一个基本原则。从全国妇联到省市妇联都专门成立

---

① 谭琳、姜秀花主编《中国妇女组织发展的理论与实践》,北京:社会科学文献出版社,2007,第 392 页。

② 谭琳、姜秀花主编《中国妇女组织发展的理论与实践》,北京:社会科学文献出版社,2007,第 395 页。

③ 谭琳、姜秀花主编《中国妇女组织发展的理论与实践》,北京:社会科学文献出版社,2007,第 398 页。

④ 谭琳、姜秀花主编《中国妇女组织发展的理论与实践》,北京:社会科学文献出版社,2007,第 404 页。

⑤ 谭琳、姜秀花主编《中国妇女组织发展的理论与实践》,北京:社会科学文献出版社,2007,第 408 页。

⑥ 谭琳、姜秀花主编《中国妇女组织发展的理论与实践》,北京:社会科学文献出版社,2007,第 413 页。

⑦ 马焱:《妇联组织职能定位及其功能的演变轨迹——基于对全国妇联一届至十届章程的分析》,《妇女研究论丛》2009 年第 5 期,第 38~47 页。

⑧ 谭琳、姜秀花主编《中国妇女组织发展的理论与实践》,北京:社会科学文献出版社,2007,第 422 页。

⑨ 《中华全国妇女联合会章程》,《中国妇运》2018 年第 11 期,第 35~39 页。

了维权部，各级妇联组织在服务大局、服务妇女中准确定位妇女维权工作，充分履行妇联组织的维权职能。针对社会中存在的就业歧视、消费女性等妇女维权和妇女发展问题，各级妇联都逐步设立了法律顾问机构，开设了法律援助热线，专门为妇女儿童提供法律援助。此外，妇女维权还与国家法制建设同步推进，妇联参与制定《中华人民共和国妇女权益保障法》《中国妇女发展纲要》《中华人民共和国反家庭暴力法》等一系列维护妇女权益的政策法规，开展普法、维权宣传实践活动成为各级妇联的常态化工作。

（二）促进男女平等

促进男女平等是党和政府的一贯主张，是妇联组织的一个长期目标，也是妇联组织的一项基本职能。

从全国妇联历届章程来看，1949 年全国妇联第一届章程和 1953 年全国妇联第二届章程都明确把实现"男女平等"写入章程中。此后 1957 年全国妇联第三届章程、1978 年全国妇联第四届章程、1983 年全国妇联第五届章程都没有把"男女平等"写入章程中。1957 年全国妇联没有把"男女平等"写入章程中，可能与 1956 年三大改造后我国建立了社会主义制度密切相关，因为消灭了私有制和阶级，妇女获得了彻底解放，新中国宪法又赋予女性与男性平等的权利，所以没有在全国妇联章程中继续强调"男女平等"。这种认识一直延续到改革开放初期，直至 1988 年，全国妇联第六届章程才继续把促进男女平等与代表和维护妇女权益一同作为妇联的基本职能重新写入章程中并延续至今。

为了长期贯彻男女平等基本国策，全国妇联在宏观法律政策层面积极推动男女平等相关法律政策的制定和修订，如制定了《中国妇女发展纲要（1995—2000 年）》《中国妇女发展纲要（2001—2010 年）》《中国妇女发展纲要（2011—2020 年）》，颁布和修订了《中华人民共和国妇女权益保障法》，将妇女的利益诉求转化为具有可操作性的法律建议，推动"男女平等"基本国策写入《中华人民共和国妇女权益保障法》。[①]2015 年 12 月，我国出台了《中华人民共和国反家庭暴力法》，为预防和

---

① 张小宝：《中国男女平等基本国策的历史演进及推进策略研究》，博士学位论文，东北师范大学，2019。

制止家庭暴力提供了法律帮助。此外，为充分利用妇联组织代表妇女参与民主决策、民主管理、民主监督的各种渠道和协商机制，各地妇联纷纷建立政策法规性别平等咨询评估机制，积极推进性别意识主流化，强调政府在促进性别平等中的责任，制订政策法规性别平等评估实施方案，发挥政策法规性别平等评估机制作用。妇联组织发挥自身组织优势，针对下岗女工就业难、妇幼卫生保健和拐卖妇女儿童等问题，联合人大、公安、法院以及司法行政部门建立维权联席会议制度，定期召开会议，商讨如何将男女平等基本国策有效落实在妇女维权的各项工作中。[1] 妇联开展了"巾帼脱贫行动""春蕾计划""母亲水窖"等专项行动，推进男女平等基本国策在社会领域的贯彻落实。为了促进男女平等，基层妇联把男女平等宣传活动作为一项常规工作开展，营造了男女平等、和谐共进的良好社会氛围，推动了男女平等基本国策的贯彻落实。

（三）促进妇女全面发展

妇女发展水平是衡量一个国家文明程度和现代化程度的重要标志。习近平总书记指出："发展离不开妇女，发展要惠及包括妇女在内的全体人民。"[2] 在革命、建设、改革的各个历史时期，中国共产党都把实现妇女解放和发展、实现男女平等写在自己奋斗的旗帜上，开辟出中国特色社会主义妇女发展道路。促进妇女全面发展是妇联组织的基本职责和义不容辞的责任与义务。

新时代，以习近平同志为核心的党中央开辟出中国特色社会主义妇女发展道路，提出促进妇女全面发展的战略举措，指出要"推动妇女和经济社会同步发展。发展离不开妇女，发展要惠及包括妇女在内的全体人民。我们要制定更加科学合理的发展战略，既要考虑各国国情、性别差异、妇女特殊需求，确保妇女平等分享发展成果，又要创新政策手段，激发妇女潜力，推动广大妇女参与经济社会发展。中国实践证明，推动妇女参加社会和经济活动，能有效提高妇女地位，也能极大提升

---

[1]　张小宝：《中国男女平等基本国策的历史演进及推进策略研究》，博士学位论文，东北师范大学，2019。

[2]　习近平：《促进妇女全面发展 共建共享美好世界——在全球妇女峰会上的讲话》，《中国妇运》2015年第11期，第4~5页。

社会生产力和经济活力"①。2018 年 11 月，中国妇女第十二次全国代表大会通过的《中华全国妇女联合会章程》首次把促进妇女全面发展作为妇联的基本职能，并在第一章"任务"第五条中进一步提出"教育引导妇女树立自尊、自信、自立、自强的精神，提高综合素质，实现全面发展"。②

各级妇联组织在围绕促进经济高质量发展的同时，积极协调推进妇女在各领域的全面发展。妇联组织深化"创业创新巾帼行动"；组织开展形式多样的女性双创培训和竞赛，培育一批女性双创服务平台、双创团队和带头人；支持知识女性和女性科技人才、技能人才发挥更大作用；引导妇女在更多领域自主创业、灵活就业；推动"精彩人生女性终身学习计划"向更广领域拓展，为广大妇女成长成才搭建了更好的发展平台。

总之，代表和维护妇女权益、促进男女平等和妇女全面发展作为基本职能应该是妇联的本职工作，基本职能的履行是妇联组织内在的本质要求。妇联组织只有把本职工作做好，才能为妇女营造良好的生存环境，才能获得妇女群众的拥护，才能把妇女凝聚起来团结在党的周围，使妇女听党话、跟党走。因此，能否代表和维护妇女权益并卓有成效地推动男女平等，是妇联组织是否具有现实存在的合法性的主要依据。如果不将代表和维护妇女权益和促进男女平等放在首位并作为基本职能，那么它等同于其他一般性的行政组织，更无法区别于其他的社会团体，造成的后果必然是组织存在的基础受到削弱，最终可能会使组织失去存在价值，出现合法性危机。③ 妇联组织的职责在保持妇联的政治性和行政功能的同时，也强化了其社会服务功能，凸显了妇联服务妇女、维护妇女权益的基本职能，并作为妇联组织的一项重要职责，成为指导妇联工作的一个基本原则，使妇联组织本位功能逐渐加强。④

---

① 习近平：《促进妇女全面发展 共建共享美好世界——在全球妇女峰会上的讲话》，《中国妇运》2015 年第 11 期，第 4~5 页。

② 《中华全国妇女联合会章程》，《中国妇运》2018 年第 11 期，第 35~39 页。

③ 马焱：《对妇联组织基本职能的再认识——由"邓玉娇事件"引发的思考》，《中共山西省委党校学报》2010 年第 1 期，第 63~66 页。

④ 马焱：《妇联组织职能定位及其功能的演变轨迹——基于对全国妇联一届至十届章程的分析》，《妇女研究论丛》2009 年第 5 期，第 38~47 页。

第五节　妇联组织功能

妇联组织功能是把党和劳动群众联系起来。因此，妇联组织角色与职责定位和组织功能发挥有密切关联。在妇联工作中，人们常常把妇联职责和功能作用整合在一起表述为职能，学者们的研究也大都沿袭这一表述。本书采用的组织功能来自组织社会学的重要核心概念，即组织功能是在特定组织条件和社会环境下，从组织结构中延伸出来对自身结构和外部系统所起的各种不同作用的总和。[①] 组织功能可以衡量任何一种社会组织和社会秩序的存在价值。组织功能的发挥事关妇联工作的创新发展和组织目标的实现。妇联的组织结构、组织角色、组织职责决定了其所具有的组织功能。如果说组织的结构、角色和职责是组织的内在规定性，那么组织功能便是妇联组织内在规定性的外在显示，是组织结构、角色、和职责的实践效果。因此，认识并发挥好妇联的组织功能是创新妇联组织工作的实践需要。只有发挥好妇联的组织功能，才能进一步实现妇联的组织担当。

一　政治功能

妇联的政治功能是由妇联的政治属性、政治角色和地位、承担的政治职责决定的。从妇联的角色定位来看，群团组织、人民团体、桥梁和纽带、重要社会支柱都与妇联的政治地位和政治属性有着密切关联。习近平总书记首次提出妇联组织是党开展妇女工作最可靠、最有力的助手，进一步凸显了政治性是妇联组织的灵魂，是第一位的。[②] 群团改革"强三性"更加强化了妇联组织的政治属性和政治功能。

妇联成立时就以发挥政治功能为宗旨和使命。全国妇联前身中华全国民主妇女联合会刚刚成立时的章程规定："本会宗旨在于团结全国各阶层各民族妇女大众，和全国人民一起，为彻底反对帝国主义、摧毁封建

---

①　马焱：《妇联组织职能定位及其功能的演变轨迹——基于对全国妇联一届至十届章程的分析》，《妇女研究论丛》2009 年第 5 期，第 38~47 页。

②　习近平：《论坚持人民当家做主》，北京：中央文献出版社，2021，第 32 页。

主义及官僚资本主义，为建设统一的人民民主共和国而奋斗。"① 从这一组织宗旨可见，当时的中华全国民主妇女联合会仅仅是一个行政性组织，它把彻底完成反帝反封建反官僚资本主义民主革命的政治任务作为唯一宗旨发挥着强大的政治号召功能，妇联的功能更多强调的是如何团结妇女反对旧的统治权威，建立新的中华人民共和国。

从 1957 年全国妇联第三届章程开始，全国妇联历届章程都在总则第一条明确规定"中华全国妇女联合会是在中国共产党的领导下"。中国共产党的领导为妇联组织发挥政治功能奠定了政治合法性基础，一直居于妇联主导地位。尤其是群团改革以来，习近平总书记明确提出"要切实保持和增强党的群团工作的政治性"②。所谓政治性，就是要求妇联组织始终坚持党的正确领导，充分发挥自身的政治功能，切实承担起将妇女团结在党中央周围的政治任务。政治性是妇联组织的第一属性，也是妇联组织区别于其他妇女组织的根本特征，同时决定了妇联的政治功能是主导性的，处于支配地位。

政治功能保证妇联在思想上、政治上、行动上同党中央保持高度一致，在国家治理和社会治理中承担起引导妇女群众听党话、跟党走的政治任务。习近平总书记指出："群团组织要始终把自己置于党的领导之下，在思想上政治上行动上始终同党中央保持高度一致，自觉维护党中央权威，坚决贯彻党的意志和主张，严守政治纪律和政治规矩，经得住各种风浪考验，承担起引导群众听党话、跟党走的政治任务，把自己联系的群众最广泛最紧密地团结在党的周围。"③

各级妇联在实际工作中无时无刻不在凸显政治性，发挥政治功能。妇联组织把政治性作为灵魂，牢固树立政治意识、大局意识、核心意识、看齐意识，自觉坚持党的领导、服从党的领导、听从党的指挥、维护党的权威，在思想上与行动上始终同党中央保持高度一致，充分展现妇联组织作为中国共产党的助手、桥梁和纽带、重要社会支柱的作用，紧跟

---

① 谭琳、姜秀花主编《中国妇女组织发展的理论与实践》，北京：社会科学文献出版社，2007，第 392 页。

② 谭琳、姜秀花主编《习近平关于社会主义政治建设论述摘编》，北京：中央文献出版社，2017，第 190 页。

③ 习近平：《习近平谈治国理政》（第二卷），北京：外文出版社，2017，第 307~308 页。

党中央战略部署、响应党中央号召要求，坚定中国特色社会主义道路，坚守政治责任和政治标准，把党的坚强领导、党的意志主张、党对妇女群众的关怀深入落实到联系和服务妇女群众的各项工作之中，把政治功能贯穿于妇联工作的全过程。

案例1：妇联开展"中国梦·巾帼情"主题宣教活动，发挥政治引领功能

以J省C市N区妇联改革为例，J省妇联围绕"中国梦·巾帼情"开展主题宣教活动，把对妇女群众的思想政治引领贯穿于妇联工作全过程和各方面。J省妇联依托城乡社区"妇女之家"，以解读国情省情、传播公德美德为重点，组织"万场"报告宣讲；以倡扬身边事、学习身边人为宗旨，培树"万名"妇女典型；以自我娱乐、自我教育为目标，举办"万场"文化活动；以专人专管、近身宣教为原则，组建"万人"宣传队伍，团结引领广大妇女坚定理想信念、提振发展信心，坚定不移地听党话、跟党走。C市妇联依托"现代女性大讲堂"，以社区、村屯、机关、企业、学校为阵地，实施"千场千人（名）"工程。C市妇联以解读国情省情市情、传播公德美德为重点，组织"千场"报告宣讲；以倡扬身边事、学习身边人为宗旨，培树"千名"妇女典型；以弘扬主旋律、传播正能量为目标，举办"千场"文化活动；以专人专管、近身宣教为原则，组建"千人"宣传队伍，团结引领广大妇女坚定理想信念、提振发展信心，坚定不移地听党话、跟党走。N区妇联制定出引领的具体指标：依托"妇女之家"和"现代女性大讲堂"，以社区、村屯、机关、企业、学校为阵地，实施"百场百人（名）"工程。N区妇联以解读国情区情、传播公德美德为重点，组织"百场"报告宣讲；以倡扬身边事、学习身边人为宗旨，培树"百名"妇女典型；以弘扬主旋律、传播正能量为目标，举办"百场"文化活动；以专人专管、近身宣教为原则，组建"百人"宣传队伍，教育引导广大妇女锐意进取、敢于担当，真正在抢抓机遇中闯出创新发展新天地，团结引领广大妇女坚定理想信念、提振发展信心，坚定不移地听党话、跟党走，进一步增进对习近平新时代中国特色社会主义思想的

政治认同、思想认同、情感认同，努力筑牢广大妇女维护核心、紧跟党走的思想根基，坚持理论自信、制度自信、文化自信，坚持改革创新，保持和增强政治性、先进性、群众性，发挥党开展妇女工作最可靠、最有力的助手作用，巩固和扩大党执政的阶级基础和妇女群众基础。

案例 2："峥嵘岁月 光辉历程"图片巡回展

为铭记党的光辉历史，庆祝中国共产党建党 100 周年，使党史教育走进社区、贴近群众，2021 年 6 月 21 日至 7 月 30 日，N 区委宣传部、区文化和旅游局、区妇联、区图书馆联合举办"峥嵘岁月 光辉历程"图片巡回展。展览围绕党的重要思想和理论、重要事件和会议、重要实践和成果，按照建党百年的时间跨度，图文并茂地展示了中国共产党建党百年的重要历史时刻，全方位展现了中国共产党艰苦卓绝的奋斗史、波澜壮阔的革命史、可歌可泣的光荣史，再现了各个历史时期共产党人不忘初心、砥砺前行的伟大实践，描绘出一幅沧桑巨变的百年历史画卷。展览在 N 区下辖的 59 个社区巡回展出，使更多群众深刻感悟到党团结带领各族人民不懈奋斗的光辉历程，展望党和人民事业发展的光明前景，凝聚起奋进新时代的强大精神动力，是妇联发挥政治功能的具体实践。

案例 3：开展"颂百年风华 传信仰力量"红色家书诵读活动

"一纸家书写情长，百年历史话精神。"英雄壮歌回荡，恰是百年风华。在喜迎中国共产党成立 100 周年之际，为深入学习党史、传承红色基因、凝聚精神力量、坚定政治信仰，N 区委宣传部、区妇联在所辖街道、社区联合开展"颂百年风华 传信仰力量"红色家书诵读活动。红色家书展现了共产党人的革命情怀，是革命先辈留给后人的宝贵精神财富，诵读红色家书使群众的思想得到升华、心灵得到触动、精神得到洗礼。一封封家书或悲壮激昂，或低沉婉转，或热情洋溢，或质朴真诚，纸短情长，字见风尚，震撼人心，感人肺腑，现场不时响起阵阵掌声。在诵读红色家书的过程中，妇女切实感受到信仰的力量，体会到革命先辈的情怀和初心。妇女将不忘初心跟党走，牢记使命勇担当，立足岗位，勇于奉献，为地方经济社会高质量发展贡献力量。

以上案例做法在妇联开展的妇女工作中具有普遍性，是各级妇联的常规工作。由此可见，妇联组织肩负起新时代党赋予的光荣使命，在思想上牢固树立服务大局意识，在行动上突出党对妇联组织的政治性要求，将党和国家对妇女工作的期待与要求贯穿妇联工作的全过程，围绕党的中心任务，积极承担在妇女群众中传播党的政治理念，团结带领广大妇女群众听党话、跟党走的政治责任。妇女工作在党的事业中表现出鲜明的政治性意义，只有不断加强党的妇女工作，通过妇联组织最大限度地把妇女群众团结起来，把亿万妇女的积极性充分地调动起来，才能完成党的各项中心任务。从这个意义上说，为党和国家工作大局服务，始终是妇联组织的功能与价值所在。

二　社会功能

任何一种社会组织和社会秩序的存在价值都在于它们能够满足某种需要的程度。一个组织之所以合法地存在，是因为它承担了某种社会职能。① 妇联组织的双重属性决定了妇联的双重功能，其在发挥政治功能的同时也承担着社会功能。全国妇联章程规定妇联组织是国家政权的重要社会支柱，这表明妇联组织在社会治理中扮演着妇女利益统合者的角色，凸显了妇联组织的社会功能。妇联组织运用组织优势与行政资源，在社会治理和公共服务事务中扮演着重要角色、发挥着重要作用。而且，妇联组织的政治功能与社会功能是一致的、统一的，都以代表和维护妇女权益、促进男女平等和妇女全面发展为基本职能。全国妇联第十二届章程第三条规定，妇联代表妇女参与国家事务管理，参与民主决策、民主管理、民主监督，参与有关法律、法规、规章和政策的制定，参与社会治理和公共服务，推动保障妇女权益的法律政策和妇女、儿童发展纲

---

① 马焱：《妇联组织职能定位及其功能的演变轨迹——基于对全国妇联一届至十届章程的分析》，《妇女研究论丛》2009 年第 5 期，第 38~47 页。

要的实施；第四条规定，维护妇女儿童合法权益，倾听妇女的意见和反映妇女的诉求，并向各级国家机关提出有关建议，要求并协助有关部门或单位查处侵害妇女儿童权益的行为，为受侵害的妇女儿童提供帮助。①这些规定集中体现了妇联组织代表和维护妇女权益的社会功能。

　　妇联的社会功能是随着中国改革开放原有的单位制社会在形态上发生巨大变化、社会阶层不断分化和增加、妇女的价值取向不断多元和复杂的形势逐渐凸显的。如何满足日益多元化的妇女利益诉求，是党的妇女工作面临的重要问题。因此，妇联作为联系妇女以及与其相关的各种社会组织力量的枢纽型组织的社会功能逐渐凸显。党的十八大以来，习近平总书记非常重视妇联社会功能的发挥。2013 年，习近平总书记在同全国妇联新一届领导班子集体谈话时强调，要注重发挥妇女在社会生活和家庭生活中的独特作用。② 妇女在家庭文明建设中具有独特作用，好的家风对形成好的社会风气具有基础性作用。家庭是妇联工作的传统阵地和优势领域，为贯彻落实习近平总书记指示精神，全国妇联广泛深入开展了家庭文明建设活动，以好的家风支撑起好的社会风气，组织实施了"家家幸福安康工程"，在全国组织开展寻找"最美家庭"等活动。截至 2021 年，全国推选各级各类"最美家庭"539.89 万户③，并进一步加大媒体宣传力度，为家庭文明建设营造良好社会环境。

　　妇联的社会功能还体现为在政府和群众关系上具有组织、参与、教育、调节作用。例如，向政府反映妇女诉求，维护妇女的利益，协调妇女与政府之间的关系，化解社会矛盾，维持社会秩序；发挥社会组织枢纽作用，促进各种妇女组织引导妇女参与社会公共事务的民主管理、民主监督；教育和引导妇女增强自尊、自信、自立、自强的"四自"意识，提升妇女的领导力；积极主动为妇女儿童提供生存和发展的优质公共产品。妇联具有完备的组织网络，不仅能够直接联系庞大的妇女群体，还能够高效回应妇女的诉求，通过参与社会治理、发挥自身社会功能平

---

① 《中华全国妇女联合会章程》，《中国妇运》2018 年第 11 期，第 35～39 页。
② 《习近平在同全国妇联新一届领导班子集体谈话时强调 坚持男女平等基本国策 发挥我国妇女伟大作用》，《中国妇运》2013 年第 11 期，第 4～5 页。
③ 姜洁、杨昊：《千家万户都好，国家才能好，民族才能好》，《人民日报》2022 年 5 月15 日，第 1 版。

衡服务大局与服务妇女之间的关系。

国家与社会的关系一直是西方政治学哲学研究中既古老又常新的话题。西方的国家与社会理论常常把国家与社会看作二元对立的关系。中国在处理国家与社会的关系上不同于西方，群团组织是联结国家与社会的桥梁和纽带。妇联处于联系各方的地位，成为以管理社会公共事务、协调社会公共利益为目的的公共社会组织，"发挥社会协调、社会沟通的中介作用，并组织、促进基层妇女群众参与民主参与、民主管理、民主监督"①，发挥着党和政府联系妇女群众的作用。

案例1：树文明新风"微课堂"宣讲，凸显社会功能

C市妇联在建党百年时开展以"巾帼心向党"为主题的宣讲活动，主要在乡村的"妇女之家"开展常态化宣传活动，形成了适合乡村宣讲环境的"微课堂"宣讲形式，赋予妇联干部宣传职责，"人人都当宣讲员"，深入田间地头以及室内家中进行面对面的宣传。C市妇联通过传统宣传媒介（如广播、宣传海报）向妇女发出"破除陈规陋习、树立文明新风"的倡议，利用村屯和集市、村民大会等时间节点，开展细致宣传，向村民宣传弘扬喜事新办、丧事简办的观念思想；培育和选树优秀家庭，从邻里乡亲中挖掘孝老爱亲、科学教子、绿色环保等案例，并且确定"最美家庭"8.8万户，从而成立家庭宣讲团，讲述最美家庭的故事；搭建村民议事平台，围绕修改村规民约、关爱农村弱势群体、参与环境治理等妇女关心的身边事开展讨论活动。

案例2：安全生产知识进家庭倡议书

2021年5月，C市N区妇联发出了致全区广大家庭"增强安全生产意识，共筑幸福美好家庭"安全生产知识进家庭倡议书，充分展示了妇联发挥家庭在安全治理上的功能作用。倡议书如下。

家庭是社会的基本细胞，安全是家庭幸福的基础保证。为了增

---

① 刘莉：《妇联组织参与社会管理和公共服务的新思考》，《妇女研究论丛》2008年第6期，第5~10页。

强广大家庭成员的安全生产意识，建设幸福美好家庭，N 区妇联以"增强安全意识，创建幸福家庭"为主题，开展安全生产知识进家庭活动，引导广大家庭共同构筑安全生产的家庭防线。现发出如下倡议，希望全区广大家庭成员把家人平安、家庭幸福的奋斗目标转化为促进安全生产的实际行动，争做安全生产的明白人、家庭幸福的守护者，带动更多家庭参与安全生产知识进家庭活动，积极营造良好的安全发展社会氛围。

1. 排除家庭安全隐患

定期检查家庭中水、电、气等方面存在的安全隐患；规范电源线路，家用电器严格按照说明书要求操作；经常检查厨房内的通风换气设备；家中不宜存放易燃易爆物品；自觉养成用火不离人的习惯；定期排查家庭其他安全隐患。

2. 加强子女安全教育

（1）家长首先要认真学习安全知识，教育未成年人远离网吧等人员密集和其他易燃易爆场所；教育孩子掌握扑灭初期火灾和疏散逃生知识，提高他们规避风险的能力。监护人要经常利用卡片、书籍等形式给孩子讲解一些安全知识，教育他们不要在屋内、易燃物附近、公共娱乐场所、物资仓库、机关学校等地方燃放烟花爆竹，也不对准居民阳台窗口等部位燃放，以免火花飞溅引起火灾。

（2）家长要教育幼小儿童不单独使用音响、电脑、电视机等家电，避免孩子在好奇心的驱使下触动这些电器引起触电或火灾事故；儿童做饭必须有监护人在场，避免被油锅烫伤、被火烧伤，谨防可燃物造成火灾。

（3）家长要提高对防溺水重要性的认识，切实履行监管责任，教育引导好孩子对防溺水安全、溺水自救等知识的学习，确保孩子平安度夏。

3. 积极倡导文明出行

自觉养成"按道行驶、按线通行、按位停放"的驾驶习惯。系好安全带，不争道抢道，文明礼让斑马线，行驶中不接打电话，不向车外抛洒废弃物品，做到开文明车、行文明路，遵守交警和交通信号指示灯指挥；坚决杜绝酒后驾驶和疲劳驾驶，不强行超车，夜间行车自觉更换灯光；行人做到不闯红灯、不乱穿马路、不在机动车道行走、不翻越交通隔离设施，形成人人讲交通安全、个个守交通法规的良好氛围，共建安全、畅通、有序、和谐的文明交通环境。

4. 传承安全家风文化

充分发挥妇女在家庭中的独特作用，母亲叮嘱子女、妻子叮嘱丈夫、孩子叮嘱父亲，用亲情、爱心、责任和义务提醒亲人时刻关注安全，关爱生命，上班出门叮嘱注意安全、按标准化作业、不违章违纪；回家过问安全情况、遵章守纪情况；保证家庭成员上班前吃好休息好、当班前不喝酒、不带情绪上班，构筑安全亲情防线。

注重安全教育是每位家庭成员义不容辞的责任与义务。为了减少意外事故、让家庭更幸福、社会更稳定，让我们每个家庭都积极行动起来，强化安全意识，加强安全宣传教育，从自己做起，从现在做起，防患于未然，为推动区经济高质量发展续写新时代新的篇章！

5月14日，在国际家庭日到来之际，为进一步增强全区家庭成员的安全生产意识，强化家庭安全生产防范知识，共建和谐平安家庭，N区妇联开展了"增强安全生产意识，共筑幸福美好家庭"安全生产知识进家庭主题宣传活动。区妇联办公室主任宣读了向全区广大家庭发起的安全倡议书，希望全区广大家庭充分发挥在促进安全生产方面的重要作用，用爱心和责任提醒家庭成员时时刻刻关注安全、关爱生命；加强未成年人安全教育，从小树立安全生产理念，增强与提升儿童安全防范意识和能力；倡导家庭成员文明出行，形成人人讲交通安全、个个守交通法规的良好氛围；切实把生命至上作为安全家风文化进行传承，建设好安全生产的家庭阵地。

接着，N区妇联现场开展家庭安全生产小知识竞答活动。该活动通过现场的互动答题，让广大居民了解、学习、掌握与日常生活息息相关的安全知识和技能，增强自我保护意识，提高安全防范能力。随后，妇联还深入社区家庭，开展面对面的宣传活动。妇联干部走进群众中，宣传用电、用气、用火等安全知识，以家庭的安全生产带动整个社会的安全生产。

N区妇联通过宣讲活动,让全区广大家庭树立安全发展意识,强化安全生产举措,自觉承担起安全生产家庭责任和社会责任,为推进平安家庭建设、社会和谐稳定贡献力量。

案例 3:N 区妇联家庭家教家风走基层活动实施方案

各街乡妇联、各系统妇委会:

为深入贯彻习近平总书记关于"注重家庭、注重家教、注重家风"重要指示精神,贯彻落实党的十九大和十九届二中、三中、四中、五中全会精神,发挥家庭在国家发展、民族进步、社会和谐中的基础作用,在迎接建党 100 周年"学党史"主题教育中切实开展"我为群众办实事"活动,N 区妇联以推进实施"家家幸福安康工程"为总抓手,深入学习《习近平关于注重家庭家教家风建设论述摘编》,积极探索充分发挥家庭家教家风在基层社会治理中重要作用的思路和举措,引导广大妇女发挥独特作用,带动家庭成员树立新时代家庭观,立德树人涵养好家教、崇德向善传承好家风、德润万家建设好家庭,弘扬爱国爱家、相亲相爱、向上向善、共建共享的社会主义家庭文明新风尚,拟在全区开展家庭家教家风走基层活动,将社会主义核心价值观和家庭家教家风建设贯穿于主题活动和实践宣传之中。

1. 指导思想

以习近平新时代中国特色社会主义思想为指引,深入贯彻落实习近平总书记关于注重家庭家教家风建设重要论述精神和党的十九大及十九届二中、三中、四中、五中全会精神,深入贯彻落实习近平总书记视察吉林重要讲话重要指示精神,贯彻落实全国、省、市妇联关于家庭建设的总要求,以及区委区政府关于经济和社会高质量发展的部署安排,以践行社会主义核心价值观为统领,推动新时代妇联家庭工作实现新发展。坚持党建引领,依托基层妇联组织,充分发挥"联"字优势,深入开展家庭文明和文化建设,将家庭家教家风建设有效融入基层社会治理。

2. 工作目标

(1)坚持目标导向,在培育新时代家庭观上下功夫,精准服务养老育幼等需求，为促进家庭与经济社会协同发展提供政策支持、力量支撑和指导服务。坚持立德树人根本任务，在深化家庭教育支持服务上下功夫，探索多样化、系统性的家庭教育支持服务，推进家校社协同育人，助力培养时代新人。坚持常态化和实效性，在传承好家风上下功夫，促进移风易俗、社风文明，推进健康行动、绿色发展。

（2）坚持强基层、重基础，联合有关部门、联系社会组织、联动各级妇联推动工作在基层落实、在家庭生根。注重发挥家庭家教家风在基层社会治理中的重要作用，助力建设人人有责、人人尽责、人人享有的社会治理共同体。

（3）开展家庭家教家风走基层试点活动，通过开展亲子阅读分享活动，发挥家庭家教家风建设的示范引领、辐射带动作用，推动妇联组织嵌入基层治理体系、工作融入基层治理格局、力量加入基层治理队伍。

3. 活动步骤

结合党史学习教育，2021年持续广泛深入开展家庭家教家风走基层活动，并积极推动桃源街道文庙社区试点工作，在总结试点工作经验基础上在全区推广实施，使家庭家教家风在基层社会治理中发挥的作用得到进一步深化。

4. 活动内容

（1）深化开展"最美家庭"宣讲活动。进一步完善家庭文明建设活动工作机制，探索以表彰、风采展示等多种形式，分类别、按节点、常态化推进寻找"最美家庭"活动。各级妇联要坚持党建引领，依托全区家长学校，积极组织"最美家庭"宣讲活动，当好红色教育的宣传员，讲好"红色故事"，传递中国力量。在全区广泛开展读红色家书、传承红色家风活动，讲述爱国爱家、向上向善的红色家庭故事。鼓励和引导全区各级"最美家庭"在疫情防控、移风易俗、环境整治、邻里和谐、关爱帮扶、垃圾分类等文明公益活动方面发挥积极的带动作用。

（2）积极开展家庭绿色生活实践活动。各级妇联要依托社区家长学校、妇女之家、儿童之家等阵地开展家庭绿色生活实践活动。

深入开展绿色家庭创建活动，培育一批践行简约适度、绿色低碳生活方式的绿色家庭典型，发挥榜样示范和价值引领作用，争做文明风尚的倡导者。通过在微信公众号宣传、发放家庭垃圾分类倡议书等方式，学习习近平生态文明思想，解读生态文明相关法律法规。发挥志愿者、社会组织等力量，用好各方面资源开展线上线下宣传，抓住时间节点开展主题实践活动，从绿色消费、绿色出行、垃圾分类、疫情防控、疾病预防、安全生产知识进家庭等多个方面积极动员广大家庭成员广泛参与，自觉履行环境保护责任，践行简约适度、文明健康的生活理念和生活方式。

（3）深入开展家庭教育指导实践活动。积极协调场地、人员、资金、设施配置等方面资源，着力打造社区家长学校，按照阵地共用、资源共享、务求实效的原则，努力做到有固定场所、有专人负责、有工作计划、有活动开展、有实际效果，通过开展线上线下家庭教育辅导、优秀家长家庭教育经验分享、亲子阅读、亲子游戏、趣味运动会、社区公益劳动及关爱困境家庭、老人和儿童等活动，因地制宜地开展宣传实践和指导服务。持续倡导移风易俗，引导妇女带头崇尚文明行为，自觉抵制铺张浪费等不良风气，推进婚姻辅导教育融入社区基层服务，通过社区家长学校辅导、线上教育、发放宣传手册、社区家庭纠纷调解等形式，使婚姻辅导教育走进千家万户。

（4）持续开展"颂百年风华 传红色基因"亲子阅读活动。向全区家长学校捐赠《习近平关于注重家庭家教家风建设论述摘编》，并将其作为必读书目，列入"巾帼心向党 奋斗新征程"群众性宣传教育活动的重要学习教材，依托全区家长学校，围绕社会主义核心价值观、"党史"教育等积极开展亲子阅读、家庭阅读分享交流等活动。利用世界读书日举办"颂百年风华 传红色基因"家庭亲子阅读活动，通过讲述党史小故事，将家庭亲子阅读与家庭建设、家教传播、家风传承相结合，推动社会主义核心价值观在家庭落地生根。深入开展"少年儿童心向党"庆祝建党100周年主题宣传教育活动，举办亲子阅读比赛，推广家庭读书会进社区、进校园，在阅读中促进家庭文明和谐。

（5）有针对性地开展特殊家庭关爱帮扶。深入家庭、深入群众了解贫困家庭、单亲家庭、失孤残疾家庭、留守家庭、困难退役军人等的实际情况，常态化开展精准帮扶、分类指导工作，加强部门协作，积极开展心理疏导、亲情关爱、助学助困、寒暑假关爱、亲子阅读等特色活动，为广大妇女群众和家庭办实事、解难事。以"幸福家庭 360 行动计划"为载体，实施"幸福家庭 360 公益大讲堂"项目，开展"早教进社区"活动，提供家庭教育指导，合力促进儿童健康成长，切实把党的关怀和社会主义大家庭的温暖送到群众身边，不断增强广大家庭和儿童的获得感、幸福感、安全感。

5. 活动要求

（1）高度重视。家庭家教家风建设是一个系统工程，重在广泛参与，贵在常抓不懈。全区各妇联组织要高度重视、精心组织，把家庭家教家风走基层活动作为推进基层社会治理和"家家幸福安康工程"的重要举措，周密部署、精心策划，推动活动落细落实，取得实效。

（2）广泛宣传。全区各妇联组织要注重加强宣传，扩大好家庭、好家教、好家风传播效应，充分利用各类媒体宣传平台，全方位、立体化展示活动开展情况和优秀成果，不断扩大社会影响力。

（3）协调配合。全区各妇联组织要加强与同级宣传、民政、司法等部门的沟通协调，充分发挥各单位职能优势，整合资源，形成合力，采取多种形式开展走基层活动，确保活动取得实效。

（4）总结报送。全区各妇联组织要及时总结活动开展的成效和经验，2021 年 7 月 30 日前将各地活动阶段性开展情况和典型案例报送至区妇联邮箱。

区妇联

2021 年 4 月 22 日

案例 4：N 区妇联开展"防范电信诈骗 共建平安家庭"主题宣传活动

为进一步维护广大妇女的合法权益，提高全区广大家庭对电信诈骗的防范、鉴别和自我保护能力，J 省 C 市 N 区各级妇联组织于 2022 年 3 月 3 日开展"防范电信诈骗 共建平安家庭"主题宣传活动。

该活动选择辖区繁华商圈和路段共设立 13 个集中宣传点，各级妇联干部与巾帼志愿者现场向群众发放反电信诈骗倡议书和防范电信诈骗宣传手册 12800 余册，指导群众下载安装国家反诈中心 APP，提高群众的辨别能力，增强群众的防范意识，推动反诈宣传入脑入心，切实维护自身财产安全，以每家每户的"小平安"构筑整个社会的"大平安"，筑牢家庭平安的坚固防线，形成全民动员、全民参与、共同抵制网络电信诈骗的浓厚氛围。

此外，N 区妇联还启动了"三八普法宣传周"，通过开展"律师面对面"法律咨询、开设微信"普法"小课堂、送妇女儿童法律知识进社区等活动，提高广大妇女群众学法、知法、用法维护自身权益的能力。

由以上案例可知，发挥社会功能是妇联的一项重要责任和任务。其除了发挥妇女在家庭中的作用外，还以"最美家庭活动"有效带动了社会风气、社会安全，在搞好自家环境卫生争创"美丽庭院""干净人家"的基础上，进一步发动妇女同胞和家庭积极参与农村人居环境整治，为孤寡老人、五保户、贫困户、空巢户等打扫卫生，参与村内卫生监督，更好地发挥"半边天"作用，引领妇女建设绿色家园。基层妇联组织积极贯彻落实习近平总书记生态文明思想，坚持"绿水青山就是金山银山"的发展理念，切实履行好全国绿化委员会成员单位职责，动员引领广大妇女建设绿色家园，大力宣传"绿色家庭"，带动更多的家庭参与绿色生活、低碳生活。C 市基层妇联组织巾帼志愿者还开展了清理河道的志愿活动，妇女志愿者对 C 市的主要河道进行了清理，对废弃物进行了全面处置，共清理白色垃圾 10 余袋，大大改善了 C 市主要河道的面貌，为建设文明城市贡献了力量。①

三 服务功能

妇联组织一头连着党和政府，另一头连着妇女群众，因此其服务应

---

① 《蛟河市妇联组织巾帼志愿者开展爱国卫生月活动》，吉林省妇女儿童网，http://www.jlwomen. org. cn/xczx/87057. jhtml。

是双向的。全国妇联章程规定妇联的服务功能包括两个方面。一方面是以围绕中心、服务大局为工作主线，紧紧围绕党和国家中心工作，深入做好组织妇女群众、宣传妇女群众、引导妇女群众，最大限度地把广大妇女的力量汇聚到参与全面深化改革、实现中国梦的伟大征程中。这一服务功能因妇联组织的政治属性以及群团改革对妇联组织政治性的要求而发挥着正向的强大功能。另一方面，服务功能是妇联联系和服务妇女这一工作生命线、基本职责和根本任务的现实体现。

妇联组织的服务功能不仅是为妇女群众提供具体的服务，而且是把妇联组织围绕党和国家工作大局、团结凝聚妇女群众应履行的政治职责贯穿其中。妇联组织围绕党和国家开展工作，最终还是要通过服务妇女群众，把党和国家的方针政策贯彻到妇女群众之中，把党的温暖关怀送到妇女群众身边。因此，服务功能和政治功能是相辅相成的，妇联发挥服务功能离不开强大的行政性功能的发挥。例如，针对弱势妇女，妇联凭借组织背景、组织形象、组织资源为妇女提供服务。全国妇联发起的"春蕾计划""安康计划""母亲水窖""母亲健康快车"等大型可持续性社会公益项目，就是因得到了许多爱心人士和热心公益事业的企业的支持而发挥了强大的服务功能。地方妇联也凭借其组织影响力，积极链接各种资源，为妇女搭建服务平台，提供服务。

基层妇联组织坚持把联系和服务广大妇女作为工作生命线，充分发挥妇联组织的服务功能，在坚持问题导向、全面推进妇女发展事业进程的同时，在服务方法、手段和实效上实现新突破、新提升，在社会治理和创新中彰显妇联组织的服务优势和作用。

案例 1：打造妇女就业平台，引领 妇女发展地方特色产业

C 市秉持符合地方特色的平台构建原则，因地制宜开辟符合妇女特点的就业路径，大力发展妇女手工制作产业，形成了初具规模的"巧姐"手工制作平台，并采取"妇联 + 公司 + 基地（合作社）+ 农户"的方式，打造了集研发、培训、生产、销售于一体的草编产业链条。C 市顺势发展了"网姐"电子商务产业，以观念转变、销售转型、效益转化为建设重点，为农村妇女定制电商培训相关课程，打

造"集群化运作+品牌化营销"的产业发展模式，培养了一批适合 J 省妇女发展的巾帼互联网营销师和巾帼直播销售人员。①

　　C 市妇联贯彻落实全市"大培训、大对接、大招商"解放思想三大活动要求，积极与上级部门对接，在省妇联、省妇女儿童基金会的大力支持下，促成该项目在 C 市乃至 J 省的首次落地。获得资金扶持的 C 市巾帼草编专业合作社项目，是 C 市妇联近年来重点扶持的项目。在省妇联的大力帮助下，C 市妇联组织将妇女草编项目在全市乃至全省落地运行。C 市巾帼妇女草编专业合作社项目的目标是实现妇女灵活就业，促进妇女脱贫致富。截至 2021 年底，合作社在 C 市 25 个乡（镇）街成立了 17 个妇女草编基地，带领全市3200 多名妇女常态化承接草编订单，帮助 40 余名建档立卡贫困妇女脱贫。与此同时，该项目培养了贫困村巾帼创业致富带头人，累计帮助妇女实现家庭增收 1.5 亿元。②

　　当然，"由于党政纵向控制系统的强大，以及与此相适应的制度及文化背景的影响，妇联的服务主要体现在对上级党政意图的服从和执行上，导致妇联向下的服务功能减弱"③，妇联服务妇女的方式也凸显了行政资源和力量。

　　习近平总书记在党的群团工作会议上指出，"积极转变拓展服务职能、转变工作作风"，"要以改革推动群团组织提高工作和服务水平，努力开创党的群团工作新局面"。④ 由此可见，强化服务功能是群团改革的重要内容和目的之一。"妇联组织靠什么吸引妇女群众、凝聚妇女力量，靠什么代表和维护妇女权益，归根到底要靠服务。"⑤ 因此，妇联要处理

---

①　《吉林省妇联探索"四动四引"工作模式助力乡村振兴》，吉林省妇女儿童网，http://www.jlwomen.org.cn/xczx/86841.jhtml。

②　《吉林省妇联探索"四动四引"工作模式助力乡村振兴》，吉林省妇女儿童网，http://www.jlwomen.org.cn/xczx/86841.jhtml。

③　雷水贤：《双重角色对妇联履行职能的影响》，《妇女研究论丛》2002 年第 6 期，第 11~13 页。

④　《牢牢把握群团改革正确方向努力开创党的群团工作新局面》，《人民日报》2017 年 8 月 27 日，第 1 版。

⑤　沈跃跃：《深入学习贯彻习近平总书记重要讲话精神 以改革创新精神建设服务型基层妇联组织》，《中国妇运》2014 年第 8 期，第 6~11 页。

好党政所需、妇女所急、妇联所能三者之间的关系，针对妇女群体的不同需要有针对性地开展服务妇女的活动。为此，转变工作作风和服务理念，建设服务型基层妇联组织是时代所需、妇女所盼，更是妇联组织的职能所在。

总之，妇联的政治、社会、服务三大功能做到了把党的领导、团结广大妇女和服务妇女有机结合起来，充分体现了妇联的政治性、先进性和群众性，体现了妇联作为党的群团组织和人民团体的桥梁和纽带作用，以及国家政权的重要社会支柱作用。

结论与思考

一个组织之所以能合法地存在，是因为它承担了某种社会职能，角色即责任，定位即方向。[①] 妇联组织角色决定了其在组织内外部环境中的组织关系和组织责任，决定了妇联组织功能的发挥。新时代妇联角色新定位关乎妇联组织的政治担当。

中国的妇联组织是具有中国特色的妇女群团组织，其广泛性包括全国各族各界各阶层妇女；其目标是争取妇女的进一步解放与妇女全面发展；其政治性体现了党的领导，是中国共产党领导下的人民团体，承担着团结引导各族各界妇女听党话、跟党走的政治责任；其主要角色是党和政府联系妇女群众的桥梁和纽带，一身兼两任，既要以围绕中心、服务大局为工作主线，又要以联系和服务妇女为根本任务，工作主线与根本任务是一致的、互相促进的，二者不可分割；其基本职能是代表和维护妇女权益、促进男女平等和妇女全面发展；其社会地位是国家政权的重要社会支柱，在社会治理和家庭建设中发挥着重要作用；其指导思想是以马克思列宁主义、毛泽东思想、邓小平理论、"三个代表"重要思想、科学发展观、习近平新时代中国特色社会主义为行动指南。

中国特色的妇联组织在领导广大妇女投身社会主义革命和建设中发挥了巨大作用。妇联凭借其在国家政治体系中的独特地位，拥有许多其他民间妇女社会组织无法获得的资源，发挥着自身所带的政治功能、社会功能、服务功能。

---

① 　罗琼：《罗琼文集》，北京：中国妇女出版社，2000。

　　随着中国市场化、网络化、信息化的快速发展和社会的加速变革，各界妇女群众利益诉求日益多样。在妇女发展呈现前所未有的多变性和复杂性的背景下，她们对妇联组织有着更高的期待和更多的需求。因此，继续动员引领广大妇女建功立业新时代，把自身解放和发展与中华民族伟大复兴的中国梦紧密结合起来，发挥"半边天"作用，成为新时代赋予妇联组织的新要求、新使命。面对纷繁复杂的国情与妇情，妇联组织必须保持自身的政治性、先进性、群众性，加快基层妇联组织改革，壮大基层妇联组织工作力量，增强基层妇联组织的吸引力、凝聚力和战斗力，加快向服务型转化，不断深化组织职能，才能应对挑战、不负使命。为此，党的群团工作会议向妇联吹响了改革的号角，着力解决机关化、行政化、贵族化、娱乐化等问题，力图把妇联组织建设得更加充满活力、更加坚强有力。

第三章 基层妇联改革成效与功能优势

中央党的群团工作会议的召开和《中共中央关于加强和改进党的群团工作的意见》的颁布发出了改革的号令。2015 年 8 月，全国妇联印发《关于贯彻落实〈中共中央关于加强和改进党的群团工作的意见〉实施方案》；2016 年 9 月，中共中央办公厅印发关于《全国妇联改革方案》，这吹响了改革的号角，正式开启了全国范围的令人瞩目的妇联组织改革创新的伟大实践。本章以 J 省 C 市妇联为例，力图从一个侧面呈现此次妇联改革过程，展示妇联改革的成效。

第一节 妇联改革的顶层设计

妇联改革是一场自上而下的自我革新，从习近平总书记在中央党的群团工作会议上的重要讲话到习近平总书记同全国妇联新一届领导班子成员集体谈话时的重要讲话，从《中共中央关于加强和改进党的群团工作的意见》到全国妇联《关于贯彻落实〈中共中央关于加强和改进党的群团工作的意见〉实施方案》再到《全国妇联改革方案》的出台，都为此次妇联改革指明了方向，描绘了新时代妇联组织和妇女工作创新的宏伟蓝图。

一 习近平总书记关于妇联改革的系列讲话

党领导的妇女工作是为占我国人口半数的广大妇女群众谋利益、为全体妇女谋解放谋发展的，是中国共产党治国理政的一项基础性和经常性工作，是党团结动员广大妇女群众为完成党的中心任务而奋斗的重要法宝，是党的事业的重要组成部分。习近平总书记高度重视妇女工作，高度重视中国妇女事业与妇女发展，语重心长地指出："做好党的妇女工作，关系到团结凝聚占我国人口半数的广大妇女，关系到为党和人民事业发展提供强大力量，关系到巩固党执政的阶级基础和群众基础。"① 为此，党的十八大以来，习近平总书记从党和国家事业发展全局出发，多次就发挥妇女作用、促进男女平等、推进妇联改革创新提出一系列带有根本性、方向性、引领性的新思想、新论断、新要求，不仅从理论层面就新时代如何最大限度地发挥妇女"半边天"作用、维护妇女合法权益、履行妇女发展的国家责任、加强妇联组织力量等事关妇女发展的重大理论与现实问题作出了新的理论概括和总结，而且从实践层面对改革思路、改革内容、改革目标等问题作出了详细和全面的阐述。

2013年10月，习近平总书记同全国妇联新一届领导班子成员集体谈话并发表重要讲话，指出要走中国特色社会主义妇女发展道路②。紧紧围绕党和国家工作大局谋划和开展工作是妇联组织发挥作用的根本遵循，是妇联工作不断前进的重要保障，联系和服务广大妇女是妇联妇女工作的根本任务，妇联组织只有改革创新才能承担起新时代赋予的历史重任。同时，习近平总书记还强调，要发挥妇女在各个方面的积极作用，注重发挥妇女在社会生活和家庭生活中的独特作用，发挥妇女在弘扬中华民族家庭美德、树立良好家风方面的独特作用。③

2014年2月和11月，习近平总书记两次对妇联工作作出批示，要求妇联团结和引导广大妇女把自身奋斗追求融入实现中华民族伟大复兴的中国梦的历史征程之中；要求妇联组织把联系和服务广大妇女作为工作生命线，改进工作作风，创新工作方法，深入基层做好工作，促进妇女不断发展，把妇联真正建设成可信赖、可依靠的"妇女之家"④。这些重要批示针对妇联工作的核心内容，就妇联组织应朝着怎样的目标前进、建设怎样的妇联组织、遵循怎样的组织方针原则提出了明确要求。

在《中共中央关于加强和改进党的群团工作的意见》中以及2015年

---

① 《加大重视关心支持妇女事业、妇女工作力度》，《中国妇女报》2021年3月9日，第1版。

② 《习近平在同全国妇联新一届领导班子集体谈话时强调 坚持男女平等基本国策 发挥我国妇女伟大作用》，《中国妇运》2013年第11期，第4~5页。

③ 中共中央文献研究室编《习近平关于社会主义政治建设论述摘编》，北京：中央文献出版社，2017，第183~184页。

④ 华春雨、罗宇凡、史竞男：《汇聚起实现中国梦的强大力量》，《人民日报》2015年7月8日，第2版。

7月召开的中央党的群团工作会议上，习近平总书记针对妇联等群团组织存在的机关化、行政化、贵族化、娱乐化"四风"现象，提出妇联等群团组织要切实保持和增强政治性、先进性、群众性（"强三性"），强调要将政治性放在"三性"之首，指出坚持党的领导，贯彻党的主张，执行党的意志，引导广大妇女听党话、跟党走，是衡量妇联工作的政治标准；要求对妇联等群团组织的机关机构设置、管理模式、运行机制进行改革；要求大力健全基层妇联组织、扩大基层妇联组织覆盖面，坚持力量配备和服务资源向基层妇联倾斜，探索以多种方式构建纵横交织的妇联网络化组织体系；强调必须把妇联等群团组织建设得更加充满活力、更加坚强有力，使之成为推进国家治理体系和治理能力现代化的重要力量。① 2015 年 7 月，习近平总书记在中央党的群团工作会议上发表讲话，对妇联等群团组织的改革提出了更具体的要求。

2015 年 9 月，习近平主席出席并主持联合国妇女署在纽约联合国总部召开的全球妇女峰会并发表重要讲话，从推动妇女和经济社会同步发展、积极保障妇女权益、努力构建和谐包容的社会文化、创造有利于妇女发展的国际环境等方面深刻阐述了妇女发展的中国主张，为促进性别平等和妇女全面发展贡献中国智慧，提供中国方案。2015 年 5 月和 6 月，习近平总书记主持召开中央全面深化改革领导小组第二十四次会议、中共第十八届中央政治局常委会会议，审议《全国妇联改革方案》，进一步为妇联工作和妇联改革指明方向、提出具体要求。

2017 年 8 月 22 日，习近平总书记对群团改革工作作出重要指示强调，要求各群团组织注重夯实群团工作基层基础；直面突出问题，采取有力措施，敢于攻坚克难。② 习近平总书记的重要指示精神导向鲜明，直击内里，再次将各群团组织的工作重心指向基层——让基层稳定强大，增强服务的针对性、时效性，让群众真正享受改革和社会进步的成果。这为包括妇联在内的群团组织改革和创新发展提供了理论指导和行动指南。

2018 年 11 月 2 日，中国妇女第十二次全国代表大会修改的《中华全国妇女联合会章程》要求妇联组织找准职能定位，明确指出妇联的

---

① 李源潮：《认真贯彻落实中央党的群团工作会议精神 大力推进妇联工作改革创新——在全国妇联十一届三次执委会议上的讲话》，《中国妇运》2015 年第 8 期，第 6~8 页。
② 《党的建设大事记（十八大—十九大）》，《奋斗》2018 年第 23 期，第 48 页。

基本职能是代表和维护妇女权益、促进男女平等和妇女全面发展①。习近平总书记在同全国妇联新一届领导班子成员集体谈话时继续强调党的领导是妇女工作的根本保证，指出妇联组织要承担好代表和维护妇女权益、促进男女平等和妇女全面发展的任务；要坚持男女平等基本国策，维护妇女儿童合法权益；要做好家庭工作，将发挥妇女在社会生活和家庭生活中的独特作用作为妇联组织服务大局、服务妇女的着力点。同时，习近平总书记强调要以更实的举措深化妇联组织改革，重视妇联队伍建设、作风建设、联系渠道建设、确保改革在基层落地。②

2019 年 11 月，习近平总书记在党的十九届四中全会上的讲话，以及全会通过的《中共中央关于坚持和完善中国特色社会主义制度 推进国家治理体系和治理能力现代化若干重大问题的决定》，对妇女事业和妇女发展及家庭工作作出一系列制度安排，提出创新互联网时代群众工作机制，健全联系广泛、服务群众的群团工作体系，发挥家风家教在基层社会治理中的重要作用等③，对新时期妇联工作提出了进一步要求。

纵观以上系列讲话，习近平总书记将妇女事业和妇联工作提高到关系党和国家发展全局的战略高度，从新时代中国妇女运动必须坚持中国共产党的领导这一最本质特征、围绕中华民族伟大复兴的中国梦这一时代主题、走中国特色社会主义妇女发展道路这一根本路径、实现"三个平等"的男女平等战略目标、促进妇女全面发展的战略举措、发挥新时代妇女两个独特作用以及妇联组织和妇女工作"强三性"的根本要求七个方面④，深刻阐明了新时代中国妇女事业长远发展的一系列重大理论和现实问题，并对妇联组织改革方向作出了明确解答。

讲话精神明确了妇联的工作任务。习近平总书记提出"代表和维护妇女权益、促进男女平等和妇女全面发展"是妇联组织的基本职能。联

①　《中华全国妇女联合会章程》，《中国妇运》2018 年第 11 期，第 35~39 页。

②　《习近平同全国妇联新一届领导班子成员集体谈话并发表重要讲话》，中国政府网，ht-tps://www.gov.cn/xinwen/2018-11/02/content_5336958.htm，最后访问日期：2024 年 8 月 5 日。

③　《中共中央关于坚持和完善中国特色社会主义制度 推进国家治理体系和治理能力现代化若干重大问题的决定》，《共产党员》2019 年第 23 期，第 4~14 页。

④　刘亚玫、张永英、杨玉静、石鑫：《论习近平总书记关于新时代妇女发展和妇女工作重要论述的科学内涵》，《妇女研究论丛》2018 年第 5 期，第 9~20 页。

系和服务广大妇女既是妇联组织的根本任务，也是妇联组织的生命线，更是妇联组织的使命所在。① 妇联要通过围绕中心、服务大局，带领妇女群众贯彻执行党的路线方针政策，完成党的各项任务，承担起引导妇女群众听党话、跟党走的政治任务，把妇女群众最广泛最紧密地团结在党的周围。②

讲话精神明确了妇联工作的内在要求。习近平总书记强调妇联要将政治性置于首位，强调党的领导是妇女工作的根本保证，让党员力量下沉成为党和群众紧密联系的桥梁和纽带，将引导广大妇女听党话、跟党走作为衡量妇联工作的政治标准，从而巩固党的执政基础。同时，习近平总书记要求妇联始终保持和增强自身的先进性、群众性。③

讲话精神明确了妇联改革的重心。习近平总书记指出，在队伍建设上，妇联要将重心指向基层，提高基层治理水平，将各方面资源向基层倾斜，以纵横交织的网络化组织体系覆盖妇女生活的方方面面，让基层趋于稳定，最终走向强大。在工作方法上，习近平总书记要求妇联组织必须有改革创新精神，根据新形势、新变化、新发展、新思路、新方法，丰富工作载体，创新组织形态；建立社会参与机制，调动人民群众的积极性、主动性、创造性，探索将社会参与纳入制度框架，形成公共事务管理合力。④

总之，习近平总书记关于妇女和妇女工作的重要论述，厘清了妇女发展的脉络，以前瞻性的眼光洞悉妇女问题逻辑，为新时代妇联组织发展指明了前进方向，提供了根本遵循，明确了妇联组织的使命所在，体现了党中央对妇女群众的亲切关怀。这一系列论述既有打造"包容社会"的豪迈"大写意"，又有"强三性""去四化"的入微"细工笔"，将做好妇女工作、发挥妇女作用提高到关系党和国家发展全局的高度，

---

①　中共中央文献研究室编《习近平关于社会主义政治建设论述摘编》，北京：中央文献出版社，2017，第195~197页。

②　中共中央文献研究室编《习近平关于社会主义政治建设论述摘编》，北京：中央文献出版社，2017，第190~191页。

③　中共中央文献研究室编《习近平关于社会主义政治建设论述摘编》，北京：中央文献出版社，2017，第194~196页。

④　刘亚玫、张永英、杨玉静、石鑫：《论习近平总书记关于新时代妇女发展和妇女工作重要论述的科学内涵》，《妇女研究论丛》2018年第5期，第9~20页。

指明了新形势下妇女事业和妇联工作的前进方向，对指导新时代妇联工作具有重要意义，为解决世界妇女问题贡献了中国智慧。

二　中共中央办公厅印发《全国妇联改革方案》

2016年9月，中共中央办公厅印发《全国妇联改革方案》，这是全国妇联结合习近平总书记关于群团改革指示精神和对妇联工作的重要讲话，为全面推进、引领带动各级妇联组织体系改革，在经过充分调研论证的基础上精心设计的改革方案，这是为开创妇联工作新局面制定的法规，是关于妇联改革顶层设计的具体实施方案，具有全局指导作用。《全国妇联改革方案》从7个方面25项具体改革措施确定了改革的方向目标、重点领域、重大举措，主要内容归纳起来包括以下几个方面。

从机制层面出发，为应对变动不居的社会需求，全国妇联机关的改革重点从机关机构设置、管理模式、运行方式等方面全面展开。第一，着眼于增强组织的代表性和广泛性，将各族各界、各行各业尤其是基层女性中的优秀代表人物充实到妇联的领导机构之中；第二，针对基层多头指挥、职能交叉等矩阵式管理难题，将机关部门职能进行优化调整，理顺内部工作机制和工作关系，统筹重点工作力量及资源为妇女服务；第三，进行管理制度改革，在人才引进机制方面进行创新，打破限制、简化程序，优化队伍；第四，通过机关干部工作作风的转变畅通与基层群众的联系渠道，依靠制度的刚性作用，推动机关干部走进妇女群体；第五，构建"互联网+妇联"新格局，打造网上综合服务载体，实现线上线下双战线、实体虚拟双空间同步服务妇女新格局。

从理念层面出发，妇联组织需理顺围绕在党的中心工作周围与维护妇女权益这两重目标之间的关系，扮演好促进党、国家、社会与妇女发展的关键角色。第一，对思想教育方式进行创新，做好主题宣教活动，引领妇女坚定理想信念；第二，对实践活动内容进行创新，引导妇女紧跟时代步伐，适应经济发展新常态，立足本职为经济社会发展做贡献；第三，对家庭工作进行创新，整合分散在各个部门的家庭工作相关职能，统筹资源合力做好家庭工作，推动良好家风、廉洁家庭、"最美家庭"建设；第四，党建带妇建工作创新，将妇建工作纳入党委党建工作总体格局之中进行同部署、同落实和同督导。

从策略层面出发，全国妇联改革需聚焦突出矛盾、关注重点领域，攻克难点问题。针对妇联组织覆盖不足、资源缺乏问题，《全国妇联改革方案》提出通过做强基层、夯实基础实现妇联组织重心下移的工作目标。第一，推动在城乡社区普遍建设妇联，重点关注乡镇（街道）妇联建设，同步推动在"两新"群体中建立妇联组织，激活基层妇联组织的神经末梢；第二，加强对女性社会组织的联系引导，培育扶持专业类、公益类、服务类女性社会组织，探索基层妇联与各类女性组织资源整合、协同发力的服务模式。针对妇联履职情况不乐观的情况，《全国妇联改革方案》着眼于对维权服务的改革创新，要求妇联主动作为，及时表态、发声、行动，维护妇女权益，拓宽妇女有序民主参与渠道，组织妇女参与议事协商活动，广泛开展特殊困难妇女儿童帮扶工作，探索引入第三方评估机制。

《全国妇联改革方案》是妇联系统改革的纲领性和指导性文件，它的印发标志着在党的领导下，全国妇联改革进入全面实施阶段。

三　全国妇联印发《关于进一步深化改革 夯实基础 更好发挥基层妇联组织作用的意见》

为贯彻习近平总书记关于基层妇联改革的指示精神，全面落实《全国妇联改革方案》，2017 年 9 月，全国妇联印发《关于进一步深化改革 夯实基础 更好发挥基层妇联组织作用的意见》（以下简称《意见》）。《意见》从五个方面对基层妇联组织改革的具体任务作了清晰阐述：一是通过灵活设置基层组织实现纵横交织组织网络构建；二是通过不拘一格选才任能实现基层组织力量的壮大充实；三是通过党群共建、双线融合推动工作阵地共享共用；四是通过制度建设规范运转实现工作机制长效运行；五是通过动态管理、培训激励实现对基层指导服务的强化深入。[1]

基于妇联组织自身结构特点，结合其所处的行政体系架构，联系改革实际，《意见》就如何进一步夯实基层基础、深化基层妇联组织改革进行了规划和设计，从多个层面为实现基层妇联组织建设新格局提出了具体指导意见。

---

① 《关于进一步深化改革 夯实基础 更好发挥基层妇联组织作用的意见》，《中国妇运》2017 年第 10 期，第 17~19 页。

　　从制度建设层面出发，《意见》确立了基层妇联执委会的议事工作制度，明确了执委会的议事原则、工作内容以及工作要求；确立了乡镇（街道）妇联主席轮值制度，组建轮值主席团，定期召开轮值主席会议，承担妇联交办的工作任务，在开展活动服务妇女群众的过程中充分发挥资源优势和行业优势，形成整体合力推动妇联工作；确立了基层妇联执委联系妇女群众制度，要求每名乡镇（街道）、村（社区）妇联执委固定联系一定数量的妇女群众，通过多种方式与所联系妇女进行互动沟通，实现沟通零距离、常态化；确立基层妇联组织工作公开制度，妇联组织或妇联干部在开展工作或活动时，要主动亮出旗帜、亮明身份，让妇女群众知晓组织在何处、干部为何人，如何参与活动、怎样得到帮助。这些制度的确立巩固了基层妇联组织的改革成果，对增强妇女群众对妇联的认同感、归属感、信任感具有重要作用。

　　从工作理念层面出发，妇联组织作为国家治理体系的重要组成部分，围绕妇女发展通过组织网络和制度通道联结党、国家和社会。《意见》强调对基层妇联组织吸引力、凝聚力、战斗力的强化。一是加强对基层妇联组织的工作指导，上级妇联负责指导基层妇联组织落实党建带群建要求，指导基层妇联组织围绕当地党委和政府中心工作开展妇女工作，引领妇女听党话、跟党走，紧密地团结在党的周围，动员群众力量，完成群团组织肩负的政治任务，巩固党执政的妇女群众基础，夯实国家政权根基；二是吸收更多的优秀女性加入妇联组织，更好地代表妇女利益、表达妇女意志、反映妇女问题，妇联平台性的组织形态可以通过体制性资源供给吸引多种群体，形成既有针对性又有权威性的整合体系，发挥妇联组织作为党和国家联系妇女的桥梁和纽带的作用。

　　从组织结构层面出发，为重构基层妇联组织形态，筑牢组织根基，《意见》提出明确要求。一是持续推进村（社区）"会改联"，织密织牢基层组织网，在妇女生活的最小单元建立妇联组织，使组织向纵深延伸，同时横向打破户籍限制，向各类兴趣组织等拓展，打通联系和服务妇女的"最后一公里"；二是推进乡镇基层妇联组织区域化建设改革，纵向将基层妇联辖区内所有村（社区）妇联组织纳入乡镇妇联组织体系中，横向将妇联组织覆盖拓展到辖区内所有机关、企事业单位、各类社会组织；三是灵活设置基层妇联组织，勇于突破以往"自上而下"的层级框架，以增强妇联组织的先进性与群众性。

从资源整合层面出发，为切实提升妇联工作效率、增强妇联组织工作力量，《意见》提出以下要求。一是同步调动线上线下阵地平台资源，推进妇联阵地建设，强调对"妇女之家""网上妇女之家"双工作阵地的建设发展，线上线下双管齐下，为妇联工作注入活力，推动妇联组织进行服务功能和服务方式的转型升级；二是充分调动人力、物力资源，打破体制刚性约束，打通体制内外区隔，对干部进行灵活选拔与弹性管理，同时注重对干部专业性及社会服务能力的提升，选拔人才不拘一格，培训履职不走形式，经费补贴向基层倾斜落实到位，通过动态管理调动干部积极性；三是高度利用多种社会群体资源优势，填补妇联组织覆盖盲区，构建新型合作关系，提出在"两新"领域、流动妇女、女创客、自由职业女性等新领域和新群体中建立妇联组织，利用民间妇女团体、妇女群体特有的专业背景、具体的利益指向、灵活的运作方式乃至先进的组织理念，与妇联实现优势互补。

总之，全国妇联改革是一场自上而下有组织、有目标的自我革新，力争改出组织新机制、队伍新活力、工作新风貌、事业新景象。习近平总书记关于群团工作会议讲话和妇联改革系列讲话提出的新思想、新战略，从顶层和宏观层面为妇联改革定了基调、规定了原则、指明了方向，为妇联工作创新提供了理论指导和行动指南。全国妇联作为妇联组织的权威机构，加强了顶层设计，制定了《全国妇联改革方案》和《意见》，出台了220多个涉及改革的文件、49项限时完成的改革任务、50项长期实施的改革任务[①]，从顶层和微观层面将习近平总书记的讲话精神变为具体化可操作的改革方案，为各级妇联组织改革提出指导性意见。这些关于妇联改革的顶层设计是妇联组织改革顺利开展的重要保障。

第二节　妇联改革的全面推进
——以 J 省 C 市妇联改革为例

"党有号召，妇联有行动"，这是中国特色妇女组织的一大特征和优

---

① 《"十四五"时期深化妇联系统改革方案》，《中国妇女报》2021年8月20日，第2版。

势。基层妇联组织肩负着联系群众、服务群众的重任。鉴于基层妇联组织一直是妇联组织建设的薄弱环节，妇联改革的重心在基层。《全国妇联改革方案》明确指出："妇联应把妇联基层组织的建设作为改革重点，创新妇联干部选拔方式，改进工作方式，扩大妇联基层组织覆盖面和群众参与度，延伸妇联公共服务的领域。"①

一 妇联改革方案的细化与实施

为贯彻《中共中央关于加强和改进党的群团工作的意见》以及《全国妇联改革方案》，J 省于 2016 年 12 月印发了《妇联改革方案》以及一系列改革通知。其中，J 省妇联《关于推进全省行政村妇代会改建妇联工作的实施方案》《关于大力推动全省乡镇（街道）妇联组织区域化建设的通知》，为重构妇联的组织结构与组织形态提供了根本遵循，对加快乡镇妇联组织区域化建设、推动实现基层妇联组织建设新格局具有重要作用。《关于坚持党建带妇建 全面加强新时代基层妇联组织建设的意见》《关于进一步发挥 J 省妇联执行委员会委员作用的意见》《J 省妇女联合会第十三届执行委员会工作规则》等文件对妇联组织的队伍建设提出了基本要求，为妇联改革提供了人才队伍保障。此外，J 省妇联和财政厅联合颁布的《关于进一步支持和推动基层妇联组织建设和基层工作的意见》从源头上落实了基层妇联工作经费，补齐了妇联工作的资源短板，对加强基层妇联组织建设和基层工作提出了明确要求、作出了重要部署，进一步推动了妇联组织深化改革，对加强基层妇联组织建设和基层工作具有重要意义。《关于妇联基层工作阵地特别是城乡社区"妇女之家"建设及作用的发挥情况》《省级示范"妇女之家"管理办法》等相关文件覆盖"妇女之家"的建设、应用、管理等方方面面，为基层妇联的阵地建设提供了方向性指导。J 省的《妇联关于实行妇联干部"4+1"工作法的通知》《妇联实施"结万家亲·促姐妹情"行动方案》以及妇联干部直接联系妇女群众制度、妇女需求调研月制度为妇联组织进一步拓宽联系妇女群众渠道、改进联系妇女群众方式、"强三性""去四化"、增

---

① 《中共中央办公厅印发〈全国妇联改革方案〉》，《中国妇运》2016 年第 10 期，第 12~14 页。

强组织凝聚力、扩大组织覆盖范围提供了具体的行动指南。

上述改革文件和改革制度囊括了妇联组织结构建设、队伍建设、阵地建设等方方面面，以制度保障、政策指引促成了基层妇联改革工作的持续推进，为 J 省 C 市妇联改革提供了方向指导及行动指南。

C 市是 J 省的省会城市，C 市妇联下辖 17 个县（市、区）和开发区妇联、108 个乡镇妇联、101 个街道妇联、2095 个村妇联、478 个社区妇联，妇女人数 426.2 万人。C 市妇联认真贯彻全国妇联和省妇联有关改革精神，成立了 C 市妇联深化改革工作领导小组，负责全市妇联改革工作，以《全国妇联改革方案》和《J 省妇联改革方案》为遵循，于 2017 年 5 月正式出台了《C 市妇联改革方案》，细化制定了 9 大方面改革框架、27 项主要任务、60 项具体措施及 103 项实施举措，在全省妇联系统率先印发实施。随后，C 市下辖各区级妇联相继出台了所在地区的妇联改革方案，率先制定了"三定方案"。各区级妇联坚持以需求为导向，对工作职责、岗位设置、人员编制进行梳理，在全市群团改革单位中率先审批通过"三定方案"，将原有的 7 个业务部门调整为办公室（研究室）、组织部、妇女发展部、权益部、宣传部、家庭和儿童工作部 6 个下设机构，覆盖妇女工作的方方面面，权责清晰，形成了更行之有效的组织架构。

C 市妇联先后转发了《J 省妇联关于推进全省行政村妇代会改建妇联工作的实施方案》《J 省妇联关于大力推动全省乡镇（街道）妇联组织区域化建设的通知》，制定下发了《关于推进全市非公企业和社会团体建立妇联（妇委会）的通知》《C 市妇联选拔挂职干部方案》《C 市妇女干部实训基地教育培训实施方案（试行）》《C 市妇女联合会执行委员会工作规则》《C 市妇女代表联系制度》等文件。各地区根据实际出台了推进"会改联"、妇联组织区域化建设、联系妇女、执委工作制度等文件。

妇联改革重在基层，省市妇联改革方案和配套文件的制定为基层妇联改革提供了行动指南。C 市所属 16 个区级妇联相继制定出台了符合基层特色的改革方案，从组织结构、组织队伍、组织阵地建设等方面对 C 市妇联改革的有序开展和纵深发展作出了具体规定和指导。C 市妇联在省委、市委的正确领导下，在省市妇联的具体指导下，以全面贯彻党的十九大精神为统领，以国家、省、市改革方案为根本遵循，坚持把推进改革创新贯穿到全市妇联系统各项工作中，以优化职能、改进作风、增强活力为重点，以坚持正确方向、坚持问题导向、凸显地域特色为目标，着力在妇女思想引领、服务全市大局、助推民生改善、推动妇女发展及夯实基层基础五大方面，在组织结构再造、组织成员吸纳、组织阵地扩展、组织区域延伸等方面，进一步增强妇联组织的政治性、先进性和群众性，改革卓有成效。

二　基层妇联组织结构再造

组织与结构是互相依存的，任何组织都要有结构。一般来说，有什么样的结构就决定了发挥什么样的功能。组织结构体现着组织性质，决定着组织功能。

妇联改革之前的组织结构是一种自上而下的倒金字塔科层结构。从组织结构布局来看，越往上组织结构越完善。例如，全国妇联的组织结构最健全，纵向有各省、市、县（区）、乡镇（街道）、村（社区）妇联组织，横向有企事业单位妇委会组织，组织结构一横一纵覆盖全国，横向到边、纵向到底，一竿子插到底。但是在改革前，各级妇联组织内部结构存在不对称的工作格局，越往上机构越齐全，组织系统越健全，层级关系上大下小，呈现全国妇联数百人、省级妇联数十人、地市级妇联十几人、县（区）级妇联几个人、乡镇（街道）妇联一两人、村（社区）级妇联仅有一名妇女主任兼计生员的组织结构状态。尤其是妇代会工作开展范围较小，在较为偏僻的村镇仍存在基层妇女组织不健全、活动阵地小、专业人才少、经费不足等制约因素。传统的妇代会多由妇代会主任、副主任、妇女代表组成。妇代会主任仅一名，且大多身兼数职，很多妇代会主任因承担大量的中心任务而无暇顾及妇联工作。直线的职能组织结构使妇代会存在力量薄弱、功能错位、缺乏资源、覆盖不足等问题。

妇联的服务对象为庞大的妇女群体，基层妇联工作可谓"上面千条线，下面一根针"，纵然能把上级指令"一竿子插到底"，但因人手不够，忙碌是基层妇联干部的真实写照。由于组织结构单一，缺编制、缺人手，基层妇联只是忙于执行上传下达的行政指令，不能提供更加深入细致的妇女服务。在工作中，妇联干部要面对多种指令性任务，要处理烦琐的日常事务及各项妇女儿童相关工作。妇联工作行政化运行，内部运行机制为自上而下的行政主导模式，这在一定程度上强化了妇联组织的行政化色彩，把传达上级妇联工作部署和配合地方党政工作部署作为主要工作，眼睛向上看，把守着行政化这摊工作，慢慢地就滋生了科层组织内部官僚化的风气，影响了妇联作为群团组织和人民团体自身基本职能的有效履行。由于力量薄弱，基层妇联组织更是把"守摊"作为自身的基本工作内容。随着经济社会的发展和城市化进程的加快，传统的基层妇联尤其是村（社区）妇代会组织模式已经难以满足新形势下妇女工作的需要和广大妇女群众的需求。

为了打造覆盖更为广泛且动态开放的组织网络，党中央在群团改革工作部署中强调，妇联组织要坚持重心下移，力量配备、服务资源向基层倾斜。《关于进一步深化改革 夯实基础 更好发挥基层妇联组织作用的意见》指出，妇联"改革的目的就是进一步重构基层妇联组织形态，筑牢妇联基层组织根基"[①]。为贯彻落实妇联改革要求，以将妇代会改建妇联即"会改联"的方式重构基层组织形态便成为妇联组织改革的基础性工作。这种方式改变了妇联组织的倒金字塔结构，织密织牢了基层组织网，进一步发挥了妇联组织结构的功能。

所谓"会改联"，就是指将过去行政村（社区）的妇代会改建为村（社区）妇联，纵向地延伸妇女组织的网络，在自然村屯、社区网格、村民小组等妇女活动的最小单元成立妇女小组；横向地向农民合作社、行业协会、各类兴趣小组等拓展，打破户籍限制，激活基层妇联组织的神经末梢。在"会改联"的行动中，通过选举产生的执委及妇联主席能够有针对性地解决妇联组织工作力量有限、联系群众不广泛等问题，可以让妇联将工作的触角延伸至更广的领域，将各行各业的优秀妇女团结起来，将更多的资源整合起来，更好地代表妇女群众的利益。[②] 推进"会改联"是扩大村级妇联组织覆盖、夯实组织基础、增强组织活力的

---

① 《关于进一步深化改革 夯实基础 更好发挥基层妇联组织作用的意见》，《中国妇运》2017年第10期，第17~19页。

② 乔虹：《建设"上面千条线、下面一张网、身边一个家"的基层妇联组织新格局》，《中国妇女报》2017年9月15日，第A2版。

迫切需要，是调整充实村级妇女组织队伍、增强基层妇联工作力量的创新举措，更是加强妇联组织自身建设的重要环节。

根据《全国妇联关于加强服务型基层妇联组织建设的意见》和《中华全国妇女联合会章程》，C 市妇联结合地方实际，制订改建方案和优化工作流程，依章依规进行选举。在改建工作前期，C 市妇联进行深入调研，通过收集掌握的区域内妇女人口结构情况和底数，确定各区域妇女代表名额，根据社区妇女人口结构、经济社会发展情况和工作需要确定执委名额。同时，C 市妇联积极推进妇女代表及妇联执委候选人推荐工作，严把妇女代表和执委候选人关，以老中青结合、结构合理、学历水平高，能较好地联系和服务各年龄层次和各行业的妇女组织和代表，具有广泛性和先进性为标准，以期打造一支年轻化、素质高、具有凝聚力的妇女工作队伍。此外，C 市妇联还积极进行改建宣传发动工作，通过横幅、宣传栏、海报等形式，深入宣传妇代会改建妇联的目的和意义，展示优秀妇女典型，使改建工作家喻户晓、深入人心，积极动员广大妇女参与改建工作，为改建工作营造良好的社会氛围。

在改建过程中，C 市妇联对各下辖区域内改建工作进行全面的统筹安排和分类指导。为规范工作流程，省妇联制作会议文件范本，指导各区域改建工作的开展。各社区妇女代表大会还增设了奏唱国歌、颁发当选证书等环节，确保改建工作的严肃性和规范性，最终通过选举顺利产生了主席、副主席和执行委员会。

由于妇联对改革的高度重视和组织科层管理体系的高效能，截至 2017 年 6 月，C 市妇联所辖地区全部完成了"会改联"任务。乡镇（街道）妇联主席由党政领导班子中的女性成员担任，并设专职副主席 1 名；没有女性成员的选配优秀女性干部担任妇联主席；乡镇（街道）妇联主席是党员的作为同级党委委员候选人，优先进入同级党委；乡镇（街道）专职党务干部一般配备 1 名女性，不断优化服务妇女群众干部队伍。为真正落实"群众工作群众做"，乡镇（街道）妇联执委要求不少于 25人，打破身份限制，把各方面的妇女骨干都吸纳到乡镇（街道）妇联队伍中。同时，乡镇（街道）配备兼职副主席至少 6 名，不唯年龄、不唯资历、不唯身份，让优秀女性担任兼职副主席或妇联执委，以有效解决妇联工作力量上多下少的倒金字塔问题。

新成立的村（社区）妇联设妇联主席 1 名，吸纳服务意识强、服务能力强、群众基础好的优秀妇女担任并且进入"两委"班子，确保村（居）委会中至少有 1 名女性委员；选配妇联副主席至少 3 名，重点从女性社会组织负责人、法律工作者、妇女先进代表人物等各行各业的优秀女性中推荐产生，由上一级妇联组织颁发聘书，使村（社区）妇联班子成员政治上有名分、组织内有身份、工作上有责任。同时，村（社区）妇联执委会由行政村区域内在妇女群众中有影响力和号召力的各方面女骨干、女能人、女带头人、妇女群众典型等构成，执委为 15 名以上。村（社区）妇联执委除应满足基本条件外，还需对妇女儿童事业有责任感，有一定的参政议政能力和社会活动能力，能够密切联系妇女群众，在本区域、本行业有一定的知名度。

通过对 C 市 C 区的走访调查，研究者对 C 市 C 区改革前后妇联职务设置、人数变化进行了整理，结果如图 3-1 所示。

改革前，C 区设妇联主席 1 名、副主席 1 名，虽有分工，但由于区级妇联只有 4 人，大家分工不分家，设常委 15 名；街镇只设妇联主席 1 名，负责妇联全面工作，为正科实职；村（社区）也只设妇联主席 1 名。

改革后，C 区设妇联主席 1 名、副主席 1 名、挂职副主席 1 名（人选是体制内的科级后备，在区妇联工作 2 年）、兼职副主席 5 名，设执委 55 名。街镇设妇联主席 1 名、副主席 1 名，街镇妇联主席进班子（正处或副处实职），原来的妇联主席为副主席，负责妇联全面工作；设兼职副主席 6 名、执委 25 名。村（社区）设妇联主席 1 名，设兼职副主席 3 名、执委 15 名。区、街镇、村（社区）兼职副主席和执委都由各行各业、各族各界政治坚定、政绩突出、热心妇女事业、群众公认的优秀妇女干部、女企业家、女带头人和妇女群众等担任。

为落实以习近平同志为核心的党中央的要求，服务大局、服务妇女、深化改革、守正创新，C 市 S 区妇联在全省范围内创新性地成立了屯妇联，使"党组织到哪里，妇女组织就覆盖到哪里"，让妇女组织建设一竿子插到底。

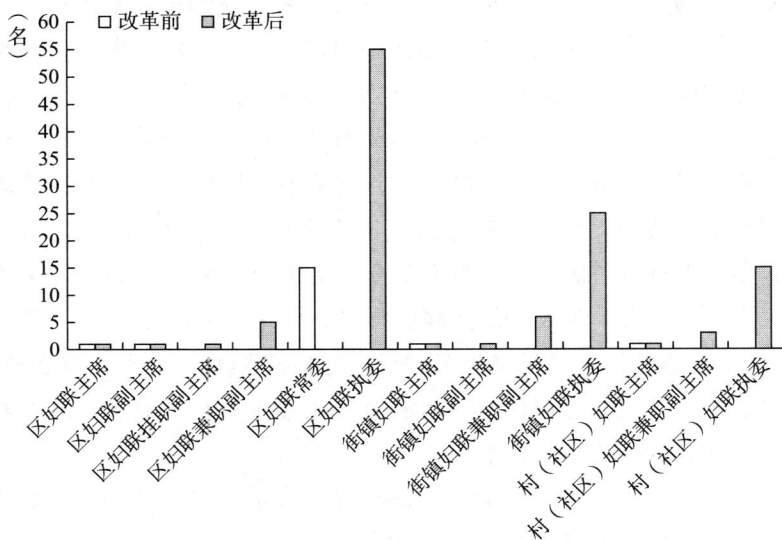

图 3-1　C 区改革前后妇联各职务人数变化

案例：C 市 S 区首创"屯建妇联"

S 区在全省率先打造了"屯建妇联"的改革品牌，做到了基层改革推进到哪里、妇联改革就配套到哪里，实现了基层妇联组织有人干事、有阵地做事。

2017 年，S 区推进"会改联"时在 Z 屯首建屯妇联。Z 屯以发展棚膜经济为主导产业，全屯有 3 个社员小组、273 户、897 人，其中妇女 386 人。2017 年 6 月，按照区妇联改革要求，该屯成立了屯妇联组织，创新建立了"1+3+X"基层治理模式，"1"即一个屯党支部，"3"即屯委会主任、妇女委员、综治协管员 3 名实职委员，"X"即由若干名热心公益事业、有威望的老党员、种养大户、合作社负责人等志愿者组成的义务委员队伍，在全省率先打造了"屯建妇联"这一 S 区妇联改革品牌，走在了全国基层妇联组织改革的前列，并于 2019 年 4 月 16 日被《中国妇女报》第一版报道。

屯妇联由 15 名执委组成，设主席 1 名、副主席 3 名，大多由种养大户、老教师、村医、老党员、返乡大学生等担任。有了屯妇联之后，屯里的妇女工作从由一个人干变成了由一支队伍在干。屯妇联带领妇女、服务妇女，组织志愿服务队为妇女提供了一系列服务。

一是打造基层典型，让基层妇联带动强起来。2019 年，S 区打造人居环境整治示范村。在 Z 屯妇联的带领下，Z 屯成为重点打造示范屯。在乡、村两级召开环境整治宣传发动会后，屯妇联召开了妇女群众会，倡导妇女群众积极参与人居环境整治。屯妇联主席带领志愿者逐户走访动员妇女参与村屯环境卫生整治，主动帮助劳力少的人家搬运杂物，发挥了基层妇联的引领作用。

二是整治村屯环境卫生，让妇女家乡环境美起来。屯妇联广泛动员全村妇女参与"美丽庭院、干净人家"的评选活动，对好的典型进行评比选送、挂牌表彰，充分发挥了典型的引领示范作用，推动了全屯整体环境面貌的新提升。"用先进说话、让典型引路"是基层妇联工作的有效途径，也是基层妇联组织先进性的重要体现。

三是开展巾帼志愿服务工作，让屯"妇女之家"活起来。巾帼志愿者义务为百姓服务，以"妇女之家"为阵地，帮助孤寡老人和有需要的乡亲们，参与生态文明建设，栽植树木，种植花苗，改善屯内环境卫生，监督农村垃圾定点倾倒、定点收拾，建立了垃圾管理长效机制，充分发挥屯妇联的作用，大力开展"乡村振兴巾帼行动"，促进了美丽乡村治理和建设。

屯妇联成立后，建立了若干"五有"标准的屯"妇女之家"，把"乡村振兴、妇女先行"作为农村妇女工作的主载体。屯妇联主席、副主席、执委、巾帼志愿者等充分发挥"人熟、地熟、情况熟"的优势，充分发挥女性和家庭在农村产业发展、生态环境保护、乡风文明建设、农村弱势群体关爱等方面的"半边天"作用，使广大农村妇女成为乡村治理的实践者、推动者和受益者。

S 区以屯妇联为主载体，通过党建带妇建、妇建促党建，充分发挥了广大妇女在社会和家庭中的独特作用，活跃基层最小组织，带动家庭最小细胞，帮助解决屯级妇联工作中存在的困难和问题，打通服务群众的"最后一公里"，有力地缩小了服务妇女群众半径，迅速回应了妇女群众的需求，拉近了与妇女群众之间的距离，提升了妇女群众的生活品质，深受广大妇女群众的喜欢和热爱，让妇女群众工作依靠妇女群众来做，变"一个人工作"为"一群人工作"，为妇女参与乡村治理开创了新局面。

截至 2023 年 5 月，C 市 S 区已经成立党支部的 895 个屯全都成立了屯妇联，增兼职副主席 393 人，执委数由改革前的 2643 人增加到 8077 人，组建了巾帼志愿者服务队 1229 支。

三　基层妇联组织吸纳

"多士成大业"，任何组织均由组织成员构成，组织成员是组织发展的重要资源。加强组织队伍建设，吸纳优秀成员加入组织，提高组织成员总体水平，是组织发展壮大的必由之路。同时，组织需要合理定位组织内每名成员的角色，并对其在组织中的相互关系、地位作用、权利义务作出清晰界定，只有这样，才能更高效地实现组织的价值目标，减少组织内耗，让组织趋于良性发展。

执委会是妇联的重要权力机构，是基层妇联组织的重要力量和支撑，也是基层妇联组织开展工作的手臂。妇联改革前的村级妇联组织模式为妇代会，未设执委会，乡镇（街道）依照章程设立执委会，但各地执委未按时换届、未依章行事、履职能力不强等现象屡见不鲜，不健全的执委激励和支持机制导致多地执委作用未能完全发挥。

为壮大基层妇联组织工作力量，改变过去村妇代会主任和乡镇（街道）妇联主席孤军奋战的局面，中央在关于群团改革战略部署中明确提出，要通过"减上补下"等方式增强基层组织工作力量。[①] 2015 年 9 月，全国妇联印发了《关于扩大基层妇联组织成员的意见》。2016 年 9 月，中共中央办公厅印发了《全国妇联改革方案》。这对妇联组织成员要求、产生方式和基层妇联工作队伍的构成、产生方式作出了明确规定。2017 年 8 月，全国妇联再度出台文件，对村、社区一级和乡镇一级妇联执委的来源、构成作出规定，明确对妇联执委的选择可不拘泥于行业，要将各个领域的优秀女性代表纳入基层妇联工作队伍，打破体制掣肘、行业限制，发挥区域融合优势，灵活开展妇联工作。[②]

---

① 《中共中央关于加强和改进党的群团工作的意见》，北京：人民出版社，2015，第 18 页。
② 《关于进一步深化改革 夯实基础 更好发挥基层妇联组织作用的意见》，《中国妇运》2017 年第 10 期，第 17~19 页。

执委的职责包括：密切联系妇女群众；热忱服务妇女群众；积极参与议事决策；主动建言献策，为解决妇女儿童发展和权益维护中的突出问题献计出力；等等。根据一系列改革文件精神，C市妇联在执委的选择上充分吸纳了来自不同行业、拥有不同专业技能及有资源优势、社会资本或热心公益的女性，充分利用各执委的自身优势，发挥不同执委的资源优势开展妇联工作。在打造基层妇联队伍的过程中，C市妇联秉承"群众工作群众做"的改革理念，把真正愿做妇联工作、能做妇女工作、会做妇女工作的优秀妇女群众代表吸纳到村妇联队伍中。自妇联改革以来，C市乡、村级新增兼职副主席及执委人数比改革前提高了8.4倍，村级妇联组织作用得到了更有效的发挥。C市妇联执委的选定还结合实际增加了新经济组织和新社会组织领域、生产和工作一线候选人名额。新成立的村（社区）妇联通过充分吸纳各行各业优秀女性，汇聚社会资源，使C市的妇女工作得到了快速推进。

在执委队伍的组织管理方面，C市积极建立执委履职档案，实行执委履职情况统计，对执委出席会议活动情况、提交意见建议情况等定期进行汇总分析，在执委会议召开期间以适当形式进行公示，并将情况通报执委所在单位；定期运用"三微一端"、网络平台等多种方式，开展委员建议评选，并对确有价值的意见建议给予表彰；严格规范执委替增补，探索实行执委资格终止制度，确保执委岗位"有为有位""有位更有为"。

调研采访时，C市妇联干部说："我们对执委工作室的建设也十分重视。我们成立了包括素质提升、健康产业、文旅推广及扶贫帮困在内的多类执委工作室，为妇女们提供文化讲座、举办电子商务培训班、组织调研交流等多种活动，让执委真正成为妇联开展工作的'智囊团'。"（20210423ZN访谈记录）

在执委履职意识方面，C市村（社区）妇联执委将工作重点放在增强履职意识、提高履职能力方面，要求执委既要为村（居）"两委"分好忧，又要真正成为妇女群众的贴心"娘家人"。同时，C市村（社区）妇联执委要求明确分工，创新妇联执委履职方式，结合执委专长和工作实际，探索建立普遍联系妇女制度、执委轮值制度、项目领办制度、"5+N"执委分工合作制度等工作模式，更好地为辖区内妇女群众聚力量、图发展、谋福祉，真正成为引领妇女发展的"领头雁"。

具有全局性、稳定性、长期性的制度是妇联组织良性发展的根基。C市妇联做实妇女工作、解决妇女问题的一项创新举措就是建立妇联执委会议事工作制度。执委的议事内容包括学习党的路线方针、解决妇女问题、探索自治管理模式等多个层面。C市妇联主席轮值制度将不同的执委作为轮值主席，充分发挥执委各自的资源和行业优势，共同服务妇女群众。各色活动在不同轮值主席的带领下相继开展，接地气、聚人气、有亮点的特色活动吸引了不同群体。妇联主席轮值制度在拓展妇联工作思路、丰富妇联工作手段、联系妇女群众等方面都取得了良好效果。

> 为了真正把执委队伍带好，让妇联干部的先进性充分发挥出来，我们成立的C市妇女干部实训基地，在全省成了首创。基地面向全市15个县（市、区）妇联干部、执委，分阶段、分批次地开展实训，目的是培养我们妇女干部的专业能力、专业作风。我们要打造一支能够适应时代发展的专业化、网络化、社会化、群众化的妇联队伍。我们还先后组织全市优秀的妇女代表走进浙江大学、南开大学、复旦大学等名校，开展省外培训，让妇女干部实地感受先进地区新理念、新经验、新成效，不断拓宽我们的工作视野。（20210423ZN访谈记录）

这是C市妇联充分发挥妇联执委作用的真实写照。优秀妇女干部、女企业家、女带头人的加入为妇联工作注入了新的活力，有针对性地解决了基层妇联工作力量有限、服务覆盖面不广等问题，将妇联的工作触角延伸到更广阔的领域，在整合资源、联系妇女、服务妇女方面取得了良好的成效，更好地代表了妇女群众的利益。

为深入推进妇联改革，进一步拓宽联系妇女渠道，改进服务妇女群众方式，C市的执委联系妇女群众制度、妇联干部直接联系妇女群众制度、基层妇联组织公开制度相继实行。执委们积极亮明身份，让妇女群众了解妇联组织的所在之处、妇联干部有哪些、怎样参与妇联组织的活动、如何获取妇联组织的帮助。执委们通过定期走访、调研等面对面联系，利用QQ、微信等新媒体建立线上妇女群众"联系群""朋友圈"，保持与妇女的沟通与互动，不断向妇女群众宣传党的政策，倾听、了解、反映妇女的呼声与意见，真正实现了互动常态化、沟通零距离。

案例：C市妇联执委组成分布

　　改革后的C市妇联对内部工作职责、岗位设置、人员编制进行了梳理，将原有的7个部门缩减为6个部门，调整组织架构，使其职责更加清晰。C市妇联在人才选择时不囿于年龄、学历、身份限制，将执委、常委中各族各界、各行各业优秀代表比例分别提高到80.5%和63.2%，兼（挂）职比例达到62.5%。

　　改革后的C市妇联从基层选拔4名干部到市妇联挂职锻炼两年，遴选1名重点大学行政管理专业硕士研究生、选拔5名社会工作专业硕士研究生进入机关实践锻炼，从而改变干部任选方式，为妇联队伍注入活力，形成以专职为骨干、兼（挂）职及优秀大学生为支撑的妇联队伍。改革后的C市妇联队伍空前壮大，各级妇联组织新增兼（挂）职副主席、执委30470人，比改革前增加了5.6倍。

　　在上级妇联的带动下，C市下辖Y区妇联的改革成果尤为显著，执委各项数据都极具代表性。改革后的Y区妇联共有执委55人，执委们运用自身专业优势、职业优势，建立了包括创业创新工作室、家庭教育工作室、文旅推广工作室、健康产业工作室在内的4个工作室。工作室的建设对项目化运作起到了重要作用，有助于建立政府、企业、社会组织等联动互助机制。

　　C市下辖Y区30周岁以下执委有2人，占比约3%；30~40周岁执委13人，占比约24%（见图3-2）。其中，年龄最小的执委生于1996年。根据2020年《Y区妇联改革情况》，Y区上次换届时间为2013年，许多执委或退休或年事已高，执委高龄化是改革前Y区妇联的常态，而改革后的Y区妇联吸纳了大量年轻力量。执委选举的年轻化意味着执委的工作方法、工作模式、工作特点的多样化、年轻化、灵活化。

　　在Y区的55名执委中，1人拥有博士研究生学历、13人拥有硕士研究生学历、31人拥有大学本科学历，本科及以上学历约占82%（见图3-3）。而执委学历的提高意味着组织行动科学性的提高、专业力量与智慧的凝聚以及更多资源的链接。

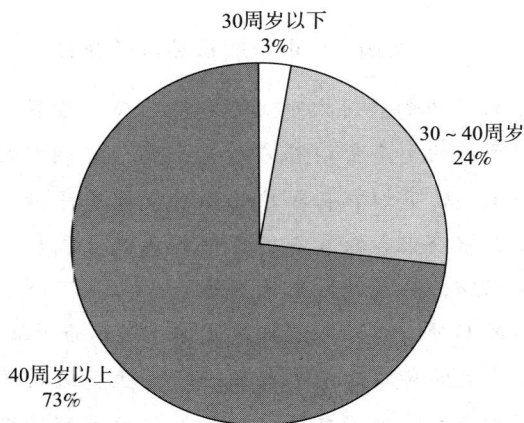

图 3-2　改革后 C 市 Y 区妇联执委各年龄段占比

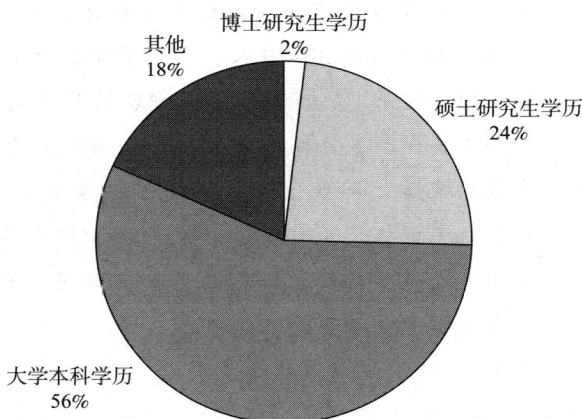

图 3-3　改革后 C 市 Y 区妇联执委各学历占比

在 Y 区的 55 名执委中，10 人来自企业，占比约 18%；5 人来自学校，占比约为 9%；7 人来自社会组织，占比约为 13%；16 人来自街道社区，占比约为 29%；17 人来自机关，占比约为 31%（见图 3-4）。

Y 区妇联的执委们来自学校、创业孵化园、企业、事业单位、高校、律师事务所等不同单位、不同行业，打破了行业隶属、行业壁垒、身份限制。妇联组织体系朝着横向结构延伸，妇联组织更为多元化、工作方法多样化，更能够满足不同群体的多元化需求。执

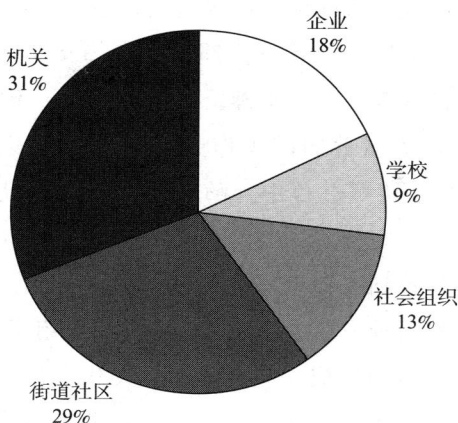

图3-4　改革后 C 市 Y 区妇联执委职位来源占比

委中有较多人从事服务行业，意味着妇联组织群众性的增强、基层力量配备以及服务资源的倾注。

总之，基层妇联执委队伍的建立，带来的最直接变化是"干事的人变多了，力量更强了"。同时，基层妇联执委来自各行各业，她们植根于妇女群众，能够比较精准地了解基层妇女的需求和困难，也可以更便捷地联系和服务身边的妇女群众，使妇联组织与妇女群众的联系更加紧密。

四　基层妇联组织延伸

基层妇联改革不仅要在科层化方向上进一步完善，健全妇联自上而下的组织体系，夯实基层妇联组织基础，还要在扁平化方向上进一步发展，织牢组织横向网络，使妇联组织无处不在、无处不有。

改革前的妇联行政壁垒重重、条块管理分明，基本上是妇女问题妇联化管理，妇联工作妇女化、妇女工作妇联化，导致妇女工作和妇联工作处于边缘化状态。事实上，妇女（性别）问题是男性和女性的共同问题，也是当前全社会关注的热点问题，涉及政治、经济、文化、社会的方方面面，妇女工作没有全社会的联合行动，不可能从根本上解决社会性别平等问题。单纯依赖妇联组织和政府开展妇女工作的传统做法，已经难以满足新形势下妇女多元化的需求。

　　此外，妇联组织随着行政区划逐级建立，服务半径有限。许多组织、工厂、公司并未建立妇联，导致有一部分外来妇女及新经济组织中的女性未能被纳入妇联的服务半径。不健全的组织结构、不清晰的角色定位、不全面的服务覆盖、力量薄弱的工作人员队伍等问题始终困扰着乡镇（街道）妇联。在社会转型过程中，随着妇女群众的就业选择、生活方式、聚集形式不断发生变化，尤其是新领域新业态、新阶层新群体的产生，使妇联组织覆盖不到或覆盖不足的问题日益突出。例如，部分工业园区、商务楼宇等妇女较为集中的地方仍存在妇联组织未能覆盖的盲区。随着社会治理体制改革的发展，"小政府，大社会"已然弱化了政府在社会活动中的职能，使市场、社会组织的自我调节能力被充分激发，社会权力放大，企业、民众与社会组织的自我管理能力得到强化。因此，实行区域化发展，推进基层妇联组织改革势在必行。

　　所谓"妇联组织区域化改革"，就是要突破妇联组织以往自上而下的层级组织框架，打开妇联机关大门，拆除妇女问题妇联化的封闭围墙，打破辖区内的行政壁垒和条块分割的界限，解除行业约束和体制区隔，帮助整合队伍内外、体制内外的各类资源。一方面，改革要通过将辖区内所有的村（社区）妇联组织都纳入乡镇妇联组织体系之中来完善乡镇（街道）和村（社区）的妇联组织结构；另一方面，改革要通过将组织覆盖拓展到辖区内所有机关、企事业单位、各类社会组织、联谊组织中的妇女群众来实现对辖区内各方妇女工作力量和工作资源的整合，实现区域内组织联建、人员联管、活动联办、资源共享。① 妇联通过区域化建设充分发挥自身的组织优势，整合乡镇（街道）区域内各个单位、各个组织、各个领域的资源，使乡镇（街道）妇联从单纯的机关妇联延伸到全区域，形成了基层妇联组织建设和妇女工作新格局。

　　实施乡镇（街道）妇联区域化建设改革的根本目的是构建区域化组织网络，在辖区范围内打破行政壁垒和条块分割的界限，统筹整合组织内外、体制内外的工作力量和资源，摆脱组织架构、工作人员、组织资源等方面的约束。这一改革举措突破了传统的组织建设模式，打破了体

---

① 乔虹：《建设"上面千条线、下面一张网、身边一个家"的基层妇联组织新格局》，《中国妇女报》2017 年 9 月 15 日，第 2 版。

制区隔，把不同性质、不同系统、拥有不同资源的主体纳入区域组织架构，通过联合的力量实现从机关走向区域、从封闭走向开放，最大限度地发挥组织的整体功能，从而产生杠杆效应，放大服务效果。在会改联和乡镇（街道）妇联区域化建设改革进程中，各行业、各领域的优秀女性被广泛吸纳到妇联工作队伍之中，基层工作力量明显增强。

区域化妇建是指将妇联的组织链条和工作触角向乡镇（街道）全区域延伸，将区域化乡镇（街道）妇联组织网络织密织牢，发挥妇联的组织优势，调动妇联工作队伍的积极性，充分联系辖区内的妇女群众，引领广大妇女紧密团结在党的周围，听党话、跟党走，从而落实习近平总书记对群团组织提出的政治任务和"一呼百应"的要求，巩固党执政的妇女群众基础、夯实国家的政权根基。其理念是实现"哪里有妇女，哪里就有妇联组织和妇女工作"。改革后的妇联把准脉搏，主动适应变化，积极引入社会力量，推动将工作方式从"原来妇女工作妇联抓"到"现在妇女工作全社会抓"的跃进。

案例 1：强化培育女性社会组织，促进发挥"联"的枢纽作用

为做好"联"字文章，引导社会组织充分发挥作用，推动政府职能转变，改革后的 C 市妇联积极探索妇女工作新模式，不断强化对女性社会组织的引领和培育，打造了市女企业家协会、少数民族妇女协会、归国女性人才协会等特色女性社会组织品牌。

以 C 市女医务工作者协会为例。2020 年，在 C 市民政局、C 市卫生健康委的支持下，C 市妇联统筹驻 C 市 22 家医院的 137 名优秀女医务工作者成立了 C 市女医务工作者协会。协会在对女医务工作者提供服务的同时，通过会议、宣讲等方式调动女医务工作者参与妇女儿童健康事业的积极性。协会在成立两个月内，已连续两次深入基层村屯，为村民送宣教、接义诊，并多次组织会员专家赴当地贫困县开展送医、下乡健康义诊活动，受到当地村民的热烈欢迎。与女医务工作者协会一样，C 市的其他女性组织也在自己专精的领域内发挥着服务女性、服务社会的重要作用。

C 市妇联充分利用其工作优势，做好"联"字文章，进一步强化对女性组织的引领和培育，让妇联队伍不断扩容，履职途径不断

拓展，帮扶措施不断优化，从而达到了服务妇女的效果。

案例 2：在非公经济领域和新社会组织中组建妇女组织

C 市 S 区 L 镇是"梅花鹿之乡"。L 镇拥有 2000 多年的鹿文化和 300 多年的圈养梅花鹿史，鹿产品创业街现已成为中国最大的鹿特产品集散地和批发交易中心，全镇从事鹿产品经销业户达到 821 户，以女性为主经销业户达到 445 户。其中，返乡创业女性开办的经销处 127 户，鹿产品女经纪人发展到 1300 多人，年客流量超过 100 万人次，交易总额达到 15 亿元，其中女性经营者发挥了重要作用。

L 镇妇联坚持"党建带妇建，妇建服务党建"的原则，以加强基层妇女组织建设为根本，积极创新思路，多措并举，在非公经济领域和新社会组织中组建妇女组织，积极拓展妇女工作阵地，延伸妇女工作触角。在 S 区妇联的支持下，L 镇创业街妇联通过宣传发动、召开座谈会、摸底调查等形式，全面掌握了创业街所有企业的基本情况和创业妇女情况。2018 年 12 月，L 镇通过召开创业街妇联妇女代表会的形式，从创业街妇女中推选产生了一批能够认真贯彻党的路线方针政策、思想政治素质高、热爱且善于做妇女群众工作的女企业家担任创业街第一届执行委员会委员，为在"两新"组织中组建妇女组织奠定了基础。

L 镇创业街妇联组织成立后，先后开展了"创先争优"、"三八"妇女宣传月、代理妈妈等活动，组织女企业家捐助和帮扶贫困儿童重返校园，累计资助贫困儿童 10 余名，筹集善款 3000 余元；2019 年捐献 4000 余元援助 S 区洪水受灾群众；2020 年疫情防控期间，L 镇创业街妇联捐献 1 万余元物资慰问支持抗"疫"一线的党员干部群众。此外，L 镇创业街妇联还带领妇女同志参观中国 S 区梅花鹿博物馆，带动妇女同志自主创业，提供就业咨询服务，举办各类讲座培训，提高妇女的就业率。2022 年疫情防控常态化期间，L 镇创业街妇联更是心系疫情，来到一线，主动加入志愿者队伍，维持核酸采集现场秩序，搬运物资。L 镇创业街妇联通过微信公众平台倡导广大妇女合法经营，为鹿乡营造健康、诚信的营商环境。

2021 年，L 镇创业街妇联组织被全国妇联授予"全国巾帼文明岗"荣誉称号，L镇创业街妇联主席也获得了"全国最美家庭"称号，L镇创业街妇联多次迎接全国、省市领导的参观、调研。妇联组织围绕素质提升、权益维护、创业创新，持续打造鹿姐品牌，逐步达到"班子组建好、工作机制好、开展活动好、妇女关爱好、作用发挥好"的"五好"标准，使"两新"组织中的妇女工作实现了"点上突破、面上覆盖、质上提高"的目标。

总之，区域化改革使基层妇联组织基础空前加强，C市100%的乡镇（街道）妇联完成了区域化改革，全市已有221个妇女组织在新领域建立完成。改革后的C市妇联组织框架突破了传统的组织建设模式并渐趋完善，通过联合从封闭走向开放，从体制内转变为区域化，最大限度地发挥了整体功能，提升了服务效果，实现了区域融合、协同发展。

五　基层妇联组织扩张

习近平总书记在中央党的群团工作会议上强调，要积极探索以多种方式构建纵横交织的网络化组织体系。[①] 利用互联网思维、新媒体资源及网络平台开展工作，实现从实体空间向虚拟空间的延伸也是妇联组织再造的体现。《关于进一步加强"妇女之家"建设的意见》指出，网上网下的"妇女之家"要与基层妇联组织同步建设，"妇女之家"要成为妇联组织宣传党的路线方针政策的重要阵地、传播科学文化知识的课堂、联系妇女群众的纽带、服务妇女群众的主要窗口。[②]

（一）线下"妇女之家"建设

基层阵地是妇联组织凝聚妇女的重要平台，也是围绕妇女需求开展活动、提供服务的关键场所。以基层阵地为依托，做好联系和服务妇女群众的工作，是妇联组织保持和增强群众性的集中体现。《全国妇联改革方案》也明确指出要发挥妇女阵地作用，将"妇女之家"建设向各领域

---

① 中共中央文献研究室编《习近平关于社会主义政治建设论述摘编》，北京：中央文献出版社，2017，第190~191页。
② 全国妇联组织部：《〈关于进一步深化改革 夯实基础 更好发挥基层妇联组织作用的意见〉解读》，《中国妇运》2017年第10期，第19~23页。

延伸，切实做到哪里妇女群众集中，就把"妇女之家"建到哪里，把妇女工作做到哪里。①

"妇女之家"是参与公共服务和社会管理的重要平台。② 基层"妇女之家"是乡镇（街道）、村（社区）妇联组织凝聚妇女、服务妇女的重要阵地。改革后的 C 市妇联从建设、管理、利用、保障四个方面着手，依托党群服务中心、民生服务站点、企业、学校等公益场所，实现了乡镇（街道）、村（社区）妇女之家 100%覆盖。

1. "妇女之家""建"的升级

C 市妇联不仅在村民小组、村屯、居民网格以及机关、学校、科研机构、企业等领域建立各具特色的"妇女之家"，还积极推进"妇女之家"向新组织、新领域、新群体延伸，在"两新"组织、流动妇女以及自然村屯、社区网格、居民楼栋等设立了"妇女微家"；建立妇女儿童活动中心，推动在基层党组织活动阵地、党员服务站点、社区综合服务中心等建设中规划妇女儿童活动场所，满足妇女儿童对活动场所的需求，进一步推动了妇联基层工作阵地改造升级，建成阵地联用、资源共享、特色鲜明、满足广大妇女群众多种需要的工作阵地。

2. "妇女之家""管"的加强

为发挥乡镇（街道）、村（社区）妇女之家的多种服务功能，确保妇联组织开展的所有活动和工作都在"妇女之家"落地，C 市在每个村（社区）均建立了妇女议事会。议事会以"妇女之家"为平台，每个季度召开会议，组织妇女参与市民公约、乡规民约等社会规范的制定修订，就妇女儿童和家庭关注的问题开展议事协商。为进一步深化"妇女之家"工作，C 市所在的 J 省妇联按季度调查区域联建"妇女之家"的建设进度、实际底数、作用发挥等情况，制定下发了《省级示范"妇女之家"管理办法》。2012～2017 年，J 省连续 6 年共评选出 1200 个省级示范"妇女之家"，充分发挥了先进典型的示范引领和辐射带动作用，使"妇女之家"成为服务基层的重要平台，对"妇女之家"的规范性管理

① 《中共中央办公厅印发〈全国妇联改革方案〉》，《中国妇运》2016 年第 10 期，第 12～14 页。
② 宋秀岩：《在全国妇联参与社会管理及其创新工作会议上的讲话》，《中国妇运》2011 年第 8 期，第 11～18 页。

也在日益增强。

3. "妇女之家" "用"的高效

"妇女之家"的建设集综治、普法、矛盾纠纷调解、妇女儿童民生服务等功能于一体，通过开展宣传、教育、维权、家教、就业等各项服务，将科技、文化、卫生、家教、法律、健康知识送进各个家庭，以达到"坚强阵地、温暖之家"的作用。C市妇联依托"妇女之家"这一阵地组织开展了大量活动，如对党的方针、路线的宣传和法律法规的普及；组织妇女参加教育培训；向妇女儿童提供家庭教育指导、心理疏导、纠纷调解等服务；开展创业就业服务，提供就业岗位信息；提供开展健身活动的场地和进行娱乐活动的场所，利用节假日组织开展大型娱乐活动；等等。

C市妇联在现有资源的基础上，致力于载体创新，让妇女工作通过"妇女之家"真正实现落实在基层、发展在基层、受益在基层。C市妇联通过开展"微课堂""微调解""微共享"等多种多样的特色活动，如利用党校建立妇女学校，利用就业平台建立女性就业创业指导中心，利用"爱心超市"等公益平台建立贫困妇女儿童救助中心，利用现有的司法调解室或妇联办公室建立女性维权接待站或矛盾调解室，利用社区幼儿活动室建立家长学校指导中心，利用社区健身室开展女性健身活动，利用社区图书室建立女性专阅区或规定专阅日，真正实现了联系服务妇女零距离。

4. "妇女之家"运行的保障

C市积极争取党费和财政支持、社会资金的投入来实现基本服务设施的配置。C市妇联通过健全制度、示范培训、组织交流等方式，统一"妇女之家"的标准，活化"妇女之家"的功能，提高"妇女之家"的综合利用率。为避免"妇女之家"变成名不副实的"空壳"，C市始终坚持"四个一"的工作目标，即"一家一制，一队一品"，争取每一个村、每一个社区建立一个高标准的"妇女之家"，每一个"妇女之家"有一支巾帼志愿者队伍，每一支队伍有一套完善的、科学的机制，形成一个响亮的特色品牌。

(二) 网络"妇女之家"建设

过去妇联组织开展的工作大多为直属部门纵向的业务类指令，妇联作为被动角色深深烙着行政组织的痕迹，固定化、标准化、程式化的组织输出使妇联极少有跨地区、跨部门甚至跨领域的横向合作。互联网时代的到来让妇联可以利用网络平台轻易实现与其他群团组织、政府部门、企业、学校等的横向合作，摆脱路径依赖，让信息等知识资本推动妇联组织的发展，使妇联组织在横向合作中增强跨界思维，从而提升妇联组织参与治理的能力。

全国妇联于2016年印发的《关于加强妇联系统网络及新媒体建设的指导意见》提出了妇联系统加强网络及新媒体建设要聚焦的十大任务，包括加强思想引领，开展党中央新思想新战略的网上学习宣传；开展社会主义核心价值观网络宣传活动；引导互联网舆论；建设具有权威性的女性网站；开发联系和服务妇女的移动互联网平台；利用网络优势促进妇联组织扁平化运转；发挥新媒体传播效能；建立健全妇联网群；推出具有妇联特色的网络文化和服务产品；建设有规模的网络及新媒体人才队伍。①

为了方便妇女群众在网上找到妇联组织、参加妇联活动，全国妇联在改革文件中明确要求，凡成立基层妇联组织的要同步建设网上"妇女之家"。为畅通线上联系妇女渠道，全国妇联指导各级妇联普遍建设网络终端，利用线上平台建立与各族各界、各行各业妇女群众的广泛联系。

根据全国妇联的指导意见，为落实改革要求，更加便捷有效地服务妇女群众，J省妇联积极探索建立形式多样的网上"妇女之家"。J省将网络及新媒体工作作为改革的重要突破口，用足用活新媒体，实现了新兴媒体与传统媒体同步策划、同步部署、同步推进，形成了全方位、多层次、多声部的传播矩阵。J省妇联在线上平台设立相关板块，建立不同功能的服务模块与社群，引导妇女在社群内进行自我管理与服务，使妇女群众既成为服务的需求者，也成为服务的提供者，更成为服务的受益者。同时，J省妇联开通了"J省女性"微信、微博、微视，开发APP手机移动客户端，在下辖市州新建网络新媒体平台52个，在县区建立网络新媒体平台70个，初步形成了以"一网三微一端"为统领、100多个网络及新媒体平台联动发力的集群矩阵。各级妇联干部建立妇女姐妹微

---

① 《开创运用互联网推进妇女工作的新格局》，《中国妇女报》2016年3月24日，第A1版。

信群 1.2 万个，通过"键对键"与"面对面"结合，使妇联组织的"朋友圈"越做越大。

在上级妇联的引领下，基层妇联通过建立网络工作平台，以线上线下相结合的方式服务妇女儿童。C 市妇联积极动员相关领域多方参与实现供需对接，线上线下同步运行，积极探索建立妇联机构与社会组织、企业、专家等多方联动的合作机制；建立完善的服务评价反馈机制，及时了解群众对服务的满意程度，推动妇联工作服务品质的提升；发挥大数据功能，实现对妇女群众的需求细分，以分配社会服务资源，提供定向精准服务。

为使网上联系妇女渠道更为顺畅，C 市妇联以解决"四化"问题为切入点，以网上妇女群众需求呼声为着力点，整合各级妇联组织网络资源要素，全面实施了妇联上网工程。C 市妇联组织十分重视自身互联网思维的强化，将妇联活动、妇联工作广泛发送到各层级的微信群中，并推送给妇女群众，实现了线上线下的服务联动、活动联动、宣传联动，让妇联组织可以更便捷、更容易地被妇女群众感受到、寻找到。

C 市妇联积极运用互联网技术和信息化手段，推动建立网上妇联组织和网上"妇女之家"，确保妇联在网上有旗帜、有组织、有活动、有服务、有群众。同时，C 市妇联注重加强各类网络和新媒体阵地建设，发挥微信、QQ 工作群等的作用，面向妇女形成互动活跃的妇联网群；顺应新媒体发展趋势，探索在抖音、快手等网络平台开设妇联组织官方账号，及时发布推送妇女工作微视频，组织发动各级专、挂、兼职妇联干部、执委、巾帼志愿者、驻村第一女书记等直播带货，创新引领联系和服务妇女群众的方式方法，让妇女群众感受到妇联组织就在身边，增强与妇女群众的黏合度。

C 市妇联将互联网技术广泛应用于妇联工作之中，逐步建立起从线上到线下的工作流程，开发官网、专属内页及妇联 APP，将线下部分群众工作流转至线上，线上线下同步实现妇情信息、服务定制、项目选择等服务内容的提供。在服务方式上，C 市妇联通过妇女工作大数据库的建立收集妇情信息、拓宽联系妇女渠道；打造"互联网＋教育""互联网＋就业""互联网＋舆论引导"等平台，利用互联网的以用户为中心思维了解妇女需求，解决妇女问题，与妇女进行双向沟通，打破妇联组织的边界，以互动形式吸引妇女参与妇联活动。

案例：电子商务助力线上就业

解决妇女创业就业问题是维护其生存权、发展权的基础性工作。随着网络科技的发展，借互联网的东风激发女性生产力的释放已成为妇联组织帮扶女性就业新的助力方式。《中国社交电商行业发展白皮书（2020）》显示，2019年社交电商从业人员规模达到4800万人，同比增长58.3%，在性别分布上，女性占比为78.6%。近年来，中央、全国妇联相继出台了一系列支持互联网电商创业就业的政策性文件。

按照中央、全国妇联的安排部署，聚焦电商发展趋势，结合互联网发展前景，J省妇联在全国妇联系统率先制定了《关于深化巾帼电商创新发展 助力J省乡村振兴的指导意见》。C市妇联在省级妇联的引领下，带动辖区各级妇联组织、巾帼企业和妇女群众合力发展新媒体电子商务产业，引导女性进行电商创业，利用妇联组织独有的政治优势、组织优势、社会优势，争取党政资源，撬动社会资源，为女性电商创业就业提供坚实保障。C市妇联在邀请专家对辖区妇女进行电商教学和实操训练的同时，依托所在省内高校、教育指导中心、社会教育培训机构等建立妇女见习基地，学习江浙等电商发达地区经验，拓展创业思路。为解决女性在创业初期的资源紧缺问题，C市妇联带领辖区内妇女积极加入省内"巾帼电子商务创业孵化园"和"女大学生电子商务创业园"两个集成化电商创业孵化平台，让女性创业者享受"五免一低"服务，提供免费办公场所、免费通信设施、免费政策咨询及技术指导、免费仓储服务等，以完善的配套服务保障女性电商的持续发展。

疫情防控期间，C市妇联依托抖音、快手和妇联所属网络平台组织"居家防疫·网上学技"活动，开展线上农业生产发展、家政服务、手工编织等多种实用技能培训。在上级妇联的引领带动下，C市妇联积极行动，建成了巾帼互联网营销实训基地、网络创业孵化基地，实行"百名巾帼主播创业培育项目"，开办线上"创新女性实训营"，举办"直击短视频如何变现"培训班等，培养了一批本土巾帼互联网营销师和巾帼直播销售员，目前已累计直播近百场。

C市妇联充分利用省内继续教育平台，为进城务工女性、待业女性等提供个人终身学习账号，为妇女提供数字化课程资源和自主学习资源，对其进行针对性培训。此外，C市妇联还利用网络课堂等开展面向妇女的媒介素养培训和指导，重点帮助困难妇女和残疾妇女群体掌握网络基本知识技能，提高运用网络获取信息、交流学习、促进自身发展的能力。

J省妇联逐步探索推进新技术在妇女健康领域的创新应用，如"互联网+医疗健康"、云计算、大数据、计算机仿真、人工智能等。J省鼓励辖区内各级妇联组织积极行动，探索建立妇女健康档案信息共享机制，完善妇幼保健全程信息化管理和跟踪机制，推动实施女性健康管理和健康风险预警。

C市妇联致力于"互联网+"纠纷预防化解工作平台的搭建完善，以期为预防、化解婚姻家庭等矛盾纠纷提供更为便捷的服务，推动"家事审判制度"改革，充分发挥相关职能部门作用，强化衔接联动，引入社会力量参与，建设人民调解员队伍，充分发挥综治中心与网格化服务的管理作用，以形成新型家事纠纷综合协调解决模式，帮助妇女群众在最小范围内用最低成本化解家庭内各类矛盾纠纷。

六　基层妇联改革的结构功能优势

妇联改革的目的是重构基层妇联组织形态。改革后的基层妇联组织结构更加完善，覆盖面更加广泛，纵向夯实了妇联组织科层体系底端构造，使之更加稳固和完善，横向组织向区域化扁平化方向发展，使组织结构进一步扩张，空间网络化组织发展使组织工作更加快捷有效。因此，从理论上讲，组织结构的调整与完善势必对组织功能的发挥产生积极影响。一项针对基层妇联队伍的调查显示，90.30%的受访者认为基层妇联改革后服务妇女的功能增强了（见表3-1）。

表 3-1　基层妇联改革后服务妇女功能调查

单位：人，%

选项	频数	占比
A. 非常符合	461	45.20
B. 比较符合	271	26.57
C. 一般符合	189	18.53
D. 比较不符合	15	1.47
E. 非常不符合	4	0.39
F. 不清楚	80	7.84

（一）进行科层组织体系的基层再造，组织战斗力增强

科层组织体系使妇联具有现代管理的组织结构优势，拥有较强的组织动员能力、从上到下的纵向层级控制机制，上一级妇联对下一级妇联的指导和分派任务具有层级优势。虽然上一级妇联工作通过行政化指令性权力关系层层下发，采取动员运动式工作方式，能一竿子插到底，但是由于底端科层体系不健全，组织结构头重脚轻，"上面千条线，下面一根针"，基层妇联组织结构好比短腿断脚，服务妇女工作走不长、走不远，只能做些上传下达的指令性、规定性工作，基层妇联工作处于被动和僵化状态。

妇联改革重在强化基层组织体系，从科层组织体系来看就是完善和强化乡镇（街道）、村（社区）级妇联的组织体系，通过减上补下、"会改联"改组建制，筑牢基层妇联组织根基，补齐基层妇联组织结构短板，织密织牢基层组织网。妇联组织由原来的"下面一根针"变为"下面一张网"，基层服务覆盖面进一步扩大，基层妇联人手紧缺的问题得到缓解、活力得以焕发。这不仅能更好地把党的路线方针和惠民政策贯彻到妇女群众中，还能有序开展联系和服务妇女的各种帮扶活动，有效履行联系和服务妇女的职责。

改革后的上级妇联组织为下级妇联组织营造了更加宽松的政策环境，而非过去的行政化发号施令的权力部门，鼓励地方妇联尝试多种类型的创新性社会管理实践。C市妇联干部在接受访谈时说："市妇联将原来的7个业务部门调整成6个内设机构。虽然框架精减了，但我们各部门的职责其实是更加清晰的。我们把基层的力量充实了起来，干劲足了，效

率也就高了。"（20210423LB 访谈记录）N 区妇联干部在接受访谈时说："我们区在现有干部的基础上又增配了 20% 左右的挂职干部、30% 左右的兼职干部。我们对挂（兼）职干部的管理是十分灵活的，挂职干部可以不完全对应其行政级别，她们的行政关系、工资关系都保留在派出单位，但挂职期间的考评是由我们来进行的，我们对干部们的履职能力、服务能力的考评是十分严格的……我们下辖乡镇的妇联组织架构更加健全了，女致富带头人、女大学生村官、妇女协会负责人等普通妇女中的优秀代表都被我们吸纳到村级妇联组织当中，成了服务当地妇女群众的中坚力量。加入妇联后，她们的服务热情也空前高涨。"（20210425ZN 访谈记录）

W 社区妇联主席由社区女性副书记担任，因为当时的社区书记是男性。她带领开展的社区妇联工作是省市的样板，工作卓有成效，吸引了国家和地区众多组织前来观摩，因此，即使后来社区书记变更为女性，她仍然兼任社区妇联主席，这打破了社区妇联主席由社区女性书记担任的常规。她担任妇联主席 5 年多，目睹了基层妇联改革带来的变化。她说："'会改联'后社区组建了妇联，我这个妇联主席工作有人手了。原来上级妇联委派工作时只有我一个人干，再加上妇女专干，实际上专干也承担社区其他工作，那时只能应付来自上级妇联的指令性工作，重大节日围绕党和地方政府中心工作开展一些服务大局的活动。现在不同了，队伍壮大了，我手下有副主席、有网格长兼任妇联执委，还有来自辖区内其他行业的妇联执委，还有辖区的妇联，我们有了为妇女服务'一呼百应'的组织队伍，可以开展更多服务妇女的工作了。"（20210423ZN 访谈记录）

L 社区是 C 市 N 区"三零①示范社区"，是 C 市党建工作标兵社区、精神文明建设先进社区、综合治理先进单位。L 社区书记兼妇联主席在接受访谈时说："自从'会改联'后，我们是真的切切实实地感受到妇联'联'的力量的增强。虽然现在的工作任务比之前多了一些，但很多事情都能够通过大家的'联'来解决。我们的执委队伍里有许多热心的、优秀的妇女干部，她们有的人有自己的事业，有的人家务繁忙，有的人年龄比较大，但一旦我们妇联有任务，她们都会放下手中的事务，

①　无下岗失业、无家庭暴力、无未成年人犯罪。

不计报酬地投入服务妇女的工作中。她们的执行力特别强，经常是上午刚刚布置了工作，下午许多执委就已经挨家挨户地去做工作了。我们能够明显地感觉到基层妇联的力量真的增强了。"（20210426LYL访谈记录）

由此可见，科层组织体系的基层再造，完善了其在基层底端的组织机制，通过纵向延伸的方式有意识地搭建了一个扩大化平台，发挥了基层妇联组织"联"的优势，提高了其独立开展工作的能力，激发了基层妇联组织的主动性、能动性和积极性，提高了工作效能，实现了联系和服务、桥梁和纽带的功能。

（二）组织结构的扁平化横向扩展，组织影响力扩大

改革前的妇联组织横向联系的只有在机关事业单位组建的妇委会。在体制外更广泛的领域，妇联组织出现盲区，横向联系其他妇女组织和社会资源等方面的工作开展受阻，妇联组织作用发挥受到限制。为此，妇联组织需要进行组织结构的扁平化横向扩展。

扁平化的组织结构从集权转变为分权，融入了对人的精神与意识的关注，充分尊重了人的主体性，在赋予基层工作人员更多权力的同时强化了其责任意识，能够有效调动基层工作人员的主动性和积极性。基层工作人员有了更大的自主决策权，可以更多地参与决策，从而摆脱在传统行政中充当"工具人"的窘境。

妇联组织区域化改革就是促进妇联组织的扁平化横向扩展，它填补了妇联组织覆盖盲区，形成了科层体系和扁平化体系的合力，建立了妇联与所在区域、单位、社会组织等之间的联系与合作，改变了过去妇联的倒金字塔结构模式。妇联组织通过横向扩展，开辟了新的公共服务领域，整合了更多的社会资源，不仅扩大了基层的承载面，壮大了基层组织联合力量，还缩减了组织层级，使组织运行更加快捷有效，妇联的基本职能更加突出，使基层妇联组织能够最广泛地联系和服务妇女群众，从根本上拉近与妇女群众的距离，实现妇联与政府以及横向组织的良性互动。

（三）立体组织网络的空间拓展，联系渠道畅通便捷

随着互联网和信息技术的快速发展，运用互联网思维满足新时代妇女工作需求，增强妇联的功能，是妇联改革的一大创新。

互联网的出现导致信息传递的加快，改变了人们以往面对面交流传递信息的方式，为人们通过间接交往达到目的提供了便利条件。为此，妇联改革强化了互联网思维，以互联网手段部署妇联工作，达到自上而下的"信息透明""渠道便捷"。根据推进网上"妇女之家"建设的改革精神，基层妇联建立了丰富多样的妇女网络平台，通过妇联微信工作群、巾帼志愿微信群、执委联系微信群、社区网络妇女联系群等，把妇联工作和活动信息及时发送到网上和各层级微信群中，及时推送给妇女群众，架起了基层妇联和妇女联系的桥梁，基本实现了网上网下联动宣传教育、联动组织引导、联动开展活动、联动提供服务，实现了线上线下"妇女之家"有机融合，使妇女群众在身边就能找到妇联组织。

此外，妇联还运用大数据平台、云计算技术搭建信息网络平台，以实现制度高效运行、数据快速对接、成果全面共享。网络的发展为妇联组织多角色的功能协调提供了技术支持，促进了妇联组织的流程再造，帮助妇联组织打破传统桎梏，优化业务流程，使联系更加畅通便捷，提高了工作效率。

基层妇联干部在接受访谈时说："我们区联合了一位市妇联常委创办的传媒公司，共同成立了 C 市首家'互联网'妇联。我们一起做了大量的工作，整合了各级各界妇联组织网上平台和相关单位官方媒体资源，然后借助传媒公司的力量，联系了多名互联网大 V、网红等自媒体资源，通过与这些资源的有效对接，凝聚起新媒体、电商领域强大的'她'力量，切切实实为妇女们提供了许多就业、学习、成长的机会。"（20210420 LR 访谈记录）

妇女群众可以随时随地通过网络平台找到妇联组织，参与活动的程序更为便捷。线上线下可同步开展权益维护、法律援助、创业培训、心理咨询、亲子互动等丰富多彩的培训或活动，实现对每位妇女群众的全面实时对接。网络问需、网络求助、网络参与妇联工作、网络评价等联系渠道的畅通使妇女群众对妇联组织的认同感、归属感得到提升，妇联组织在妇女群众中的号召力、亲和力得到进一步增强。

对网络"妇女之家"的高度利用进一步扩大了妇联组织服务的覆盖面，使辖区内的妇女群众可以通过线上线下两种方式参与妇女活动，共享服务。同时，直接服务社区妇女群众的活动由妇联直属社会组织承接，再次强化了妇联直属社会组织的服务性与群众性。这也实现了妇联扁平化组织的横向扩展，进一步夯实了组织基础。

（四）"党建带妇建"，妇联工作有保证

习近平总书记在中央党的群团工作会议上的讲话指出："保持和增强党的群团工作的政治性，关键是群团组织必须自觉坚持中国共产党的领导。坚持党的领导，是做好党的群团工作的根本保证，是必须坚持的正确政治方向。"[①] 妇联在改革中以政治性为引领牢牢把握政治方向，走出了一条"党建带妇建"的妇联改革成功之路。

一是建立了"党建带妇建"的领导机制。基层妇联改革在党的领导下进行，由基层党委领导兼任妇联主席，这是党建妇建一体化融合发展的重要机制。此外，基层妇联还建立了改革重大事项通过地方党委决定并以同级党委领导为主的领导体制，从改革方案制订到妇联班子的组成再到执委人选的确定，均由同级党委领导审批、把关。妇联通过单独建、共同建、联合建等方式推动妇联党组织建设，巩固和加强党对妇联的领导。

二是建立了党群共建共享工作阵地。妇联组织共建共用党群基层活动和服务群众阵地，积极推动把妇建工作纳入党委党建工作总体格局，同部署、同落实、同督导，最大限度地争取党组织的支持，为基层妇联工作提供了强大的政治资源，这是基层妇联工作顺利开展的重要保证。

三是建立了党建妇建考评监督机制。妇联把基层妇联组织建设工作纳入基层党政领导班子目标责任考核和基层党建考评体系中，将对基层党建明察暗访工作纳入妇联重点工作内容，把落实基层妇联组织建设工作纳入党组织尤其是党组织负责人年度实绩考核内容，将妇建考核结果作为基层党建工作评先评优的重要参考。

由以上可见，妇联改革走了一条党建带妇建、党建工作与妇联工作一体化融合发展的道路，打造了共建共享的工作格局，创造了中国式妇联工作新模式，这是妇联改革的重要保障。

---

① 中共中央文献研究室编《习近平关于社会主义政治建设论述摘编》，北京：中央文献出版社，2017，第190页。

结论与思考

新时代基层妇联组织改革创新取得了实质性进展和辉煌成就。妇联基于自身的科层再造，以科层组织内部结构下沉式变革为依托，以组织外部区域化横向联合与灵活设置基层妇联组织和"妇女之家"的空间拓展为支点，通过吸纳、扩张、延伸、再造，织就了一张更为密实的组织网络，初步呈现服务架构优化、服务阵地优化、服务载体优化、服务机制优化的格局。妇联组织纵横交错的组织结构和服务网络，为妇联扮演好群团组织、桥梁和纽带、人民团体、重要社会支柱四种组织角色，执行好政治责任、工作主线、根本任务，发挥好政治、社会、服务三大功能，建构了优化的组织结构，最大限度地凸显了联系和服务妇女群众的桥梁和纽带作用，为建设全面覆盖的妇联组织和构建妇女工作新格局奠定了基础。

列宁说过："理论是灰色的，而生活之树是常青的。"① "一个行动胜过一打纲领"②，即是强调实践和行动的重要性。实践产生认识的需要，且为认识提供可能。改革的实践和行动彰显了改革纲领。全国规模如火如荼的妇联改革是新时代加强党的群众工作的客观需要，是妇联组织义不容辞的责任和担当。妇联以改革创新精神加强了基层妇联组织建设，讲政治、讲作为、讲服务。这是广大妇女群众的心声和期待，也是责无旁贷的新使命。

按照组织学和政治学的理论观点，组织的结构和形态是服务于组织功能的，也就是说，组织形态的发展和变化都是为了有效地推动组织功能的实现。有学者指出当前妇联改革仍然处于起步阶段，改革的顶层设计还有待进一步完善，一些改革举措的落实及效果与改革目标仍有距离。新时代妇联组织改革还需要进一步探索实现增强政治性、先进性、群众性改革目标的有效路径。③ 因此，深化妇联改革还需继续关注妇联组织

---

① 列宁：《列宁选集》（第三卷），北京：人民出版社，2012，第27页。
② 马克思、恩格斯：《马克思恩格斯选集》（第三卷），北京：人民出版社，2012，第355页。
③ 张永英、李文、李线玲：《新时代妇联组织改革的创新实践与思考》，《妇女研究论丛》2019年第1期，第44~54页。

改革的实际成效，关注妇联组织的结构的改革与组织功能的发挥之间的畅通路径和运转机制。

党的二十大报告指出，全面建设社会主义现代化国家，必须充分发挥亿万人民的创造伟力。那么，如何发挥广大妇女的作用，使其投身于中国式现代化建设，建功中华民族伟大复兴新时代，还需要落实改革成果，破除改革前进中的桎梏，找准问题所在，聚焦改革实践中遇到的新问题和改革存在的深层次问题，不断提出真正解决问题的新理念、新思路和新办法，将妇联改革方案和改革成果落到实处，化为动员凝聚团结妇女的强大力量。

第四章 基层妇联改革困境分析
与破难行动

　　妇联以巨大的政治勇气和自我革新的精神打响了改革攻坚战并全面深化改革。妇联改革调整强化了基层妇联组织，开创了基层妇联组织新格局，使基层妇联组织的结构得到优化，基层妇联改革取得重大成就。然而，任何改革都不是一蹴而就的。深化基层妇联改革，还需要在研究妇联改革所取得的成就的同时，进一步发现改革中遇到的难题，敢于触碰改革深水区，去发现问题、分析问题、解决问题。正如习近平总书记所说，要"增强狠抓落实本领，坚持说实话、谋实事、出实招、求实效，把雷厉风行和久久为功有机结合起来，勇于攻坚克难，以钉钉子精神做实做细做好各项工作"①。

　　妇联改革的目的在于发挥妇联组织功能，履职尽责，完成组织任务，实现组织目标。为了解妇联改革的成效，2022 年 7 月，本研究在 C 市妇联管辖的市内 7 个区级基层妇联抽取了 4 个基层妇联组织，针对 4 个区级以下基层妇联工作人员随机发放并回收了 1020 份有效问卷。调查发现，针对"基层妇联改革后服务妇女的功能增强"这一选项，有 21.76%的基层妇联干部回答"一般符合"（见表 4-1）；当被询问基层妇联联系和服务妇女作用发挥如何时，有 21.18%的基层干部回答效果"一般"（见表 4-2）。

表 4-1　基层妇联改革效果

单位：人，%

基层妇联改革后服务妇女的功能增强	频数	占比
A. 非常符合	406	39.80
B. 比较符合	295	28.92

---

① 习近平：《习近平谈治国理政》（第三卷），北京：外文出版社，2020，第 54 页。

基层妇联改革后服务妇女的功能增强	频数	占比
C. 一般符合	222	21.76
D. 比较不符合	17	1.67
E. 非常不符合	7	0.69
F. 不清楚	73	7.16

表 4-2　基层妇联组织作用调查

单位：人，%

基层妇联联系和服务妇女作用发挥如何	频数	占比
A. 非常有效	429	42.06
B. 比较有效	320	31.37
C. 一般	216	21.18
D. 效果不大	27	2.65
E. 没有效果	28	2.75

这些调查数据在一定程度上反映了妇联改革还存在困难，在一些领域和方面还存在改革举措没有完全落实到位、改革效果没有完全显现等问题，这说明从改革方案到实践工作的具体落实还有较大提升空间，需要进一步探索创新落实的有效路径。

第一节　基层妇联工作面临的内卷化困境

妇联改革是新时代形势下加强和改进党的妇女工作的有益探索，目的是破解妇联组织存在的机关化、行政化、贵族化、娱乐化"四化"难题，以增强妇联组织的政治性、先进性、群众性。但是传统妇联工作的路径依赖和思维惯习导致基层妇联工作仍然存在行政化主导倾向，即使妇联组织改革已经优化了妇联组织结构，内卷化仍然在一定程度上限制了改革成效，影响了妇联改革功能的发挥。

一　基层妇联工作方式的单一化

把妇联的妇女工作纳入科层化行政化管理是中国妇联工作的一大特色和优势。然而，由于基层妇联组织结构与政府机构有着深层次的关联，政府的层级体系逐渐向基层妇联组织渗透，最终形成了从高到低排列的行政化层级体系。这种行政化的渗透使有些基层妇联在服务性工作中产生被动性，仍然以行政化工作方式推动为主。

（一）联系和服务妇女方式的行政化

妇联组织是因广大妇女而建立和存在的，联系和服务广大妇女是妇联组织的根本任务。[①] 只有广泛联系妇女才能了解妇女疾苦，只有服务妇女才能解决妇女所急，只有妇女满意才能把党的正确主张变为妇女群众的自觉行动。因此，同广大妇女群众保持密切的血肉联系，是基层妇联干部一项十分重要的基本功，妇联干部应当苦练这一基本功，转变工作作风，增强为妇女群众服务的本领，打通基层妇联组织联系和服务妇女的"最后一公里"。

然而，受历史条件的制约，基层妇联组织依然存在于自上而下的体制之中。由于这种官僚科层制度具有一定的历史惯性，妇联组织联系和服务妇女的方式与方法无法摆脱科层体系的束缚和限制，这就使妇联组织虽然广泛联系妇女，但是还不能完全准确把握妇女的现实需求，做到精准服务妇女所需所急，起到雪中送炭的作用。

关于基层妇联工作人员对妇女需求的了解程度（见表4-3），有34.31%的工作人员表示"非常了解"，有29.80%的工作人员表示"比较了解"，有28.82%的工作人员表示"一般了解"，有7.06%的工作人员表示"不了解"。

表4-3　基层妇联工作人员对妇女需求的了解程度

单位：人，%

选项	频数	占比
A. 非常了解	350	34.31
B. 比较了解	304	29.80
C. 一般了解	294	28.82
D. 比较不了解	38	3.73

[①] 《习近平出席中央党的群团工作会议——习近平在中央党的群团工作会议上强调 切实保持和增强政治性先进性群众性 开创新形势下党的群团工作新局面》，《中国妇运》2015年第8期，第4~5页。

选项	频数	占比
E. 非常不了解	34	3.33

关于基层妇联工作人员了解妇女需求的途径（见表 4-4），"走访"排在第一位，"通过网格妇女专干了解"排在第二位，"问卷调查"排在第三位，"通过妇联执委反映"排在第四位，"靠工作经验"排在第五位，"群众上访"排在第六位。

表 4-4　基层妇联工作人员了解妇女需求的途径

选项	平均综合得分
A. 走访	5.30
B. 通过网格妇女专干了解	2.99
C. 问卷调查	2.10
D. 通过妇联执委反映	1.98
E. 靠工作经验	1.15
F. 群众上访	0.41
G. 其他	0.09

由以上可见，大多数基层妇联工作人员对妇女的需求是有了解的，因为她们处于妇女工作的前沿阵地，况且有些网格长和社区妇女专干本身就来自社区、来自妇女群众，但是也有部分基层妇女工作人员对妇女的需求并不了解。

2022 年 10 月 30 日，中华人民共和国第十三届全国人民代表大会常务委员会第三十七次会议修订通过的《中华人民共和国妇女权益保障法》第九条规定，建立健全妇女发展状况统计调查制度，定期开展妇女发展状况和权益保障调查统计分析，坚持问题导向，发现问题，解决问题。而现实的基层妇联联系和服务妇女基本上是靠走访、工作经验以及来自基层的妇女专干和网格长反映。一般来说，一个社区配备一名社区妇女专干，而这一名妇女专干完全掌握社区全体妇女的信息显然是不现实的。因此，基层妇联组织搭载了社区的网格化技术，使妇女专干可以利用网格长的信息管理技术达到了解妇情的目的。正如访谈时妇女专干所说：

我们社区都是网格化管理的。网格化就是将社区的居民楼分为几块，一块由一名网格长负责，我们大约有 10 名网格长，一个人负责一部分。这些网格长都很负责，其最基础、最核心的工作就是掌握居民的信息。网格长对居民的了解是非常透彻的。所以我们不需要对妇女群体进行走访，因为社区妇女人数太多了，根本走访不过来。当组织有什么事情需要联系妇女群众时，我们就找网格长。网格长和社区最熟悉，也有联系方式，这样工作比较有效率。比如，有一次妇联要贫困妇女的名单，我这里没有。我向网格长那边要资料，网格长有特困户的名单。我们把特困户里的妇女名单挑选出来，就可以往上报。你看，这样是比较有效率的。我们要是自己联系，由于居民不认识我们，就会比较费事。（20210523ZG 访谈记录）

妇女专干是为开展社区妇女工作专门设置的岗位，体现了妇联对基层妇女工作的重视。然而，即便是来自基层的妇女专干，一旦进入社区工作场域，在基层实际工作中联系和服务妇女的工作也会沿用行政化工作方式，即产生了美国社会学家默顿（Robert K. Merton）所说的"官僚人格"[1]。这种科层制下的官僚人格特点在基层妇联联系和服务妇女工作中也有所体现。

以 C 市基层妇联妇女专干为例，妇女专干有三项工作职责：一是加强与妇女之间的联系，包括妇女群众工作大走访；二是服务妇女儿童民生需求；三是积极参与社区的中心工作。[2] 这是对社区妇女专干的职能定位，也是评判妇女专干是否合格的重要标准。由此可见，妇女专干最为重要的工作职责是联系妇女，对辖区的妇女发展情况展开走访与调查，了解妇女近况与服务需求。

在实际工作中，妇女专干的主要职责是完成上级妇联以及社区分派的工作。一方面，妇女专干承接上级妇联派给基层妇联的工作，比如，在两癌筛查、妇女培训等工作中负责统计妇女人数并上报给上级妇联，

---

① 杨柯、唐文玉：《路径依赖、目标替代与群团改革内卷化——以 A 市妇联改革为例》，《华中师范大学学报》（人文社会科学版）2022 年第 3 期，第 80~88 页。

② 来自 C 市基层妇联组织妇女专干工作守则调研材料。

因为社区妇联主席和副主席以及执委都是兼职，只有妇女专干是专职；另一方面，由于妇女专干设置在社区居委会中，社区书记或主任兼任妇联主席，社区妇联工作与社区工作是整合在一起的，在人手不够的情况下，社区往往需要"大家齐上阵"，社区整合自身人力资源来应对大量行政事务，妇女专干在没有妇女工作任务时也参与社区工作。但由于工作精力有限，无法全面掌握社区妇女情况和为妇女提供服务，妇女专干也只能充当社区妇联主席的手臂，以完成上级妇女分派的工作为主。因此，妇女专干成为社区妇联的助手，最终联系妇女的工作依然需要依赖网格化管理，受制于基层社区的行政化管理。网格长直接面对所管辖社区居民，造成妇女专干不专干现象的出现。

由此可见，基层妇联联系和服务妇女的方式在一定程度上还是对旧有服务模式的沿袭。一方面，妇联传统的优势项目已经发展到一定程度，无法对妇女群体的发展产生进一步实质性的激励作用；另一方面，妇联供给与妇女需求之间的有效对接受阻。劳动分工、社会分化使妇女的需求呈现多元化发展态势。现有服务缺乏妇联供给与妇女需求的细化匹配，延迟分析妇女需求与妇联供给的动态变迁及其可能出现的问题，存在一定程度的服务缺位及供给错位等现象。①

（二）组织妇女活动的行政化

妇联组织在动员、团结广大妇女投身中国共产党领导的伟大事业中发挥了巨大作用。中国妇女解放是在中国共产党的领导下自上而下进行的，是在党领导的妇联组织的引领下开展的，因此容易导致妇联组织代表党以妇女群众领导者的身份组织妇女群众、动员妇女群众和发动妇女群众。这在中国革命初期、在广大妇女没有觉醒之前是必要的路径。但是当中国革命取得成功时，在以中国式现代化全面推进中华民族伟大复兴的新征程中，如果妇联还沿用革命和建设时期的工作方法，把自身当作领导者，把妇女群众当作被领导者，沿袭过去习惯的行政方式动员妇女，就会导致官僚化倾向，使妇联组织脱离广大妇女。

习近平总书记指出："群团组织开展工作和活动要以群众为中心，让

---

① 濮敏雅：《妇联改革的困境与出路》，《法制与社会》2016 年第 12 期，第 159～160 页。

群众当主角，而不能让群众当配角、当观众。"① 这就要求妇联工作正确处理好围绕中心、服务大局与联系和服务妇女之间的关系。如果将两者割裂开来去搞活动，会脱离妇女群众的实际需求，甚至为了完成妇联"规定动作"去组织妇女活动，那么妇联工作往往只是"为搞活动而搞活动"的形式化开展，把活动当成工作目标，劳神费力地策划、筹备、组织，忘记了服务妇女这个根本任务，结果实施下来，"雷声大、雨点小"，实际效果不理想。另外，社区服务关系到百姓生活的方方面面，居民服务活动无法划分为特殊群体的专项活动，就形成了社区举办一次活动，各个部门都能"采用"，一个活动可以成为多个部门的工作成果模式，而这种行径已经成为社区的一种工作模式。妇女专干同样采用这种模式为妇女提供服务。

　　例如，T 社区开展了一个"婚恋介绍"的便民服务活动，同时这项活动也可以成为妇女专干的妇女专项服务。在活动过程中，妇女专干留有照片与资料，这些照片与资料可以成为自己工作量的一部分，以便接受上级部门的检查。因此，社区工作大家干并共享工作成果，这种工作路径在妇女专干那里已经成为一种常态。社区妇女专干服务妇女呈现行政化趋势，缺少服务妇女的专业化方法和载体。正如社区妇女专干在接受访谈时所说的："我们社区开展专门的妇女工作确实存在一些困难。首先就是人员的问题。比如说我们专门开展一个只由妇女参加的活动，人是来不全的，很难召集上来。另外，我们社区是一个整体，我们妇联没有能力单独开展妇女服务专项活动，都是借社区的资源。社区开展活动，和妇女有关的，就算是妇女专项活动；活动只要是有妇女参加，就算是一次服务妇女的活动。但是话又说回来，社区开展的活动都会有妇女参加，这些活动你不能说就不服务妇女。事实上，社区的这些活动对妇女的生活都是有帮助的。"（20210524LP 访谈记录）

　　由此可以看出，社区开展的活动多为便民活动，开展活动的重要标准是居民的出席率，居民的参与水平决定了活动是否开展。在我们开展调研的社区，妇女群体多为"上班族"，无法参与社区开展的活动，这

---

① 《巾帼心向党 奋进新时代——以习近平同志为核心的党中央关心重视妇女事业和妇联工作纪实》，新华网，http://www.xinhuanet.com/politics/2018−10/29/c_1123628826.htm。

也成了社区在开展妇女专项活动方面的阻碍。但是社区妇女工作的监督与检查需要提供妇女活动的图片与记录，为了年终完成指标，借助社区开展的活动资料就成了社区妇女专干的无奈之举。效果是阶段性的，并不会产生长远的实质性影响。妇联还得动用大量人力、物力去完成这个固定动作，为了活动而工作，为了工作而活动。

妇联的工作内容、工作方式等受到了行政工作的影响，各类填表、迎检、考核、评比活动有增无减。在这种情况下，妇联日常的妇女工作经常存在以手段代替目标、以过程代替结果等问题。于是妇女工作看似忙碌不堪，实则将组织资源和干部精力大量投入与妇女服务无关的行政工作中。在面对工作对象即妇女群众开展工作的时候，基层妇联组织因将过多精力用于处理行政化事务而无暇顾及妇女专业化服务，忽视基层妇女实际的多样化需求，组织自身行政属性不断强化，但是服务属性没有得到增强，长此以往就会使妇女工作陷入内卷化的境地，阻碍了基层妇联组织服务作用的充分发挥。

二 基层妇联服务阵地的形式化

习近平总书记指出，"要建好用好基层服务站点，让群众愿意来，能经常来"。[①]"妇女之家"是基层妇联改革的一大举措。"妇女之家"好比基层妇联播撒的种子，生长于社区、楼道等妇女集中之处，让广大妇女共享妇联改革果实，对党对妇女群众的关心看得见和摸得着，使"妇女之家"成为基层妇联组织宣传党的路线方针政策的阵地和服务妇女群众的窗口，成为团结妇女的重要载体。因此，规范实体"妇女之家"建设是基层妇女工作的重点工作之一。

问题在于，有了"妇女之家"这一工作阵地和服务平台，不等于其会自动产生功效。这就好比搭台唱戏，妇联为妇女搭建了舞台，还需要妇女的参与。在问卷调查中，针对"所在基层妇联'妇女之家'经常开展活动"这一说法，仍然有 16.57% 的基层妇联工作人员回答"一般符合"（见表 4-5）。由于妇联改革对"妇女之家"建设缺少机制上的完善，

---

① 中共中央文献研究室编《习近平关于社会主义政治建设论述摘编》，北京：中央文献出版社，2017，第 204 页。

缺少整体规划与布局，有些基层"妇女之家"只是牌匾挂上了墙，机制和功能建设还存在短板，这使有些"妇女之家"存在闲置和空壳现象。

表 4-5　"妇女之家"开展活动情况

单位：人，%

所在基层妇联"妇女之家"经常开展活动	频数	占比
A. 非常符合	496	48.63
B. 比较符合	268	26.27
C. 一般符合	169	16.57
D. 比较不符合	13	1.27
E. 非常不符合	6	0.59
F. 不知道	68	6.67

（一）"妇女之家"的闲置

"妇女之家"作为基层妇联组织的触角，可以有效联系妇女群众，提升基层妇联组织在妇女群众中的影响力。只有不断强化"妇女之家"的职能与功能，才能将其发展成凝聚广大妇女力量、开展妇女工作的重要阵地。

然而，研究发现，由于诸多因素的限制，有些"妇女之家"存在闲置问题。有学者指出，一些"妇女之家"的工作未能常态化开展，活动的参与对象也较为单一，年龄上多为中老年妇女，职业上多为离退休妇女、失业无业妇女和专职家庭主妇。[①] 我们调研时也发现，有部分"妇女之家"很少开展妇女服务活动。如调研访谈时有人反映："由于社区条件的限制，我们这个'妇女之家'和活动室都放在一起，平时不怎么用它，就是有一些进行体育锻炼的老年人过来。我们举办活动都是在楼下的会议室。'妇女之家'平时不怎么用到，社区的妇女组织也不怎么过来使用，可能大家还不是特别了解'妇女之家'的用处吧。"（20210526ZGY访谈资料）

由此可见，"妇女之家"的职能较为单一，其深层功能没有被全部

---

① 马斐颖：《关于基层"妇女之家"建设的调研与思考——以郑州市二七区铁道陇海家园社区为例》，《中国妇运》2015 年第 2 期，第 39~41 页。

开发与挖掘出来，对广大妇女的影响力与吸引力有待加强。"妇女之家"的影响力与广大妇女的需求之间存在张力，在一定程度上阻碍了基层妇联组织桥梁和纽带功能的实现。

（二）"妇女之家"的空心化

"妇女之家"建设是基层妇联工作的重要内容。但值得注意的是，"妇女之家"的服务化导向更需要物力人力的制度化保障。例如，妇联组织项目的运行都由妇联主导，妇女是公共服务的接受者。当项目前期工作一切安排就绪时，妇女只要直接参与就可以达到项目服务的目的。但是"妇女之家"的工作有别于此，"妇女之家"设在社区，具有一定的自治性质，需要妇女广泛参与，进行自我管理和自我服务。从这个意义上说，"妇女之家"是一种妇女、妇联、基层社区三者协作，实现妇女社会治理的服务平台。"妇女之家"建设工作需要社区基层党组织的领导、妇联组织指导、妇女群体参与的全方位系统运作。

然而，调研发现，社区"妇女之家"的建设工作没有得到基层党委和政府的足够重视，部分党政领导觉得"妇女之家"是妇联搞的一个"花架子"，在建设过程中在很多方面并不支持。研究显示，54.6%的"妇女之家"创建缺人、缺钱、缺场地，一些"妇女之家"创设走形式，难以发挥应有的作用。① 虽然"妇女之家"全覆盖地建立起来，但是由于缺少人力、物力和财力，缺乏运转的机制，有些"妇女之家"也只能牌子上墙。

遍布城乡的"妇女之家"离妇女群众最近，最了解妇女群体的需求，是开展妇女工作、搞好妇女服务的重要阵地。因此，作为妇联组织的服务阵地，"妇女之家"要更加符合服务妇女群众的定位，使广大妇女得到更直接、更便捷、更高效的服务，使"妇女之家"成为妇女群众离不开的地方。② 因此，如何加强"妇女之家"建设，如何强化"妇女之家"人力财力物力的保障，如何引入多方社会力量以加强联动，成为基层妇联进一步进行工作创新要面临的问题。

---

① 汪超：《"一型四化"视角下妇联基层组织建设的治理现代化——以湖北省为表述对象》，《湖北社会科学》2015 年第 5 期，第 69~74 页。
② 沈跃跃：《深入学习贯彻习近平总书记重要讲话精神 以改革创新精神建设服务型基层妇联组织》，《中国妇运》2014 年第 8 期，第 6~11 页。

（三）"妇女之家"的乏力

"妇女之家"是实现"哪里有妇女群体，哪里就有妇联组织"这一目标的重要载体，是社区妇女真正能够"看得到、摸得着"的服务阵地，是提升妇联组织地位的核心要素。"妇女之家"设在社区，其用意就是为党和政府与妇女搭建一座沟通的桥梁，通过"妇女之家"的不断推广与建设，满足妇女服务之所盼，使其成为全体妇女参与社会治理创新的重要阵地。

习近平总书记指出："要建好用好基层服务站点，让群众愿意来，能经常来……如果每个群团组织都能打造出几个有影响的服务品牌，那么合起来作用就大不一样了。"① 那么，打造"妇女之家"服务品牌，使之成为妇联服务基层妇女的一个窗口，让妇女群众通过"妇女之家"的服务了解妇联、知晓妇联，通过妇联的桥梁和纽带作用把广大妇女团结在党的周围，走上党领导的中国特色社会主义妇女发展道路，是"妇女之家"应该发挥的作用，也是妇联基层改革设置"妇女之家"的初心。

因此，"妇女之家"的品牌创建必须符合妇女群众的需求，可以通过"妇女之家"开展"下基层、访妇情、办实事"的工作，创建"妇女之家"服务品牌，满足妇女需求，扩大"妇女之家"的影响力。但是有研究发现，虽然妇联每年都有切合时代特征的新主题活动，但活动项目缺乏吸引力。究其原因，70.4%的妇联基层组织没有了解妇女群众的需求。② 我们调研时也发现，"妇女之家"一般设在社区办公楼内的某个活动室，有些"妇女之家"与社区活动室混合使用，或者把妇女活动与社区活动整合在一起，将妇女活动嵌入社区各种活动中，社区活动因有妇女参与亦成为妇女活动。社区活动室开展的活动多为娱乐性活动，如开展社区表演队练习等彩排活动。因此，社区内的各种活动室虽然热闹非凡，但所开展的并非针对妇女需求的具有专业性质的服务活动，"妇女之家"成为少数妇女的活动场所，或者为开展围绕中心、服务大局工作而组织一些活动。真正有需求的妇女缺场，出现了表面热热闹闹、实则偏

---

① 中共中央文献研究室编《习近平关于社会主义政治建设论述摘编》，北京：中央文献出版社，2017，第215页。

② 汪超：《"一型四化"视角下妇联基层组织建设的治理现代化——以湖北省为表述对象》，《湖北社会科学》2015年第5期，第69~74页。

离妇女群众实际需求的情况，这也导致"妇女之家"在妇女群体中的影响力不足。

　　调研发现，一些妇女缺乏对"妇女之家"功能的深刻认识，认为"妇女之家"只不过是妇女的"活动室""舞蹈室"。这说明"妇女之家"还缺少服务需求和品牌意识，没有发展到为社区居民所熟知的程度，妇女群体对"妇女之家"的认识还存在差距。"妇女之家"虽然实现了广泛覆盖，但是与实现高效能利用还存在一定差距。因此，"妇女之家"还需要设计接地气的项目，"要把正在开展的巾帼建功、巾帼维权、巾帼关爱、巾帼成才四大行动与深化'妇女之家'建设结合起来，通过组织建设为开展活动提供保障，通过开展活动联系服务更多妇女，切实增强妇联组织的凝聚力和影响力"①。基层妇联要多开展顺民意的活动，多做雪中送炭的实事，多办温暖人心的好事，多抓不可替代的工作，扎扎实实帮助基层妇女群众，使"妇女之家"成为基层妇女的"娘家"。

　　总之，"妇女之家"活动阵地建设需要引入与妇女群体服务密切相关的要素，使"妇女之家"的建设步伐不断加快。此外，"妇女之家"还需要更为细致和精密的设计，才能打破自身"内卷"的藩篱。事实上，"妇女之家"的功能还未得到充分的开发和挖掘。目前"妇女之家"没有将影响力培育与自身建设有机结合起来，这削弱了"妇女之家"作为服务妇女阵地的效力，在一定程度上导致"妇女之家"的形式化与闲置化。"妇女之家"需要组织常态化联系和服务妇女的活动，需要构建机制、完善制度。妇联要发挥"联"的作用，通过基层妇联执委为"妇女之家"引入服务项目，通过妇联枢纽社会组织嵌入妇女社会组织和妇女社会工作之中，与社区形成"三社"联动，采取多元路径，助力"妇女之家"建设。

三　基层妇联队伍兼职化

　　妇女工作的长期性和专业性需要稳定的干部队伍和专业化的组织成员。激发妇女工作者对妇女事业的热爱，使其个人归属感与妇女工作紧

---

① 沈跃跃：《深入学习贯彻习近平总书记重要讲话精神 以改革创新精神建设服务型基层妇联组织》，《中国妇运》2014 年第 8 期，第 6~11 页。

密相连，有利于发挥妇联作为党和政府与妇女之间的桥梁和纽带作用。总的来说，妇联组织队伍结构整体上是稳定的，尤其是妇联科层组织结构的上层。由于长期从事妇女工作，其组织成员对妇联和妇女工作具有很强的认同感与归属感。相比之下，基层妇联队伍处于不稳定的状态，流动性过大，基本属于内部循环，基层妇联队伍的稳定性和专业化发展与实现国家治理能力现代化还有一定差距。

随着妇联改革的不断深入，基层妇联组织由原来的"一根针"变为"一张网"。妇联队伍扩大了，但是基层妇联组织的"领头雁"即街道和社区妇联主席基本处于兼职化流动状态，基层妇联队伍中的执委也基本处于兼职化的"联"的状态。妇联主席人员的变更和妇联执委换届人选的变化导致基层妇联队伍的流动性和不稳定性，并间接造成基层妇联工作的不连贯性。

"基层妇联干部问卷"调查结果显示，在基层妇联主席（副主席）中，有27人兼职从事基层妇女工作1~2年，占33.33%；有21人兼职从事基层妇女工作3~5年，占25.93%；兼职从事基层妇女工作10年以上的仅有17人。而在对妇女专干的调查中，有40名被调查者兼职从事基层妇女工作1~2年，占40.82%；有26名被调查者兼职从事基层妇女工作3~5年，占26.53%；兼职从事基层妇女工作10年以上的仅占9.18%（见表4-6）。从基层妇联工作人员的职务与任职年限我们可以看出，长期从事妇联工作的基层干部与专员较少，基层妇联组织的人员流动性较大。

表4-6 基层妇联工作人员职务与任职年限

单位：人

职务	1~2年	3~5年	6~10年	11~20年	30年以上	总计
妇联主席（副主席）	27	21	16	14	3	81
妇联执委（其他领域兼职）	121	88	48	13	2	272
妇女专干	40	26	23	4	5	98
网格长兼妇联执委	126	53	73	17	2	271
妇联工作人员	151	88	40	11	8	298

事实上，按照中国的干部任用制度，主要领导经常处于流动状态，

如果工作有业绩和成效，那么他们就会被提拔或者通过交流到其他部门任职。因此，身兼数职的妇联主席会因自身角色的变动而发生职业的游离。

> 我们街道负责妇联工作的人员都是兼职。就是说，这个人要做很多工作，不仅是妇联这一摊活，还有其他工作。街道的人员流动是比较大的。你可能不是很了解，其实妇联的部分人员调动比较频繁，有的时候刚熟悉一些业务，就被调到别的工作岗位了。这种情况是有的。她们经常更换，表面上有人来有人走没有什么，其实这对我们的工作开展影响是很大的。新来的妇联干部需要一段时间熟悉妇联的业务，但是她们刚刚熟悉或是刚刚有些成绩就被调走了，这就使街道妇联工作的实效性难以保证。（20190520ZX 访谈记录）

一旦具有工作经验的街道妇联主席被调动，其负责的工作、组织资源、信息与网络就随之被搁置或者中断。新任职的妇联主席对妇女工作不仅需要一个熟悉的过程，而且也可能提出与上一任妇联主席不同的工作思路和工作重点，需要重新积累社会资本，并且需要较长的时间将这些社会资本转化为组织资本。这就使基层妇联工作得不到持久保障，妇联长期的工作目标或工作计划的完成也随之大打折扣。

基层妇联队伍的另一个来源是基层妇联执委。基层妇联组织结构的重塑吸纳了各行各业的优秀女性代表，壮大了基层妇联队伍，使组织结构有了突破性创新。然而，进一步观察可以发现，虽然基层妇联改革增加了执委数量，使基层妇联队伍由原来的一个人变为一群人，但是正如有学者调研时所说的："最主要的大格局不变，小格局变化是有限的，对妇联工作的重视程度也是如此。变化完了，人比以前多了，现在执委有23 名，多了一些联系。执委都是居民骨干。这些骨干我们以前也是有联系的。"[1] 由此可见，妇联改革将原来基层妇联组织的非正式成员吸纳为正式联合成员，实现了基层妇联组织队伍成员的内外循环。但从实际情况

---

① 杨柯、唐文玉：《路径依赖、目标替代与群团改革内卷化——以 A 市妇联改革为例》，《华中师范大学学报》（人文社会科学版）2022 年第 3 期，第 80~88 页。

来看，有研究发现，有些地方的基层妇联组织因各种现实原因，执委队伍结构较为单一，存在执委资源和专长与妇联实际工作需求匹配度不高等问题。部分执委参与妇联工作缺乏时间保障，在职年轻执委因为各种原因开执委会时缺席率较高。兼（挂）职副主席、执委都是来自不同领域的优秀女性，有些人还身兼数职，她们短期内可以依靠个人热情和付出开展工作，但从长远来看，她们难以持续保持良好的工作状态。①

党的二十大报告提出着力推进高质量发展，推动构建新发展格局。虽然这主要针对经济发展模式，但是其同样适合作为国家治理体系和治理能力现代化对妇联改革的要求。由于基层妇联队伍中的执委会随着换届人选的变化而发生更替，基本上处于兼职化的"联"的不稳定状态，基层妇联组织队伍结构上的量的增加并不一定意味着组织结构在功能上发生了质的变化。基层妇联组织队伍能否有效发挥作用，关系到妇联组织功能能否正常实现。不可否认，基层妇联干部的流动可以提高妇联干部的工作能力，实现妇联组织干部队伍的"流水不腐"。但是妇女工作需要长期的群众交往和良好的群众基础，当队伍流动的速度大于建立群众基础的速度时，群众基础没有得到巩固，组织的根基不牢固，就会影响妇联组织联系妇女、服务妇女的有效性，使妇联组织结构出现"虽活水多，但效能少"的现象。

综上所述，妇联改革做了周密的顶层设计，通过一系列结构化和制度化改革，建构更加强大的组织系统，增强妇联联系和服务妇女的基本职能，以进一步发挥好其桥梁和纽带以及重要社会支柱作用。但是在实践中，正如有些学者所指出的，妇联改革举措使妇联组织变得更为复杂化和精细化，却没有推动其走上一种新的发展道路，而是内卷于原有的官僚化运作模式，出现了一种"没有实质发展的增长的内卷化现象"②。妇联的科层化行政化领导使改革贯彻实现全国一盘棋，因此，这种内卷化倾向好比复制品，成为基层妇联工作的共性。

① 李文：《群团改革背景下基层妇联执委队伍建设及其作用研究》，《山东女子学院学报》2019年第3期，第44~50页。
② 杨柯、唐文玉：《路径依赖、目标替代与群团改革内卷化——以A市妇联改革为例》，《华中师范大学学报》（人文社会科学版）2022年第3期，第80~88页。

第二节　基层妇联改革困境的社会学分析

习近平总书记在党的二十大报告中指出，必须坚持问题导向，回答并指导解决问题是理论的根本任务。[①] 要把妇联改革做实做细做好，我们不仅要善于发现问题，还要善于阐释问题。为此，针对基层妇联组织改革过程中存在的问题和困境，本书引入社会学相关理论进行分析，探讨问题和困境形成的内在逻辑。这可以为我们认识基层妇女工作和摆脱基层妇女工作发展掣肘提供支持。

一　组织角色的模糊与紧张

"角色"是社会学的重要分析概念。这一概念始于戏剧，原指对演员行为的规范性说明的脚本，后泛指演员在戏剧中的行为集合。心理学家米德最早将"角色"概念引入社会心理学，用以说明不同个体在相同或类同环境中表现出相同或类同行为的社会现象。米德认为："人不仅认识到自我，而且能够自我判断，社会检验根据这样的自我判断的起源和社会基础对个人行为施加影响。"[②] 也就是说，角色被认为是在一定社会情境中才能获得自身显现的条件并最终生成。扮演角色的人在社会生活中形成了基于某种社会序列确定的地位和身份相一致的、符合社会期望的一整套行为方式的规范。基层妇联妇女工作效果与其扮演的角色有着密切关联。角色意识是基层妇联实现自身继存与发展并发挥作用的前提。基层妇联组织成员对自身权利和义务的角色认知是实现自身继存与发展、调动组织内部资源有次序完成目标的责任与义务的重要条件。如果基层妇联组织成员对角色的认知发生偏差，就会产生基层妇联组织角色"所能为""所必为"的混乱，这也会影响社会对基层妇联组织角色的期待。

（一）基层妇联执委角色不明

角色理论认为，角色模糊是由行动者没有获得完整的资讯、难以得

[①] 习近平：《高举中国特色社会主义伟大旗帜 为全面建设社会主义现代化国家而团结奋斗——在中国共产党第二十次全国代表大会上的报告》，《人民日报》2022年10月26日，第1版。

[②] 米德：《心灵、自我与社会》，上海：上海译文出版社，1992，第217页。

到清晰的指示导致的对角色的不确定。基层妇联改革的重要内容是扩大妇联执委规模，充实妇联组织工作力量。这就意味着妇联执委也要完成相应的组织目标、承担相应的任务。为此，采取有效的组织目标分解方式将目标分解到各个妇联执委，建立明确的目标责任机制是妇联执委发挥作用、提高工作效率的重要保证。

基层妇联组织中的妇联执委成员由某一工作领域的杰出妇女担任，担任妇联执委实质是与妇联组织结成一种契约关系。从这个意义上说，妇联执委有责任与义务协助妇联组织完成相关工作，促进妇联组织的触角延伸到更为广泛的妇女群体。这就决定了妇联执委目标具有协商性的特点。

具体来说，一方面，妇联执委需要完成妇联组织指派的任务，这是全国妇联章程明确规定的；另一方面，由于担任妇联执委的妇女或妇女群体的工作特点与领域不同，妇联执委的目标制定具有一定的灵活性。这两方面决定了妇联执委目标的制定需要由基层妇联组织与妇联执委共同协商完成。也就是说，妇联执委目标的分解需要协商的过程。

然而，妇联执委的目标责任并不明确。妇联执委的工作制度明确规定妇联执委要定期召开执委会议，反映妇女发展情况，讨论妇联工作内容。而基层妇联执委并没有明确的工作目标，执委会议也只是由妇联组织简单地传达妇联工作精神，并没有实质性的工作任务与可操作性的工作目标。

> 我们找妇联执委不容易，我们街道没有事业单位或者工厂，所以我们选择了一些女性职工比较多的商家。我们不会给她们分派什么工作，毕竟人家是兼职。开会的时候，我们就是给她们传达一些精神，或者一些妇女政策，实质性的工作我们是不需要她们来做的。（20210527ZW 访谈记录）

我们通过问卷调查了解基层妇联干部与基层妇联执委（非网格长）联系情况、基层妇联干部与基层妇联执委（非网格长担任的执委）联系渠道、基层妇联执委每年召开座谈会情况等，试图了解基层妇联组织内部结构整合状况。

结果显示（见表4-7、表4-8、表4-9），67.35%的基层妇联干部与基层妇联执委（非网格长）经常联系，22.16%的基层妇联干部有时联系基层妇联执委（非网格长），而3.33%的基层妇联干部很少联系基层妇联执委（非网格长）；基层妇联干部很少将召开座谈会作为与基层妇联执委联系的渠道，还有10.59%的受访者不知道基层妇联执委每年是否召开座谈会。这说明仍然有一部分基层妇联执委与妇联联系不紧密，工作处于形式化状态。

表4-7　基层妇联干部与基层妇联执委（非网格长）联系情况

单位：人，%

选项	频数	占比
A. 经常联系	687	67.35
B. 有时联系	226	22.16
C. 很少联系	34	3.33
D. 从不联系	6	0.59
E. 不清楚	67	6.57

表4-8　基层妇联干部与基层妇联执委（非网格长担任的执委）联系渠道

选项	平均综合得分
A. 微信群	3.42
C. 电话	1.25
B. 召开座谈会	1.15
D. 其他，_____（请注明）	0.06

表4-9　基层妇联执委每年召开座谈会情况

单位：人，%

选项	频数	占比
A. 有	854	83.73
B. 没有	58	5.69
C. 不知道	108	10.59

由此可见，妇联组织为了落实改革任务，将基层妇联执委建设划分为具体指标分派给各个街道妇联，街道妇联在辖区内联系"两新"组织。但是在联系过程中，妇联执委不过是口头答应协助妇联组织开展工

作，签订的协议也不过是形式而已，具体的工作目标与分派任务没有拟定与落实，妇联执委的组织角色不明确。妇联执委作用发挥不充分的情况较为普遍，执委在履职过程中还面临一些挑战。① 调研发现，基层妇联执委来自不同的行业，对妇联工作认识不全面、不深入，对妇联执委的工作职责认识不到位；部分执委缺乏妇女工作经验，不知如何有效地开展基层妇女工作；有一些执委具有妇女工作热情，但是工作创新能力不足，缺少新形势下适合妇女工作的技能与方法；大多数执委忙于工作，对妇女工作的重要性认识不足，参与基层妇联组织工作的积极性不高，难以带领和指导其他执委有效开展工作，没有发挥出应有的作用。

（二）基层妇联主席角色紧张

角色紧张是指在个体所扮演的角色丛中，两个角色的责任义务发生冲突，使个体在时空上难以兼顾，陷入行为选择的困境，进而造成角色扮演的时间或者空间的紧张。"个人同时扮演了过多的角色（例如兼职过多），因而满足不了社会各方面对他抱有的期望。"② 角色紧张主要表现为"人们在实际担当角色过程中所引起的时间和精力上的紧张，一个人对履行自己担任的两个或两个以上不同角色而感受到的情感冲突和心理压力"③。妇联组织的兼职化极易造成基层妇联干部的角色紧张，影响其作用的发挥。

基层妇联队伍一般由 1 名妇联主席、2~3 名妇联副主席、15 名左右妇联执委组成。街道和社区妇联主席基本都是兼职，一般由基层主要领导兼任，如果街道和社区"一把手"是女性，就由该领导兼任妇联主席；如果街道和社区"一把手"是男性，就由女性的副书记兼任妇联主席。在某些情况下，从工作实际出发，由社区党委书记或者副书记兼职社区妇联主席对开展社区妇联工作是有利的，可以为妇联工作提供支持，有助于协调和推动妇女工作。因为社区党委本身就起到教育引领作用，

---

① 李文：《群团改革背景下基层妇联执委队伍建设及其作用研究》，《山东女子学院学报》2019 年第 3 期，第 44~50 页。
② 丁水木：《略论社会学的角色理论及其实践意义》，《社会学研究》1987 年第 6 期，第 101~104 页。
③ 林远泽：《姿态、符号与角色互动——论米德社会心理学的沟通行动理论重构》，《哲学分析》2017 年第 1 期，第 61~97、197~198 页。

同时，社区党委可以整合全社区的资源，争取社会各界、政府部门的支持与帮助，在基层妇联组织链接资源方面发挥重要作用，实现妇联组织信息、资源与其他部门的互通与对接，这有利于妇联工作的开展和落实。

随之而来的问题是，妇联工作在一身兼多职的主要领导的工作中属于从属工作，是代管和兼管，是妇联主席因选拔任用条件而必须兼任的工作。由于工作繁多，基层妇联主席只负责出席个别会议和传达精神之类的工作，具体工作由副书记负责。由于妇联主席的兼职化，街道和社区党委书记及副书记还是以街道、社区整体工作为主，她们在工作中常常把妇女工作融入街道、社区工作中，常常把妇联工作看作副产品，使其处于代管状态，这使妇联从事的妇女工作缺少独立性。

在调研访谈中，当我们问到怎样开展妇女工作时，一位基层妇联主席说："我们平时工作也都不分什么是妇女工作，反正都是社区工作。我们在做老年人工作时就有老年妇女，家庭暴力相关工作也离不开妇女，还有家庭、儿童这些事情都与妇女有关。如果上级妇联需要妇联工作内容，我们把社区中涉及妇女的工作剥离出来就可以了。"（20190523ZX 访谈记录）

在调研过程中，我们发现大部分街道妇联主席都负责其他工作，妇女工作只是兼职妇联主席日常工作的一部分。

> 我们街道的妇联工作其实是和其他工作一起开展的，都是由我一个人来负责。本身我自己还有其他工作，妇联这部分工作，有的时候我是照顾不过来的。我大部分工作也都是上传下达——区级妇联派下来一些工作，我就传达到社区来完成，然后将完成的结果再传达到区级妇联。按照正常情况，我们除了上传下达，还需要做一些创新的工作。但是我现在的工作时间和个人精力有限，真的照顾不到这一部分。我就一个人，如何开展更多的妇联工作？我真是觉得时间精力不够用。（20210528ZW 访谈记录）

由此可见，身兼数职造成基层妇联组织的角色紧张。作为街道的重要组成部分，街道妇联需要遵守"面向基层、面向居民、面向服务"的工作原则，提供有益于妇女发展的服务。然而，身兼数职的街道妇联主席忙于各项具体的行政事务，甚至常常出现一个人负责几个人的工作的情况，工作日程十分紧张，工作量超负荷安排，这就导致街道妇联干部只能沿着行政化思维开展工作。

（三）基层妇联的角色冲突

角色理论认为，处在特定社会结构中的个体需要扮演不同角色，当个人扮演的不同角色抱有不同甚至相互矛盾的角色期望时，就会产生角色冲突。"角色冲突，就是社会成员自己对自己进行的斗争。"① 角色冲突实质上是角色扮演者双重行为选择的价值目标之间产生的张力。基层妇联工作不仅具有政治性与群众性，还蕴含着整合性与灵活性，这决定了基层妇联组织不仅需要承担上级妇联以及党与政府分派的常规性工作，还要不断创新妇女工作方法与妇女服务方式，开展大量有声有色的服务妇女的活动，将妇女全体团结在妇联组织与党的周围。基层妇联组织扮演着服务党和服务妇女的双重角色。

随着社区建设的兴起以及政府精简机构改革的推进，街道办事处作为政府的派出机构，不断落实上级政府对自身"事权下放、服务下沉、工作延伸"的要求。上级政府不断向街道下派工作任务，使街道办事处的工作量增加。而街道妇联属于街道的党群工作部门，加之街道妇联主席为兼职，不仅负责妇联工作，还肩负其他党务工作，行政工作量大，个人工作精力有限，这就使街道妇联主席不自觉地趋于完成"对上负责"的规定动作，"向下负责"服务妇女的创新工作处于应急状态，缺少长效工作机制。

　　　　街道妇联这一块工作其实挺难做的。就比如我，除了妇联工作，我还有其他行政职务。有时群团工作和行政工作不同，它需要不断开展创新活动。妇联的创新工作都是开展一些活动，需要调动人力物力，这个过程其实是很复杂的，就我一个人是干不过来的。你们可能不太了解我们职能机构的设置，我上边的妇联，也就是区级妇联其实由 4 个人负责，包括妇女发展、妇女就业、法律咨询、妇女扶贫，等等。这些工作上边有一些安排，有一些任务的下达，都会

---

① 丁水木：《略论社会学的角色理论及其实践意义》，《社会学研究》1987 年第 6 期，第 101~104 页。

下达到我这里。我只有一个人，我的工作也只能是下达任务，因为真的没有精力。我这个层级也是可以做一些事情的，但是街道和社区还是不一样，街道的工作量也很大，不像社区有网格长，可以一起做。我们一个办公室的人就只有这么多，开展服务活动也确实缺少人力物力。而我现在的工作状态就是，上边派下来的工作还做不完，根本没有时间搞其他活动。（20210523ZH 访谈记录）

从学理上说，基层妇联双重角色之间具有一定的协同性，服务妇女与围绕党和国家中心工作是妇联组织的两个重要方面。但是在社会实践中，由于妇联组织架构被嵌入我国行政体制之内，基层妇联常常被视为政府职能部门，其所具有的组织特点被忽视。加之妇联组织工作资源在多数情况下由政府配置，使妇联组织倾向于回应职能期待，对妇女需求关注不足，这也影响了妇联组织服务妇女的角色效力。

我们基层妇联组织有的时候组织妇女活动还是有一些困难的，因为每天的事情都很多，上边下来一些任务，我和社区的几位负责人都要来做。妇女创新工作这一部分是需要人力、物力、财力、精力的，从策划到召集妇女、动员妇女参与，都是需要花很多时间的。但是我们是专职不专干，上边的活儿一般都是着急的，我们就跟着干行政事务方面的工作，很难抽出时间开展创新性妇女工作。（20210607WGZ 访谈记录）

基层妇联组织按照行政化程序开展日常工作，形成了对上负责的工作思路，其组织效力展现在对上级部门的服从。而妇联组织内部虽然有自成体系的结构，但是上级妇联对下级妇联只有指导关系而非领导关系，这在一定程度上削弱了基层妇联服务妇女角色的内在生成动力，使妇联组织配合地方的中心工作而不仅仅是完成服务妇女的工作。当双方任务同时下达时，基层妇联组织往往优先完成上级部门与所在社区的指令性任务，而将服务妇女的创新工作放在其次。可以说，基层妇联组织需要处理双重角色的张力，寻找平衡双重角色的有效路径。

二 基层妇联工作方式的路径依赖

路径依赖类似于物理学中的惯性，意味着一旦历史地选择走上了某一条路径，无论好坏都会对这条路径的既有方向产生依赖，常常表述为一种自我强化的机制。① 路径依赖也可以指制度一旦固着在组织结构中就会限制制度变迁的空间。路径依赖理论认为，制度环境的复杂性以及制度设计者的局限性决定了制度不可能完全符合环境实际，在这种情况下，制度的运行可能存在多种路径。由于制度本身具有收益递增的特性，一旦制度选择了自身收益递增路径，就会产生自我强化的力量，路径依赖就会产生。"路径依赖是过去的历史经验施加给现在的选择集的约束。"② 也就是说，过去的行为路径限制了现在行动的选择，制度一旦选择某一路径发挥原有整合功能，就会在以后的组织发展中不断自我强化，阻碍组织制度的创新与整合功能的进一步强化，从而影响组织对环境的适应性。

将路径依赖理论运用到妇联改革实践当中，深化基层妇联组织改革必然涉及对基层妇联原有工作制度与机制的调整甚至突破。但是组织制度一旦形成就会产生一种变迁的惰性，导致基层妇联组织体系无法进一步创新发展。以路径依赖为分析视角不难发现，当前基层妇联行政化、机关化等发展困境在很大程度上是由基层妇联组织制度的固化导致的，即基层妇联组织原有的运行制度会形成强大的自我防御力量，进而导致自身整合功能在组织变革中的充分发挥，甚至导致整合功能进入"锁定"状态。

（一）对组织整合方式的依赖限制基层妇联职能转变空间

路径依赖过程通常并不是突出地表现在单个组织或制度层次上，而是表现在涉及制度和组织构造的互补性构造的宏观层次上。③ 基层妇联

---

① 何俊志、任军锋、朱德米：《新制度主义政治学译文精选》，天津：天津人民出版社，2007，第 184~185 页。

② 道格拉斯·诺思：《理解经济变迁过程》，钟正生、邢华等译，北京：中国人民大学出版社，2008，第 48~49 页。

③ 马耀鹏、诺斯：《路径依赖理论的基本要义探析》，《科学·经济·社会》2009 年第 2 期，第 98~101 页。

组织所形成的职能结构，实际很大程度上是作为政党组织体系在群团组织中的"映射"存在的，同时受到来自党组织结构的影响而表现出"官办性"色彩。这种特征的实质是妇联组织整合机制与党政组织结构深度嵌联。

不可否认，在政府职能转变改革的浪潮中，中央政府与地方政府、政府与市场、政府与社会的关系将被重塑，自然而然基层妇联组织也会策略性地提升组织效能，在行政流程方面取得进展。但是当改革涉及组织整合这一核心问题时，改革就会遇到阻力。有研究表明，基层妇联组织在群团改革进程中出现了一种路径依赖现象：当改革没有涉及组织成员的核心利益问题时，妇联组织保持着独立的社会组织身份，承担政府所转移的职能；但当改革涉及组织整合机制时，基层妇联组织就转变成政府机构，以行政化的方式方法开展工作，以凸显自身的机关性质。[1]

这一研究成果为我们理解妇联组织产生路径依赖提供了思路。宏观制度环境的改变影响了妇联组织维持自身利益，为了保证自身的利益，妇联组织不得不按照原有的组织结构进行运作，也就是以原来机关部门的方式开展工作，强化组织利益结构，体现组织整合机制对改革前的路径依赖，从而限制了基层妇联组织职能转变的空间。

（二）对权力配置的依赖削弱基层妇联组织满足妇女需求的能力

政府职能转变是基层妇联组织满足妇女需求的基础。在转变职能的过程中，政府应该管哪些、不应该管哪些并不是"一刀切"的，而是需要不断探索。妇联组织在这一过程中为政府与社会架起一座桥梁，通过妇联组织，政府能够逐渐明确哪些适合自己做、哪些不适合自己做。当然，能做与否的标准并非来自政府，而是来自妇联组织联结的另一端——妇女群众。从这个角度来说，政府职能转变能够提升基层妇联组织满足妇女需求的能力。

然而，政府转变的是职能部门工作的评价标准而非妇联组织工作的评价标准。长期以来，基层妇联组织接受双重领导——在工作方面接受上级妇联的指导，在组织方面接受同级党委领导。有学者指出，上级妇

---

[1]　毛丹、陈佳俊：《制度、行动者与行动选择——L市妇联改革观察》，《社会学研究》2017年第5期，第114~139、244~245页。

联对基层妇联的指导作用不过是形式上的，基层妇联组织的权力配置依然归属于党政系统。基层妇联的组织结构依托党政的层级结构，在以层级结构为依托的权力配置作用下，上级政府与同级政府对基层妇联组织的财权下放成为可能。

与此同时，基层妇联组织内部的创新活力一部分来自体系内部的晋升。在权力配置与晋升通道的双重作用下，基层妇联组织成员"理性地"唯上，未能将组织行为关联到妇女需求上。这种唯上逻辑体现在基层妇联组织工作的考核标准上。研究发现，基层妇联组织工作的评价主体来自政府而非妇女群体，政府对基层妇联组织工作的考核标准多以"活动照片""出席人数"为主。

不可否认，同级政府作为审计制度的主导者拥有绝对的权威，其所执行的审计制度能够对政府部门的事权进行有效问责。但是基层妇联组织工作具有高度的群众性，所以基层妇联组织工作的评价主体绝非只有上级政府，还包括群众。审计所具有的量化指标对于群众的需求来说，无法实现合理的评估效果，审计项目更缺乏对组织职能履行结果的后置性追究。上级对基层妇联组织工作的评估直接关系到组织的工作业绩，所以在评估制度旧有执行路径的强迫下，基层妇联组织开展工作多以服务人数为核心标准，以上级制度需求为导向，从而导致满足妇女需求的路径构建受阻。

由此可见，妇联组织工作评价机制的固化是对自身权力配置的一种路径依赖，这弱化了基层妇联组织满足妇女需求的功能。

（三）对"条块"管理体制的依赖阻碍基层妇联工作运行机制创新

组织行为方式是路径依赖理论中影响制度变迁的重要变量。"从现存制度获益较多的人赋有维持现状的资源和能力，他们会成为既得利益者保证现存制度继续存在的力量。"[①] 因此，组织在制度变迁的过程中常常会出现权力部门化、部门利益化、利益集团化的倾向。组织成员在组织结构的壁垒下天然形成了某种利益小团体，在组织制度变迁的过程中干扰甚至阻挠组织制度变迁所带来的利益碰撞。这种部门间的壁垒带来的路径依赖在基层妇联组织中表现得尤为明显。

---

① 青木昌彦：《比较制度分析》，周黎安译，上海：上海远东出版社，2001，第236页。

我国的政府组织结构是一种"条块"结构，基层妇联的组织结构也具有政府组织的"条块"性质。如图4-1所示，基层妇联组织在纵向上从属于上级妇联组织，在横向上从属于本级政府。需要注意的是，基层妇联组织与上级妇联组织只是业务上的指导与被指导关系，以确保妇联组织整体行动的统一，而基层妇联组织与同级党委是领导与被领导关系，以实现同级政府党群工作形成一个统一整体。

然而，基层妇联在实际运作过程中接受党组织的领导与财政支持，党组织具有对基层妇联组织的人事任免权力。从基层妇联组织权力配置来说，党委对基层妇联组织起着绝对领导的作用，"妇联内部的层级领导是形式上的，真正对妇联起领导作用的是当地的党和政府"[1]。另外，基层妇联组织的触角——社区妇联是社区网格化治理中的重要组成部分，妇女专干属于社区组织成员。妇女专干不仅要负责上级妇联分派的工作，而且要听从社区领导的指挥，社区妇女专干的"专干不单干"工作职责加深了基层妇联组织"以块为主"的特征。

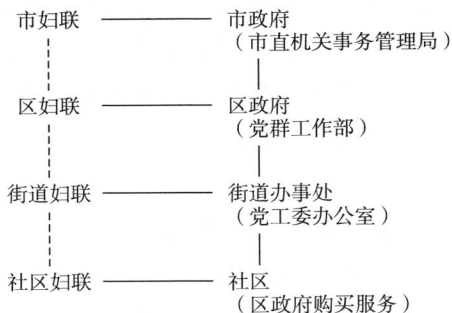

市妇联 ———— 市政府（市直机关事务管理局）
区妇联 ———— 区政府（党群工作部）
街道妇联 ———— 街道办事处（党工委办公室）
社区妇联 ———— 社区（区政府购买服务）

图4-1　基层妇联组织结构

因此，社区妇联在开展妇女工作时常常出现"借用"社区活动的行为。社区妇女专干认为，只要是社区举办的活动，有妇女参加就算是妇女工作。在没有清晰的"条块"工作守则的情况下，妇女专干很容易将社区工作等同于妇女工作，妇联工作的性别意识逐渐被淡化。另外，区级妇联在开展妇女工作时常常会遇到"人手不够用"的情况，即便如此，区级妇联工作人员也不会利用组织结构优势调动下级妇联参与工作。

① 黄粹：《妇联组织官办性的成因分析：一种路径依赖》，《大连理工大学学报》（社会科学版）2011年第2期，第75~79页。

虽然一个社区配备一名社区妇女专干，但是从区级管辖的范围来说，一个区有 20 多名妇女专干，足以成为一支强大的妇女工作队伍。然而，受"块块"壁垒的影响，这些妇女专干无法获得人力资源整合。在区级妇联干部看来，妇女专干是"社区的人"，妇联没有职权调动社区的人为区级妇联出力。

基层妇联组织运行机制受阻，正是"条块"结构下的组织行动方式依赖导致的。路径依赖理论认为，制度反映了当事人的信念，或者至少反映了制定规则的当事人的信念；信念则反映了当事人的语言和文化传统。[①] 也就是说，路径依赖的产生由制度影响下的行为方式决定。在妇联组织运行过程中，由于受到"条块"组织结构的影响，各级妇联在各级党委的领导下增强了部门中心意识，却淡化了妇联组织的整体观念。加之各层级妇联组织"条块"关系不规范，权责不清晰，造成各级妇联工作的开展更多是围绕"块"的中心任务，上级妇联的工作却成了附属。

由此可见，在"条块"组织结构的作用下，基层妇联组织的行为方式依赖横向同级部门，这就削减了妇联组织整体职能，阻碍了基层妇联工作运行机制创新。

（四）行政化工作阻碍了服务化妇女工作的有序开展

虽然妇联通过"会改联"、区域化改革方式拓展了基层妇联组织结构，但是组织行政体系管理的惯性依然发挥作用。绝大多数基层妇联干部仍然采用上传下达的常态化工作模式：一方面将来自上级的指令通过文件或者会议的方式层层传达到基层妇联，另一方面将基层妇联收集的大量信息进行分析处理后反馈给上一级。如我们进行访谈时有人说："像我在妇联这边的任务都是街道下发的，街道也是从市里到区里这样一级一级传达下来的。我们根据上级的要求在社区找居民，如果这个项目不适合自己辖区的情况，那就向上级反馈，有的时候就我们自己想办法弄。老话不是说，有办法就想好办法，没有办法就自己创造办法。"（20201103FXN 访谈记录）

---

① 道格拉斯·诺思：《理解经济变迁过程》，钟正生、邢华等译，北京：中国人民大学出版社，2008，第 49 页。

这种从中央到基层的组织架构，层级复杂，妇联在传达过程中难免出现信息流失、数据失真、相互推诿、重复工作等现象，浪费了大量的时间和精力。位于金字塔顶端的决策层部室繁多、人员充沛，总是不停地分派任务、发号施令，根据部门的工作职责召开专题工作会议，向下级部门布置任务，要求下级部门定期进行工作汇报等。如我们进行访谈时有人说："平时像烘焙、育婴、编织这些活动都是我们大家通过好多次会议商量决定的，那培训活动确定后我们就下派给下级，让他们来执行。当然我们也不是设计完活动，一分配就什么都不管了，他们也是要向我们定期反馈执行情况的。"（20201103ZN 访谈记录）

而处于金字塔底端的基层妇联人员短缺、成员身兼数职，只能因循守旧，花费大量的时间和精力来执行上级指令，在探究妇女需求上则力不从心。如我们进行访谈时有人说："我是公益岗兼任妇女专干的。妇联这边的工作都是街道的冯姐通知的，整个社区的工作人员本来也没有多少，而且我们还在一楼，有时候居民进来问个路、取点东西，你说你也不能不理，这不都是时间嘛。偶尔社区举办活动的时候，也都是大家一起忙活，根本没什么时间去走访居民。"（20201103LYX 访谈记录）

为了确保基层妇联落实工作指令、反馈真实信息，上级妇联不得不对进展情况予以定期或者不定期的督查，如此常态化的工作模式使妇联组织即使脱离了妇女群众也仍然忙忙碌碌。妇联"习惯于在自己的圈子里思考、愿意做体制内的事，还不习惯于把妇女问题、妇女工作置于社会发展的大背景中去谋划，其结果是在圈子内精耕细作但社会影响不大"①。

三　科层制的理性限度与目标置换

妇联组织结构在改革的过程中得到了完善，改革后的妇联组织具有"横向到边、纵向到底"的组织架构，其组织力与执行力得到了显著提升，能够有效联系妇女，将党和国家的号召转化为妇女的实际行动。但是妇联改革是在保留科层体制的基础上进一步完善位于科层体系中的底

---

① 汪超：《"一型四化"视角下妇联基层组织建设的治理现代化——以湖北省为表述对象》，《湖北社会科学》2015 年第 5 期，第 69~74 页。

端结构，因此，只要科层体制存在，现代科层制就会在促进妇联组织高效发挥作用的同时，通过自身带有的理性限度对妇联组织的功能产生影响。

（一）妇联工作科层化管理中的理性限度

科层制是马克斯·韦伯提出的用于概括现代社会组织管理方式的概念。科层制的主要优势特征包括权力分层、分工明确、专业化量才用人、有详尽且明确的组织规则规章制度、组织成员较为理性、职务的天职化。在韦伯看来，现代的科层制"具有最高的效率，最好的管理手段。它在精确性、稳定性、纪律性以及可靠性上优于任何其他形式"[①]。科层制凭借自身的理性优势在工业社会得到了快速发展。

然而，随着工业社会的深度发展，科层制的非理性因素暴露出来，其本身所具有的理性限度开始显现。一些西方学者开始反思科层制存在的局限性，其中最受争议的是科层制对专业性的限制以及事本主义所带来的组织成员非人格化特征。

科层制照章办事，长此以往易形成固化的组织反应模式，反应模式的固化造成组织学习动机钝化，组织缺乏学习行为，固守经验，阻碍组织的专业化发展。另外，以事本主义为特征的科层制在组织管理中发挥高效作用的同时，也极易造成组织的非人格化特征，缺乏对社会发展过程中社会成员多元需求的回应，阻碍了组织的理性化发展。

科层制自身固有的理性限度对妇联组织功能发挥产生了一定的影响。

首先，对妇女工作专业性的影响。作为"一根针"的基层妇联组织擅长在社区治理平台中完成妇女日常事务工作，在社区科层制度中照章办事。对社区行政机制的高度依赖使基层妇联组织形成了固有的妇女工作应对模式，缺少对妇女工作专业知识的掌握。调查结果显示，23.63%的基层妇联工作人员没有参加过妇联部门组织的培训（见表4-10），没听说过社会性别理论的占8.24%（见表4-11），认为社区工作不需要分性别的占51.96%（见表4-12）。

---

① 亨德森、塔尔科塔·帕森斯：《马克斯·韦伯：社会和经济组织理论》，纽约：自由出版公司，1947，第143页。

表 4-10　基层妇联工作人员参加培训的情况

单位：人，%

选项	频数	占比
A. 参加过	779	76.37
B. 没参加过	241	23.63

表 4-11　基层妇联工作人员对社会性别理论的了解情况

单位：人，%

选项	频数	占比
A. 非常了解	337	33.04
B. 比较了解	250	24.51
C. 一般了解	304	29.80
D. 比较了解	23	2.25
E. 非常不了解	22	2.16
F. 没听说过	84	8.24

表 4-12　基层妇联工作人员对社区工作分性别重要性的认识情况

单位：人，%

选项	频数	占比
A. 需要	375	36.76
B. 不需要	530	51.96
C. 没考虑过	115	11.27

由此可见，基层妇联组织具有科层优势，但是其在开展工作过程中的经验主义往往使其忽视对妇女工作的专业学习，使其缺乏专业性，亟须专业妇女社会工作嵌入其中，增强妇女工作的专业性。

其次，事本主义无法关注女性群体的特殊性。按照科层制理论，科层体制组织成员需要非人格化（理性人），组织中的活动对事不对人，照章办事，呈现事本主义态度。但是当事本主义和非人格化管理在现实妇女工作中被运用到妇女群众身上时，不仅忽视了男女之间的生理差异，还把妇女群体当作同质性群体，缺少对特殊性弱势妇女群体的差异化关注和帮助，也就没有实现妇联组织职能的"天职化"，即以人民为中心，以服务妇女群众为天职。而基层妇联组织则更需要尽职尽责的魅力型管理者和工作者，只有这样，才能对妇女有感召力，才能起到联系、服务、凝聚和引领妇女的作用。

（二）组织的目标置换与基层妇联工作

组织由组织成员构成，组织成员的目标也被称为个人目标，它是由每个成员的需求结构决定的。由于个体需求不同，一般来说，组织成员具有多重目标。个人的需求结构不同，目标也不同，因此，加入组织的成员需要经历对组织目标的认同过程。

组织目标是一个体系，既包括整个组织的目标，也包括个人目标。所有组织都存在如何把组织目标和个人目标相统一的问题。如果组织成员的个人目标与组织目标不一致，就会出现组织目标置换，影响组织目标的实现。

妇联组织具有与党和政府之间的天然联系，是党委和政府联系妇女群众的助手，可以为组织成员提供较好的内外环境、较好的福利待遇和相对安稳的工作，因此，有些加入妇联组织的成员把实现组织目标视为实现个人目标的手段。实现组织目标成为实现个人目标的条件，使有些基层妇联工作人员机械地"守摊"，把"守摊"当成工作，只管分内指派的事情，把工作上的具体任务或完成目标的手段当成组织目标，只顾自己分工那一块小目标，淡化了组织的大目标。其实这也是所有具有科层化体制内组织成员都存在的问题。例如，当被问到如何开展妇女工作时，某基层妇联主席回答说："我们开展工作也不是所有下面的妇联成员都愿意做、都有积极性。有的人不积极也就不找她们了，下面有很多基层妇联干部，总有一些素质比较高的、工作能力强的、有主动性和创造力的，我们就把任务委派这些人。"（20201224WJ访谈记录）

调研还发现，有些基层妇联组织成员对组织目标没有较为清晰的认识。当被问及按何种程序完成妇联组织目标时，大部分妇女专干都做出了这样的回答："我们是妇联在社区的工作人员，一般情况下，上边让我们做什么我们就做什么，比如开展培训活动、召集妇女群众，我们就联系网格长，需要什么报表我们就网上交，没有特定的程序。我们一般就是随叫随到，什么活儿都干，有的时候很难开展专门的妇女服务活动，因为没有精力。你看我们的工作细则也规定了，叫专干不专职。啥意思呢？就是除了妇女工作这一块，其他的工作，比如协助社区的工作，也

都要做。"（20210523ZSF 访谈记录）

由此可见，基层妇联组织成员仅仅对社区的行政目标或者阶段目标较为熟悉，但对服务妇女的阶段目标与长远目标缺乏认知。调研还发现，一些社区活动表面上开展得有声有色、热热闹闹，但主要的参与者都是社区安排好的，由少数指定的妇女参与，影响力不够广泛。有的基层妇联组织把活动当成工作，"雷声大雨点小"，满足不了妇女的需求，阻碍了组织目标的实现。

如何内化组织目标，协调个人目标与组织目标之间的关系，是深化基层妇联改革面临和需要解决的问题。基层妇联组织需要对基层工作者进行组织目标、组织价值、服务理念的培训，使其加强对组织章程的学习，把业务素养的提升融入主题教育的政治学习中。

综上所述，妇联改革实践还存在改革方案在执行中的"目标替代"和行政化内卷现象，存在决策层战略部署与执行层行动策略之间的博弈①，这在一定程度上影响了妇联组织在治理体系中独特优势的发挥和功能的实现。

第三节 深化改革的"破难行动"

面对妇联改革过程中存在的诸多困境，为了促进妇联组织更好地实现政治使命、履行政治责任，更好地发挥党和政府联系妇女群众的桥梁和纽带作用，更好地担当中国共产党开展妇女工作最可靠、最有力的助手，把妇联组织建设得更加充满活力、更加坚强有力，2020 年 5 月 21日，全国妇联印发了《关于深化妇联组织建设改革 实施"破难行动"的意见》（以下简称"《破难行动》"），要求各级妇联深入学习贯彻习近平总书记关于"把妇联改革进行到底"的重要指示精神②，切实增强紧迫感和主动性，从解放思想、转变观念这个总闸门入手，紧紧围绕"强三性""去四化"改革要求，从妇情民意出发，聚焦瓶颈和硬骨头，

---

① 杨柯、唐文玉：《路径依赖、目标替代与群团改革内卷化——以 A 市妇联改革为例》，《华中师范大学学报》（人文社会科学版）2022 年第 3 期，第 80~88 页。

② 《中国妇女十二大报告：将新时代妇联组织改革进行到底》，中国经济网，http://www.ce.cn/xwzx/gnsz/gdxw/201810/30/t20181030_30662867.shtml。

进一步强化责任、大胆创新、攻坚破难，不断增强基层妇联组织改革的主动性，聚焦妇联组织面临的困境，打破妇联改革前进中的桎梏，聚焦改革实践遇到的新问题和改革存在的深层次问题，以钉钉子精神攻坚破难，提出解决问题的新理念、新思路和新办法，以更大的力度将基层妇联组织改革向纵深推进。

一　"破难行动"的总体要求

为摆脱改革困境、克服改革障碍，全国妇联从政治高度和宏观视角出发，提出"破难行动"的总体要求，即以习近平新时代中国特色社会主义思想为指导，认真贯彻落实习近平总书记同全国妇联新一届领导班子成员集体谈话时的重要讲话精神，深刻把握党的十九届四中全会对妇联组织建设改革提出的任务要求。具体来说是：坚持党的领导，坚持问题、目标、结果导向相统一，着力深耕基层。

（一）坚持党的领导

党的领导是做好基层妇女工作的根本保证。坚持党的领导，提高政治站位，以保持和增强政治性、先进性、群众性，去除机关化、行政化等脱离妇女群众的突出问题为主题主线，坚持以妇女群众为中心，切实履行引领服务联系职能。因此，各地要将"破难行动"纳入党建工作总体部署，充分发挥妇联党组的领导核心作用。政治性是基层妇联组织的灵魂，为不断增强政治意识，"破难行动"要发挥党建的作用，通过党建带妇建，全面推进基层妇联组织各项建设；要不断完善基层妇联组织体系，建设一支讲政治、专业化的专兼职干部队伍；不断增强工作载体的鲜明特色；推动将党建带妇建作为党建工作责任制的重要内容，促进基层妇女工作阵地作用有效发挥，构建规范、长效的工作机制。

关于组织保障，"破难行动"要求各级妇联上下贯通，形成合力。省级妇联统筹规划"破难"着力点，市级妇联负责"破难"的前线指挥，县级妇联带领村、社区妇联把"破难"任务落实到位。在此基础上，全国妇联及时跟进"破难行动"的效果，总结"破难行动"取得良好效果的案例并进行宣传与推广。

（二）坚持问题、目标、结果导向相统一

从妇联改革的成效来看，基层妇联组织在组织形态构建、干部队伍

建设等方面取得了制度性与实践性的成果，政治性、先进性、群众性不断增强。但是我们也应该看到，妇联改革从顶层设计到具体落实还有提升的空间，改革效果还没有完全呈现。"破难行动"就是要针对改革过程中存在的问题，如妇联组织缺人员、缺资金、缺场地，基层妇联组织覆盖存在盲区，对一些新出现的妇女群体政治引领不够，妇女服务不精准等，进行深层次解决，补短板、强弱项、建机制，破解改革难题。

针对妇联组织改革的短板与弱项，"破难行动"要实现哪里有妇女群众，哪里就有妇联组织，破除妇女工作的攻坚难点，即怎么有利于做好妇女工作，就怎么构建妇女工作机制。"破难行动"要使妇女工作常态化，让妇女工作出成果、见实效。此外，"破难行动"还要因地制宜，以妇女问题为导向推动工作创新制度化，以妇联改革目标为导向推动妇女工作创新常态化，以结果导向推进妇女工作创新品牌化。

"破难行动"要提升妇联组织的整体效能。妇联改革在不同层级的妇联中取得明显成效，但是各级妇联工作合力产生的效果还未充分呈现。此次"破难行动"就是要强化妇联组织上下级之间指导与被指导的关系，建立健全妇联组织双重领导的协调机制，进一步明确不同层级妇联的职能定位，明确分工、加强合作。省市级妇联要认真贯彻全国妇联改革部署，因地制宜开展"破难"工作；县级妇联要吃透上级妇联"破难"任务，摸清下级妇联工作现状，狠抓"破难"任务落实情况，从而形成上下联动的"破难"格局。

（三）着力深耕基层

"破难行动"要坚持基层第一、重心下移，着力深耕基层，夯实基础增强效能：力戒形式主义、官僚主义，切实发挥妇联组织在基层社会治理中的作用，筑牢党长期执政最可靠的阶级基础和群众基础，切实发挥妇联组织在基层社会治理中的作用。"破难行动"要依托妇联组织基层阵地，引导妇女有序参与社会治理实践，强化妇女群众当主角的意识，加强对"妇女朋友圈""妇女微家"的运用，打通联系妇女群众的"最后一公里"，以信息化技术消除阻碍联系妇女的因素，发挥妇联组织联动优势，借势借力，更好地推动妇联改革的进一步深入。

"破难行动"要以更大的力度破除基层妇联组织改革的障碍：坚持重心下移，全面深化村（社区）妇联改革成效，不断完善基层妇联执委的工作机制，发挥基层妇联执委的长效作用，使基层妇联组织架构更加完善，效用持续发挥，作用更加明显；扩大新领域与新业态妇女群众的覆盖面，填补盲区。基层妇联组织要做到妇女工作内容明确，妇联执委职责明晰。

"破难行动"要落实对基层妇联的经费支持和财力保障，妥善解决基层资源短缺问题：按不低于妇女人均一元钱标准划拨的工作经费重点向基层倾斜，将村（社区）妇联工作经费纳入村级组织运转经费统筹解决，资金、资源、项目全力向基层倾斜。

总之，党和政府要通过"破难行动"把妇联组织建设得更加充满活力、更加坚强有力，使其在推进国家治理体系和治理能力现代化进程中发挥作用、贡献力量。

二　"破难行动"的具体任务

（一）　全面推进县级妇联改革"破难"

全面推进县级妇联改革"破难"，即通过压实县级妇联改革目标责任，建设充满活力的妇联工作队伍。县级妇联要做好做实"联"字文章，打通妇联组织体系关键环节，切实提升组织运转效能。县级妇联是基层妇联的枢纽，起着承上启下的作用。因此，县级妇联改革是基层妇联组织改革的重点领域。县级妇联组织要明确自身职责定位，在党政所需、妇女所盼中找到工作的创新点，深入开展群众活动，帮助妇女解决问题。只有县级妇联充满活力，基层妇联才能形成合力。

通过妇联改革的实践可以发现，即使基层妇联组织通过"会改联"队伍有所壮大、结构有所强化，也只是解了原来基层妇联人手短缺的近渴，还远不能提供"妇女所急"的服务。虽然"区域化"打破了妇联壁垒，使组织手臂得到延伸，为妇联跨区域开展妇女工作提供了组织基础，但是如果没有"联"的机制运转，即使有组织架构，妇联组织也终会因缺乏协同运转机制而成为空置。

（二）　着力推动组织覆盖"破难"

组织覆盖"破难"既要广度又要深度。在广度上，组织覆盖"破难"要不断巩固已有的组织覆盖网络，实现村（社区）的全面覆盖；在深度上，组织覆盖"破难"要适应城乡发展的趋势，掌握妇女在不同职业分工上的利益需求，根据妇女流动的特点创新妇联组织覆盖形式，切实发挥基层妇联组织的枢纽作用。妇联组织要在巩固已有组织的基础上，加快推进新领域妇女组织建设，推动社会组织中妇女组织应建尽建，促进新领域其他方面灵活设置妇女组织，加强妇联网上组织和工作平台建设，构建完善立体化、多层面的妇联组织体系。

《破难行动》提出了诸多机制向效能转化的具体意见，如夯实基层基础，在自然村屯、村民小组、家庭农场、农民合作社、农村电商、农家乐以及社区网格、居民楼栋、妇女兴趣组织、联谊组织等妇女生产生活最小单元普遍建立妇女小组；探索基层妇联组织与社区网格化管理的有效融合，在日常生活中通过"看、听、问、帮、报、想、讲、记"服务妇女群众；大力推动村（社区）妇联主席进入村（社区）党组织和村民（居民）委员会。

（三）大力推动基层执委作用发挥"破难"

随着改革的不断深入，各个领域的优秀女性都被吸纳到妇联组织中，形成了优势明显的基层妇联执委队伍。"破难行动"的重点就是不断完善基层妇联执委的工作体制机制，明确执委的分工和职责，促进执委本职工作与妇女工作相结合。基层妇联组织要统筹执委资源，搭建执委服务妇女平台，通过深入实施"基层妇联领头雁培训计划"，健全基层妇联执委长效工作机制，不断提高基层妇联执委队伍的任职能力和水平。

（四）持续推动妇联组织作风建设"破难"

作风建设永远在路上。基层妇联组织作风建设也是此次"破难"中的重要任务。基层妇联组织要坚持群众路线，以求真务实、真抓实干的作风，掌握基层妇情，为妇女群众办实事，实现妇女工作可持续、细致化，开展妇女需求研究，健全完善调查研究机制，畅通联系妇女群众渠道，做深做细做实密切联系妇女群众的各项工作，切实增强做好新时代党的妇女群众工作的责任感、使命感。

三 "破难前行"——以 C 市妇联和 S 区妇联"破难行动"为例

全国妇联印发的《破难行动》为推进妇联组织改革，增强其政治性、先进性、群众性提供了可操作方案。本书基于对 C 市妇联和 S 区妇联的"破难行动"的参与观察，以 C 市妇联和 S 区妇联落实"破难行动"的具体做法为例，呈现"破难行动"的过程和效果。

（一）狠抓"破难行动"任务落实，深化妇联组织改革

在"破难行动"的不断推行下，C 市妇联为全面贯彻落实《破难行动》，围绕"建"字织密网络，推动组织覆盖"破难"。

1. 织密基层妇联组织新网络

全国妇联实施改革以来，各级妇联组织因地制宜，建立了一批务实管用的制度。C 市妇联既要发挥好这些制度的作用，又要善于总结梳理工作中的好经验好做法，及时上升为制度，切实做好坚持和巩固、完善和发展、遵守和执行。

首先，应建尽建全面"建"。C 市妇联全面巩固村妇代会改建妇联、乡镇妇联组织区域化建设改革成果，在全国率先探索打造村民小组、村屯、居民网格"妇女微家"，建立了 110 个"微"妇联、878 个屯（组）妇联和 10 个妇建联盟。①

其次，深挖新兴领域"建"。C 市妇联聚焦组织覆盖难点，坚持党建引领，按照"怎么有利于做好妇女工作，就怎么建妇联组织"的工作思路，积极争取市非公党工委支持。C 市妇联下发《关于在全市非公企业和社会组织建立妇联（妇委会）的通知》，将行业协会、"两新"组织等新领域，工业园区、商务楼宇、专业市场等妇女集中地，广场文体团队、女农民工、流动妇女、自由职业女性等新群体，全部纳入党建带妇建的共建范围，采取单独创建、行业统建、区域联建等方式，因时因地因需，创建楼宇、创业街、社区联盟等特色妇联。截至 2020 年底，C 市在"两新"等妇联组织盲区领域建成 148 家基层妇联。

再次，拓展网上平台"建"。C 市妇联以一个区妇联为试点，联合市妇联常委所在单位妇委会等 7 名妇女代表，成立了全市首家"互联网"妇联，整合各级、各界妇联组织网上平台及相关单位官方媒体资源，融合大 V、网红等自媒体资源，实现网上资源有效对接，凝聚起新媒体、

---

① 全国妇联主席沈跃跃、全国妇联副主席黄晓薇对此给予充分肯定，《中国妇女报》以《党建带妇建，"屯"上建妇联》为题在头版予以报道。

电商领域的强大"她"力量，构建了"线上+线下"两条战线共同服务妇女发展的工作格局。

最后，开展社会组织培育行动。C市着力打造以妇联组织为核心和枢纽，覆盖更加广泛、功能更加完善、管理更加规范、作用更加显著的"妇联+女性社会组织"工作新格局。C市妇联通过购买服务、项目联动、资源共享等形式，孵化、培育、扶持更多社会急需、有发展潜力、专业化的女性社会组织。此外，C市妇联还将符合条件的女性社会组织及时吸纳为妇联团体会员，把女性工作骨干吸纳为妇联执委或妇女代表，建立联系制度，加强对女性社会组织的引导服务，使妇联成为党联系女性社会组织的重要纽带。

总之，为落实《破难行动》，基层妇联组织已经在构建与新型现代文明形态相适应的妇联组织形态上下足功夫，逐步解决目前基层妇联组织"倒三角"的组织结构与妇联功能不匹配的问题，摆脱不适应妇女需求的工作路径束缚，全面开展基层妇联组织运行体制机制创新。

2. 强化"联"字，扩容培优，推动作用发挥"破难"

C市妇联充分发挥妇联工作优势，努力在"联"字"破难"上下功夫，通过一系列新举措，强化妇联队伍扩容培优。

一是拓宽执委履职路径。C市妇联依托和支持妇联执委在联系服务妇女群众、参与疫情群防群控等方面发挥更加积极的作用，让妇联执委真正成为基层妇联开展工作的"智囊团"和"领头雁"。C市C区结合"互联网"妇联13名执委的工作特点，以行业相近、业务相关为基础，成立素质提升、健康产业、文旅推广及扶贫帮困四个执委特色工作室，通过开展反家暴条例讲座、举办电子商务培训班、组织调研交流等活动，积极为线上线下妇女儿童和家庭提供多元化的特色精准服务，打通为妇女群众服务的最快通道；充分发挥妇联执委在群防群控中的积极作用，第一时间号召全市各级妇联执委深入一线做好"宣传员""服务员""战斗员"，为坚决遏制疫情蔓延、打赢疫情防控阻击战贡献巾帼力量；落实"基层妇联领头雁培训计划"和"行动计划"，有序推进妇女干部和妇联执委实训项目，进一步提升妇联干部、执委、优秀女性引领、联系和服务妇女群众的能力水平。

二是壮大女性社会组织队伍。C市妇联积极探索妇女工作新模式，强化对女性社会组织的引领、培育和服务，打造了 C 市女企业家协会、朝鲜族妇女协会、归国女性人才协会等特色女性社会组织品牌。市妇联积极倡导市卫健委、市民政局给予支持，组织 22 家医院的 137 名优秀女医务工作者成立女医务工作者协会，持续做好对女医务工作者的关爱、服务和联系工作，调动女医务工作者参与妇女儿童健康事业的积极性。协会成立后多次深入基层村屯为广大村民送义诊、送宣教，开展送医下乡健康义诊活动①。

三是强化典型示范带动作用。C 市妇联主动加强与优秀女性代表人物的联系，并将其吸纳到妇联执委队伍中，通过报纸、电视、网络、"三微一端"等媒体宣传优秀女性代表人物典型事迹，推荐优秀女性代表人物参加"巾帼建功标兵""三八红旗手""春城杰出女性""创业创新标兵"等全国及省市评先选优活动，用最鲜活的教材、最直观的导向引导各级妇联干部、执委学习先进事迹，用实际行动树立起妇联组织担当作为、服务妇女、奉献社会的良好形象。

3. 强化基层妇联组织新基础

"一核多元"的社会治理结构根基在于党的领导——党是核心，处于"总揽全局、协调各方"的领导地位。妇联改革实践也证明，"党建带妇建，妇建服务党建"是提升基层妇联组织力、扩大组织覆盖面的有力保障。针对妇联组织改革缺少价值导向的问题，《破难行动》进一步明确了党建带妇建的体制，提出坚持党的领导，把党建带妇建贯穿始终。C 市妇联坚持实行分级管理、以同级党委领导为主的体制，妇联组织接受同级党委和上级组织的双重领导；积极主动向党委请示报告妇联工作重大事项，定期向党委常委会汇报妇联工作，推动将"党建带妇建"作为党建工作责任制的重要内容，将深化妇联组织建设改革、实施"破难行动"纳入本地区党建工作总体部署；推动落实妇联党员主要负责人作为同级党委委员候选人提名人选、参加或列席同级党委有关工作会议的规定；充分发挥妇联党组的领导核心作用，在具备条件的县级妇联成立党组，在不具备条件的县级妇联，其领导班子应承担起贯彻执行党的理

---

① 《中国妇女报》分别以《J 省 C 市成立女医务工作者协会》《C 市女医务工作者协会"送医下乡健康扶贫"》为题连续两次在"学习强国"平台予以宣传报道。

论和路线方针政策的政治责任和抓党建的主体责任。

此外,《破难行动》还就资金不足问题提出了意见:在党委领导下,推动贯彻有关文件要求,落实对基层妇联的经费支持和财力保障,按不低于妇女人均一元钱标准划拨的工作经费重点向基层倾斜,将村(社区)妇联工作经费纳入村级组织运转经费统筹解决。党和政府将资金、资源、项目全力向基层倾斜,建好基层阵地,壮大基层力量,活跃基层工作,切实把妇联组织建设改革的成果转化为工作效能。

4. 提升基层妇联改革效能

《破难行动》进一步夯实基层妇联组织结构,以基层妇联组织发展问题为导向,提高基层妇联组织以及各执委的履职能力。改革后基层妇联组织的引领、服务等功能更加强大,提升了基层妇联组织带领妇女参与社会治理的精准程度,使基层妇联组织参与社会治理的路径从以往的科层化向制度化转变,服务妇女的实际效果从粗放化向专业化转变。

《破难行动》还提出,压实县级妇联改革目标责任。其进一步明晰了县级妇联定位,切实发挥贯彻落实党委决策和上级妇联部署,指导基层、带动基层、活跃基层作用;进一步健全了指导牵引乡镇(街道)、村(社区)等基层妇联组织建设和工作的有效机制,巩固提升了乡镇(街道)妇联组织区域化建设和村(社区)妇代会改建妇联的改革成果;进一步健全了县级妇联引领服务联系基层和妇女群众的工作机制,拓展了基层联系点,完善落实了常态化下基层、蹲点调研等制度机制;立足实际,打造了具有县域特色、基层能落实、妇女愿参与的工作品牌,确保了改革成色。

C市注重抓住关键少数,以"优"字为统领,全面提升了妇联工作的服务效能,进一步提高了妇女群众的认同感和满意度。

一是发挥社会组织特色。C市注重在商务楼宇、律师事务所、创业街、社区创业联盟及网络新媒体等新领域、新行业筹建妇联(妇委会),建立以区为单位的"双创基地"楼宇妇联,为楼宇女职工搭建了相互交流、相互学习和相互提高的平台,积极宣传党的方针政策,维护女职工的合法权益。

二是激发"妇女之家"的活力。C市妇联强化服务职能,突出新兴领域"妇女之家"建设,持续推广复制"1+3+X"工作模式(以妇联为

"家"的核心，围绕素质提升、维护权益、创业创新"三"项工作职能，打造"X"型特色妇女之家），通过做实妇联主体，开展具有组织特色的妇女工作。

三是有效融合提升服务。C市在集中调研、深入研究的基础上，找准妇联工作与中心工作的切合点，构建社会化工作新格局，有效提升了服务质量。在疫情防控常态化的形势下，C市探索政校企合作模式，线上举办"创悦"云课堂，线下开展"共克时艰'疫'路有你"助企活动；深化"乡村振兴巾帼行动"，结合脱贫攻坚，创新开展线上巾帼家政宣讲，直播草编线上教学，引领女性创业者转变传统思维，开启网络直播等新型营销模式；深入实施"家家幸福安康工程"，开通家庭教育热线，推出空中课堂和网络课堂，让家教指导深入家庭；组建心理服务专业团队，从家庭教育和个案维权入手，采用个性化定制服务，让维护妇女儿童权益服务更具温情。

可以说，C市妇联全面贯彻《破难行动》，使C市基层妇联组织结构得到进一步优化，各层级妇联履职能力得到提升，逐步实现了联系和服务妇女的力量由"单打独斗"向"群策群力"转变，发挥"联"字优势，以联动各级妇联、联络社会力量、联合相关部门、联系社会组织为抓手，主动破解改革难题，创新妇联执委服务模式，充分发挥妇联执委的人才优势、智力优势和资源优势，激发基层妇联队伍的履职主动性、创造性，进一步深化"党建带妇建、妇建促党建"的理念，推动了基层妇联自身应有效能的发挥，密切了党群联系，进一步明确了妇联执委角色功能定位，完善了执委运行机制，推进了群团改革向纵深发展，进一步提升了基层妇联组织的改革效能，使"破难行动"初见成效。

（二）突出"三个聚焦"推进妇联组织改革"破难"——以S区妇联为例

S区妇联根据全国妇联和省、市妇联的统一部署，聚焦队伍建设、组织覆盖、作用发挥等重点难点和关键环节，补短板、强弱项、出实招、使狠劲，因地制宜地通过一系列"破难行动"的积极探索，助推社会治理从"最后一公里"向"零公里"转变，为"打造活力新城、建设魅力之区"汇聚强大巾帼力量。

1. 聚焦讲政治促落实，形成各方支持合力"破难"

S区妇联坚持"党建带妇建、妇建促党建"，争取区委支持，健全领导体制、完善顶层设计，理顺工作机制，并提供强有力的履职支撑。

第一，认真落实"破难行动"改革指示精神。全国妇联和省、市妇联召开关于实施"破难行动"的工作会后，区妇联高度重视，迅速召开党组会、工作部署会，深入学习习近平总书记关于"把妇联改革进行到底"的重要指示精神，贯彻落实全国妇联和省妇联工作部署，全面理清S区妇联实施"破难行动"的思路，制定《S区妇联深化组织建设改革实施"破难行动"工作方案》，突出破解"三大难题"，以钉钉子精神推动"破难行动"深入推进。

第二，迅速部署压实工作责任。S区妇联坚持"上级点、下级提、自己找"相结合，从不同层面、不同角度深入查找工作的痛点难点，剖析力量薄弱、资源有限、带动基层不够的具体原因，形成"破难"清单，并逐一制定整改措施。S区妇联召开深化组织建设改革、实施"破难行动"工作会议，压实工作责任，明确完成时限，推动"破难行动"往深里走、往实里走。

第三，精准发力确保落地落实。S区妇联坚持把实施"破难行动"作为全区妇联工作的重要组成部分，将其纳入日常监督考核重要内容，每月通报推进情况，研究解决办法，保证按时保质保量推进。结合"走基层、访妇情"等活动，主要领导带队前往进度缓慢、措施不力、推进困难的乡镇调研，开展督促指导，帮助出主意、想办法、协调争取党委政府支持，以确保"破难行动"取得实质性成效。

2. 聚焦拓阵地延手臂，拓展组织覆盖"破难"

S区妇联主动融入乡村治理体系建设，服务高质量发展，在妇女生活最小单元建立妇联组织。

第一，织密多元化基层组织网络。2017年妇联改革之际，S区妇联依托屯党支部，通过换届选举，将屯妇女委员身份转变为屯妇联主席，组建了以女党员、女大学生、种养殖大户、女企业家等为核心的执委队伍，全面参与乡村振兴，有效实现了基层社会治理与服务妇女之间的融合互促。

第二，打造"妇联+社会组织"平台。S区妇联从延伸妇联工作触角、发挥妇女主体作用、推进社会治理创新的高度出发，积极构建以妇联组织为核心、以各类女性社会组织为依托的枢纽型妇联组织，扶持培育女性社会组织。其中，L镇妇女创业一条街先行一步，于2018年12月建立了妇联组织。妇联组织成立后，充分发挥优势和能量，使社会组织内部的妇女工作更加活跃，围绕素质提升、权益维护、创业创新，打造了网上妇女创业新形象。

第三，建设一体化新媒体矩阵。S区妇联着力建好"S区妇联"微信平台，形成了线上线下相融合、全方位多层次的组织网络体系。S区妇联在"破难行动"中注重先行先试、引领在前，及时发现总结各级妇联"破难行动"中的好经验、好做法，搭建起互相学习借鉴、促进工作有效开展的良好平台。

3. 聚焦强队伍建机制，充分发挥巾帼作用"破难"

S区各级妇联干部把攻坚破难落到实处，有干劲、有作为、善作为，全力推动妇联组织发挥作用"破难"。

首先，调整"两委"班子结构，激发组织活力。S区妇联借助村（社区）换届契机，与区委组织部、区民政局联合发文，在全区推进女性进村（社区）"两委"暨启动村（社区）妇联组织集中换届，全区134个村（社区）、893个屯全面完成换届，实现了女性百分百进"两委"，妇联主席百分百进"两委"，女党员、返乡创业女大学生、女性种养殖大户百分百进执委"三个百分百"目标，选强配优妇联领导班子，使"破难行动"取得重要突破。每个屯妇联由不少于8名执委组成，设主席1名、副主席2名，屯妇联干部积极作为，涌现出许多先进屯妇联组织。通过改革"破难"，S区妇联兼职副主席新增393人，执委也由改革前的2643人增加到13719人。

其次，健全规章制度，让工作有规可依。S区妇联对屯妇联执委提出了新的要求，对屯妇联职责作出了具体规定，出台了《S区关于加强屯妇联组织建设的具体办法》，要求屯妇联重点抓好"六项服务"，在创业就业、权益维护、乡风文明、环境整治、服务民生、典型选树等方面有效带动更多妇女参与妇联组织和屯（组）工作。在屯妇联干部和志愿者的发动下，S区共清理垃圾10000余吨，栽植花草树木500余万棵，清理边沟8万余延米，清理柴草垛6000余个；举办"最美家庭""好家风好家训"等评选活动 800 余场次，表彰好人、好婆婆、好媳妇等典型 3000 余人。①

最后，发挥执委作用，畅通履职渠道。S 区妇联整合妇联系统资源，并撬动全社会资源，出台了《S 区妇女联合会第四届执行委员会工作规则》，对执委的职责、工作机制、联系与服务、执委增替补与资格终止等作出了详细规定，着力推广"执委+"行动，每个妇联执委每年至少认领 1 件工作任务，一个执委联系 3 名妇女，联系 1 家妇女组织，各乡镇、村、屯妇联复制做法。全区 1 万余名执委按行业、特长、优势牵手联系 3 万余名妇女同志，各级执委在脱贫攻坚、妇女创业、维权普法、家庭教育、项目服务上亮实招，协助处理实际问题 600 余个。此项深化改革形成了"全区一盘棋"的妇女儿童工作格局，破解了执委作用发挥与业务工作"两张皮"难题，凝聚起全社会关爱服务妇女儿童的强大正能量。

总之，针对妇联暴露出来的问题和妇联改革中面临的难题采取的"破难行动"，表明了我党对妇联改革的要求和期待以及妇联要将改革进行到底的决心和勇气。此次妇联改革的"破难行动"紧紧围绕"强三性""去四化"改革要求，找准组织建设改革难点，精准实施，不断创新组织覆盖、壮大工作队伍、强化服务引领，扎实推进妇联组织建设改革取得实效。

结论与思考

妇联以往工作的路径依赖和思维惯习尚未被打破，新的工作机制尚需完善，尤其是在服务妇女方面还缺少专业化路径支持、缺少外部服务的载体支持，使妇联的机关化、行政化、贵族化、娱乐化"四化"问题仍然存在，深化妇联改革还需要进一步创新服务机制，探讨多元妇女社会工作的联合，形成共建共治的妇女工作新格局。习近平总书记强调指出："要以更实的举措推进妇联改革，深化基层妇联组织改革，转变机关干部工作作风，提高服务能力，加大攻坚克难力度，确保改革在基层落地。"②

---

① 《增强妇联履职能力创新基层社会治理》，《中国妇女报》2022 年 5 月 26 日，第 3 版。
② 《习近平在同全国妇联新一届领导班子集体谈话时强调 坚持男女平等基本国策 发挥我国妇女伟大作用》，《中国妇运》2013 年第 11 期，第 4~5 页。

"破难行动"是全面深化妇联改革的一项系统工程。然而，补短板、建机制、补漏洞是一个长期过程，还有许多妇女工作难点需要攻破，许多妇女工作领域需要开拓，许多联系和服务妇女的路径机制需要创新，因此我们需要在改革的实践中不断发现问题和解决问题。

妇联组织既要立足于传统的工作领域和工作优势，根据形势发展需要赋予其新的时代内涵，又要顺应经济社会发展要求，深入研究妇联组织参与社会管理创新的新领域、新方式、新途径，在国家治理体系和治理能力现代化建设中拓展职能、发挥作用。为此，妇联改革需要以踏石留印、抓铁有痕的劲头狠抓落实本领，摸索出联系与服务妇女的有效路径。那么，实现多种妇女工作力量的联合，探索社会工作嵌入基层妇联工作的创新发展路径与机制，将是一个有益的尝试。

第五章 妇女工作的协同性
与融合性发展

现代组织是具有明确目标、通过结构和功能时刻与内外界相互作用以获取组织资源、在不断地适应内外环境的变化中获得长久持续发展的开放系统。组织只有建立完善的内外部系统、上下左右纵横交错的各种关系运作机制，才能运转顺畅。妇联作为现代组织发挥"联"的组织作用，不仅要在科层体系内与党和政府建立畅通的机制关系，还要在组织外部与各种妇女工作力量的组织建立协同融合发展的机制关系，才能适应国家治理体系和治理能力现代化的要求，打造共建共治共享的妇女工作新格局。因此，充分认识妇联与各种服务妇女群体的妇女组织之间的异同，以及行政化妇女社会工作与专业化妇女社会工作之间的关系，促成基层妇联改革从内部结构调整向外部结构合作机制调整的转变，"兼顾内向式的立足妇联与外向式的纵横联合"① 成为深化妇联改革需要进一步思考的理论和实践问题。为此，本章将从妇女工作学科范式层面深入探讨妇女组织体系之间的异同，通过分析诸多妇女组织工作的优势与局限，论证专业社会工作嵌入基层妇联本土行政妇女工作的可行性与必要性，为打造共建共治共享的妇女工作新格局提供理论思考。

第一节 妇女工作学科范式探讨

妇女工作既是一个实践层面的概念，又是一个学术层面的概念。不同种类的妇女工作既具有同质性，又具有一定的差异性和异质性。探讨妇女工作学科范式，就是要厘清不同类型妇女工作的边界以及优势与局限，促进各种妇女工作的融合，以更好地为妇女群众服务。

---

① 陈伟杰：《治理现代化与新时代妇联组织改革》，《妇女研究论丛》2018 年第 1 期，第 8~10 页。

"每一个学科都有区别于其他学科的研究范式，它不仅体现学科的学术共识，而且还在具体实践中维护学科的集体意志和风格。"① 妇女工作作为一门社会科学学科，具有自己独特的学科范式。对妇女工作学科范式的探讨不仅可以促进妇女工作的学科化发展，还可以帮助我们认识各种妇女工作的异同，在求同存异中更好地为妇女服务。

什么是妇女工作学科范式？要探讨妇女工作学科范式，我们需要了解"范式"概念的起源。"范式"概念由美国学者库恩在 1957 年出版的著作《哥白尼革命》一书中首次提出。1959 年 6 月，库恩在《必要的张力》一文中对范式的内涵予以阐释，使"范式"的含义初具雏形。直到 1962 年《科学革命的结构》一书出版，库恩才将"范式"作为核心概念贯穿全书，逐渐将范式概念化、理论化。

一　范式与社会科学范式

库恩在《科学革命的结构》一书中从科学史视角阐述了科学范式的转化对科学进步和科技革命产生的重大影响。他认为，科学发现总是开始于感到反常，当现有范式解决反常屡遭失败时，反常就成了现有范式无法解决的难题，人们就开始逐渐怀疑范式，动摇对范式的信任。② 一些具有创新精神的成员不再盲目迷信旧范式，而是勇于探索，创立新理论、新范式取代旧理论、旧范式。库恩认为，发现与现有范式相矛盾的难以解释的客观现象，体现了理论与观察实验之间的矛盾，而这一矛盾是科学发展的内在动力。所以说，危机孕育着理论和范式的重大变革，孕育着科学革命。③ 科学发展就是受范式制约的常规科学以及突破旧范式的科学革命的交替过程，科学革命就是新范式战胜和取代旧范式的质变和飞跃，是人类认识观的进步。④ 库恩正是用范式理论解释了 18 世纪以来人类在科学技术革命中取得的巨大成就。

---

① 叶文振：《女性学的研究范式与学科价值》，《中国妇女报》2020 年 8 月 18 日，第 5 版。
② 托马斯·库恩：《科学革命的结构》，金吾伦、胡新和译，北京：北京大学出版社，2003，第 49 页。
③ 托马斯·库恩：《科学革命的结构》，金吾伦、胡新和译，北京：北京大学出版社，2003，第 71~72 页。
④ 托马斯·库恩：《科学革命的结构》，金吾伦、胡新和译，北京：北京大学出版社，2003，第 88 页。

　　库恩还把科学范式引入社会科学。他在《科学革命的结构》一书中将社会科学范式概括为三种类型：一是指科学信念和形而上学思辨，是哲学范式或元范式；二是指科学习惯和学术传统以及一套学术概念和学术话语；三是指研究工具和解决疑难问题的方法。总之，"以共同范式为基础开展研究的人，都遵循同样的规则和标准进行科学实践"[1]，范式是"在一定时期内被特定研究团体所普遍接受的范例性的问题和解答的集合"[2]，是一个学术共同体共同接受的理论、准则和方法的综合以及由此形成的共同信念和价值立场。

　　本书借用库恩的范式概念和理论，最重要的是，范式可以作为评判一门学科是否成立的标准，范式意味着学科界限与边界。正如库恩所说："科学界公认的信仰、理论、模型、模式、事例、定律、规律、应用、工具仪器等都可能成为某一时期、某一科学研究领域的范式。范式的出现为某一研究领域的进一步探索提供共同的理论框架或规则，标志着一门科学的形成。"[3]"一个范式就是一个科学共同体的成员所共有的东西，而反过来，一个科学共同体由共有一个范式的人组成。"[4]《牛津哲学词典》将库恩对范式的定义收入其中，指出范式存在于所有的成熟科学研究中，并为之提供一种特定的开放框架，包括概念、成果以及后续工作该如何进行的规划；范式并非机械的、封闭的，其在一定程度上允许灵活创新。

　　总之，范式是科学共同体精神定向的工具，其本质内涵是世界观，也是方法论，总体倾向是选择与预示的统一，实现方式是科学革命，同时也是产生和生产知识的方式。作为知识生产方式，范式集中表现为知识生产主体（科学共同体）对知识本体的基本观念和共有信念，指引着知识生产（知识发现）主体的实践方式选择与认同；作为知识存在方式，范式在知识生产实践的结果上承载着知识产品的形式和内容，表现

---

[1]　托马斯·库恩：《科学革命的结构》，金吾伦、胡新和译，北京：北京大学出版社，2003，第 11 页。

[2]　托马斯·库恩：《科学革命的结构》，金吾伦、胡新和译，北京：北京大学出版社，2003，第 9 页。

[3]　托马斯·库恩：《科学革命的结构》，金吾伦、胡新和译，北京：北京大学出版社，2003，第 9~10 页。

[4]　托马斯·库恩：《科学革命的结构》，金吾伦、胡新和译，北京：北京大学出版社，2003，第 158 页。

为特定的知识话语体系。

二　妇女工作学科范式

我们之所以用库恩的范式阐释妇女工作范式，是因为如果不厘清妇女工作范式，就无法统合各种妇女工作，妇女工作就无法形成合力，无法完成服务妇女的职责和任务。范式之间虽然具有不可通约性①，但是科学共同体集体的心理信念最终在解决反常的各种新范式中走向选择与预示的统一②。

在我国，妇女工作作为一种实践活动层面的概念被广泛运用。它通常被用来界定由妇联组织或有关机构和社会组织为妇女群体提供的各种服务以及为维护妇女利益而开展的各项工作。妇女工作作为一种学术和学科概念，则很少被关注和使用。

妇女工作的学科化是对妇女工作实践的理论升华。事实上，妇女工作无论是从实践层面还是从学术层面来说都是一个整合概念。如果按照开展妇女工作的主体不同以及运用的理论方法不同来划分，妇女工作可以分为妇联组织从事的妇女工作、专业社会工作者开展的妇女社会工作以及女性主义者从事的女性社会工作。如果我们对各种妇女工作不加以学科概念区分，就会造成实践层面的词语误用。"一个概念比喻在没有足够的、确实的所指对象的情况下就是词语误用。"③ 如果我们不加区分地使用妇女工作概念，就会导致妇女工作的泛化或窄化，导致妇女工作之间的误解和冲突，不利于妇女工作形成合力。因此，我们有必要从学科范式上辨析各种妇女工作的内涵与外延，这样一方面可以避免对各种妇女工作概念的混淆或者误用，厘清工作边界；另一方面可以求同存异，寻找妇女工作的相似处和共同点，构建妇女工作的枢纽体系。

（一）妇女工作

妇女工作既可以泛指来自不同力量的妇女工作的整合概念，也可以

---

① 托马斯·库恩：《科学革命的结构》，金吾伦、胡新和译，北京：北京大学出版社，2003，第134页。

② 托马斯·库恩：《科学革命的结构》，金吾伦、胡新和译，北京：北京大学出版社，2003，第34页。

③ 汤尼·白露：《中国女性主义思想史中的妇女问题》，沈齐齐译，上海：上海人民出版社，2012，第20页。

特指某一类妇女工作。例如，有学者认为妇女工作是"以妇女为服务对象，以为妇女服务为宗旨，主要依靠妇女来从事的工作"①。也有学者认为妇女工作是"妇联工作和工会女工工作以及各民主党派和其他妇女组织的活动"②。这些界定就是在广义上泛指所有妇女工作，不注重从事妇女工作的组织身份，只关注服务对象和目的，这一界定把来自不同组织力量所从事的妇女工作整合到一个范式之中。还有学者提出"妇女工作是性别工作"的观点③，这一界定将妇女工作的外延扩大到两性，这个提法较早地挑战了妇女工作的传统思路，即认为妇女工作就是将妇女视为服务对象，单纯地为妇女提供服务。这一观点的出现与1995年召开的第四次世界妇女大会将性别意识主流化的发展战略有关，在这一国际战略的指引下，妇女工作成为全社会致力于妇女解放和发展以及男女平等事业的所有行动。此外，妇联是中国最大的妇女组织，我国的妇女工作一直以来都是由妇联组织开展的，因此，从我国的现实境遇出发，在中国官方话语体系下，妇女工作一般指代妇联工作，我们将妇女工作纳入党的宏观工作格局中进行思考，认为"以妇联为主的妇女组织针对妇女开展的工作称为妇女工作"④，强调"妇女工作是以妇女为对象，以共产党领导的妇女组织为桥梁和纽带开展，以代表和维护妇女利益、推动妇女解放、促进男女平等和党的事业发展为目标的事务和活动的总称"⑤。然而，随着我国妇女社会组织的发展，这种将妇女工作简单等同于妇联工作的说法未免有些过于片面。

　　尽管学界对妇女工作概念的理解与表述不尽相同，但达成的基本共识是，妇女工作是以妇女为主要服务对象，由各妇女组织多元主体参与的致力于妇女解放和发展、促进男女平等的各项活动。

---

① 刘梦：《妇女儿童社会工作简明教程》，北京：中国妇女出版社，2008，第31页。

② 丁娟：《中国女性发展研究》，北京：红旗出版社，1996，第451页。

③ 丁娟、求聪琴、刘渺若、罗兆红主编《妇女工作管理新编》，北京：红旗出版社，1990，第202页。

④ 朱东武：《妇女工作与社会工作之我见》，《中华女子学院学报》1996年第3期，第23~25页。

⑤ 耿化敏：《中国共产党妇女工作史（1921—1949）》，北京：社会科学文献出版社，2015，第1页。

（二）妇联工作范式

妇联工作"就是主要由妇联组织去开展的工作"①。妇联组织作为我国政党体系中的重要组成部分，其工作范式早已被我们熟知，其工作内容紧紧围绕组织性质与组织定位。妇联工作是党的群众工作的重要组成部分，是在中国共产党领导下，围绕党的中心工作所从事的为贯彻男女平等基本国策、促进妇女解放和发展、保护妇女权益、动员并引领和服务妇女而进行的自上而下的各项妇女工作，其工作的主体是党领导下的各级妇联组织。妇联工作成为妇联组织系统的专用话语，在实践工作层面运用的比较多，大多以各地妇联系统的工作交流与总结方式出现，在学术层面研究和运用的不多。妇联组织是中国最大的妇女组织，其工作的广泛性是其他妇女组织无法达到的，几乎统揽了所有妇女工作，因此也有学者将妇联工作称为妇女工作。

随着第四次世界妇女大会在中国召开，以及社会工作专业在中国的大发展，各种妇女工作力量涌现，对妇联工作的界定也开始多元化。20世纪90年代初期，有学者认为妇女工作的内容可以分为两大类："一类为宏观的社会政治层面的工作，这类工作为妇联所独有，是其他任何部门都无法代替的；另一类为微观的社会服务层面的工作，即专门针对妇女群体所开展的社会工作。"② 这种划分把妇联工作界定为仅在宏观层面开展的妇女工作，把微观层面进行的个体妇女服务工作归为妇女社会工作。持有这种观点的学者认为"妇联工作仅仅是妇女工作系统的一个分支，妇联工作是妇女工作的一个主要方面"③，"妇联工作仅是妇女工作中的一部分，并不是全部"④。也有学者运用社会工作学科范式界定妇联工作，认为社会工作包括行政社会工作和专业社会工作。在专业社会工作引进中国之前，我国的社会工作大多以行政社会工作形式存在，大多

---

① 贾秀总：《对新形势下社会化妇女工作格局的思考》，《中华女子学院学报》2002年第1期，第1~7页。

② 朱东武：《妇女工作与社会工作之我见》，《中华女子学院学报》1996年第3期，第23~25页。

③ 丁娟、求聪琴、刘渺若、罗兆红主编《妇女工作管理新编》，北京：红旗出版社，1990，第35页。

④ 贾秀总：《对新形势下社会化妇女工作格局的思考》，《中华女子学院学报》2002年第1期，第1~7页。

由政府提供所需服务资源。在此范式下，民政部门和工青妇都属于行政社会工作，各有关部门负责具体实施，妇联组织负责实施有关妇女的社会工作。持这种观点的学者认为"妇联工作是一项综合性的社会工作"①。也有学者认为"妇联工作是社会服务的重要组成部分，是一种实际的社会工作"②。为了区别于各种妇女组织从事的妇女工作，也有学者将妇联工作称为传统妇女工作。

以上对妇联工作认识的变化把妇联工作与各种妇女工作紧密地联系在一起，妇联工作与妇女工作以及社会工作之间在服务功能上存在不可分割的同质性和整体性。

（三）妇女社会工作范式

妇女社会工作亦称妇女服务，是社会工作学科的专业用语，也是社会工作的一个重要分支，还是专业社会工作的重要组成部分。妇女社会工作主要针对女性群体的问题和需求提供服务。王思斌从社会工作学科范式角度出发，把妇女社会工作界定为"帮助女性处理在成长过程中，在参与政治、社会、文化、经济以及家庭生活过程中所遇到的问题而提供相关的服务，旨在为女性的全面成长和发展创设良好的环境和条件，进而实现男女两性平等发展"③。张李玺从妇女社会工作的专业性角度出发，将妇女社会工作界定为"依托社会工作专业方法来为妇女提供服务。妇女社会工作者旨在通过社会工作实务干预，促进妇女能力的提升，权能的增强，为妇女链接服务资源，进而使妇女实现自我完善与发展，并推动社会走向公正"④。刘梦将妇女社会工作定义为"专业社会工作的重要服务领域之一，在秉持社会工作的基本价值观以及原则的基础上具有社会性别意识和敏感度，坚持贯彻以妇女为本的服务原则，聚焦于尊重妇女、赋权于妇女，经由为妇女提供服务以及政策倡导，减少性别歧视，推动性别平等、促进妇女发展的专业服务"⑤。

---

① 汪琦：《妇女组织与妇女工作》，北京：中国妇女出版社，1992，第3页。
② 黄剑：《农村妇女能力建设项目的社会学研究——以广东湛江的实践为例》，北京：中国经济出版社，2016，第24页。
③ 王思斌：《社会工作概论》，北京：高等教育出版社，2014，第219页。
④ 张李玺：《妇女社会工作》，北京：高等教育出版社，2008，第8页。
⑤ 刘梦：《社会工作与性别研究》，北京：中国社会科学出版社，2013，第164页。

梳理学界对妇女社会工作概念的界定可以发现，虽然研究者表述不一，但他们都凸显了妇女社会工作范式的同质性，即认为妇女社会工作是社会工作者以社会工作专业理论为指导，运用社会工作专业技巧和方法，针对妇女的问题和需求提供相关的服务，旨在为女性的全面成长和发展创设良好的环境和条件，进而实现男女两性平等和谐发展。

（四）女性主义社会工作范式

20 世纪 80 年代以来，西方国家提出了女性主义社会工作（feminist social work）概念，它是指以女性主义理论为指导开展的社会工作，即在女性主义范式下针对妇女开展服务妇女的工作。女性主义既是一种社会运动，也是一种随着西方女权运动发展演变而来的妇女争取自己的权利以及要求男女平等的社会思潮。虽然女性主义不是铁板一块，内部存在诸多理论流派，如自由主义女性主义、激进女性主义、马克思主义女性主义、当代社会主义女性主义、存在主义女性主义、生态女性主义、女同志理论、精神分析女性主义、后现代女性主义、后殖民女性主义十大理论流派[1]，但是女性主义作为统一范式具有同质性。女性主义社会工作以英国学者丽娜·多米雷莉（Lena Dominelli）的界定最具代表性，她认为女性主义社会工作从女性视角出发，关注女性的特殊经验，运用社会性别理论分析女性问题，注重分析女性的社会地位与其遭受的苦难之间的关系，满足她们的独特需求，建立社会工作者与案主间的平等协作关系，并聚焦结构上的不平等。[2]

女性主义社会工作试图挑战传统社会工作中的"性别盲"，认为传统的社会工作强化了社会性别角色规范，局限于女性作为依赖者和照顾者的角色，批判女性需要依附于男性，将女性视为男性的衍生物，并对社会工作者回应女性需求的能力提出质疑。虽然社会对女性主义有诸多争议，但是女性主义社会工作作为社会工作重要的实践理论模式之一，属于妇女工作的一部分，对妇女社会工作仍然具有一定的借鉴价值。

---

[1] 林芳玫等《女性主义理论与流派》，台北：女书文化事业有限公司，1996。
[2] Lena Dominelli：《女性主义社会工作——理论与实务》，王瑞鸿、张宇莲、李太斌译，上海：华东理工大学出版社，2007，第 7 页。

三　妇女工作诸多范式的异同

妇女工作诸多概念的表述不同，既表明妇女工作的复杂性，有妇联组织、社会工作者、社会团体、女性主义者等诸多力量从事妇女工作，也表明妇女工作的广泛性，妇女工作成为全社会共同发展的事业，受到广泛的关注和重视。为了在工作实践中明晰各种妇女工作，在此，我们以妇联工作与妇女社会工作为例辨析异同（见表5-1），以便理解各种力量从事的妇女工作。

第一，工作对象。妇女工作是各种针对妇女开展的工作的总称，其工作对象具有同质性，都是关于妇女和为了妇女，都是以妇女以及与之相关的儿童和家庭为工作对象，只是在侧重点上有所不同。妇联工作的对象是全体妇女，代表全体妇女的利益，具有广泛性和代表性，工作内容是联系、组织、动员、团结、引领全体妇女围绕中心、服务大局，始终听党话、跟党走，为社会主义现代化建设和民族伟大复兴建功立业，代表妇女利益，维护妇女权益，开展妇女工作。妇女社会工作以有需求的妇女群体为工作对象，问题取向明确。最初妇女社会工作的主要任务是解决已出现的妇女问题，以弱势妇女群体为主要服务对象，扮演着补救者的角色。随着各种社会问题的出现及日益复杂化，社会工作者逐渐意识到激发和发展服务对象潜能的重要性，于是发展型社会工作开始出现，妇女社会工作的服务对象由原来的以弱势妇女群体为主转变为以弱势妇女与有需求的妇女群体为主。女性主义社会工作不仅包括妇女，还包括与妇女相关的家庭、老人、儿童甚至男性，更多是运用女性主义立场和视角审视社会工作中女性视角的缺失和盲视。

第二，工作目标。妇联工作和妇女社会工作的目标具有一定的同质性，都是为了改善妇女的生存状况，促进妇女的进一步解放与全面发展，但在侧重点上有所不同。妇联工作目标既有促进妇女的解放与自由全面发展的终极目标，也有促进男女平等、维护妇女权益的长远目标，还有围绕中心、服务大局服务妇女的阶段目标，三者是有机联系在一起的，实现引领、联系、服务的政治功能和社会功能；妇女社会工作目标既有解决妇女实际困难、满足妇女需求的直接目标，也有协助妇女重新界定自身问题、增强社会性别意识的中间目标，以及重构权力关系、推进社

会性别意识主流化的最终目标，三者是层层递进的逻辑关系，实现推动
妇女的全面发展和稳定社会的功能。

第三，工作内容。妇联工作和妇女社会工作的内容具有一定的同质
性，都涉及维护妇女权益和推进性别平等的工作任务，但二者在侧重点
上有所不同。妇联工作内容既有组织、教育、引领、动员、凝聚妇女群
体听党话、跟党走，推进和谐社会建设，参与社会治理和公共服务，协
调内外关系的宏观的社会行政层面工作，也有服务弱势妇女群体、维护
妇女权益的微观的社会服务层面工作。妇女社会工作内容既有针对妇女
具体需求和发展的微观的社会服务层面工作，即主要围绕改变妇女个人
实施的干预活动，通过微观的社会服务帮助弱势妇女解决遭遇的各种问
题，或者帮助妇女个人预防可能出现的新问题；也有推动社会变革的宏
观的社会政策层面工作，即主要围绕改变社会环境实施的助人活动，通
过倡导建立公正合理的制度和政策为妇女群体的全面发展创造良好的制
度环境和政策条件，保障妇女群体的合法权益。

第四，工作主体。在工作主体上妇联工作和妇女社会工作更多呈现
的是异质性。妇联工作的主体主要是纵向的各级妇联科层组织和横向的
团体会员（如单位制体制下的妇委会）以及区域化联合组织；妇女社会
工作的主体主要是社会工作者或社工机构，大多是非官方的民间社会组
织。虽然妇联组织和社工机构是从事妇女服务的不同工作主体，但是我
们需要研究的是在参与社会治理服务妇女的共同目标下能否实现嵌入性
融合发展，建立共建共治、融合互嵌的工作体系，在异质性中寻找同质
性并走向趋同和合作。

第五，工作方法。妇联工作秉承中国共产党"从群众中来到群众中
去"的群众路线的工作方法、调查研究的工作方法、典型示范的工作方
法、开展活动的工作方法、交流联谊的工作方法，其服务工作更多是自
上而下进行的；妇女社会工作秉承社会工作专业的工作方法，通过个案
工作、小组工作、社区工作三大方法开展服务妇女工作，其服务工作更
多是自下而上进行的。

第六，价值理念。妇联工作秉承中国共产党全心全意为人民服务的
宗旨，坚持以人民为中心的发展理念，体现在妇联工作上即全心全意为
广大妇女服务，发展为了妇女，发展依靠妇女，发展成果由妇女共享。

但是妇联工作主要依靠行政化科层体系开展，使其与工作对象存在自上而下的领导与被领导关系、帮助与被帮助关系，存在一种主体和客体之间的关系，存在一定程度上的不对等关系。妇联改革就是要改变这种官僚化、行政化倾向，转变作风，使妇联真正成为广大妇女可信赖的"娘家人"。妇女社会工作秉承社会工作专业价值和专业伦理，强调尊重、接纳、保密、个别化、非批判、案主自决、同理心等专业价值理念，社会工作者与服务对象之间是一种平等的专业服务与合作关系，社会工作者是专业服务者，唯一目的就是帮助服务对象。

第七，理论基础。妇联工作和妇女社会工作运用的理论指导有所不同。妇联工作在马克思主义妇女理论的指导下进行，并在实践中发展出中国特色社会主义妇女解放与发展理论，不断丰富和发展马克思主义妇女理论。马克思主义妇女理论强调阶级视角，认为妇女被压迫是人类历史发展到一定阶段的社会现象，妇女解放程度是衡量普遍解放的天然尺度，参加社会劳动是妇女解放的一个重要先决条件，妇女解放是长期的历史过程，妇女在创造人类文明、推动社会发展中具有重要作用。① 因此，妇联工作注重促进妇女的整体解放和发展，动员组织妇女把自身解放与国家发展紧密结合在一起。妇女社会工作运用社会工作学科相关理论，而社会工作作为一门学科，经过近百年发展，形成了一套比较成熟的专业理论体系与模式，如认知行为理论、任务中心模式、危机干预理论、社会支持理论、生态系统理论、结构式家庭治疗模式、优势视角理论、心理社会治疗模式、增权赋能理论、理性情绪治疗模式、精神分析理论、联合家庭治疗模式、人本治疗模式、家庭沟通理论等多种理论视角。在实务干预活动中，社会工作者运用这些理论分析、诊断、干预解决妇女问题，使妇女摆脱困境。

第八，工作机制。妇联工作主要依赖于自上而下纵向的行政化科层体系，形成了从全国到地方的层级式树状结构。每一级妇联都受上级党组织的直接领导，经费来源与人事安排归党和政府，上下级妇联之间是一种业务上的指导和被指导关系。妇联组织体系中的横向合作联合关系还处于一种自在阶段，区域化合作机制有待进一步建立和完善。妇女社

---

① 张李玺：《妇女社会工作》，北京：高等教育出版社，2008，第27页。

会工作进行实务干预时主要遵循社会工作实务的通用过程，根据妇女的需求提供个性化服务，分为接案、预估、计划、实施、评估和结案六个阶段，完成对妇女的帮扶工作。

表 5-1　妇联工作与妇女社会工作的区别

类别	妇联工作	妇女社会工作
工作对象	妇女以及与之相关的儿童和家庭	弱势妇女与有需求的妇女群体
工作目标	促进妇女的解放与自由全面发展；促进男女平等，维护妇女权益；围绕中心、服务大局服务妇女	解决妇女实际困难、满足妇女需求；协助妇女重新界定自身问题、增强社会性别意识；重构权力关系、推进社会性别意识主流化
工作内容	宏观的社会行政层面工作；微观的社会服务层面工作	宏观的社会政策层面工作；微观的妇女服务实务工作
工作主体	纵向的各级妇联科层组织和横向的团体会员以及区域联合组织	社会工作者或社工机构
工作方法	从群众中来到群众中去、调查研究、典型示范、开展活动、交流联谊	个案工作、小组工作、社区工作
价值理念	以人民为中心、全心全意为人民服务	尊重、接纳、保密、个别化、非批判、案主自决、同理心等社会工作专业价值理念
理论基础	马克思主义妇女理论	社会性别理论+多种理论视角
工作机制	纵向的行政化科层体系、横向的合作联合机制、区域化合作机制	社会工作实务通用过程

总之，从以上妇女工作范式分析可知，妇联工作与妇女社会工作的同质性和异质性体现出妇联工作与妇女社会工作各有特色。双方的同质性表明二者具有趋同性和一致性，这是双方实现融合发展的前提和基础，使双方合作成为可能。同时，进一步分析妇联工作和妇女社会工作的异质性和差异性，了解双方妇女工作各自的优势和局限性，有助于双方优势互补、满足彼此需要，增强妇女工作的效果。

第二节　妇女工作嵌入性协同发展的可行性

王思斌认为，专业社会工作在中国重建之前，我国社会服务领域不是白纸一张。他把计划经济时代靠行政手段开展的社会服务事业称为

"传统的行政性、非专业的社会工作"①，中国的妇联组织工作即属于此类。这种行政性的非专业社会工作模式经过 40 多年的发展已深深内化为人们生活的经验，成为人们的福利意识形态，乃至一提到妇女维权以及为妇女谋求福利，人们就想到妇女的"娘家人"——妇联。

　　然而，随着 20 世纪 80 年代我国计划经济向市场经济转轨，社会分化引发诸多民生问题，原来依托单位制的社会保障制度功效减弱，这使政府不得不去寻找新的方法以解决新形势下的民生问题和社会秩序问题。在这种背景下，社会工作作为一种专业服务受到重视并在中国得到重建。因此，我国出现了两种社会工作并存的现象，即传统的行政性非专业社会工作和专业社会工作，在服务妇女工作领域出现了妇联工作和妇女社会工作。妇女社会工作与妇联工作双主体优势，为两种妇女工作嵌入性协同发展提供了可能。

一　妇联组织的优势

　　妇联组织是中国特有的妇女组织形式，以维护妇女权益、促进男女平等为根本任务，是推动妇女发展的中坚力量。妇联依托党和政府的行政架构，凭借在国家政治体系中的特殊地位，承担事关妇女利益的各项任务，天然地拥有其他社会组织无可比拟的优势。

（一）组织资源优势

　　组织的生存和发展离不开资源，资源是组织赖以存在的重要保证。任何组织都要通过与环境的互动和交换来获取自身存在、发展所需要的资源。"组织生存的关键就是获取和维持资源的能力"②，这导致组织的行为不可避免地受到外部环境的限制，而政治资源常常是其中不容小觑的重要资源。妇联组织是受党直接领导的群团组织，具有明显的官办色彩。妇联在"组织序列上隶属于党群系统，在资源配置上依靠政府"③，

---

① 王思斌：《中国社会工作的嵌入性发展》，《社会科学战线》2011 年第 2 期，第 206～222 页。

② 杰弗里·菲佛、杰勒尔德·R. 萨兰基克：《组织的外部控制——对组织依赖的分析》，闫蕊译，北京：东方出版社，2006，第 2 页。

③ 肖扬：《对妇联组织变革动因及其途径的探讨》，《妇女研究论丛》2004 年第 4 期，第 39～45 页。

这使其享有得天独厚的政治资源。

妇联组织的政治资源主要体现在"国家资源、行政资源以及合法性资源"① 上。妇联组织的经费源于党和政府的财政拨款，妇联干部的工资与国家公务员并无二致。妇联主席是全国人大常委会委员中的主要成员之一，同时，妇联组织是参加政治协商会议的八大群团组织之一，其地位的合法性在法律层面上获得了充分的认可与保证。妇联组织借助每年参加两会的契机，及时反映基层妇情民意，间接地参与国家关于妇女和儿童事务政策的制定与监督，通过向中共中央递交自己的提案、建议案，为自己的想法或建议陈述理由②，争取在国家架构中关注妇女，使妇女问题在政策和法律层面得到重视。

妇联的行政资源最直观地表现在其具有健全完善的组织体系。妇联组织是科层制的组织结构，从中央到地方再到基层形成了系统完备的组织网络体系。妇联组织依托党政的行政架构，在每一级政府都设立对应的妇联。除此之外，妇联组织还实行团体会员制，许多新型的民间妇女组织都挂靠在妇联下面，成为妇联的团体会员。妇联组织可以称得上是中国最大、影响力最为深远的妇女组织。相较于需要登记注册的大量民间组织，妇联组织无须登记，先天性地被赋予政治合法性。这种政治合法性使它在社会文化环境中衍生出无与伦比的权威性，拥有极高的角色威望及角色期待。③

由于党内没有设立专门的妇女部门，政府也没有建立单独处理妇女事务的机构，各级政府都将妇儿工委的办公室设在妇联内，使妇联成为政府授权管理妇女事务的合法主体，承担了政府转移的部分职能。利用这一特殊的制度安排，全国妇联加强与政府部委的沟通和协作，进而对政府政策制定与执行施加一定的影响。④ 妇联组织依托政治资源优势和

---

① 龚咏梅：《"社会中的国家"与妇联的政治资源》，《妇女研究论丛》2006年第6期，第33～37页。

② 马焱：《妇联组织履行基本职能的优势与制约因素研究》，《中华女子学院学报》2009年第6期，第58～63页。

③ 龚咏梅：《"社会中的国家"与妇联的政治资源》，《妇女研究论丛》2006年第6期，第33～37页。

④ 马焱：《妇联组织履行基本职能的优势与制约因素研究》，《中华女子学院学报》2009年第6期，第58～63页。

参政议政顺畅的制度性渠道为妇女代言，出台了一系列维护妇女权益的法律与政策，这些都是民间妇女组织想做又无法做成的事情。

（二）组织认同优势

"组织认同是个体源于组织成员身份的一种自我构念，它是个体认知并内化组织价值观的结果，也是个体在归属感、自豪感和忠诚度等方面流露出的情感归依。"[①]妇联的组织认同是指民众对妇联组织广泛认同的程度，相信并且遵循妇联组织的价值观，在情感上具有归属感。由于公众对政府有一种天然的认同与依赖，而妇联组织是我国管理妇女事务的主体，妇联可以代表党和政府行使权力，拥有较强的权威性和认同感，当妇女的权益受到侵害时，人们最先想到的就是寻求妇联的帮助。从这个角度来看，妇联组织具有其他民间妇女组织无法比拟的公信力优势。[②]

民众之所以对妇联组织形成了天然的认同和依赖，核心在于妇联组织充分发挥自身的优势和作用，积极回应妇女的现实需求。妇联组织凭借其在政治体系架构中的特殊地位，借助妇儿工委的"两纲"评估机制、人民团体协商、人大协商、政协会议、维权协调委员会等各种体制内渠道，通过向各级党委政府谏言献策，使政策与法律层面加入性别的考量，努力消除性别歧视，争取在国家架构中关注妇女。

妇联组织一直将群众工作视为主战场，通过纵向到底、横向到边的组织网络，加强同各族各界妇女的紧密联系，拓宽与妇女的沟通渠道，深入调研妇女的多元需求，切实反映基层妇情民意，拥有广泛的群众基础。妇联组织开展的"双学双比"活动、全国巾帼建功标兵活动、五好文明家庭创建活动、寻找"最美家庭"活动等各具特色的品牌活动，不仅丰富了妇女群众的业余生活，而且增强了自身的感染力和号召力。

妇联组织针对弱势妇女儿童群体开展了一系列支持性的帮扶工作，比如，通过留守妇女儿童关爱行动，加大对边远山区妇女儿童事业的扶持力度；通过小额担保贷款财政贴息政策，大力扶持中低收入妇女、下岗失业妇女就业创业；通过推动反家暴立法和《中华人民共和国妇女权

---

① 魏钧、陈中原、张勉：《组织认同的基础理论、测量及相关变量》，《心理科学进展》2007年第6期，第948~955页。

② 马焱：《妇联组织履行基本职能的优势与制约因素研究》，《中华女子学院学报》2009年第6期，第58~63页。

益保障法》，依法保障妇女各项合法权益，努力营造平等、安全、和谐的社会氛围。妇联组织深入落实一系列强有力的举措，为妇女群体提供实实在在的支撑，赢得了广泛的赞誉和好评。

（三）组织效率优势

组织效率离不开组织结构，组织结构是否合理，直接关系到能否最大限度地实现组织效率和目标。[①] 妇联的组织效率主要来自其自上而下、组织健全的科层体制。科层组织具有明确的劳动分工、固定的等级制度、严格的规章制度、非人格化、量才用人等特征，可以最大限度地保证公平和效率。[②] 妇联组织系统内部形成了从中央到基层的三个等次六个层级，从业务运行的角度来看，可以将其归结为直线职能层级制。但这并非真正意义上的层级结构，因为妇联组织的各个层级分别纳入对应的党政管理体系之中，直接受到党和政府的双重领导，上下级妇联之间仅存在业务上的指导与被指导关系。尽管如此，妇联组织这种"形式层级结构"在实际业务运作过程中与"实质层级式"并无二致。[③] 科层制管理要求上下级妇联形成行政性的上下级等级关系，在贯彻上级妇联的意图、对上级指令的"令行禁止"方面，具有高效性。

妇联组织处于科层体系中，使其易于获得政府的支持，拥有健全的组织网络及强大的资源动员能力，在政策倡导和立法建议层面有着通达党政部门的制度化渠道。[④] 这既有利于妇联组织整合体制内的各种资源，也对其工作的有效开展意义非凡。以妇联组织的维权工作为例，妇联组织正是依靠其统合于体制中的社会团体的重要地位，在法律上获得了其他妇女组织所无法拥有的授权，并且通过妇联领导参政、妇儿工委、妇女维权协调小组等方式着力开拓了直达各类党政司法机关的妇女维权通道。妇联基于科层制的组织体系，自然而然能够建立起通畅且制度化的

---

① 孙非：《组织行为学》，大连：东北财经大学出版社，2003，第348页。
② 马克斯·韦伯：《韦伯作品集Ⅲ：支配社会学》，康乐、简惠美译，南宁：广西师范大学出版社，2004，第22页。
③ 金一虹：《妇联组织：挑战与未来》，《妇女研究论丛》2000年第2期，第28~33页。
④ 陆春萍：《妇联组织横向合作网络的建构》，《甘肃社会科学》2014年第3期，第126~129页。

维权通道①，从而以高效率与合乎逻辑的方式实现维权的目标。

在不同的维权形式中，层级体系有利于各级妇联之间明确分工，既通力合作，又各有侧重。例如，在源头维权中，妇联的根本目标是颁布相关法规政策。基层妇联通常负责走访、收集资料并提供调研案例，省级妇联则负责调研案例的整理、分析以开展政策倡导，不同层级的妇联组织通力合作，共同推动反家庭暴力的地方立法。反之，法律的出台也为基层妇联工作的开展提供了有力的支撑。从上述业务运作过程中可以看出，不同层级的妇联掌握不同的资源，在层级间合作的过程中能够分别侧重处理不同的事情，层级分责使体系中各部分的合作更为高效。②从纯粹意义上说，科层组织的高效率并不是简单地提高成员个人的生产率，而是着力于处理组织的特殊问题——如何最大限度地实现管理与合作。妇联组织内部通过这种明确的劳动分工、严格的等级制度、详细的规章制度、稳定的程序运作确保组织的高效率运行。

（四）理论指导优势

妇联组织是在中国共产党的领导下，在马克思主义妇女理论的指导下创建并开展工作的。马克思、恩格斯关于妇女的理论是马克思主义妇女理论体系的重要组成部分，其妇女解放以实现人（妇女）的自由全面发展为最终目标，以推动男女平等发展为根本目标。马克思主义妇女理论将两性之间不平等的根源归咎于私有制，认为只有废除私有制，消灭剥削，使妇女大规模地参加社会生产劳动，才有可能实现妇女解放以及同男子的平等，最终实现全人类的解放。中国共产党人结合国情，不断将马克思、恩格斯的妇女理论中国化，在对马克思主义妇女解放理论的继承与发展下，在实践中不断赋予马克思主义妇女理论新的内涵，形成了毛泽东时代的"时代不同了，男女都一样"的新中国妇女半边天思想、邓小平新时期中国特色社会主义妇女理论、习近平新时代中国特色社会主义妇女发展理论，在发展中国特色社会主义妇女事业的过程中，为妇联组织领导的妇女工作提供了强有力的理论遵循，为中国妇女解放与发展指明了正确方向。

---

① 陈伟杰：《群团改革和妇联组织的体系性：一个重要的"结构-机制"议题》，《妇女研究论丛》2018 年第 6 期，第 12~14 页。

总之，本土的行政性妇联工作有制度体制上的优势，有党的领导和政府支持，组织体系庞大，结构健全。妇联工作人员有与妇女联系的组织合法通道，一声号令全国性一盘棋，政策落实高效。妇联组织有长期领导妇女运动的实践经验，有广泛的群众基础和联系妇女群众的合法路径，能够与工作对象建立信任关系，在组织动员引领妇女中发挥着巨大作用，是妇女工作强嵌入一方，成为妇女社会工作发展的重要嵌入领域。

二　妇女社会工作的专业优势

妇女社会工作是社会工作的分支学科，是社会工作重要的实务领域，拥有社会工作的专业理论、专业方法、专业队伍、专业价值理念，同时引入了社会性别理论和女性立场，具有独特的分析范式。自 20 世纪 80 年代末中国高校开设社会工作专业以来，社会工作教育以及社会工作实务在中国逐渐展开，并向诸多领域嵌入性发展，以独特的不可替代性优势成为中国和谐社会建设和社会治理的一支重要服务力量。

（一）专业队伍优势

社会工作人才队伍既是提供社会工作服务的主体，又是社会工作作用发挥的根本要素和重要支撑。2006 年 10 月，党的十六届六中全会通过的《中共中央关于构建社会主义和谐社会若干重大问题的决定》对"建设宏大的社会工作人才队伍"作出了高屋建瓴的战略部署。这对社会工作来说不仅是一个重要的转折点，也是一个新的发展契机。自此以后，社会工作在社会、学校等领域越来越受到重视，社会工作人才队伍建设也因此正式拉开序幕。

为落实中央关于建设社会工作人才队伍的任务要求，我国在国家层面颁布了综合性的政策文件。2010 年，中共中央、国务院印发的《国家中长期人才发展规划纲要（2010—2020 年）》将社会工作人才作为国家重点培育的六类人才之一，提出社会工作人才总量在 2015 年达到 200 万人、在 2020 年达到 300 万人的发展目标。2011 年，中央组织部等 18 个部门和组织联合发布了《关于加强社会专业人才队伍建设的意见》，首次确立了社会工作专业人才队伍建设的指导思想、工作原则和目标任务。2012 年，中央组织部等 19 个部门和组织联合发布了《社会工作专业人才队伍建设中长期规划（2011—2020 年）》，明确提出社会工作专业人才总量在 2015 年增加到 50 万人、在 2020 年增加到 145 万人的战略目标。这些纲领性文件的出台既表明了国家对社会工作专业人才的重视，也为社会工作人才队伍建设指明了方向。

截至 2021 年底，全国社会工作专业人才达到 157 万人，持证社会工作者共计 66.9 万人，238 人取得高级社工师资格。① 各类组织共开发了 44 万个社工专业岗位，社工服务机构超过 1.3 万家。② 社会工作专业人才通过心理疏导、困难救助、资源链接、政策倡导等方式，在儿童、青少年、老人、残疾人、妇女服务以及社会救助与反贫困、社区矫正、企业与医疗、社区治理等领域发挥着越来越重要的作用，成为维护社会和谐稳定的中坚力量。

（二）专业价值理念优势

社会工作是一门以价值为本的专业，价值理念被誉为社会工作的统帅和灵魂，是社会工作者行动的实践基础和操作指南，也是社会工作区别于其他专业的首要标志。社会工作作为一门独立的学科，具有独特的价值理念，这些价值理念与妇联工作具有相似性，同时也具有很大的差异性。

社会工作起源于西方，有其独特的哲学基础和价值理念。社会工作秉持的使命和信念来自社会工作哲学中的人道主义和人文主义思想，关注人的价值和尊严，强调人的主体性和独特性，相信人的理性与自我实现的潜能。这与妇联工作中强调的"以人民为中心"的核心价值具有内在一致性，但双方在价值取向上也具有明显的差异性。妇联工作的本质目标是用一种先进的社会价值及成形的制度规范去教育、引领、组织、影响妇女群体认同党的目标，理解集体利益与个人利益具有共通性，同时动员妇女群体为实现党的奋斗目标而贡献巾帼力量。在基本价值追求上，其动员妇女参与改造、建设社会的取向远远超过解决妇女个人问题的取向。而社会工作的根本目标是促进社会的稳定和发展，从解决个人问题入手，强调通过专业服务挖掘妇女个体的潜能，增进妇女个人的福祉，进而达到个人与社会、环境的良好适应，最终服务于社会稳定与发

---

① 邹学银：《社工人才队伍建设向注重质量和效能的方向迈进》，《中国社会工作》2022 年第 1 期，第 18 页。

② 王勇：《民政部将从三方面加强社工专业人才队伍建设》，《公益时报》2021 年 11 月 9 日，第 5 页。

展。总体上，其工作视角定位于妇女个人及其社会性问题。

妇女社会工作与妇联工作在价值理念上的互补性为前者嵌入后者提供了基础和可能。只有把社会工作助人自助、尊重、平等、接纳、个别化、非批判、案主自决、为服务对象保守秘密等专业价值理念与妇联工作的影响力、感召力有机地结合起来，才能使妇女工作的理念更加科学、具体、清晰。

（三）专业理论优势

社会工作专业的发展需要专业理论框架的支撑，理论建设是决定其专业合法性存在的重要依据。从社会工作专业化发展历程来看，社会工作理论大致经历了以下几个发展阶段。1917 年，玛丽·里士满出版了《社会诊断》一书，她在书中运用社会学的理论指导社会工作实践。20 世纪 30 年代，随着"诊断""治疗"模型的引进，心理学的精神分析对社会工作的影响日益增大，并逐渐取代社会学成为主流的社会工作理论。20 世纪 40 年代以后，社会工作理论日渐多元化。政治学、经济学、人类学、社会学、生态学等各个学科知识都被整合到社会工作中，成为社会工作实务基本的理论来源。20 世纪 70 年代以来，各种不同的理论相继涌现，其中不乏整合、折中的视角，这在 21 世纪最为明显。[1]

在长期的历史发展脉络中，社会工作学科涌现了许多专业理论，大致可以划分为两种类型，即"外借理论"和"实务理论"。[2] 所谓"外借理论"，是指来自社会学、心理学、经济学、政治学、人类学等其他社会科学领域的理论，诸如经典社会学家有关福利的思想、弗洛伊德的精神分析学说、女性主义理论、西方马克思主义学说、后现代主义学说等被社会工作理论广泛借鉴和吸收，对社会工作实践与研究产生了深远的影响。而"实务理论"是指社会工作者在长期的实践中总结发展起来的系统工作方法和干预模式，帮助社会工作者认识和掌握应对不同问题的应用程序与技巧，包括心理-社会治疗模式、理性情绪治疗模式、问题解决模式、结构家庭治疗模式、行为修正模式、认知治疗模式、任务中心模式、联合家庭治疗模式、危机干预模式、叙事治疗模式、一般系统模式、

---

① 李迎生：《社会工作概论》，北京：中国人民大学出版社，2010，第 98 页。
② 王思斌：《社会工作导论》，北京：高等教育出版社，2004，第 125 页。

生态系统模式、存在主义模式、人本中心模式、生命模式、社会诊断模式和交流互动分析模式等，这些都是在基础学科理论知识之上形成和发展起来的社会工作自身独特的专业理论模式。

社会工作通过借鉴其他学科相关理论知识和实践经验总结形成自身特有的理论视角和分析框架，为社会工作实务提供了基本的理论遵循。值得强调的是，妇女社会工作理论与妇联工作理论指导所属层面不同。妇联工作侧重于宏观层面的理论指引，能够把握妇女工作正确的发展方向，但缺乏解决个体微观层面问题的具体介入模式；妇女社会工作侧重于微观的理论操作，注重实际干预时理论模式的指导，一旦涉及妇女工作的宏观方向和目的，难免会出现顾此失彼的问题。妇联工作恰恰可以很好地在宏观上对其进行指导，所以只有将这两种不同形态的理论有机地结合起来，才能为妇女工作的健康发展提供各方面的科学依据，保证妇女工作沿着正确的方向前进。

（四）专业方法优势

专业社会工作服务离不开专业方法，专业方法是实现助人目标的有效措施和手段。社会工作经过百余年的发展，已经形成了一套因时因事而异的专业方法体系，这对妇联工作服务具有借鉴意义。

个案工作是最早形成且应用最为普遍的工作方法。相对于其他专业方法，个案工作的理论模式、技术、技巧更为完备健全。个案工作通过一对一、面对面的方式为有问题的个人或者家庭提供服务，涉及的问题通常较为复杂、情况较为特殊，诸如婚外情、家庭暴力、未婚生育、性侵、代孕、恋爱焦虑、失独失婚、辅助生殖治疗、性少数群体等都适用于个案工作。个案工作有一套相对固定且操作灵活的实施流程，包括接案、预估、计划、干预、评估和结案六个阶段。社会工作者经由与案主多次会谈来挖掘案主自身的潜能，协助案主摆脱困境、解决问题，不断增进个人福祉，达到个人与社会、环境的良好适应。

小组工作又称团体工作，于20世纪40年代被确立为社会工作专业方法之一。小组工作是以两个及以上具有相同问题的个人组成的小组为工作对象的社会工作方法。小组工作在其发展过程中形成了不同的工作模式，包括社会目标模式、治疗模式、互动模式、发展模式、组织与环境模式、预防与康复模式。与个案工作相似，小组工作从开始规划到评估结束也有一套相对固定、严密、科学的实施程序，包括小组筹备、小组初期、小组中期、小组后期和小组评估五个阶段。社会工作者经由与小组成员开展多次有目的的小组活动和团体成员的互动互助，借助小组特有的情境、互动、经验和力量来实现小组中个人的改变及社会功能的恢复和发展。

社区工作方法的确立相对较晚，直到20世纪60年代，它才被正式纳入社会工作专业方法的行列。与微观社会工作方法不同，社区工作采用宏观的分析视角和较广的介入层面，以整个社区和社区居民为服务对象，致力于改善社区周围的环境，改变不合理的制度和政策。社区工作在发展历程中形成了地区发展模式、社会策划模式、社会行动模式以及社区照顾模式等主要的工作模式。社区工作是一个连续的过程，可以将实务干预划分为建立专业关系、收集与分析资料、制订社区发展计划、采取社区行动和成效评估五个阶段，每个阶段都运用不同的工作方法和技巧。

总之，专业社会工作有着与国际社会接轨的强大社会工作专业学术支撑，有一套独立的助人自助工作理念和方法。面对社会主要矛盾的变化以及广大妇女对美好生活的追求，"在社会服务、公共服务遇到一些需要新技术、新方法的时候，在社会治理需要创新的时候，专业社会工作的优势是非常明显的"[1]。特别是当妇联传统工作方法效果不佳、妇女工作需要专业性较强的社会服务时，作为一种新型社会服务，专业社会工作就会处于主导地位，成为嵌入一方发挥重要作用。

第三节　妇女工作嵌入性发展之必要性

王思斌认为，嵌入性是专业社会工作在中国生存和发展的重要特征[2]，嵌入性发展是专业社会工作嵌入本土社会工作实践领域（原有社会服务领域）并获得发展的过程。[3] 王思斌首创的嵌入性发展主要是指社会工作单向度的嵌入性发展，是指专业社会工作的发展，是专业社会工作在

① 王思斌：《我国社会工作从嵌入性发展到融合性发展之分析》，《北京工业大学学报》（社会科学版）2020年第3期，第29~38页。
② 王思斌：《中国社会工作的嵌入性发展》，《社会科学战线》2011年第2期，第206~222页。
③ 李晓凤、孙惟博：《嵌入性发展　多元化建构——深圳市社会工作十年发展的回顾与反思》，《社会工作与管理》2017年第3期，第46~52页。

行政性非专业社会工作领域的嵌入。① 其实，正如王思斌曾提到的社会工作的互构发展，嵌入是一种双向度的互构，彼此的互补需要是实现嵌入的前提。以妇女工作为例，妇女社会工作的生存困境与妇联工作专业化服务化能力的需求，是妇女工作走向嵌入性发展的必要选择。妇女社会工作只有嵌入妇联工作领域，才能在推动妇女工作的实践中谋求妇女社会工作自身价值的实现并获得自身的发展；妇联工作只有让渡空间吸纳妇女社会工作进入其领域，才能提升自身的专业化能力和服务化水平。

一　妇女社会工作的实践困境

由于中国社会工作的"后发性"②，社会工作在中国恢复重建和发展的过程中没有独立自主的实践领域，缺少实践权。妇女社会工作也是如此。相较于行政性科层化具有强大组织网络体系的妇联工作，妇女社会工作在实务工作实践中面临诸多窘境。这主要体现在社会认同度低、专业人才流失严重、制度建设迟滞以及购买服务供给不足四个方面。

（一）专业队伍的社会认同问题

社会认同是"社会成员共同拥有的信仰、价值和行动取向的集中体现，本质上是一种集体观念"③，社会认同程度的高低取决于社会成员对社会工作这一专业的接纳程度。社会工作起源于西方，后被引入我国，受到行政体制和实践空间的限制，难以进入公众视域，面临社会公众认知不足的困境。

近年来，虽然社会工作得到政府扶持获得了一定程度的发展，但是人们对社会工作的认知似乎只停留在政府、学界及社会工作从业者的范畴，尚未进入普通民众的视域。一些民众不了解社会工作，即使了解也处于浅表或模糊不清的层次④，无法厘清社会工作者的工作职责和范围，

①　王思斌：《中国社会工作的嵌入性发展》，《社会科学战线》2011年第2期，第206~222页。
②　陈树强：《社会工作教育的内容：国外社会工作教育对我们的启示》，载亚洲及太平洋地区社会工作教育者协会编《发展·探索·本土化——华人社区社会工作教育发展研讨会论文集》，北京：中国和平出版社，1996。
③　李友梅：《重塑转型期的社会认同》，《社会学研究》2007年第2期，第183~186页。
④　文军：《当代中国社会工作发展面临的十大挑战》，《社会科学》2009年第7期，第66~70、189页。

将社会工作者和社区居委会工作人员、志愿者或义工混为一谈，其特有的价值理念和专业方法、技巧更是鲜为人知。

> 当我们进入社区做调研时，问社区居民是否了解社会工作，有的说："不好意思，我真没听说过社会工作，是不是社区大妈们做的服务工作，或者是社区志愿者之类的？"（20200928ZX 访谈记录）

> 有的回答："我听说过社会工作，因为我有个亲戚家的孩子学的就是这个，就知道它好像是个专业，但毕业后具体做什么我还真不知道，后来干什么了也不清楚。"（20200915LYH 访谈记录）

相较而言，妇联组织是我国官方的妇女组织，自 1949 年成立以来，妇联工作几乎"一统天下"。[①] 妇联组织具有明显的官方色彩，在公众心中树立起绝对的法理权威。如访谈中有人说：

> 我知道妇联组织，我们社区就有。前几天我和孩子还参加了它们开展的亲子阅读活动。（20200913ZZX 访谈记录）

> 妇联不是早就有了嘛，就像政府似的，哪有人能不知道妇联组织！（20200913ZN 访谈记录）

由此可见，妇联组织在民众当中几乎家喻户晓，这与民众对社会工作的认知形成了鲜明的对比。

社会工作的服务对象可以分为两种类型："当前案主"和"潜在案主"。[②] 中国人口基数大，这就意味着社会工作的服务对象可谓规模巨大。近年来，社工机构在全国遍地开花，但主动上门求助的寥寥无几。受"家丑不可外扬""万事不求人"等传统观念的影响，人们在遇到问题时首先想到的往往是自己的亲戚、朋友或者政府部门，不仅尚未形成

---

① 肖慧欣：《我国妇女社会工作职业化的困境与出路》，《社会工作》2012 年第 8 期，第 16~19 页。

② 李迎生：《社会工作概论》，北京：中国人民大学出版社，2010，第 152 页。

向社工机构寻求帮助的惯习①，而且对其能否提供有效的服务心存疑虑②。如访谈时有人说：

> 我在我家附近倒是看见过社工机构，但我不知道它是做什么的，就知道有这么个牌子。本来咱们的传统观念不就是家丑不能外扬嘛，遇到事情的时候，我肯定第一时间在家庭内部解决，或者找亲戚、朋友帮忙，找社工机构真没想过。（20200913LYX访谈记录）

> 我知道有社工机构，但我还是比较信任警察或政府这种官方的组织。我对社工机构不太了解，也没听说有谁求助于社工机构，反正我是觉得它不太靠谱。（20200914XL访谈记录）

此外，社会工作专业学生和在职社工对社会工作的职业认同度也不高。有研究以全国2166名高校在读全日制社会工作专业学生为研究对象，从认知、情感、行为和理念价值四个维度分析学生的社会工作职业认同程度，结果显示，社会工作专业学生对社会工作的职业认同度不高，并没有把社会工作当成未来的就业选择。③ 对上海市社会工作从业人员的问卷调查主要从九个维度研究从业人员的职业认同，结果表明，社会工作从业人员的职业认同度并不高。④

俗话说："授人以鱼，不如授人以渔。"社会工作强调"助人自助"的核心价值理念，在提供专业服务时，着重激发服务对象的潜能，培养其独立解决问题的能力。而能力的提升是一个经年累月的过程，不会立竿见影，要耗费一定的时间和精力。如访谈中居民说：

---

① 王杰、徐选国：《我国社会工作的合法性困境及其路径重构》，《中国农业大学学报》（社会科学版）2018年第2期，第41~49页。
② 文军：《当代中国社会工作发展面临的十大挑战》，《社会科学》2009年第7期，第66~70、189页。
③ 易松国：《社会工作认同：一个专业教育需要正视的问题》，《学海》2019年第1期，第116~123页。
④ 李正东：《社会工作从业人员职业认同及其影响因素研究》，《华东理工大学学报》（社会科学版）2018年第2期，第66~76页。

　　　　之前我们社区网格长给我看过一家社工机构发的海报，是关于全职妈妈再就业培训的，我想没事就参加一下吧。我觉得还挺实用的，自己也符合要求，就去报名了。但是持续的时间实在太长了，要参加好多次，我每天还得接送孩子上学，有的时候真腾不出时间来，后来也就没怎么去了。（20200916GXX访谈记录）

　　相对而言，妇联组织偏向于直接的物质帮扶，为服务对象提供"实惠"[①]，能够在短期内看到服务效果，这就使人们对社会工作这种新兴的专业认同度较低。如访谈中所说：

　　　　我老公前年出的车祸，双腿被截肢，之前还能靠他开出租车赚点钱，现在真是一点经济来源都没有，全家就指着这点低保生活。社区的人也知道我家的情况，每到逢年过节，都会有人给社区捐东西，他们就给我家送点，像米、面或者鸡蛋啥的，对我们真的挺好。（20200918LM访谈记录）

（二）专业人才使用与作用发挥问题

　　自20世纪80年代在我国恢复重建以来，社会工作专业教育率先获得发展。民政部2019年的统计数据显示，全国共有82所高职院校设立社会工作专科专业，高校以及科研机构共开设348个社会工作本科专业、150个社会工作硕士点以及17个社会工作博士点，每年培养社会工作专业毕业生大约4万名。[②] 社会工作专业人才培养的总量较多，但毕业后从事与社会工作专业相关职业的学生屈指可数，社会工作专业人才流失现象严重。社会工作专业人才使用出现悖论现象。一方面，社会工作高等教育的发展为社会工作培养了大批人才，在《国家中长期人才发展规划纲要（2010—2020年）》中，社会工作人才被列为重点发展的六类人才

---

① 肖慧欣：《我国妇女社会工作职业化的困境与出路》，《社会工作》2012年第8期，第16~19页。

② 《民政部对"进一步细化社会工作专业技术职级，推动基层治理精细化"的答复》，中华人民共和国民政部，https://xxgk.mca.gov.cn：8445/gdnps/pc/content.jsp？id=115701&mtype=。

之一；另一方面，庞大的专业社会工作队伍还是"无名之师"，很少获得应有的"名分"，社会工作处于"身在闺中无人识"的生存状态。① 在社会工作专业人才流失中，社会工作专业毕业生流失尤为严重。江西省某高校首届社会工作专业毕业生调查显示，从事与社会工作专业相关职业的学生寥寥无几，专业不对口现象尤为突出。大部分学生入职政府、企事业单位或其他行业，大约10%的学生选择考研深造。② 也有研究表明，在广东省某高校2003年社会工作专业81名本科毕业生中，90%的毕业生转行从事与社会工作专业无关的职业，仅有不到10%的学生选择相应的社会工作。③ 此外，对社会工作专业学生的访谈也证明了这一点。当社会工作专业的学生被问及今后的打算时，他们回答说：

　　我本科是被调剂到这个专业的，当时自己也不懂社会工作专业是学什么的，毕业后能干什么，但因为不想复读，为了上学也只能学这个专业。现在了解了一点，听说工资不高，发展前景也不十分好，目前还没有想去做社工，毕业后还是想先考事业编或者公务员。我们有的同学大二以后就开始为各种省考国考做准备，工作稳定，社会声望还很高，以后找对象也有优势。（20201010LY访谈记录）

　　我还没考虑会不会去做社工，估计不会首选做社工。虽然社工是一个助人的专业，但社会上大家都不了解它。每次别人问我专业是什么，我就说社会工作，那么接下来他们一定会问社会工作是什么、毕业后能干啥，我有时候都不愿意解释，还会觉得自己没有面子，真的比不上那些学经济、金融、小语种专业的学生。（20201010LM访谈记录）

　　我们不能只关注社会工作专业毕业生，因为在职社工流失现象也很

① 王思斌：《中国社会工作的嵌入性发展》，《社会科学战线》2011年第2期，第206~222页。
② 余冲、李立文：《江西省首届社会工作毕业生就业状况调查》，《社会工作》2006年第11期，第20~22页。
③ 舒迪：《专业社工：就业出口在何方？》，《人民政协报》2006年5月9日，第B1版。

严重。以国内社会工作发展的标杆城市——深圳为例，2010~2014年深圳市社工流失率一路攀升，由2010年的13.4%上升到2014年的22.2%，超出行业20%流失率的警戒线。① 对流失率数据深入分析后可以发现，离职的大部分人都转投其他行业。② 根据南京市民政部门的数据，2016年社工流失率高达18%，其中大约70%的人将不再从事社工行业。③ 同样的情况也发生在东莞市，2011年东莞市社工的离职率达到19.79%。④ 此外，调研访谈也验证了这一现象的存在。如受访者说：

> 我自己是那种比较有爱心的人，本科上学的时候就觉得社工能帮助别人解决困难也挺好的，毕业后就想着先做几年社工试试，实在不行就再换别的。我毕业后在一家社工机构做全职社工，刚开始年轻气盛，觉得自己什么都可以，但做着做着就发现社工真是太难了，申请到项目后还得找服务资源，没有资源谁来参加你的活动、怎么完成项目。尤其是像我们这样年轻的，人家根本就不信，没有熟人介绍我们都敲不开居民的门。（20201012WWY访谈记录）

> 我是在做了两年社工之后又从事人力资源工作的。我之前待的那家社工机构算是发展比较好的。但每做完一个项目，我都感觉自己什么都没学到，可能对于服务对象来说也是无关痛痒。我就这么在机构干了两年，后来觉得自己不能再这么下去了，就经朋友推荐入职了现在的这家公司，不仅工资高一些，最主要的是不用去找资源，企业会提供平台让人有用武之地，而且能够积累很多经验，我挺喜欢现在这份工作的。（20201015GQJ访谈记录）

---

① 王冠：《深圳社工"出走"之后》，《中国社会工作》2015年第15期，第58~60页。
② 吕绍刚、史维：《民生调查：深圳社工为什么留不住》，人民网，http://cpc.people.com.cn/n/2013/0227/c83083-20614444.html。
③ 《社工流失率逼近警戒线 如何破解社工流失困局》，中国社会工作网，http://news.swchina.org/hot/2017/0828/29728.shtml。
④ 东莞市现代社会组织评估中心、深圳市现代公益组织研究与评估中心：《2011年度东莞市社工发展综合评估报告》，http://mzj.dg.gov.cn/attachment/cmsfile/007330088/0802/201209/daofile/doc130173.pdf。

（三）配套制度与购买服务的供给问题

政府购买服务是社工机构获取资金的主要渠道。在我国，目前政府购买服务还处于探索阶段，各方面体制机制仍不健全，购买服务的规模与资金投入力度也未能及时跟上，还有较大的提升空间。

不少地方政府将向社会组织购买服务当作一种临时性、局部性或补充性的提供公共服务的方式，而不是作为公共服务运行的基本模式之一。在这种情况下，政府向社会组织购买服务既没有建立专门的资金账户，也尚未列入地方服务规划，这造成政府向社会组织购买服务时所提供资源支持力度较小且难以保持连续性和稳定性。[①] 此外，政府还采用分期拨付的方式给社会组织划拨资金，在承认有利于政府监管社会服务的质量和效益的前提下，却使社工机构面临诸多困境。

第一，资金使用程序复杂。社工机构需要通过多轮申请和审批并定期重复提交各种相关材料，这不仅会造成人力、物力的浪费，还会导致批复、到款迟缓现象的出现。如受访者说道："我既可以申报区里的项目，也能申报街道的项目。街道主要以公益创投为主，如果项目适合街道的情况，通常都是能做的。但街道的项目资金最多 1 万元，一次性付清，有时候根本不够用来完成一个项目。你看我之前做的那个项目，给居民安个监控都要 1.5 万元，经费实在太少了。申报区里的项目资金也是有额度的，但比街道的多一些，区里的经费分三批给，每次都要我们提交不同的材料，也是非常麻烦的。"（20201014YY 访谈记录）

第二，分批拨付的方式不仅难以推动社工机构的自我管理和自我发展，而且加深了社会组织对政府资金的依赖，对专业服务的提供产生负面影响。

第三，政府财政拨付流程冗长，同时面临支付机制不完善的问题，使社工工资无法按时发放。[②] 如受访者说道："我们机构共有专职社工 9 人，实习生 3 人，机构的资金来源也主要以承接政府的项目为主。但项目的资金不都是分批拨付嘛，我们每次不但要提交不同的材料，有的时

---

① 关信平：《论当前我国专业社会工作的制度建设》，《国家行政学院学报》2017 年第 5 期，第 21~27、144 页。

② 马贵侠、叶士华：《政府向社会工作机构购买服务的运作机制、困境及前瞻》，《广东工业大学学报》（社会科学版）2014 年第 1 期，第 49~55、92 页。

候到账还比较慢，偶尔我们也会遇到资金周转不过来的情况，去掉做项目的那部分，剩下的就先结实习生的工资，专职社工的往后拖一拖，等经费都到账了再给他们发工资。"（20201014ZZK 访谈记录）

社工机构是非营利性组织，由于服务内容以及服务对象的特殊性，只能采取无偿或者低偿的方式提供服务。社会组织自身又缺乏"造血"功能，组织发展依赖外部资金支持。政府以项目制的方式向社会组织购买服务，而不是根据机构或者岗位进行常规性拨款。项目制的方式虽然存在一定的优点，但是也会带来两方面的弊端。

一是项目需要的周期一般较短，难以成为支撑社会服务机构持续运转的资源保障。社工机构在自身生存状况堪忧的情况下，无法考虑提升自身专业能力与制定长期发展规划。如受访者说道："我们机构的资金来源主要是政府购买项目，但项目资金是有限的，每次项目结项后经费也就所剩无几了。但为了机构的长期发展，我们只能不停地去承接新的项目。至于提升我们的专业能力，我们机构的全职社工都是本科学社会工作专业的，我们也会在每个项目结项后总结一下经验，看看哪里做得好、哪里做得不好，那下次再做项目的时候就自己注意点。偶尔区里也会有那种枢纽型社会组织培育项目，就请专家来给我们培训，也算是学到点儿新知识。"（20201014LT 访谈记录）

二是政府采用项目制的根源在于其认为社会上已经存在可以提供标准服务的社工机构，并且这些机构自身已经具备获得资源的能力，政府只要出资向它们购买服务就能够实现向社会提供公共服务的愿景。在这一假想的基础上，政府向社会组织购买项目的资金只适用于提供公共服务，并不包括对社工机构专业化能力的形成和持续发展的支持。就我国目前社工机构发展的实际情况而言，机构自身还缺乏提供专业服务的能力，换言之，在承接政府购买服务项目的同时，机构仍然需要投入大量的资源深耕专业服务。而项目制的购买方式难以为其长期发展提供重要保障。①

无独有偶，妇女社会工作在配套制度建设上也面临供给的困境。妇

---

① 　关信平：《论当前我国专业社会工作的制度建设》，《国家行政学院学报》2017 年第 5 期，第 21~27、144 页。

女社会工作在我国已经获得了初步发展，但相关的配套制度及行业规范体系建设还未跟上步伐。在人才培养方面，国内的高等院校中专门设立妇女社会工作专业或将培养妇女社会工作专业人才视为建设重点的学校屈指可数。女性人口占我国总人口的近半数，可谓规模巨大，我国必然会面临很多妇女问题。不言而喻，我国妇女社会工作专业人才的数量是无法满足需求的。

> 我们学校有社会工作专业，我就是这个专业的学生，但妇女社会工作我们学校还真没有，我也没听说哪个学校有这个专业，估计也和社会工作差不多。（20201018HHY 访谈记录）

> 我本科也是学的社会工作，但当时本科学校没有妇女社会工作这个专业。直到现在我在师范院校读社会工作硕士，才知道原来还有妇女社会工作这个专业，它是社会工作的分支学科，学校还会单独成立女性研究中心。不知道是不是因为师范学校女生比较多，所以才会有这么多不一样的地方。（20201018HYT 访谈记录）

妇女社会工作专业在培养机制、培养模式、教学模式、课程体系、知识体系等方面还存在诸多问题，整体建设进展缓慢。妇女社会工作是以实践为本的专业，就我国目前的发展情况而言，专业技能训练异常薄弱，并且尚未建立起严格意义上的实习督导机制。这些无疑会对妇女社会工作专业学生的培养水平产生影响。如受访者所说："我学的就是妇女社会工作，这个专业的实践性还挺强。但我们平时都是以老师讲课为主，就学些书本上的知识，也没有安排实习什么的，没有机会去真正做实务。"（20201014YYT 访谈记录）

在人才的评价、使用、激励方面，妇女社会工作在我国还没有建立起相应的职业标准，也没有设置专业岗位和明确职责分工。与此同时，相应的配套制度体系，如注册管理制度、社会工作者职业资格认证制度、教育培训制度、薪酬激励制度、职业水平证书登记办法、绩效考核制度等未能及时跟上。配套制度体系不完善，也就没有健全的职业保障，这些影响了妇女社会工作的良性运作①，妇女社会工作在我国的发展任重而道远。

二　妇联工作专业化服务化能力创新要求

随着中国共产党在治国理政中由社会管理走向社会治理，其治理理念、方式、目标发生了深刻变革。政府由刚性管理向柔性管理转变，由行政化服务向专业化社会化服务转变，强调在服务中实施管理，实现社会服务的创新。虽然妇联改革是实现这一转变的重要尝试，但是妇联在调结构、固基层方面的改革由于妇联组织科层行政化管理惯习和行政工作的路径依赖，在资源和制度上多靠党和政府，妇联在处理服务大局和服务妇女的关系时，难免带有行政化、官僚化烙印，难以把握服务大局和服务妇女的平衡点，实现两者的统筹兼顾。服务大局，靠行政化方式路径依赖，能够发挥科层体制的高效作用。但是服务妇女在于解决"妇女所急"，针对妇女特殊群体的需求，妇联由于人手问题，无法开展专业化的个案服务和小组服务。因此，深化妇联改革的"破难行动"还需要在妇联自身能力的基础上提高治理能力现代化水平，实现由行政化向专业化、服务化的转变，加强能力建设，处理好服务大局工作主线与服务妇女根本任务之间的关系。

（一）提高妇联工作专业化技术化能力需要

提高妇联组织的专业化技术化能力是开展党的群众工作的需要，是国家治理能力现代化的需要，更是提高妇联履职能力的需要。中国共产党非常重视妇联干部队伍建设和妇女干部的选拔机制。党的十八大以来，习近平总书记针对妇联组织能力建设作出了新指示、新要求，强调"各级党委要坚持德才兼备、五湖四海，加强群团干部培养管理，选好配强群团领导班子，提高群团干部队伍整体素质"②，指出要"加强妇联干部队伍建设，努力培养高素质妇联干部队伍"③。

---

① 肖慧欣：《我国妇女社会工作职业化的困境与出路》，《社会工作》2012年第8期，第16~19页。
② 《习近平在中央党的群团工作会议上强调 切实保持和增强政治性先进性群众性 开创新形势下党的群团工作新局面》，《党建》2015年第8期，第4~5、12页。
③ 《习近平同全国妇联新一届领导班子成员集体谈话并发表重要讲话》，《妇女研究论丛》2018年第6期，第5~6页。

从实践层面来看，由于妇联依托党政部门，有着强大的行政资源作后盾，有健全的妇联干部选拔机制，妇联干部队伍基本具备了组织领导力、团结动员能力、宣传引领力、维权能力，凸显了中国妇联组织的强大威力。

从理论研究层面来看，众多学者围绕妇联组织能力建设展开研究，但其中鲜有关注到妇联专业化技术化能力建设的。由于妇联组织内部设有维权部，妇联的法律维权能力一直是妇联工作的强项，这为基层妇女解决了实际问题，得到基层妇女的称赞。然而，由于妇联组织内部缺少社会工作部门，又缺少发挥枢纽社会组织作用的意识和机制，妇联组织与妇女社会组织的外部联合没有建立起长效机制，社会工作专业承担的专业化服务分散在其他各个部门业务中，而各个业务部门的妇女社会工作又被行政化妇女工作替代，导致妇联工作专业化技术化能力较弱，妇女社会工作的专业技术（个案工作、小组工作、社区工作、调查研究以及社会性别分析与倡导能力等）缺失。研究发现，社会工作理论与方法是妇联组织提升其参与社会治理专业化水平的新工作方法，这一方法可促进其反思能力得到提升、工作理念得到转变、工作方法和技巧更为专业等[1]，能够体现妇联组织的基本职能，助力妇联完成联系和服务妇女的根本任务，使其赢得广大妇女群众的支持和信赖，增强其完成组织使命的本领。

妇联改革虽然着力去除行政化，但在行动中依然存在行政化倾向。妇联组织自创建以来与党和政府有着天然的依存关系，通过依托党政系统的行政架构，在每一级政府都会对应建立一级妇联。每一级妇联都直接受到上级党组织的领导，经费来源和人事安排受制于党和政府，上下级妇联之间只存在业务上的指导与被指导的关系。[2] 妇联的领导干部有相应的行政级别，工作人员参照国家公务员管理并享有岗位编制，同时接受党组织考核，整个组织运行机制与行政机关如出一辙。[3]

① 唐雄山、仇宇、王伟勤、王昕、罗胜华：《社会工作理论与方法本土化——妇联参与社会治理及典型案例点评》，广州：中山大学出版社，2015，第 22 页。

② 金一虹：《妇联组织：挑战与未来》，《妇女研究论丛》2000 年第 2 期，第 28～33 页。

③ 毛丹、陈佳俊：《制度、行动者与行动选择——L 市妇联改革观察》，《社会学研究》2017 年第 5 期，第 114～139、244～245 页。

我们的经费、升迁、考核、任免等都是由党政部门决定的，虽然我们本应以服务妇女为主，但还是党政系统对我们的影响大一点。（20201108LL 访谈记录）

虽然"实现组织目标所必要的、一般性的活动，被清楚分派到每一个专门的工作岗位"[1]，使岗位管理和职责分工具有明显的专业化特征，但是工作人员在现实情况中并未专精于自己的工作岗位。

我们以 C 市 TY 街道管辖的 W 社区为例。W 社区有 11 名网格长、1 名妇女专干。妇女专干身兼数职，在承担街道妇联指派的工作任务的同时负责协助社区日常管理工作。众所周知，社区工作繁杂，并具有临时性和不确定性，妇女专干的工作亦是如此。当社区举办节日活动时，妇女专干要帮助布置场地、调试音响设备、告知社区居民、采购物品等；当收到党政部门的任务指令时，妇女专干与网格长共同走访，征求居民意见；接种新冠疫苗期间，妇女专干逐个打电话通知社区居民；甚至在发放社会保障卡、处理居民纠纷时都能见到妇女专干的身影。此外，问卷调查结果显示，当被问及"您所在的社区的妇联工作是融合到其他工作中一起抓"时，有 50.78% 的被调查者选择"非常符合"，27.45% 的被调查者选择"比较符合"（见表 5-2）。这反映出基层妇联的工作内容泛化，经常依附于其他部门的任务，并未真正实现科层组织的专业化。

表 5-2　基层妇联工作执行情况

单位：人，%

选项	频数	占比
A. 非常符合	518	50.78
B. 比较符合	280	27.45
C. 一般符合	198	19.41
D. 比较不符合	11	1.08
E. 非常不符合	13	1.27

妇联组织一头连着党和政府，另一头连着妇女群众，在提供服务时

[1]　马克斯·韦伯：《韦伯作品集Ⅲ：支配社会学》，康乐、简惠美译，南宁：广西师范大学出版社，2004，第 22 页。

本应协调一致，但囿于党政系统的指令，妇联组织长期以来形成了对上负责的工作方法，导致妇联双重角色的不平衡发展，把服从和配合党政系统的工作放在首位，在反映妇女诉求、维护妇女权益上则未见成效，在实践中具有明显的行政化倾向，造成组织目标置换。[①] 由于缺少服务妇女的专业队伍，数量较少的妇联干部只能做一些行政化服务大局的"规定动作"。基层妇联安排部署工作时很难推广下去，很少有人愿意配合，妇联组织力量不够强大。基层妇联干部在工作中面临的最大问题是如何在缺少专职工作人员和经费保障的情况下让妇联组织的影响力扩大。而社会工作队伍规模庞大且人员流失严重，没有用武之地，为什么不发挥社会工作专业的技术特长，补齐妇联组织专业性不足的短板？由于妇联组织干部队伍的性质，社会工作不能充实到妇联组织内部结构中，要解决妇联组织的专业能力建设问题，真正地体现出群团组织的特点，以符合设立群团组织的初衷，唯有通过组织的外部结构机制化建设、联合社会工作等方式实现妇联组织的专业化、技术化，提高妇联组织能力，壮大妇联组织力量，发挥妇联组织作用，增强妇联组织专业化的角色定位。

（二）建设服务型基层妇联组织的需要

在全面建成小康社会、实现社会主义现代化强国目标的过程中，妇女事业不可或缺。建设服务型基层妇联组织是履行妇联职责、筑牢妇联工作生命线的战略任务，其关键是要平衡对上服务和对下服务的张力关系，将服务基层与服务妇女落到实处。

从理论研究层面来说，众多学者围绕服务型基层妇联组织建设展开研究，但其中鲜有从社会工作视角进行探讨的。从实践层面来看，妇联组织结构虽然已经从以前的"上面千条线，下面一根针"向"上面千条线，下面一张网"转变，但是真正能为妇女群体提供服务的基层妇联人手仍然十分短缺。

基层妇联组织的服务功能一直都是学界研究的重要议题。有学者认

---

① 雷水贤：《双重角色对妇联履行职能的影响》，《妇女研究论丛》2002 年第 6 期，第 11～13 页。

为，妇联在怎样服务的层面上存在很大的差距。① 在工作实践中，妇联常常采用行政工作方式组织动员妇女群众，仅把妇女群众当成工作对象，使其成为受教育者、受助者和受益者，而忽视了妇女群众的主体性地位和能动性作用，缺少女性意识，很难关注到女性的共同利益和特殊利益以及特殊需求。妇联每年都有切合时代特征的新主题，但活动项目缺乏吸引力。究其原因，70.4%的基层妇联组织没有了解妇女群众的需求。② 调查结果显示，"缺少服务需求导向，服务缺少针对性"成为基层妇联工作人员面临的主要困难之一（见表5-3）。服务妇女是妇联的本质职能，但妇联组织的妇女工作更多关注的是妇女整体，面对的是妇女全体。在妇女群体需求日益多样化、新型妇女社会组织逐渐增多的时代背景下，妇联仍然采用一般化的服务方式和单一的服务手段解决妇女的共性问题，难以对妇女的多样化需求进行及时、对路、恰当、有效的回应，无法满足多元化的局部性需求。研究数据显示，55.8%的基层妇联组织根据上级工作任务来开展活动。③ 为妇女提供什么样的服务、怎样提供服务，应取决于妇女群众的意愿和要求，而不是上级妇联强加的任务。但有些特殊妇女群体的个性化需求，光靠妇联部门开展"下基层、访妇情、办实事"活动是解决不了的。那么，妇联如何既围绕大局做好服务中心工作，又针对特殊妇女群体尤其是贫困弱势妇女的需求提供兜底性的有针对性的个体服务，把党的温暖通过妇联这一桥梁和纽带送到妇女身边，是妇联改革和工作创新迫切需要解决的难题。妇联需要联合、引入、嵌入其他妇女社会组织协同工作，以补齐妇联工作服务短板。

表5-3　基层妇联工作人员面临的主要困难

第一位	缺少服务经费
第二位	缺少服务需求导向，服务缺少针对性
第三位	缺少专业服务人员与专业服务妇女方法和能力

① 丁娟、曲雯、黄桂霞：《关于我国现阶段妇联组织能力建设的思考》，《妇女研究论丛》2005年第6期，第41~49页。
② 汪超：《"一型四化"视角下妇联基层组织建设的治理现代化——以湖北省为表述对象》，《湖北社会科学》2015年第5期，第69~74页。
③ 汪超：《"一型四化"视角下妇联基层组织建设的治理现代化——以湖北省为表述对象》，《湖北社会科学》2015年第5期，第69~74页。

　　社会工作作为一种专业化的社会服务，在多方循证的基础上准确地判定问题的性质，将要解决的问题放在复杂的系统中进行全面的综合分析，在科学评估的基础上制订服务方案，在提供服务的过程中不断评估服务成效，并根据情况的变化适时予以调整，在整个服务过程中强调服务对象的参与，注重发挥服务对象的主体性。社会工作应对整个服务和干预的重要节点进行细致考虑，从而有步骤地实现目标。这既实现了精细化服务，又强调了各方参与。妇联的行政化机关化科层化管理体系实现的是社会整合功能与维护功能，很难实现个体的服务性功能。那么为什么不发挥社会工作专业化、定制式精准服务的优势，弥补妇联服务的不足？妇联组织要处理好服务大局和服务妇女的双重角色期待，解决服务妇女弱化问题，就必须通过联合社会工作的方式，激发社会组织的活力，创新联系、服务妇女的方法和手段，增强组织社会化的角色定位，实现组织与服务的有效覆盖。

（三）发挥妇联组织枢纽作用的需要

　　发挥妇联组织枢纽作用是妇联参与社会建设和社会治理的必然要求，是加强社会组织管理的迫切需要。《中共中央关于加强和改进党的群团工作的意见》明确要求"群团组织要通过服务来引导和促进社会组织健康有序发展"，这就意味着妇联组织要通过发挥枢纽作用做好女性社会组织工作，自觉担负起在构建枢纽型社会组织工作体系以及团结、引领、服务、管理社会组织中的主体责任。妇联组织应发挥枢纽作用，加强与各类妇女社会组织的交流合作，坚持团结与凝聚并重、服务与指导相结合，推动其有序健康发展。

　　从理论研究层面来看，众多学者围绕枢纽型社会组织展开研究，但甚少关注枢纽型社会组织在妇女工作中的微观实践。从实践层面来看，开展活动是妇联组织联系、服务妇女的有效载体，也是其履行组织职责的重要途径和方法。妇联组织通过宣传、号召、动员、组织妇女投身于某项活动，引发强烈的社会共鸣，进而使组织的理念获得广泛认同，唯其如此，才能体现妇联自身存在的价值和作用。每年三月的三八妇女节，五月的国际家庭日、母亲节，六月的国际儿童节、国际禁毒日、世界环境日等，妇联组织都会开展活动，但还来不及验收效果，就又匆匆进行下一个活动。妇联组织把开展活动作为工作目标，但只计活动数量不讲活动质量，使活动内容流于形式，具有明显的娱乐化倾向。只有少数妇女参与，大多数妇女都没有参与感和获得感。

> 我们平时开展的活动还是挺多的，像每年的三八妇女节、母亲节、国际儿童节、建军节、建党节等，这些重要的节日肯定要举办活动。大家聚在一起观看文艺汇演或者举办一场评比大赛，现场也挺热闹的，感觉效果还是挺好的。（访谈记录20201105ZLH）

> 每次活动办完我们的任务就算完成了，也不会就满意度或者活动效果展开调查，因为我们根本没有那么多的时间去做这件事情。一个节日结束了，另一个节日马上就到了，我们只能赶紧策划下一场活动。（访谈记录20201105HYT）

社工机构作为非营利性组织，主要通过承接政府项目提供专业服务。项目化运作的方式在获得一定收益的同时，存在诸多问题。在需求评估方面，社工机构为了获得项目，在项目申报时往往根据购买方的期望来设计服务内容，想当然地认为服务对象具有某些需求、应该提供某些服务，使服务对象的真正需求被忽略。在项目实施方面，社会工作服务本应遵循个别化的原则，根据服务对象的需求及问题有针对性地设计相关服务活动，并在干预过程中依据服务对象的实际情况适时地调整服务内容，满足服务对象新的需要。而在现实中，社工机构把完成项目当成工作目标，以公事公办的态度来提供服务，服务程序和内容千篇一律，具有很强的随意性、娱乐性和表面性，忽视了专业性及有效性。社工机构通常将服务对象视为单纯的受益者、被动的受助者，忽略了他们的自主性，限制了他们的参与空间。受项目周期性和连贯性的影响，社工机构无法顾及服务对象的长期利益，使服务缺乏可持续性和长效性。正如不少研究者所提到的，"项目本身难以持续"①"项目追求短平快导致项目

---

① 冯猛：《项目制下的"政府-农民"共事行为分析——基于东北特拉河镇的长时段观察》，《南京农业大学学报》（社会科学版）2015年第5期，第1~12、137页。

短命"①。在项目评估方面，开展项目评估是为了检验社工的服务效果，即项目是否实现了预期目标，这是项目运作中不可或缺的一环。社工机构在进行自评时，只注重项目任务的完成情况，缺乏对项目服务过程针对性、专业性和合理性的把握。第三方评估通过查阅项目资料、听取社工机构对项目的汇报及简单访谈检验项目的质量和效果，没有建立完整的评估体系，使项目评估流于形式。

社工机构项目化运作存在短板，妇联组织提供服务具有某种程度的活动化、娱乐化倾向，因此，只有发挥妇联组织的枢纽作用，建立社会组织平台，组织引导购买社会工作服务，才能实现对社会组织的政治引领、业务指导、资源整合、联系协调、组织交流、权益维护等综合性的服务管理职能。

总之，健全组织体系还要善于横向联系。我们在看到本土行政性妇联工作具有制度体系上的优势的同时，也要看到其在实践中存在的弊端。这就需要专业性、服务性的社会工作进行嵌入予以弥补，需要发挥妇联组织的枢纽作用，注重发挥妇联的"联"字优势，延伸组织手臂，拓展组织空间，通过政府购买服务、搭建社会组织服务平台以及对社会组织的政治引领和业务指导，凝聚为妇女儿童和家庭提供服务的各种妇女组织、社会力量，不断获得有利于妇女事业发展的各类资源，提高妇联妇女服务工作水平，从而打造共建共治共享的妇女工作新格局。

第四节　共建共治共享的妇女工作新格局

妇女工作与社会工作具有共性。妇女工作紧紧围绕民生，将解决妇女发展进程中的突出矛盾和主要问题作为基本任务，需要在解决妇女问题、促进妇女发展的过程中使用专业、科学的方法和技巧分析妇女问题、了解妇女需求，以提高妇女工作的专业性和有效性，更好地服务妇女、服务大局。

社会治理和社会管理与社会服务是融合在一起的。② 社会治理注重

① 刘成良：《"项目进村"实践效果差异性的乡土逻辑》，《华南农业大学学报》（社会科学版）2015 年第 3 期，第 50~59 页。
② 王思斌：《中国社会工作的嵌入性发展》，《社会科学战线》2011 年第 2 期，第 206~222 页。

政府的社会管理和社会服务的连续与统一。那么，如何在保持政府的管理行政工作的基础上增强政府的社会服务功能？也就是说，如何既保持妇联传统行政性的管理功能，又增强其服务妇女的服务功能？鉴于妇女工作各主体存在的优势与局限，其各自优势需要妇联工作和妇女社会工作强强联合、珠联璧合；其各自困境与局限更需要双方彼此嵌入、优势互补、取长补短。因此，走嵌入、协同、融合性发展之路，通过嵌入社会服务实现协同共治，打造共建共治共享的妇女工作新格局，是妇女工作创新的重要路径。

党的十九大报告提出"打造共建共治共享的社会治理格局"①，党的二十大报告进一步提出"健全共建共治共享的社会治理制度，提升社会治理效能"②。这既是对过往社会治理经验的科学总结，又是新时代加强和创新社会治理的崭新谋划。在共建共治共享治理理念的时代背景下，妇女工作作为社会治理的重要组成部分，需要在实践中寻求新的突破，打造共建共治共享的妇女工作新格局。这对于妇联来说是一种责任，更是一种挑战。

2020 年，王思斌在《我国社会工作从嵌入性发展到融合性发展之分析》一文中回顾历史、立足实践、展望未来，论述了我国社会工作的发展逻辑与途径。他指出，我国社会工作经历了从专业社会工作"嵌入性发展"到专业社会工作与行政性社会工作"协同性发展"的历史过程，最终会迎来二者的"融合性发展"③。打造共建共治共享的妇女工作新格局，需要"建立起一个高效的妇联组织结构，并使此组织结构具有良好的运作机制"④。此次妇联改革重在调整组织结构，通过"会改联"完善妇联组织的科层化再造，通过吸纳执委完善妇联组织队伍再造，通过妇联组织区域化扩张完善妇联组织扁平化再造。妇联改革组织结构再造成

---

①　习近平：《决胜全面建成小康社会 夺取新时代中国特色社会主义伟大胜利——在中国共产党第十九次全国代表大会上的报告》，《人民日报》2017 年 10 月 28 日，第 1 版。

②　习近平：《高举中国特色社会主义伟大旗帜 为全面建设社会主义现代化国家而团结奋斗——在中国共产党第二十次全国代表大会上的报告》，《人民日报》2022 年 10 月 26 日，第 1 版。

③　王思斌：《我国社会工作从嵌入性发展到融合性发展之分析》，《北京工业大学学报》（社会科学版）2020 年第 3 期，第 29~38 页。

④　陈伟杰：《群团改革和妇联组织的体系性：一个重要的"结构-机制"议题》，《妇女研究论丛》2018 年第 6 期，第 12~14 页。

功，为打造共建共治共享的妇女工作新格局奠定了基础。下一步，我们需要关注的是如何调整妇联组织结构，实现组织结构再造的功能。

从组织结构再造到组织功能实现离不开良好的运作机制，机制良性运作的关键在于协调好各部分之间的关系，处理好妇联组织的体系性问题。体系性具有机制面向，陈伟杰认为，不同层级的妇联组织如何形成一个高效的有机体系，既是结构性问题，结构上需要彼此层次和职责定位明晰，也是机制性问题，机制上需要层级间合作顺畅，这样组织目标及运作机制的调整才能顺利实现。①

妇联组织体系机制化运转需要职责明确、分工合作、各有侧重、各司其职。"共建"即共同参与社会建设。建设中国式现代化是全中国人民的共同事业，谱写新时代中国特色社会主义妇女事业新篇章是全体妇女的共同事业。共同建设新时代是全体社会成员的共同责任，广大妇女和妇女组织有责有份。然而，就发展妇女事业而言，在妇女教育、妇女医疗卫生与健康、妇女保障、妇女就业、妇女社会服务等领域，本着妇联代表党和政府主导政社合作的原则，妇联要发挥主导作用，通过制定一系列政策原则，为妇女社会组织和广大妇女创造发挥更大作用的机会，激发社会力量参与社会建设的活力。因此，"越是上级妇联则应越注重服务平台的构建和运作，注重如何扮演支持者角色、中介者角色和评估者角色"②。

"共治"即共同参与社会治理。广义的妇女工作是多主体力量共同参与的妇女服务工作，各主体力量都是社会治理的主体和重要力量。强调治理主体的多元化，与我国妇女工作发展的要求高度契合。虽然妇联是我国从事妇女工作的最大组织，是从事妇女工作的主体，也是社会治理的重要主体，但是就社会发展而言，我们要充分认识妇女社会组织在新时代社会建设中的地位与作用，认识到它们是国家治理现代化中的重要角色，也是社会管理与公共服务的重要合作者。打造共治格局，要充分发挥妇女和妇女社会组织的力量。服务妇女既需要妇联工作，也需要

---

① 陈伟杰：《群团改革和妇联组织的体系性：一个重要的"结构-机制"议题》，《妇女研究论丛》2018 年第 6 期，第 12~14 页。
② 陈伟杰：《治理现代化与新时代妇联组织改革》，《妇女研究论丛》2018 年第 1 期，第 8~10 页。

妇女社会工作。妇联工作与妇女社会工作不是竞争和排斥关系，而是协同共治关系。党的十八届三中全会指出，要激发社会组织活力，充分发挥社会组织在社会治理中的重要作用。① 社工机构作为重要的社会组织，是实现社会治理体系和治理能力现代化的重要一环，要充分发挥社会工作在推动妇女工作发展中的积极作用。各妇女工作力量通过沟通、协商、调适、合作的方式，达成一致性共识，采取一致性行动，为自身营造一个民主、法治、公平、正义、安全的生活环境。

打造共建共治共享的妇女工作新格局，基础是共建，核心是共治，落脚点是共享，最终实现共赢。共享是强调妇女工作的成果要惠及所有妇女和代表妇女的社会组织，共享的核心要义是以妇女幸福感和获得感为目的。习近平总书记强调："我们追求的发展是造福人民的发展，我们追求的富裕是全体人民共同富裕。"② "只要还有一家一户乃至一个人没有解决基本生活问题，我们就不能安之若素；只要群众对幸福生活的憧憬还没有变成现实，我们就要毫不懈怠团结带领群众一起奋斗。"③ 因此，妇女工作参与社会治理的根本目的在于增进全体妇女的福祉，使妇女无差别地拥有更充实的获得感、幸福感和安全感。

打造共建共治共享的妇女工作新格局，就是要广泛动员各方妇女工作力量，使之分工合作、各有侧重，使妇女工作中的不同部分得以顺利运转、合作更为有效。习近平总书记指出，群团组织既需围绕党和国家工作大局搞好"公转"，又要聚焦服务群众搞好"自转"。④ 从目前妇联的组织体系来看，妇联组织围绕党和国家工作大局搞好"公转"的机制是畅通的。自全国妇联和各地方妇联建立以来，为同党和政府的管理体制相衔接，更好地围绕中心、服务大局，妇联组织设立了相应的行政体

---

① 《中共中央关于全面深化改革若干重大问题的决定（2013 年 11 月 12 日中国共产党第十八届中央委员会第三次全体会议通过）》，《求是》2013 年第 22 期，第 3~18 页。

② 《中共中央召开党外人士座谈会》，《人民日报》2015 年 10 月 31 日，第 1 版。

③ 《习近平春节前夕赴内蒙古调研看望慰问各族干部群众》，《人民日报》2014 年 1 月 30 日，第 1 版。

④ 沈跃跃：《深入学习贯彻习近平总书记在中央党的群团工作会议上的重要讲话精神以改革创新精神开创妇联工作新局面——在全国妇联十一届三次执委会议上的讲话》，《中国妇运》2015 年第 8 期，第 9~13 页。

系架构，各个组织层级分别纳入了相应的党政管理体系之中①，理顺了围绕中心任务与履行基本职能之间的关系，使妇联组织获得了远非其他妇女社会组织和妇女个人所能比拟的政治资源，使妇联组织在科层行政体制内得到良好运转。而妇联组织如何在发挥服务妇女功能方面搞好"自转"，如何实现围绕中心、服务大局与服务妇女这两重目标的有机结合，则是极其重要而又颇具挑战性的改革难点和研究议题。也就是说，妇联改革只有解决好妇联在服务妇女上的"自转"机制，进一步强化妇女组织的服务功能，凸显妇联作为服务型组织的特点，才能不负妇联改革的初心，把改革做实、做深、做细，将改革成果落到实处。

虽然基层妇联改革已经拓展了基层组织结构，壮大了基层组织队伍，但是基层妇女工作人员大多是兼职，一身兼多职导致的角色紧张和角色冲突依然存在，基层妇联只能应对来自上级妇联的专项任务和地方党政中心的大局任务，围绕"公转"完成"规定动作"，而针对有需求妇女的个性化服务，即"自转"的"自选动作"往往被忽略，这大大降低了妇女工作的成效，严重影响了妇联联系和服务妇女功能的实现，也成为妇联改革功效发挥的桎梏。因此，陈伟杰说："越是基层妇联，越偏向注重如何做实机构，提供高效服务。"②

对于妇联组织来说，与社工机构的协同共治具有双重含义。从受益分析角度来看，基层妇联工作人员短缺，那么基层妇联嵌入社工机构开展妇女工作，双方协同合作，可以延长基层妇联联系和服务妇女的手臂，弥补妇联工作人员的不足，解决"心有余而力不足"的问题。社会工作以服务困难群体、弱势人群为本，它可以通过对妇女生存状况的调研切实了解困难妇女的需求，在科学评估的基础上设计可行的服务方案，链接各种服务资源，运用专业方法解决问题。在整个服务与干预的过程中，社会工作既关注介入的结果又注重服务对象个人的认知和行为的改变。社会工作通过精细化服务能够缓解基层妇联组织系统"公转"和"自转"双重服务任务的压力，使其发挥联结党和政府与妇女群众的桥梁和

① 陈佳俊、史龙鳞：《动员与管控：新中国群团制度的形成与发展》，《社会发展研究》2015 年第 3 期，第 151~168、245 页。

② 陈伟杰：《群团改革和妇联组织的体系性：一个重要的"结构-机制"议题》，《妇女研究论丛》2018 年第 6 期，第 12~14 页。

纽带作用，完成服务大局与服务妇女的双重使命。

　　"基层妇联妇女工作问卷"的调查数据显示，45.00%的被调查者认为基层妇联妇女工作非常需要结合社会工作方法和理念，29.61%的被调查者认为基层妇联妇女工作比较需要结合社会工作方法和理念（见表5-4）。从表5-4中我们可以看出，基层妇联工作人员对社会工作方法和理念有很高的认同度，这表明基层妇联妇女工作对嵌入社会工作服务是有需求的，社会工作嵌入基层妇联工作协同服务妇女是十分必要且切实可行的。

表5-4　被调查者对基层妇联妇女工作对社会工作方法和理念需求情况的看法

单位：人，%

选项	频数	占比
A. 非常需要	459	45.00
B. 比较需要	302	29.61
C. 一般需要	189	18.53
D. 比较不需要	15	1.47
E. 非常不需要	5	0.49
F. 不清楚	50	4.90

结论与思考

　　广义的妇女工作存在诸多理论范式和妇女工作的社会力量。妇联组织是中国最大的妇女组织，是我国从事妇女工作的主要和主导力量。妇联组织有着与西方非政府妇女组织不同的组织特征，在中国的政治体系结构中具有特殊的地位。它作为参加政治协商会议的八大群团组织之一，有合法途径向中共中央提出建议，陈述理由，可以在全国人大和全国政协会议上公开地进行讨论和呼吁。妇联组织在政策倡导和立法建议等方面拥有畅通且制度化的渠道，与一般的民间妇女组织相比具有无可比拟的优势，为代表与维护妇女权益提供了制度保障。

　　面对社会转型期我国出现的妇女群体的流动性加大，妇女的思想观念、生活方式和发展需求越来越多元化，以及随之涌现的代表各种妇女群体利益的妇女组织，妇联组织要创新妇女工作方式方法，改变"妇女工作妇联做"的格局，在用好自身资源的同时，充分发挥"联"字效应，链接、整合政府资源和社会资源，实现妇女工作力量的社会化。这就要求妇联组织既立足于传统的工作领域和工作优势，根据形势发展需要赋予其新的时代内涵；又顺应经济社会发展要求，深入研究妇联组织参与社会管理创新的新领域、新方式、新途径，在社会管理创新中拓展职能、发挥作用，做好党开展妇女工作最可靠、最有力的助手。[①] 虽然来自不同组织力量的妇女工作理念和方式方法不同，但是其长远目标和终极目标是殊途同归的，都是为了实现男女平等和妇女的自由全面发展。妇联应充分发挥联合各种妇女社会组织的枢纽作用，不仅引导各种妇女社会组织开展服务妇女工作，还要联合它们协调开展服务妇女工作，必要时进行吸纳和嵌入，以创新思维在妇联工作与社会工作以及妇女社会组织之间探索出联系与服务妇女的多元有效路径，构建妇女工作相互融合的长效机制。

[①]　刘亚玫、张永英、杨玉静、石鑫：《论习近平总书记关于新时代妇女发展和妇女工作重要论述的科学内涵》，《妇女研究论丛》2018 年第 5 期，第 9~20 页。

第六章　社会工作嵌入基层妇联工作的路径和机制

党的二十大报告指出："高质量发展是全面建设社会主义现代化国家的首要任务。"① 妇联改革不仅要实现"量"的突破，补齐结构短板，还要实现"质"的突破。因此，深化妇联改革要坚持系统观念，探索妇联组织外部结构协同融合发展的有效路径，建立组织外部结构与组织功能之间的关系，完善妇联改革结构与功能，最大限度地发挥组织功效，以创新思维在妇联工作与社会工作以及妇女社会组织之间探索出妇联联系与服务妇女的多元有效路径。

社会工作嵌入基层妇联工作，是基层妇联工作实现由传统向现代转型的现实要求，是对妇联改革做深、做实、做细服务型枢纽型组织的实践回应，更是妇联组织实现治理体系和治理能力现代化、打造共建共治共享的妇女工作新格局的必然选择。

社会工作服务是社会工作专业人才运用专业方法为有需要的人群提供的包括困难救助、矛盾调处、人文关怀、心理疏导、行为矫治、关系调适、资源协调、社会功能修复和促进个人与环境适应等在内的专业服务，是现代社会服务体系的重要组成部分。2006 年以来，社会工作在中国无论是在学科建制还是在实务内容方面都得到了较快发展。党和国家对社会工作发展给予高度重视，许多部门很早就下发了引进社会工作的意见。2007 年，共青团中央联合中央综治办、民政部、人事部、中央综治委预防青少年违法犯罪工作领导小组联合印发了《关于开展青少年事务社会工作者试点工作的意见》。文件下发后，各有关部门按照要求积极组织申报，经过对各地上报材料的认真审核，并经共青团中央、中央综治委预防青少年违法犯罪工作领导小组、中央综治办、民政部、人力资

---

① 习近平：《高举中国特色社会主义伟大旗帜 为全面建设社会主义现代化国家而团结奋斗——在中国共产党第二十次全国代表大会上的报告》，《人民日报》2022 年 10 月 26 日，第 1 版。

源和社会保障部的相关部门共同研究，确定了 13 个城市（城区）作为全国首批青少年事务社会工作者试点城市（城区）。各试点城市（城区）结合自身实际，围绕成立机构、投入经费、购买服务、建设队伍、构建机制等环节开展了实践探索。2012 年 11 月 14 日，民政部、财政部印发了《关于政府购买社会工作服务的指导意见》，阐述了政府购买社会工作服务的重要性与紧迫性，制定了政府购买社会工作服务的指导思想、工作原则和主要目标，明确了政府购买社会工作服务的主体、对象、范围、程序与监督管理，提出了加强对政府购买社会工作服务的组织领导。2014 年 1 月 10 日，共青团中央、中央综治委预防青少年违法犯罪专项组、中央综治办、民政部、财政部和人力资源社会保障部共同制定了《关于加强青少年事务社会工作专业人才队伍建设的意见》，青少年事务社会工作专业人才队伍在组织青少年、引导青少年、服务青少年和维护青少年合法权益方面的作用日益凸显。2015 年以来，历届政府工作报告都提到要支持、促进、发展专业社会工作。

　　虽然全国妇联还没有出台文件推动妇女工作引入社工机构和社会工作服务，妇联组织系统也鲜有依据下发文件的指示精神倡导妇联工作引入社会工作元素，但是有些地方和基层妇联在开展妇女工作中已经开始购买社会工作服务，有些基层妇联工作与社会工作开始了嵌入性发展，作为基层妇联妇女工作"自转"的一种自主尝试。这些工作实践或多或少地为妇联工作与社会工作的融合发展、打造共建共治共享的妇女工作新格局奠定了基础，积累了宝贵经验，提供了可供借鉴的行动。

　　因此，本章运用嵌入概念和嵌入理论，结合地方妇联引入社会工作的实践，以实际调研的经验材料为支撑，探讨基层妇联工作与社会工作之间如何通过嵌入走向工作协同和工作融合，打造共建共治共享的妇女工作新格局的路径、机制及经验做法，以期深化基层妇联组织改革由结构向功能发展，建设基层妇联服务型组织、增强服务功能，为妇女工作的嵌入与融合发展提供路径和机制上的借鉴与思考。

第一节　社会工作嵌入的理论阐释

　　妇联工作是中国本土内生的，并且广泛存在于社会生活之中，社会工作相对于本土的妇联工作来说则是外生的舶来品，相对于本土的妇联工作只是力量弱小的后来者。所以，从二者的基本关系来说，专业社会工作实际上进入了本土妇联妇女工作实践的原有领地。为此，本节选择了嵌入的理论视角和概念分析社会工作与基层妇联工作嵌入、协同、融合发展的关系。

一　嵌入：概念厘清

厘清"嵌入"概念可以帮助我们透视和深入分析社会工作嵌入基层妇联工作的运转机理。

（一）嵌入

"嵌"的意思是把较小的东西卡进较大东西上面的凹处。镶嵌不同于嵌入。镶嵌是指作为装饰以物嵌入，多指美术品的装饰，即将一物体嵌在另一物体中，使之瑰丽多彩。"嵌入"指的是牢固地或深深地固定，意味着一种事物进入另一种事物之中。在考察"嵌入"时应当考虑以下因素：第一，嵌入一定指涉两者或多者，是两者或多者之间的互动关系，这意味着嵌入有主体、有对象，嵌入指涉的是多个对象之间的关系；第二，嵌入是有方向性的，嵌入是类似于 A 指向 B 的活动，有方向意味着嵌入的过程是以一定坐标基点为参考的；第三，"嵌入"意味着一个过程，绝不是一种固定不变的状态，它一定表示一种事物进入另一种事物的过程，也就是说，嵌入是有时间顺序的一系列过程；第四，一种事物如何进入另一种事物，前者如何进入后者，这是嵌入的机制；第五，因为存在嵌入的过程和嵌入的机制，所以嵌入一定是结构性的，换句话说，嵌入并不是"融入"，而是一种结构中包含另一种结构的映射，原先的规则、制度在嵌入之后并不一定被消解掉；第六，嵌入之后的结果和状态是怎样的。

（二）有机嵌入

在社会学领域，许多学者都提出了与"有机"相关的概念。"有机"包括"系统的""自发的"等意涵，社会学指向的"有机社会"是一个能够自我调整、自我存继的社会。[①] 实证主义创始人奥古斯特·孔德认

[①] 汪居扬：《论卡尔·波兰尼的"有机社会"思想》，《理论界》2012 年第 5 期，第 174～177 页。

为，人类社会如同生物有机体一样，社会的结构就如同生物体的器官，具有提供营养、分配和调节的功能，有机体的各部分在各自承担不同功能的同时又相互协作配合以维持整体的运行。①

涂尔干提出了"有机团结"的概念，它是指通过职能上的相互依赖将个体联结起来的社会结合类型。② 涂尔干认为，有机团结是发达社会的产物，发达社会中的个体会按照分工履行各自的职能，其特点是虽然个体间存在显著的差异，但其对彼此专业性的依赖会增强，个体的行动越趋于专业化，社会整体的统一性也就越强。③ 滕尼斯对"有机"的看法与涂尔干有很大的不同，他认为共同生活的方式分为以情感为基础的"共同体生活"和以利益为导向的"社会生活"，"共同体"是有机的、持久的、自然的，而"社会"则是机械的、人为的、暂时的。滕尼斯认为的有机社会是以情感、血缘、伦理为纽带的。④

波兰尼也曾提出"有机社会"思想，他认为传统社会严酷的生存环境会让人们创制出一系列的社会规范和秩序，让社会不至于分崩离析，所以传统社会恰好是"有机社会"。在波兰尼眼中，"有机社会"是以人为中心原则确立的，"有机社会"由自然的和人的本质驱动，人与自然在交互中确立了文化，故文化是社会有机性的真正内涵，文化制约着个体行动，也保护着社会共同体，所以波兰尼把社会看作人类精神的整合体。⑤

在社会组织研究领域，王思斌在前人研究的基础上论述了中国社会组织的嵌入性发展问题。根据王思斌提出的"嵌入前提""嵌入过程""嵌入机制""嵌入状态"四因素，熊晓宇将社会组织参与社会治理分为"有机嵌入"和"机械嵌入"两种模式。他认为有机嵌入的前提是嵌入双方是密切联系在一起的，嵌入的主体与客体互相依赖又彼此制约，主体扎根于客体之中；嵌入的过程为嵌入的主体能够真实反映并满足嵌入

---

① 奥古斯特·孔德：《实证政治体系》，伦敦：富兰克林出版公司，1975，第103页。
② 王思斌：《发展社会工作促进社会团结》，《中国社会工作》2020年第25期，第46页。
③ 汪玲萍：《从两对范畴看滕尼斯与涂尔干的学术旨趣——浅析"共同体""社会"和"机械团结""有机团结"》，《社会科学论坛》2006年第12期，第8~11页。
④ 张国芳：《滕尼斯"共同体/社会"分类的类型学意义》，《学术月刊》2019年第2期，第78~85页。
⑤ 卡尔·波兰尼：《大转型：我们时代的政治与经济起源》，冯钢、刘阳译，杭州：浙江人民出版社，2007，第136~137页。

客体的多样化、个性化需求；嵌入的机制是不断健全完善的，嵌入的状态表现为二者在精神层面彼此认同，在实践层面来往密切，它们互动频繁，在高度参与彼此事务的过程中逐渐走向融合，最终成为一个统一的整体。① 有机嵌入是一种理想的嵌入模式，社会组织对社会治理的有机嵌入能够充分激发和释放社会发展的活力，充分发挥社会组织的作用，推进基层善治，对推进国家治理能力现代化具有重要意义。

（三）机械嵌入

机械嵌入往往指向有机嵌入的反面，"机械"是物理用词，指用各种方式连接起来的一组构件，其中一个构件发生运动，其余构件也将发生一定运动，但组成机械的各个部件彼此独立，它们通过互相的、单一的、规定的运动使机械得以运转。古典社会学家涂尔干将"机械"概念引入社会学领域，他在其博士论文《社会分工论》中提出了社会团结的概念。涂尔干的社会团结理论包含两种社会团结类型，即"机械团结"和"有机团结"。所谓的"机械团结"是通过集体意识或所有群体成员的共同感情把个体联结起来的社会结合类型，是需要外力才能把个体"捆绑式"地团结起来的。机械团结是分工不发达的社会中人们互相结合的形式。机械团结中的个体互相依赖程度低，社会纽带松弛，会对个体的差别性、异质性进行"镇压"②。

社会团结理论与社会工作有着密切的联系。为了最大限度地发挥政府和社会组织在社会治理中的功效，我国社会学界开启了关于嵌入领域的研究。"机械嵌入"借鉴了涂尔干"机械团结"的概念，熊晓宇认为机械嵌入往往表现为嵌入的主体并未实质性地嵌入客体之中，二者貌合神离，在实践层面缺乏互动和交流，嵌入流于形式。二者虽然被共同的目标"绑"在一起，但在本质上是相互孤立的。机械嵌入往往表现为嵌入主体虚浮、手段粗糙、状态疲软等。③ 机械嵌入不是深度融合关系，

---

① 熊晓宇：《从"机械嵌入"到"有机嵌入"：社会组织参与城市社区治理的困境及路径探究》，《南方论刊》2022年第2期，第36~39页。

② 埃米尔·涂尔干：《社会分工论》，渠东译，北京：生活·读书·新知三联书店，2000，第35页。

③ 熊晓宇：《从"机械嵌入"到"有机嵌入"：社会组织参与城市社区治理的困境及路径探究》，《南方论刊》2022年第2期，第36~39页。

只是简单合作关系，嵌入的主体与客体仅仅履行各自的职责，双方难以建立亲密的关系，嵌入流于形式化。

(四) 依附式嵌入

依附理论最初由拉丁美洲的经济学家出于对自己国家依附于资本主义市场链条的担忧而提出。新依附理论由巴西的经济学家多斯桑托斯在20世纪中期提出。多斯桑托斯认为"依附"是一种状况，一些国家的经济受制于他所依附的国家的发展和扩张。[①] 依附不仅是发达国家对不发达国家的剥削，还是一种内部结构的特点，依附对不发达国家也有一定的积极作用，依附式的发展不是一个落后的阶段，而是一种限定性状况。[②] 本节研究的被依附者与依附者分别是妇联和社工机构，这与多斯桑托斯所说的不发达国家和发达国家之间的关系存在相似之处。社工机构相较于妇联组织，确实存在资金匮乏、资源稀缺、实力不对等、根基不牢固等问题，尤其是社工机构在发展初期特别需要基层政府的扶持，也就是社工机构要依附妇联组织进行发展。社工机构在对妇联组织的嵌入过程中也会呈现依附式嵌入的形态。这种依附式嵌入虽然为处于起步阶段的社工机构提供了必要的资源及发展的空间，但社工机构也在依附的同时将自己的命运交给了依附的主体。依附式嵌入的双方是不对等的关系，随着时间的推移，依附者会丧失自我发展能力，最终成为被依附者达成其目标的工具。

二　嵌入：理论分野

在社会科学领域，"嵌入"的概念首先来自卡尔·波兰尼 (Karl Polanyi)。为了证明其"保卫社会"观点的重要性，波兰尼在《大转型：我们时代的政治与经济起源》一书中这样论述："社会关系被嵌入经济体系之中……市场经济只有在市场社会中才能运转。"[③] 显然，在波兰尼那里，"嵌入"这个概念是为了描述这样一种状态：宗教、政治和社会

---

① 特奥托尼奥·多斯桑托斯：《帝国主义与依附》，毛金里、白凤森、杨衍永、齐海燕译，北京：社会科学文献出版社，1999，第298~319页。
② 耿瑞雪：《多斯桑托斯的新依附理论研究》，硕士学位论文，黑龙江大学，2010。
③ 卡尔·波兰尼：《大转型：我们时代的政治与经济起源》，冯钢、刘阳译，杭州：浙江人民出版社，2007，第50页。

关系与市场是紧密相连的。这里隐含的观点是市场本身不能独立运作和维持自己的系统，单纯经济学意义上的市场环境是不存在的，任何经济都无法凌驾于社会之上。

波兰尼的初衷只是提出关于经济与社会之间关系的设想，但对"嵌入"的概念没有给予足够的关注和阐释。格兰诺维特意识到这一分析工具的重要性，在社会网络学派里发展了这一概念。他在与新古典经济学对话的时候，将"嵌入"这个概念作为论证"社会网络"与具体经济行为之间关系的工具，并以此使他的理论同交易成本、科层制活动等联系起来。"嵌入"这个概念也因他的理论而得到发展。格兰诺维特的重要贡献在于他将"嵌入"这一概念操作化，并设计了精细的可供后来研究者参考的分析路径。他研究了嵌入的机制及后果，对嵌入现象进行了因果分析，指出经济关系是嵌入于社会关系系统之中的。[①] 格兰诺维特认为关系性嵌入与结构性嵌入是嵌入的两种形式，关系性嵌入是指嵌入一套关系网络之中，并受到网络内其他成员的影响；而结构性嵌入则是指嵌入者所在网络是嵌入整个社会的文化、价值等结构中的。

除了波兰尼和格兰诺维特外，一些国外学者也对"嵌入"概念做了类型学的分类研究，比如沙伦·祖金（Sharon Zukin）和保尔·迪马乔（Paul DiMaggio）将嵌入分为结构嵌入、政治嵌入、认知嵌入和文化嵌入四种类型。[②]

国内专家学者对"嵌入"的研究已经有了很多成果。许多学者都采纳了"嵌入"的概念和理论，他们或对经验现象进行说明，或对某些社会问题进行论证。也有学者关注到社会工作的专业关系嵌入基层政府和其他官办组织（比如妇联）的行政关系的现象。

王思斌在《中国社会工作的嵌入性发展》一文中深入研究了我国社会工作发展的嵌入性特征，指出了社会工作嵌入性发展的过程、特点，概括、展望了社会工作嵌入性发展的基本格局。王思斌认为，嵌入性是

---

① 马克·格兰诺维特：《镶嵌：社会网与经济行动》，罗家德译，北京：社会科学文献出版社，2007，第31页。

② Sharon Zukin & Paul DiMaggio, *Structures of Capital*：*The Social Organization of the Economy* (New York：Cambridge University Press, 1990)，p. 5.

专业社会工作在我国生存和发展的重要特征，嵌入的主体即社会工作，嵌入的对象为"由政府部门、人民团体、企事业单位和社区开展服务活动的空间"①，嵌入的过程和空间就是社会工作"怎样"进入"哪些"具体的社会服务领域，嵌入的效应则指社会工作自身发展带来的影响及进入实际社会服务产生的效果。嵌入的类型可以分为边缘化嵌入与核心化嵌入，与之相对应的便是浅层嵌入与深度嵌入；从作用机制发挥的角度来看，也可以分为不能独立开展活动的依附式嵌入和能够独立进入社会服务领域发挥作用的自主性嵌入。嵌入的特点则包括"在政府主导下的自主性""带有让渡色彩的服务空间""依附式的'次要'地位""在合作与磨合中得到发展"四个方面。王思斌认为社会工作可以通过自己的实务体现自身价值，在社会管理体制改革的背景下，社会工作将承担更多的专业社会服务职能，发挥其在社会服务中不可替代的作用，同时，政府对专业认同的加强、社会管理向社会服务的转变，也为社会工作的嵌入提供了制度体制空间。我国的专业社会工作将从政府主导下的"专业弱自主性嵌入"走向"政府-专业合作下的深度嵌入"，这也是我国社会工作发展的独特之路。

陈伟杰认为，"嵌入"是理解中国社会工作发展的基本概念之一。"政治嵌入"同样映射在我国社会工作发展的过程之中，社会工作与政府之间的关系也包含在国家与社会关系这一大框架之中。陈伟杰在研究中将嵌入结构纳入分析视野，探讨嵌入是如何影响社会工作专业性的。他认为，当社会工作的嵌入处在纵深发展之中时，其形式上会呈现更加层级化与多元化的面貌，而专业嵌入的结构特征也会改变。陈伟杰使用"层级嵌入"的概念替代"单一层级嵌入"来说明近年来社会工作的嵌入处在向纵深发展之中。他从政府层级间互动的角度研究了行政对专业的影响及二者更复杂的可能性。相较于单层嵌入，层级嵌入是一种可以借行政约束行政的更深入的政治嵌入，是以行政手段保护社工专业性的设计考量。在无缝式层级嵌入的格局中，不同级别的妇联组织各自具有社会工作专业力量，层级间在责任、义务上直接相关，无缝式层级嵌入

---

① 　王思斌：《中国社会工作的嵌入性发展》，《社会科学战线》2011 年第 2 期，第 206~222 页。

使社会工作可以缓和行政干预危机，维护自身的专业性。而在服务扩张中形成的隔断式层级嵌入则会导致社会工作专业化的目标被弱化，行政逻辑渗入项目之中，使社会工作出现逆专业化。对层级嵌入的研究还应结合行政体系进行考察，研究促进和阻碍社会工作专业发展的因素。①

　　徐永祥使用"嵌入性"的概念来说明社会工作者介入四川地震抗震救灾的过程。② 汶川大地震发生后，上海社会工作服务团对灾后社会支持体系、社会服务体系、社会管理体系的恢复与重建发挥了重要作用，作为一次社会工作的成功嵌入，获得了灾区政府、民众的热烈欢迎。对此次社会工作的介入进行回顾可以看到，在受灾地区，解决"进场"问题才是开展一切工作的前提，而此时的社会工作者主动将自己"嵌入"当地的行政体制之中，社工们视自己为政府工作的组成部分及助手，取得了灾区政府的信任与理解，因此他们进入了灾后重建工作的核心圈。顺利"进场"后，上海社会工作服务团在"嵌入"的背景下建构了政社分工与合作机制。上海社会工作服务团一方面进入当地管理体制，另一方面坚守专业独立角色，在政府政策支持下开展了关系重建、需求评估与回应、互助网络搭建等一系列专业服务。上海社会工作服务团的社工实践之所以能取得良好效果，是因为社会工作主动对灾区的社会管理和社会服务体制进行嵌入，选择了适合当地状况的社会工作理论、实务模式，并着眼于具有本土特色的新社会支持、社会管理机制的建构。

　　还有一些学者力图使用嵌入性理论的分析框架来提炼一些具有本土特色的概念对我国社会工作发展的情况进行解释。例如，熊跃根在《论中国社会工作本土化发展过程中的实践逻辑与体制嵌入——中国社会工作专业教育 10 年的经验反思》一文中对社会工作专业教育的体制嵌入与专业化发展进行了研究。他提到社会工作的发展离不开政府的体制和资源，"行政权力的主体"主动吸纳从事社工的行动者，又或者"行动者"

① 陈伟杰：《层级嵌入与社会工作的专业性——以 A 市妇联专业社会工作服务试点为例》，《妇女研究论丛》2016 年第 5 期，第 5~16 页。
② 徐永祥：《建构式社会工作与灾后社会重建：核心理念与服务模式——基于上海社工服务团赴川援助的实践经验分析》，《华东理工大学学报》（社会科学版）2009 年第 1 期，第 1~3、15 页。

依附行政权力，都可以看成是一种"体制嵌入"。① 社会工作是建立在自身体系的完备和实践经验的积淀之上的，它不可能超越历史本身的局限，必须符合主流的价值观、嵌入现行体制之中。在社会工作专业化的推进过程中，作为行动者的专业院校必须与政府部门合作，将专业教育嵌入社会服务体制中。在社会工作专业化的进程中，体制嵌入的行动往往是强化专业最行之有效的办法，策略包括建立院校与政府服务部门的联系、帮助政府优化社会服务政策、建立与政府部门的合作机制等。体制嵌入要求社会工作专业必须建立符合国情的、本土化的工作理论、专业技巧及价值体系。专业社工、专业机构、专业知识的发展可以使社会工作与社会发生广泛的联系，从而提高自身在政策决策中的影响力。

　　实际上，虽然有些学者并没有使用"嵌入"的分析框架，但其研究揭示的多个行动主体之间的关系实际上也是一种嵌入性关系，因此这也可以看作嵌入性理论的发展。有学者认为，社会工作服务机构与政府的互动可以被看作一种"互构式"的相互承认，它"使社会工作服务机构实现了由依赖政府让渡空间到在接受政府让渡空间的同时也适当拓展空间的演变"②。甚至在更早的研究中，我们也能看到学者对这种"嵌入"现象的认识和描述，如康晓光在论述分类控制时，就已经向后来的研究者展示了对待非政府组织时，政府的不同应对手段，从某种程度上讲，这正是因为非政府组织所采取的嵌入策略不同。③

　　本章的嵌入理论是在综合部分国内学者研究的理论与分析框架的基础上，借鉴熊跃根"体制嵌入"理论展开研究的。笔者认为，在社会工作与基层妇联二者的关系之中，"行政权力的主体"即基层妇联，"行动者"即社会工作，妇联作为"行政权力的主体"要主动吸纳"行动者"社会工作为其服务，社会工作要依附于妇联从而嵌入体制之内开展工作。社会工作要将专业理念、专业方法、专业技巧、管理制度、社会工作机

① 熊跃根：《论中国社会工作本土化发展过程中的实践逻辑与体制嵌入——中国社会工作专业教育10年的经验反思》，载王思斌主编《社会工作专业化及本土化实践——中国社会工作教育协会2003~2004论文集》，北京：社会科学文献出版社，2006，第14页。
② 李晓慧：《政府与社会工作服务机构的互构性承认——以北京市社会工作机构发展为例》，《学海》2015年第3期，第53~58页。
③ 康晓光、韩恒：《分类控制：当前中国大陆国家与社会关系研究》，《社会学研究》2005年第6期，第73~89、243~244页。

构资源以及社会工作职业伦理全方位嵌入妇联，以激发各方活力，改善妇联以往工作的路径依赖；妇联可以利用社会工作的力量密切联系妇女群众，推动基层社会治理的专业化。同时，妇联要充分发挥引领作用，依托体制优势、资源优势等推动社会工作的发展，从而延伸自身的工作手臂，解决妇女问题，促进社会和谐。

第二节　社会工作嵌入的路径选择

　　本研究以 C 市 N 区为调研对象，通过参与观察法和深度访谈法，比较全面地了解了基层妇联工作与社会工作的嵌入合作关系，揭示和反映了社会工作嵌入基层妇联工作的路径与机制，为打造共建共治共享的妇女工作新格局、推进基层治理体系和治理能力现代化提供了借鉴。

　　C 市是省会城市，老工业基础雄厚，文化教育事业比较发达。作为科教、文化城市，C 市已有 12 所高校开设了社会工作专业。但由于 C 市的市场经济和第三产业发展相对滞后，社会组织和社会工作发展也较为缓慢。作为社会工作的后发城市，2006 年之前全市持证社工和民办社工机构数量基本为零，社工实务也几乎是空白的，因此学院里面培养的社工人才没有用武之地，每年培养的约 500 名社工近 90%用非所学，大多成了"南飞一族"。

　　2006 年之后，C 市的社区社会工作有了一定发展。2008 年，C 市组织社区工作者参加了社会工作者职业水平考试，当年社区内有 46 人获得了社会工作职业资格，从此社会工作在社区有了可播撒的火种。2009年，C 市在社区组建了全省首批民办社会工作服务机构，尝试走社会工作与社区工作结合之路，成为全国首创。随后 C 市市委、市政府出台了《关于推进我市社会工作人才队伍建设的意见》，C 市民政局在系统内制定了《全市社会工作人员岗位设置及激励机制》，制订并实施了名为"百站千才"的社会工作三年计划，计划 2012~2014 年在全市培养 1500名专业社会工作人才，建立 300 个社区社会工作服务站，实现城区每个社区原则上拥有一家民办社会工作服务机构。截至 2016 年底，C 市持证社工达到 2410 人（其中多数为社区一线工作人员），全市民办社会工作服务机构发展到 312 家，其中市级及区县正式注册的有 122 家，由高校专家领办的社会工作服务机构有 12 家。C 市城区已有约 26% 的社区居委会负责人取得了社会工作职业资格，约 60% 的社区居委会成员中拥有 1 名以上持证社工。C 市有了一大批有资质的"永久牌"社工，走出了一条不同于发达省市民办社会工作服务机构参与市场竞争的组织化之路，即"社区建社工服务站、街道建社工服务社、区建社工指导中心"[①]。

如图 6-1 所示，C 市 N 区拥有 40 家社工机构。2019 年 1 月，N 区开始全面推进街道服务管理创新实验工作，主题是对街道社区的社会组织进行创新管理，通过党建引领、政府购买服务、创投项目扶持指导、吸引社会资本、规范社区社会组织内部管理等措施，引导社会组织参与社区治理和公共服务，在街道层面形成了社区社会组织培育、扶持、使用、管理的体制机制，激活街道、社区互通、联动，形成了街道社区社会组织管理创新的"N 模式""N 品牌"，为其他地区的社区社会组织管理提供了可推广、可复制的"N 经验"，故本章选择了 N 区内的社区进行社会工作嵌入基层妇联工作的路径分析。

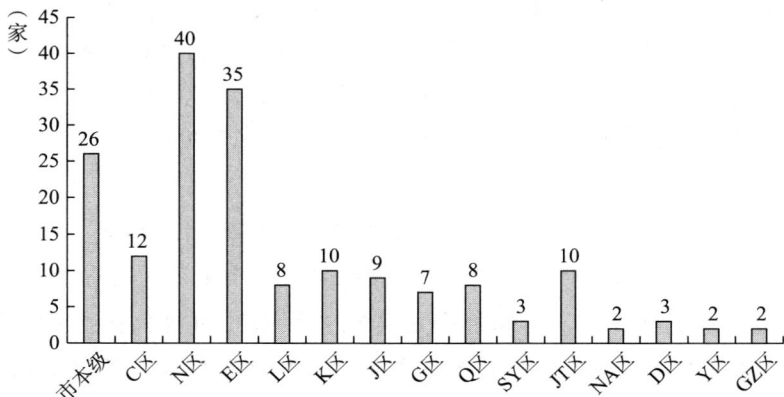

图 6-1　2008~2021 年 C 市社工机构分布情况

一　LX 社区模式——社会工作与社区工作的有机嵌入

LX 社区属于 C 市 N 区的老小区，有"七多"的特点：老年人多、未成年人多、下岗职工多、残疾人多、低保户多、流动人口多、小微企

---

① 唐天正：《适逢盛世新潮起 点燃星火助燎原——C 市社会工作发展十年报告（2006—2016）》，中国社会工作网，http://trade.swchina.org/trends/2017/0317/28505.shtml。

业多。社区没有物业公司，居民只能合力共建、自我管理。在"社区治理"概念被提出后，LX 社区更加注重对居民的引导，实现了从"等、靠、要"到"人人参与、人人享有"的转变。为更加密切地联系居民，社区设置了网格长、楼栋长、单元长"三长"服务体系。在 LX 社区，妇联工作是与社会工作共同进行的。在 LX 社区调研访谈时，社区妇联主席说："社区的工作太多了，就是专做妇女工作也是做不完的，都要和其他的工作相融合。我们党委班子的成员，也是妇联执委，同时是网格长。"（20210712LYL 访谈记录）

可以说，妇联、社区、社工机构共用一套党委班子，妇联所做的工作也是社工机构所做的工作，社工机构提供的服务也是妇联提供的服务。

（一）LX 社区本土社工机构有机嵌入的表现

2004 年，劳动和社会保障部颁布《社会工作者国家职业标准》。2006 年，人事部和民政部联合印发《社会工作者职业水平评价暂行规定》以及《〈助理社会工作师、社会工作师职业水平考试实施办法〉的通知》。从 2008 年起，助理社会工作师、社会工作师职业水平考试先行实施。2013 年，民政部、财政部印发《关于加快推进社区社会工作服务的意见》，中组部、民政部等大力推动社会工作人才队伍建设，人事部、民政部先后组织实施了三次社会工作者职业水平考试，开始参加考试的主要是在基层从事实际社会工作的人员，我们称之为社区社会工作者。社区社会工作者与社区工作者不同的是，他们受过社会工作专业培训，拥有助理社会工作师或社会工作师资格，强调社会工作专业性服务，对社区弱势群体和有需求的人群开展关怀性服务。

LX 社区社会工作的有机嵌入主要体现在社区社工站和社区工作在社工队伍、社会工作价值观、社会工作专业方法等方面的嵌入与融合。本研究主要以 LX 社工机构为例。

1. 社工队伍的嵌入

LX 社工机构成立于 2016 年 9 月，LX 社区的党委书记（以下简称"LX 社区书记"）是居委会主任兼妇联主席，同时是一名持证社工。她牵头组织成立了 LX 社工机构，任理事长一职。我们称这种社工机构为本土社工机构，它由社区工作者牵头，扎根于社区，服务于社区。LX 社区书记从 1989 年开始一直在居委会工作，拥有 30 余年的基层工作经验，其牵头成立的社工机构是 C 市成立较早、率先实现标准化服务的机构，且是 J 省首家建立党组织的社工机构。因此，LX 社工机构承接了较多市里和区里的重点项目，许多孵化、培训工作都是依托该机构完成的，获得省市级奖项多次。LX 社工机构的工作能顺利推进并取得一定成效，在于该社工机构是以有机嵌入的方式参与基层社会治理的。在服务妇女儿童方面，LX 社工机构实现了与基层妇联的全面融合。

这种融合为 LX 社工机构提供了诸多便利。LX 社区书记在访谈时说道："比如我们是不同的机构，现在要给社工关于养老的项目，都要在 LX 社区做，那你们就要全体出动寻找服务对象。但我这边可以着手做了。因为所有需要的数据我们都早已掌握，我们社区有老人 1365 人，独居 57 人，空巢 110 户 220 人，失独 24 人，包括残疾的、低保的、半失能的、失能的、子女在身边的、子女不在身边的，我们一目了然。而你们呢，还需要花费大量的时间从头开始调查。我们的队伍来自社区、了解社区，这就是我们最大的优势。"（20210714LYL 访谈记录）

在 LX 社区，社工机构与基层妇联是相互融合的，基层妇联与社工机构的骨干人员是来自社区的同一批人。这批人与原来不同的是，基层妇女工作者拥有社工身份。社工身份是外来嵌入的，各种社工元素的嵌入为开展社区工作节省了大量时间，因为 LX 社区妇联可以充分动员本地的居委会、志愿者、社会组织等加入社会工作队伍，通过对他们的培训，建设起一支专属于本地的社会工作队伍。这支队伍来自社区，是充分利用本地资源发展起来的，有着天然的优势，能够深入社区，在开展工作时与社区居民之间没有隔阂，时间成本低。由此可见，社工的嵌入让基层妇联的妇女工作能够扎根在社区、开展在社区，同样，基层妇联也为社工机构提供了人员和资源，让社工机构的工作可以更为顺畅、有序地进行。

案例：难敲开的心门

在 LX 社区，每年都会有一批大中院校社工专业的学生被派进来实习。LX 社区书记通过长期的观察发现，虽然学生们拥有比较扎实的社工专业知识并掌握一定的专业工作方法，但在真正行动时屡屡碰壁，难以学以致用。学生们面临的第一个难题就是"敲不开的入户门"。在开展入户工作时，居民总是不愿意与他们沟通，甚至连门都不会打开。学生们难以理解为何自己一片好心，为居民提供服务，却不被他们接受。

与之相反的是，居民对 LX 社区书记非常欢迎。原因很简单，LX 社区书记扎根基层多年，和居民之间早已熟悉，即便是防备心再强的老年人，也会热情地邀请 LX 社区书记进门，配合她的工作。无论是社会工作还是社区工作，只要是 LX 社区书记组织的，居民都愿意配合。"我们用手敲门，无门也有门。我们用心敲门呢，就是有门也无门。"这是 LX 社区书记经常挂在嘴边的一句话。多年的基层工作经验让她深知与居民的相处之道，居民的高度配合也让 LX 社区书记的工作事半功倍。

由此可见，LX 社区书记扎根基层多年，拥有丰富的基层治理经验，居民委员会主任兼妇联主席的身份也为她从事社会工作扫清了障碍。即便许多不了解什么是社工、不懂社工的居民也会积极参与 LX 社区书记组织的社工活动。与之相反，学生们则因未在社区或妇联拥有一定的职务、未扎根社区而无法轻易被居民接受，这也是许多未实现队伍融合的机构面临的"进场"难题。而 LX 社区以社工嵌入妇联队伍的方式解决了这一问题。

在 LX 社区，因为妇联与社工机构共用一套党委班子，所以社会工作队伍的稳定性问题得到了解决。社工机构原本存在的人员流动性大造成的凝聚力相对不足、向心力相对不强的问题也得到了根本性解决。LX 社区书记的妇联主席身份也帮助 LX 社工机构获得了更多来自妇联的资金和资源支持。

2. 社工党组的嵌入

当前，随着有资质和有能力的大量社工机构进入社会服务领域，新的管理形式又衍生出来：各类社会组织要在党的领导和号召下成立党支部。这一阶段也就是党组的嵌入，在服务妇女领域，党组的嵌入主要表现在两个方面：一是依托妇联的"妇女之家"进行党建阵地建设，二是社工机构与妇联共用一套党委班子，进行社区服务中心与党群服务中心的整合。

案例：LX 社区的"红色网格"

LX 社区书记是一名女性，从事基层社区工作 30 余年，按照基层妇联主席选拔规定，女性社区书记兼任社区妇联主席。同时，LX 社区书记拥有社工证，组建了社工站。因此，社区、妇联、社工机构共用一套党委班子，在社区内建立了完整的"红色网格"体系，党建引领、网格联动、资源共享三位一体。社区定期通过摸排准确掌握辖区各类党员情况和居民需求，增强每一名基层党员的存在感，从而提供常态化民生服务，实现了"小事不出网格、大事不出社区"。LX 社区整合辖区内 20 余家单位、非公企业、社会组织等进行区域化党建工作，开展党建联抓、资源共享，为辖区党组织就近开展活动提供阵地支持，建设"15 分钟便民活动包围圈"，实现了组织生活模式从"粗放型"到"小而精"的转变。

LX 社区依靠党建带妇建，社区有在籍党员 157 人，通过 21 家党员中心户，开展了"楼栋党员中心户"活动，通过发挥"党员中心户"的辐射和带动作用，为社区内居民参加组织生活、参与区域党建、居民自治、民生服务等活动搭建平台，形成了辖区居民"大事共议、实事共办、要事共决、急事共商、难事共解"的"五事连办"体系。LX 社工机构与妇联、社区共用一套党委班子，使其在项目推进过程中对党员的动员与妇联或社区拥有同样的力度与效用。

社区、妇联、社工机构三方面的党组织进行了有效的联动。社区书记一身兼三职，使社区、妇联、社工站有机结合，以街道社区党组为核心的组织共建、资源共享、机制衔接、功能优化的系统建设和整体建设得以在社区实现。党组的嵌入确保了社区内的社会组织能够全面贯彻落实党的路线方针政策和决策部署，沿着正确方向发展，落实了《中共中央办公厅印发〈关于加强社会组织党的建设工作的意见（试行）〉》的要求，即指导社区社会组织加强自身党的建设工作，推进党的组织和工作有效覆盖。

3. 社工机构入驻"妇女之家"

有机嵌入的重要表现之一就是嵌入主体能够着眼于嵌入客体的个性

化需求，并且在嵌入过程中可以满足嵌入客体的实际需求，嵌入的双方在实践层面是密切往来的。① 基层妇联将"妇女之家"作为开展妇女工作的重要阵地，"妇女之家"同时是妇联参与社区公共服务和社会管理的重要平台。社工机构入驻妇联"妇女之家"，不仅能够解决"妇女之家"在部分时段的闲置问题，而且能够改善"妇女之家"无法长效提供服务的境况。社工机构依托"妇女之家"开展各种活动、推进各种项目，一方面丰富了妇女儿童的生活，解决了妇女问题，另一方面使妇联组织的服务能够更直接、更专业地传递给服务对象。

在 LX 社区，为了真正实现"服务零距离"，许多闲置的房间都被改造成大大小小的"妇女之家"，居民可以选择距离自己最近的"妇女之家"参加活动。在需要社区帮助时，居民可以随时拨打社工、妇女委员或网格长的电话寻求帮助。居民在"妇女之家"可以畅所欲言，闲聊家常、发泄情绪等都可以。此外，"妇女之家"还经常举办各种各样的活动，社区志愿者招募、就业信息交流、公益知识讲座、社区美化绿化事宜商议、居民就近学习等都可以在这里完成。

案例："妇女之家"的高效利用

LX 社区书记利用社区的"妇女之家"帮助社区群众解决了许多问题。她在访谈中说道："我们社工站和'妇女之家'在一起。有的夫妻间有矛盾了，到我们这儿就说这不离都不行了，我说你别说，你要真想离也不用上我这儿开介绍信，五分钟填完表离了就走了，是吧？虽然 2021 年以后离婚就没有那么快了，有冷静期了，我们《民法典》出来了。之前，有媳妇到这就说自己的老公怎样怎样气人，我就等着她抱怨完了，再跟她聊一会儿，我问她是不是其实就是想上我这儿出出气啊，她说是。我说走，姐领你去个地儿，我就把她带到'妇女之家'，这里有宣泄的沙袋，然后我就让她在纸上写出哪里哪里生气，然后贴在沙袋上，她踹两下也就发泄出来了。我再带她到沙盘里，让她把手伸进沙子里摆一摆，闭上眼睛抓一抓，

---

① 熊晓宇：《从"机械嵌入"到"有机嵌入"：社会组织参与城市社区治理的困境及路径探究》，《南方论刊》2022 年第 2 期，第 36~39 页。

她抓不住沙子都流掉了，我就告诉她夫妻之间不要抓得太紧嘛。所以说，你看，我们在'妇女之家'的场地结合社会工作技巧就可以调解很多矛盾。这也算是我们的个案工作了，可别小看我们'妇女之家'这个场地，我们已经数不清在这里做了多少活动、调解了多少矛盾了。"（20210716LYL 访谈记录）

LX 社区的"妇女之家"集综治、普法、矛盾纠纷调解、妇女儿童民生服务等功能于一体，社工机构的入驻则助力妇联将这些功能最大限度地发挥出来。"妇女之家"的综合利用率得到了显著的提升，彻底避免了沦为名不副实的"空壳"的可能。

LX 社工机构依托"妇女之家"与妇联共同进行党建阵地建设，实现了党群宣传的常态化、制度化。"妇女之家"作为基层妇女工作阵地，已经成了宣传党的方针政策的有效载体，是妇女儿童的"坚强阵地"，也是"温暖之家"。妇联利用党建方式引领妇女社会组织工作。而社工机构则可以利用"妇女之家"的党建系统优势，广泛动员党员、服务群众，取得社区与居民的信任，这也便于各类形式多样、内容丰富的活动的开展。

4. 社会工作价值观的嵌入与融合

社工机构往往由一批专业的社会工作者组成，本着服务社会的原则，在工作中会进行合理的安排，工作者有较强的社会责任心。妇联组织工作的落实可以依托社工机构，利用它们的社会影响力去做政策的倡导者以及实施者，这样既可以减少资源的浪费，又可以有效地落实政策。社会工作者是一批受过专业训练的工作人员。社会工作者不但拥有学历，而且具备较高的专业素养。他们被要求在对待案主时必须尊重、接纳和无条件积极关注，他们受过心理学方面的训练，能够敏锐地察觉案主的情绪变化，准确判断案主的隐性需求。同时，社会工作者能广泛链接各种社会资源。整合社会资源是社会工作者的强项，争取社会资源是社会工作者的责任。由此可见，依靠一支与人民群众联系密切的社会工作队伍有助于推进妇联工作的落实。正如 LX 社区书记在访谈中所说的那样："我们都知道妇联有一套自己的价值体系，引导广大妇女自尊自爱自立自强，那么社会工作也有'助人自助'和不能'等、靠、要'的价值观。

由此可见，妇联与社工的价值体系是有契合点的，甚至是相辅相成的。那么我们在工作中可以通过这些契合点将这两套价值观融合在一起，包括社会工作其他的价值观也可以在妇联工作里找到痕迹，只要我们能克服惰性，刻意地去引导妇女工作借鉴社会工作的优长，就可以把工作做得更专业。"（20210718LYL访谈记录）

LX社区将社会工作理念充分融入妇联的基层治理之中。其作用机理是对传统的妇联妇女工作理念进行发展和完善，将妇女社会工作的"赋权增能""助人自助""平等尊重"等理念与妇联工作、社区工作相结合。社会工作秉持助人自助的专业理念、以人为本的价值观念，通过多种途径全方位了解服务对象的需求，并积极链接多方资源，本着保密、无条件接纳、案主利益优先等原则开展工作，更易获得服务对象的信赖与认可。

案例：LX社区妇联与社会工作的反家暴服务

社会工作介入反家暴服务能够有效弥补传统介入方式的缺陷，为受暴妇女提供强有力的支持。家庭暴力存在一定的隐秘性、长期性及多样性等特点，而社会工作以长期积累的学科系统理论为基础，以"助人自助"为宗旨，在服务过程中遵守接纳、保密、倾听、非批判等原则，采取两种措施：一是倡导社会政策及法律的改变，引起社会各界的关注，防治惩治家庭暴力以保障人权；二是提倡直接为案主服务，即为受家庭暴力侵害者提供情绪疏导、情感支持等直接帮助其摆脱家庭暴力的服务。社会工作者有一定的制度和专业知识支撑，其作为社会工作服务机构的主体，主张以具体的实务即家庭暴力双方的根本性需求为着眼点，提供各种以人为本的助人服务，营造良好的互助氛围，对可利用的资源进行整合，对原有传统干预方式中出现的漏洞进行有效弥补。

为受暴妇女提供的社会服务应从生理的单一层面逐步上升为"生理-心理-社会-灵性"的整合层面。社会工作者尤其重视她们的社会支持和内心状态，在提供服务的过程中，不仅仅停留在安慰和记录的层面上，而是注重与受暴妇女的心灵互动。为更好地回应受暴妇女的"心理-社会"需要并最终使其获得幸福感，LX社区妇联积极将社会工作的理念、价值观引入为受暴妇女提供的服务之中，为工作者提供社会工作专业方法、理念、价值观的培训，以期在必要时她们能自如地运用放松训练、冥想、关注、头脑风暴、积极想象、宽恕与挑战非理性信念等干预策略。

在家暴发生前，LX 社区妇联与社工机构的服务目标为通过宣传活动增强居民对家暴的认识，使其树立起对家暴"零容忍"的意识；帮助居民识别家暴，为其提供暴力发生时可求助的路径。在这一阶段，LX 社区印发了多批反家暴宣传折页，配合以公益讲座、公益外展等主题活动。

在服务受暴妇女的过程中，LX 社区妇联与社工机构从各个阶段受暴妇女的不同需求出发，广泛链接资源，采用多元化服务方式，将服务输送系统整合起来。在家暴问题产生时，LX 社区妇联积极应对，与社工机构共同对受暴妇女进行初级干预，提供情绪疏导、咨询服务。在与社会工作者共同为有需要的妇女提供个案跟进服务的同时，LX 社区妇联和社工机构共同开展以"对家庭暴力说不"为主题的年度小组工作，将有相似经历并渴望获得社会、心理支持的受暴妇女聚集在一起，在社工的带领下讨论面对家暴事实的不同心态和应对方式等。在这一阶段，LX 社区妇联开通了多条座机热线，为受暴妇女提供情绪疏导、家庭关系协调等服务。

妇联在社会工作"增能赋权""助人自助"价值观的指导下，引入了"安全计划"的概念，即工作者系统地与受暴妇女探讨可能的选择、作出选择后未来可能面临的各种风险及比较合适的应对策略。具体来说，选择主要指留下还是离开家庭，风险涉及财务、居住区域、身体健康、心理健康、失去关系、牵连子女等，应对策略包括收集证据、了解救助途径及法律事宜、获取亲友支持等。在这一过程中，工作者与受暴妇女一起制订"安全计划"，增强受暴妇女的自我决定感和个人自信感。在这一阶段，社工机构和 LX 社区妇联采用了一系列辅助服务手段，如邀请当地律师接听法律热线，为有关家暴后续法律问题提供义务咨询，邀请当地心理协会为受暴妇女提供心理咨询等服务。

在 LX 社区，社会工作价值观的嵌入将妇女社会工作的理念充分融入妇联的妇女工作之中，妇联更加注重对服务对象的关注，在让服务对象的问题得到解决、需求得到满足的同时，对服务对象的能力进行提升。社会工作的理念、方法、价值观为妇联的妇女工作提供了更为专业的、一体化的行动方案，减轻了传统公共部门的压力，帮助妇联更好地服务妇女。而妇联对社工机构的接纳、培育、扶持和认可也让社工机构可以利用妇联的权威来推进工作，解决人员调度、资金资源等问题。社会工作在社区内顺利推进的同时，妇联也以自身行动回应了当前妇女儿童的多元需求。

5. 社会工作专业方法的嵌入与融合

传统的妇女工作模式已不能满足日趋多样化、个性化和复杂化的妇女需求，而将社会工作理念与方法嵌入妇联工作，是实现妇联工作专业化和工作机制创新的必然要求。[①] 子木指出，要将社会工作的理论和专业知识嵌入妇联干部的培训计划和教材中，妇联组织要让妇联干部学会运用社会工作的个案、小组、社区等方式方法，利用社工机构社会化运作的优势，将传统与现代的工作方法技巧进行有机整合，将妇联干部培养成优秀的妇女领域的社会工作者。[②] 方英对此也持有相似的观点，其认为妇联在已有组织资源和工作方式的基础上有效地引入社会工作的专业方法，能够更好地帮助困难群体摆脱困境，提高妇联工作的针对性、有效性和广泛性。[③] 焦开山认为，妇联组织需要大力加强对妇联干部的社会工作专业能力培训，培养妇女社会工作的专业人才。[④] LX 社区各方面工作的顺利开展得益于妇联妇女工作与社会工作的高度融合，妇联组织也将社会工作的专业优势发挥得淋漓尽致。

[①] 子木：《将社会工作理念与方法嵌入妇联工作》，《中国妇运》2010 年第 7 期，第 45~46 页。
[②] 子木：《将社会工作理念与方法嵌入妇联工作》，《中国妇运》2010 年第 7 期，第 45~46 页。
[③] 方英：《妇联工作引入社会工作模式的探讨——以广州市单亲家庭为例》，《广州大学学报》（社会科学版）2009 年第 12 期，第 41~43 页。
[④] 焦开山：《妇联干部现状分析及其社会工作专业培训》，《中华女子学院山东分院学报》2010 年第 5 期，第 34~38 页。

案例：运用社会工作专业方法化解婚姻家庭矛盾

　　婚姻家庭矛盾化解是妇女工作的重要内容，也是 LX 社区治理的一大项。LX 社区妇联充分运用社会工作的专业方法，为预防和化解婚姻家庭矛盾提供了多元、便捷的服务。

　　LX 社区书记在访谈中说："比如说婆媳发生矛盾了，那我们会找媳妇谈，问她既然你婆婆这么不好，那你咋还能嫁到她家呢，她说不是的书记，一开始我和她儿子处对象，她不是这样的，我说那她是怎么样的，她会说我婆婆过去也做了很多为我好的事情，我都记得的。那我也会悄悄地、在媳妇不知道的情况下跟婆婆再谈，她又得讲儿媳妇的不好。我说你这儿媳妇这样你咋还娶家里来了呢，她首先得说，我家儿子不听话，儿子娶的。我说你就没有建议吗？我们父母虽然没有决定权，但是有建议权。她说一开始小姑娘也挺好，比如说来帮我摘菜啊，然后也帮我收拾屋啊擦地啊，阿姨长阿姨短的。我说那你总结总结，你看她身上有几个优点才娶来的，比如说挺会聊天的、挺有眼力见儿的。婆婆就也说媳妇的优点。就这样，经过几次谈话，我们用社会工作中的个案工作的方法，很容易就能调解双方的矛盾。"（20210716LYL 访谈记录）

　　不仅如此，LX 社区书记还充分调动妇联的多方资源，在社区内以社区妇联的名义组织"孝顺好儿媳"评比活动，以培育良好家风，提高社区居民的道德修养，表彰先进、树立典型，推进家庭文明工作。评比活动的宣传、入户审核、复核确定工作由既是社工又是妇女干部的社区工作人员负责，她们既有联系、动员妇女群众的基础，又有组织活动、开展活动的优势。

　　"小组活动我们也做。我们会组织几对婆媳，出几道题，如婆婆的生日、婆婆喜欢吃的水果、婆婆喜欢穿的衣服的颜色，也包括儿媳妇的相关问题，让她们互相答题。答完以后大家互相有好感了，我们再进行下个环节——'我想对你说'。这时候用的实际都是社会工作的方法。那这个时候婆婆就会说，孩子到咱家来，妈有时候年岁大了磨叨你，你别跟妈一样。媳妇也说，妈我都忘记了，我不是小嘛，我是你孩子，以后你就当面说，别生气，我就是这样心直口快。你看矛盾化解了，何必还去中间调呢。所以对于我们来讲，会做社会工作的人，一定会用我们的方式把这个矛盾化解了，因为这些方法好有用。我们调解了多种婆媳关系、夫妻关系。社区的工作有好多，你就是专做妇联工作，也是做不来的，都要和其他的工作相融合。社会工作的专业方法帮我们高效完成了大部分工作，尤其是妇女家庭工作。"（20210716LYL访谈记录）

LX社区是"三零"社区：社区零事故，未成年人零犯罪，虽然有下岗，但是居民零失业。在LX社区书记看来，LX社区能够得到上级部门及广大居民的普遍认可，与其工作方法的科学性是分不开的，尤其是社会工作的嵌入让妇联工作事半功倍。

可以看到，在LX社区，妇联与社工机构始终保持着频繁的互动，社工机构是深度嵌入妇联的。双方在人员队伍上的高度融合、在价值观上的互相认同，妇联认同并运用社会工作的专业方法，以及双方在实践层面的密切往来、对彼此事务的高度参与，无不体现着社会工作对妇联的有机嵌入。

总之，由社区牵头成立的社工机构更能扎根社区，可以将社会工作与社区工作以及妇女工作深度融合，形成合力发挥作用。对基层妇联工作人员的问卷调查结果显示，当被问到哪种社工机构的服务效果更有利于社区工作时，66.47%的被调查者认为是"社区本土成立的社工机构"，16.47%的被调查者认为是"外部引入的社工机构"，17.06%的被调查者认为"都一样，没区别"（见表6-1）。

表6-1　哪种社工机构服务社区工作有效

单位：人，%

选项	频数	占比
A. 社区本土成立的社工机构	678	66.47
B. 外来引入的社工机构	168	16.47
C. 都一样，没区别	174	17.06

（二）LX社工机构有机嵌入的局限性

在LX社区，社工机构对妇联的有机嵌入虽然弥补了基层妇联在一些方面存在的缺陷，但这种嵌入模式也有一定的局限性。

1. 过于依赖关键人物作用的发挥

LX 社区书记既是妇联主席也是社工机构的负责人，拥有 30 余年的基层工作经验，开展基层工作得心应手。正是因为充分了解基层、扎根基层，在将社会工作引入基层工作时，LX 社区书记成为 LX 社区的最佳人选。LX 社区书记在访谈中说道："我们 C 市是 2008 年开始做社会工作的，C 市民政局一位领导鼓励带动我一起做社会工作，那时候的我是坚决不做的。和现在很多社区书记的想法一样，我说我干嘛要给自己找事，社区工作已经很忙了，我额外做也不挣工资，我干嘛要做呢。但现在我是非常感谢这位民政工作者的，他对我不离不弃，可能是因为这么多年做民政局的领导，他比较了解我。我这个人是这样，除非我不答应做，如果我决定做这件事情，我一定努力把它做起来。我做不好是我的水平和能力的问题，但是我一定会付出百分之百的努力。后来我才知道他们都在做社会工作，我就去南方学习。当时我还不太理解什么叫社会工作，就是觉得他们把工作、活动设计得那样新颖，让我特别感兴趣。2016 年以后我自己也做社会工作了，这也让我们的社区工作现在得到了这么多人的认可。"（20210717LYL 访谈记录）

可以看到，虽然 LX 社区的有机嵌入模式有着极大的优势，就是党建、妇建和社会工作的一体化融合，并且是在社会工作大发展、鼓励成立社工机构的特殊背景下，但是其可推广、可复制性并不强，因为其过于依赖关键人物也就是 LX 社区书记个人作用的发挥。在实际的社区工作中，如 LX 社区书记一般基层工作经验丰富、认可社工专业价值又担任妇联主席的持证社工并不多。

另外，一些基层领导干部仍存在对社会工作的误解，甚至认为社会工作是形式化的，会成为社区发展的拖累。一些社工机构拿不到大项目，又看不起小项目，让社区的社会工作无法得到发展。如 LX 社区书记说道："我们社区现在的工作是千分制，社会工作就占 300 分。但有许多社区这 300 分就直接不要了，我不太能理解。于是我就问他们，你们为什么不要呢？最制约他们的一点就是项目少，有很多社区就是建完了机构要不到项目，可是要不到项目也得付财会，一个月 200 元，你得自己掏腰包拿出去。即便找到项目，要是完成得不好，第三方还过不去。大家都说，姐你当然能做了，你不做大家都给你项目，我们要项目都要不着。

我说发展不均衡没有那么多钱，区里哪怕给你一个 2 万元的小项目，不管多小的项目你都得做，那不就做起来了嘛。我就是从 2 万元的小项目做起的。"（20210717LYL 访谈记录）

由此可见，虽然有许多因素影响着社区可以获得的项目数量，但是基层领导干部对社会工作的主观态度仍是影响社会工作在社区内发展的重要因素。LX 社区的社会工作能如火如荼地进行，LX 社区书记的功劳不可小视。LX 社区书记愿意从 2 万元的项目开始做起，并且在不断积累经验后，将项目越做越大、越做越好，因为其主观上对社会工作是认可而非抵触的。所以在 LX 社区书记的带领下，LX 社区的社会工作得到了长足发展，这也是社区关键人物的重要意义所在。

2. 上级妇联的督导缺失

对品牌社区购买的社会工作服务，由于品牌效应和关键人物的影响力，常常出现督导不力的现象。访谈中 LX 社区书记说道："上级妇联今年给了我们一个项目，虽然资金给得很足，但是她们并没有对我们进行督导，等于在活动中社工机构是自己督导自己。因为上级妇联有好多人不懂社工，她们也知道自己不专业。即使有所谓的第三方考核，情况也一样。记得有一次上级妇联的一个项目是深圳来考核的，也是我去谈的，谈完了第三方觉得我们做得不错，觉得到我们这里来学到了很多。我就想，你们这第三方是来考核的，怎么成了上我这儿来学习了呢？"（20210718LYL 访谈记录）

社会工作是一种专业性很强的职业，虽然 LX 社区的社工机构拥有一定的专业度，且得到了社区的大力支持，但当其承接上级妇联安排的工作任务或项目时，仍会受制于上级部门的专业度表现。如果上级部门只是为了完成某些社会治理的指标而购买社工服务，缺乏对项目的监督与陪伴，就会造成社工项目不是因需求而产生的，也难以围绕需求进行；如果上级部门领导不重视甚至不认可社会工作的理念与价值，就会在一定程度上阻碍社会工作的发展。可以看到，LX 社工机构的有机嵌入也仅仅是在 LX 社区范围内才表现出"强机构"的状态，并未摆脱制度依赖、资源依赖的困境，甚至会因机构专业抢眼的表现而失去上级妇联的督导。

3. 社会工作的"专业稀释"

"专业稀释"是指虽然社会工作的行业规模在不断扩大，社工机构数量在不断增加，社会工作在不断发展，但其"质"和"效"并未得到提升，专业纯度出现下滑。如果社会工作发展的驱动力主要源于政府，那么社会工作极有可能陷入制度依赖的陷阱，甚至有因被体制吸纳而使自身专业职责无法履行的风险。① 同时，现有的制度体系内部行政性社会工作的存在，导致专业社会工作在工作内容、工作范畴等方面难以与行政性社会工作划清界限，原有的行政性社会工作由于制度惯性在权力、资源、认同等方面占有优势，专业社会工作的发展空间便被其挤占。② 另外，社会工作的社区介入还会造成"泛化与事务化"，社工广泛参与社区日常事务的管理和服务，其专业性与技术性便会在一定程度上被牺牲。③ 社工机构与社区"自己人"的利益共同体关系，行政主导一切，会使社工机构在服务提供中的专业性被稀释、被淡化。④

　　LX 社工机构便存在"专业稀释"的问题。LX 社工机构的社工大多拥有丰富的社区工作经验，她们是在社区工作多年后，为响应社区号召才考取社工证并成为一名社工的。她们的社区工作经验多于社工经验，并非"学院派"的专业人士。正如 LX 社区书记在访谈中说的那样："我们社区的社工机构真的很需要你们这些专业人员。虽然我们持证的社工很多，但是在设计小组活动或者社区活动的时候，我们就是不专业，很难灵活地去运用社工方法剖析问题。我们有的时候都得现翻书，然后根据这个再往上写，写得不精，而你们这些专业人士能轻松地写精做好。再加上我们还有很多社区其他的事情要处理，有时候这些细节的问题就更顾不过来了。尤其是我们这大部分都是'50 后''60 后'，她们被'逼着'考了社工证，但她们真的能把社工方法用好吗？其实这在我这里也是存疑的。我个人是非常希望年轻的专业人士进入我们社区从事社工的，但我也知道待遇问题、政策问题不解决，哪个硕士博士会愿意来

① 康晓光、韩恒：《行政吸纳社会——当前中国大陆国家与社会关系再研究》，*Social Sciences in China* 2007 年第 2 期，第 116~128 页。
② 林磊：《治理语境下我国社会工作发展路径研究的再思考》，《宁夏社会科学》2017 年第 6 期，第 104~112 页。
③ 周沛：《谈社会工作实务的"介入性"与"嵌入性"》，《浙江工商大学学报》2011 年第 4 期，第 85、88~89 页。
④ 王学梦、施旦旦：《市场化与嵌入：政府购买社会工作服务模式的再思考》，《社会工作》2018 年第 2 期，第 74~84、111~112 页。

社区赚 3000 多元的工资呢？"（20210718LYL 访谈记录）

LX 社区的社工队伍稳定性极强，但社会工作与社区工作的高度融合在一定程度上稀释了社会工作的专业度。只要是考取社工证的都可以持证上岗，许多社区工作者的学历层次不高，甚至出现了"低学历化"倾向，机构内的社工并非相关专业毕业的，使专业纯度出现下滑。同时，由于薪资待遇、晋升等问题，许多高校社工专业毕业的学生并不愿意从事社工行业，这使社工机构没有新鲜血液补充进来。

社工队伍与社区队伍的融合让 LX 社区的社会工作与社区工作没有了区分。原本需要社会工作解决的问题，社区工作者更愿意依靠多年的社区工作经验来解决，这势必会使她们提供专业服务的时间和精力减少。虽然社区内的社会工作不应一味地强调专业性和独立性而脱离社区现实①，但社工从事专业工作的时间如果少于从事社区行政工作的时间，则会导致其专业能力在被行政工作的占用中走向弱化。因此，在社工队伍与社区队伍高度融合的社区，如何不让社工专业的边界消失、纯度降低是一个重要的议题。此外，居民对社工与社区工作者身份的混淆也会干扰社会工作专业服务的提供。虽然社会工作肩负着满足居民需求、提供社会服务的责任，但社会工作有必要保持自己的专业敏感度，保持专业的独立性，以避免被稀释、异化而丧失自身的专业性，这也是 LX 社工机构需要解决的问题之一。

二 TY 街道模式——枢纽型社会组织平台式机械嵌入

协同社会组织进行服务创新是提高和强化基层妇联服务能力的有效途径。妇联是党和政府联结妇女的桥梁和纽带，在建设枢纽型社会组织的过程中，培育孵化妇女社会组织服务妇女工作意义重大。鉴于妇联自身拥有的服务资源少，通过枢纽型社会组织平台将体制外部资源以参与活动或打包成项目的方式委托给社会组织，调动社会组织参与妇女工作的积极性并为妇联所用，是社会工作嵌入基层妇联工作的一个有效路径。

（一）TY 街道社会组织平台的打造

枢纽型社会组织对民间公益组织有着重要的培育和整合功能。处于

---

① 周慧：《社会工作嵌入社区治理的专业挑战——基于 S 机构的质性研究》，《山东科技大学学报》（社会科学版）2018 年第 2 期，第 102~109 页。

发展初期的社会组织规模较小、服务类型单一、自身力量薄弱，项目承接能力和可利用资源严重不足，缺乏造血功能，需要枢纽型社会组织为其提供支持。由此，TY 街道社会组织平台应运而生。

TY 街道社会组织服务中心作为社会组织孵化和服务平台于 2017 年 7 月成立。TY 街道面积约为 1.17 平方千米，拥有 3 万多人口，下辖 5 个社区，呈现老城区基础设施陈旧的老旧散弃小区数量较多、外来务工人员多、老弱病残人口比例较大的"三老"特点，在养老助残、青少年心理疏导、文化娱乐、居民自治等方面的需求越来越多。于是，在街道所在区民政局的指导下，TY 街道立足辖区特色，从辖区居民需求出发，通过引入专业资源和社会力量，推进社区治理和服务创新。

2019 年 12 月，C 市 N 区加快推进街道社区社会组织管理创新国家试点，健全政府购买服务机制，创新公益微创投手段，开发了更多实用的便民服务项目，满足了社区居民的多样化需求。区委、区政府累计投入700 万元开展公益创投和微创投活动，大力扶持和培育社会组织发展。TY 街道为了让社会组织为居民提供更为专业精准的服务，加强党建带妇建，通过社区、社会组织、社会工作"三社"联动，采取多项举措搭建平台，引导社会组织"驻进来"。

1. 打造社会组织服务中心

TY 街道投入近 20 万元打造的 TY 街道社会组织服务中心是集社会组织党建活动阵地、社会组织孵化培育平台于一体的社会组织服务机构。中心为孵化和入驻的组织提供了一个交流的场所，将社会组织引进来，通过交流合作形成合力。社会组织可以利用中心提供的场地召开会议、开展培训、举办讲座和进行联谊，实现资源共享。中心引入 C 市社会工作服务中心、社会组织发展中心等多家支持型社会组织，为中心会员量身定制服务方案，在投标书撰写、项目运行、资金管理、资源链接等方面重点进行辅导。目前 TY 街道引入的社会组织共有 50 余家，培育社会组织 20 余家，初步实现了"引入一批、培育一批、扶持一批"，让社会组织参与社区管理的目标。

TY 街道社会组织服务中心的成立搭建了社会组织与社区沟通联系的平台，社会组织可以借助平台向社区网格长和居民了解需求，让社会组织与民生需求精准对接，用社会组织的专业性、公益性补政府治理之缺、之短。TY街道依托成熟完善的社区建设，实施公益微创投项目，以理论培养和实际操作"双管齐下"的方式，扶持草根组织、拔高注册组织、培养社工团队，为居民提供针对化、精细化、专业化服务。社会组织服务中心吸引了一批区公益创投、市民政局福彩杯、省催眠协会的"老年人心理健康情况评估"等项目。通过社会组织服务中心申请的公益项目在社区落位，为居民提供了优质的服务，赢得了很好的群众口碑。

2. 借助服务中心链接社会资源

中心通过传统媒体、微信公众号及朋友圈、抖音等方式在社会群体中大力宣传公益，让一些企事业单位、学校社团、社会爱心人士纷纷加入，在人、财、物、技术上为社会组织、社区的公益事业提供支持。例如，扶残助残志愿者协会注册时所用的3万元启动资金，就是通过拍卖手工艺品的形式吸纳的社会捐赠；为困难群众上门理发的项目也是通过中心链接的蓝梦美发学校的资源。会员组织借助中心的影响力有效提升了自身的造血能力。此外，公益创投路演活动的主管部门、慈善会、人大代表、政协委员、爱心企业和社会公益人士出席活动，各个活动项目的负责人通过PPT向来宾介绍项目的受益对象、活动内容、可持续性预测等，让来宾对项目进行认领并配捐。这种创新形式让好的公益项目获得社会资源，让愿意奉献爱心的人士找到好项目，实现了公益资源的有效对接。这也使公益微创投成为TY街道社区社会组织联合会的品牌化公益活动，通过引入公益项目的方式，一些在社区社会服务治理方面待解决的问题以及一些群众需求迫切而政府无法满足的问题，能够借助社会组织的力量得以解决。同时，公益创投活动为社区社会组织发展提供了肥沃的土壤，有效推动了辖区公益事业的发展。

为了更加贴近群众、更好地服务群众，TY街道将90%以上的场地提供给社会组织，用以开展公益和文体活动，为社会组织提供了党组建设、孵化培育、项目对接等40余种专业服务。社区社会组织平台是主要面向辖区居民挖掘社区社会组织潜力，整合辖区内外部相关人、财、物、场地、信息、专家、技术等资源并进行有效匹配的组织形式。其针对社区治理热点、难点问题制订解决方案，并基于行动实践，总结形成可复制、可推广的工作模式。社工机构等各类社会组织入驻社区社会组织平台，能够改善社会组织资源缺乏、功能单一的状况。同时，社区社会组织平台拥有的丰富资源吸引了众多社会组织入驻，而这些社会组织又带来了更多的资源。TY 街道社区社会组织联合会多年来以积极的态度助推并吸纳社会组织参与社区治理，通过公益微创投活动为社会组织架桥梁、搭平台，为基层社区育人才、求发展，为社区居民解危难、谋福祉，形成了以社区为基础、社会组织为载体、社工为支撑、社区志愿者为补充的"四社"联动机制，共同推进社区治理和服务创新，达到了"1+1+1+1>4"的服务效果。

TY 街道的社会组织以进入基层行政部门所提供平台的方式来参与社区治理，社区将政府权力资源与组织专业资源共同置于其枢纽型社会组织平台之上，让政府的指令、政策实现了向社会组织下达的畅通，也让社会组织的信息、意见得以顺畅上传。枢纽型社会组织平台成了资源、信息、资本的载体，让街道和社会组织的关系进一步耦合。TY 街道的社会组织平台充分发挥了其引领、凝聚、团结、服务的作用，在社区社会组织对接百姓需求、申请项目、链接资源、促进社区社会组织发展中发挥了主导作用。TY 街道社会组织的平台整合式嵌入路径也为社会工作嵌入基层妇联工作提供了启示，社会工作可以通过街道提供的社会组织平台嵌入基层妇联工作，而妇联也可以通过对社会组织平台的培育和扶持回应当前妇女的多元需求。

（二）TY 街道平台整合式机械嵌入模式的表现及困境

通过一系列的访谈及调查研究，我们发现，虽然枢纽型平台的建立为社工机构等社会组织提供了诸多机会与便利，但也产生了社工队伍的稳定性不足、社工项目制的形式化倾向严重、社工机构自主性弱化等困境。

1. 社工队伍的稳定性不足

研究发现，与 LX 社区的社工机构相比，TY 街道内的社工机构队伍的稳定性较差，机构内人员流动性大。正如在访谈中社区 Z 书记提到的那样："在我们社区，社工不仅需要对接妇联的工作，还需要对接各个口的工作，她们的工作量很大，工作也很杂。有的时候我们平台组织一些活动、培训、讲座，都会让她们参与进来，尤其是在疫情期间，所有社工都参与了防疫工作，加入了志愿者队伍，她们真的是很辛苦的。虽然没人抱怨防疫工作，但也确实有人对社会工作之外的活动安排提出过不满，觉得我是来做社工的，不是来开会、搞培训的。一旦有人产生了负面情绪，那么想离开的念头也就产生了……工资待遇很低，好多社工都是'985''211'的大学生，甚至是研究生，然后他们的工资只有两三千块钱，你们说少不少？何况我们的工作量那么大。"（20210819ZN 访谈记录）

TY 街道内社工队伍稳定性不足的问题并未因平台的搭建而得到解决，由于薪资待遇不好、工作量大等原因，社工流动性大，这造成机构内与社区对接、为居民服务的人员频繁更换，社会组织的影响力、公信力也会打折扣，一旦对项目的完成度产生影响，就会造成社工机构竞争力的降低。因为在 TY 街道社会组织服务平台内的社工机构与社区唯一的联系仍是项目，项目的完成度关系到社区对社工机构的态度，一旦项目被搁置或中断，那么社工机构与平台、社区的联系也就不再紧密。即便社工仍从事着社区志愿者或其他由社区委派的工作，但其不再是社区必不可少的存在，最终的结局也将是机构撤离社区，过去与社区建立的联系即刻土崩瓦解。①

可以看到，虽然 TY 街道社会组织平台的搭建为社工机构提供了项目和机会，但社工机构的嵌入仍是机械的。也就是说，在社会工作嵌入基层妇联工作的过程中，社工机构与基层妇联并未紧密地关联起来，因为社工机构存在的人员流动性大、队伍稳定性不足等问题并未得到解决，社工机构也未能深深扎根于妇联之中，而是处于悬浮状态，这也是社工机构机械嵌入基层妇联的重要表现之一。

2. 社工项目制的形式化倾向严重

项目制治理是由国家"发包"、地方政府"打包"、社会"抓包"的上级控制与市场竞争相结合的治理。国家通过项目制调动基层社会的力量，让社会治理更为高效、财政支付更为直接。社会服务项目制作为一种现代意义上的治理技术，具有公开透明、合同化、绩效可评价化等特征。政府投入了大量专项资金用以购买公共服务，项目制成了基层公共服务的主要来源。"政府购买服务成为社会工作得以运作的核心依附机制，社会工作因其在政府购买服务的语境中而呈现独特的生存逻辑，这

---

① 陈锋：《悬浮的社会组织》，《文化纵横》2020 年第 6 期，第 78~85、159 页。

种逻辑直接映射了其与政府的互动关系，同时，这种互动关系又是通过项目化体制得以链接的。"①

案例：TY 街道 H 社工服务站的项目制行动

    H 社工服务站成立于 2016 年 5 月，是 C 市 N 区民政局培育和扶持的核准注册的民办非企业单位，是 C 市社会工作专业服务机构之一。它主要通过咨询、个案、小组、活动、资源链接等方式为案主提供服务。自成立以来，H 社工服务站承接了弃管小区院落微自治、便民服务"宅急送"等政府购买服务项目，实际上是一家综合性的社工机构。H 社工服务站得到了所在区民政局的大力扶持和培育，在资金方面，民政局通过项目倾斜给予最大的资金支持，并允许其承接更高一级的市级社工项目。除此之外，N 区民政局还在办公场地以及活动场地上对其给予支持，其现有的办公场地——N 区星火源党建指导服务中心，正是由民政局提供的。

    自 2017 年起，H 社工服务站开始承接当地妇联的公益创投项目，并协助妇联实施了"幸福家庭建设"项目。在 N 区民政局的重视与资源倾斜下，H 社工服务站从成立运作的第一天起就无须去找项目、要"粮草"，当地基层妇联向 H 社工服务站投入了大量的精力与资源。

    虽然 H 社工服务站的资金、资源问题得到了解决，但是在项目实施过程中又有其他的问题暴露出来。由于过于依赖妇联的资源，为了从妇联手中获得更多的资源，H 社工服务站往往极力迎合妇联的行政意向，在对居民需求的把握上无法投入更多的精力。正如访谈中 H 社工服务站的负责人 Z 女士提到的那样："我们承接妇联的项目，就必须按照妇联的评估指标开展活动，比如有时候我们觉得如果再做几次小组活动效果会更好，但妇联给的经费就是那些，如果小组活动都花掉了，后续的活动怎么进行，指标怎么完成，完不

---

① 侯利文、徐选国：《社会、历史与制度：迈向社会工作发展的新阶段——2017 年中国社会学会"社会工作与社会政策"分论坛会议综述》，《社会工作与管理》2017 年第 6 期，第 47~52 页。

成以后还能接到项目吗？我们不是不知道大家希望再做几次活动，只是我们也没办法。"（20210819ZY访谈记录）

由此可见，在项目实施过程中，社工机构往往更在意项目是否完成了妇联设定的指标，而案主后续的需求或居民的体验则被放在次要位置。久而久之，项目制将呈现形式化的倾向。虽然项目最初是因社区居民的需求策划的，但诸多硬性指标会限制社工机构的机动性。行动方案受到评价指标的限制，社工机构可能陷入对预算比例的关注之中，对服务经费比例的控制也会在一定程度上降低项目服务的质量，呈现注重购买方意向、忽视实际需求的特征，最终让案主产生失望情绪，对社工的专业性产生怀疑。H社工服务站虽然无须向妇联要"粮草"，但其与妇联的关系并非深度互动的，妇联也并未深度参与社工机构的行动。妇联与社工机构呈现"貌合神离"的样态，项目制的形式化倾向也是机械嵌入的表现之一。

3. 社工机构自主性弱化

TY街道的社会组织平台汇集了全社区的资金、资源，故社区内的社工机构势必依赖其进行发展。而TY街道社区基层政府也是通过相似的方式注入资金、资源，进而实现了对社会组织平台的"掌控"。TY街道多年来积极助推吸纳社会组织参与社区治理，预先设定了清晰的服务指标和服务内容，要求社会组织在平台上按照要求开展活动，是一种非市场竞争性项目购买模式。

自N区提出推进社会组织管理创新以来，我们TY街道党工委高度重视，成立了街道社会组织工作领导小组，街道党工委书记任组长，领导小组下设办公室，办公室设在民政科，由民政科科长担任主任。各社区专门安排一名副主任主管社会组织工作。（20210820ZN访谈记录）

由此可见，TY街道的社会组织虽然在平台上开展活动，但其在很大程度上受到政府的行政干预。政府在社会组织的人员安排、经费支出、队伍管理、项目服务上有着强大的话语权，干预痕迹明显，这势必会弱化社会组织的自主性。

当社工机构被指定承接某些服务，而非通过竞争的方式取得政府购买服务的资格时，其"垄断性"的特征便会让机构无须靠提高自身的专业能力来参与竞争角逐，最终走向服务质量差、服务项目单一、服务效率低下之路，无法满足社区居民的多样化需求。由于政府拥有强大的支配权，社工机构的规模也会受到政府购买的预算及投入的资金、资源限制。虽然社工机构不必再去激烈的竞争中求生存，社会组织平台也为社工机构整合了一系列资源，但其市场化程度低造成的机构发育迟缓、专业化程度偏低、行业自主性差的根本问题仍需解决。看似不缺资源、资金充沛的社会组织平台，其实也是另一种相对封闭的生态系统。社会组织在平台之上机械地运行，一旦脱离了平台，则会有源源不断的问题产生。

三 J 社工机构模式——社工机构对基层妇联的依附式嵌入

在我国，专业社会工作要想得到发展，就必须处理其与外在的制度环境和工作环境之间的关系。[①] 由于我国行政性社会工作系统在处理管理与服务混杂的问题上更具效率方面的优势，能更快地解决问题或化解矛盾，专业社会工作的生存与发展表现为对我国社会上普遍存在的行政性非专业社会工作领域的嵌入。[②] 这一部分以 J 社工机构嵌入基层妇联为例，通过探讨社工机构与基层妇联的互动情况，揭示社工机构对基层妇联的依附式嵌入关系。

J 社工机构成立于 2012 年，机构的主要发起单位为 N 街道 B 社区和 T 公司，发起人为 YY 女士和 ZY 先生，其中 YY 女士担任 B 社区的副主任，而 ZY 先生则为 T 公司的经理。J 社工机构成立时有常驻社工 3 名（持有初级、中级社工证）、固定工作人员 6 名、固定志愿者 12 名。机构采取任务发布和业务中心的工作模式，3 名社工实际上并不参与机构的日常管理工作，社工来源主要是街道行政体系中的管理人员，如社区的妇女专干、网格长、养老专干等，YY 女士通过行政系统的内部网络与这

---

①   王思斌：《我国社会工作从嵌入性发展到融合性发展之分析》，《北京工业大学学报》
     （社会科学版）2020 年第 3 期，第 29~38 页。
②   王思斌：《中国社会工作的嵌入性发展》，《社会科学战线》2011 年第 2 期，第 206~
     222 页。

些人结识。B 社区的工作人员往往有被要求考取社工证的行政式任务，而一些成功考取社工证且有意愿参加公益服务的人员往往或通过私人网络被吸纳进协会，或通过街道行政的系统被分配到街道为数不多的两个相对成熟的非政府组织——J 社工机构以及残友援助会。实际负责机构日常管理的是 YY 女士以及机构聘请的几名下岗工人，大部分的文书、财务审核以及日常报备工作都由其完成。

J 社工机构属于在当地街道备案的社会组织，虽然不具有法人资格，但也要被纳入备案管理部门（街道办）的管理监督和指导范围。其主要办公场所设在 N 区 T 街道，而实际活动的区域以及服务地点则在 L 区。机构的服务内容主要是关注并推动青少年儿童适应新时代的非智力综合素质的培养，在青少年中传播、普及社会生存知识和技能，为青少年提供心理安全、交通安全、医疗安全、安全预判、消防地震安全等培训，开展各类青少年社会体验及实践活动，以提高青少年的社会生存能力。目前的主要服务项目为青少年公益演出以及困难青少年募捐等。

从社会工作发挥专业性作用方式的独立程度进行比较，我们把不能独立开展活动发挥社会工作专业性作用而需要经常依附在某些具有一定主体和实体的社会服务体系之上才能持续运转的社工机构的嵌入性发展模式，称为依附式嵌入模式。我们通过对 J 社工机构的调查访谈发现，J 社工机构与社区妇联的关系便是典型的依附式嵌入关系，呈现依附式特征。

（一）　社工机构被边缘化

社会学意义上的"边缘"表现为游离于既有的社会结构和社会制度范围之外。从研究者观察到的 J 社工机构介入妇联组织的服务过程来看，在介入初期，J 社工机构的嵌入主要呈现一种"边缘化"的状态。

如果社会工作的资源主要来自既有的服务体系，那么它便不可避免地受到既有体系的制约，使社工机构与社工处于依附地位。[①] 由于自身资源的限制及工作任务的繁重，基层政府往往希望购买的项目能够"为我所用"，社工往往被要求参与街道的日常工作，以致社工的项目目标设

---

① 　马福云：《社会工作的嵌入与外展机制及其融合发展》，《社会福利》（理论版）2019年第 1 期，第 23~27 页。

计、居民的需求调研等成了"走形式"，更多地根据街道的意愿进行设
计，回应街道的需求。① 另外，社区内"条""块"纵横的多头管理也会
打乱社工的工作程序、工作内容，使社工成为事实上的外聘人员、协管
员、被管理者、被监督者等行政附属角色。当社工无法用专业性来证明
自身嵌入的价值时，就会转而通过社区活动、书面报告、社会荣誉等形
式寻求政府的行政庇护，这也造成了社工在社区的边缘化嵌入及与政府
深度嵌入并存的吊诡情形的出现。②

　　J 社工机构便处于被边缘化的状态。由于没有官方背景，J 社工机构
仅仅挂靠在社区内部，并没有进行登记注册，同时没有足够的社会资本。
J 社工机构始终依靠社区服务创投的项目资金维持运转，当街道妇联找
到 J 社工机构来推进项目时，两者实际上是一种不对等的"委托-代理"
关系，而且这种关系体现为一定的科层性，J 社工机构需要向街道妇联
定期汇报工作进展，街道妇联实际上负责对 J 社工机构的项目进行评估，
项目资金通过社区由妇联负责发放。

　　　　本来计划是在 2014 年 8 月办理机构核准的，但是资金申请上又
　　出了点问题，没有达到社区要求的基准线……我们也想在 T 街道 B
　　社区开展工作，但没办法。距离比较远，车费都是一件麻烦事，只能
　　以挂名的形式，所以我们平时还是在 L 区开展工作。（20211009YY 访
　　谈记录）

　　J 社工机构从成立之初就面临着资金短缺、活动范围过窄、人员稀
缺等问题，而且由于自身不具备法人资格，其希望通过行政系统获取免
费资助的想法从一开始就被否决了。

　　　　我们当时就没想过找政府要帮助，既不敢要，基本上要也要不
　　到。（20211009YY 访谈记录）

---

① 徐盈艳：《社会工作专业建构：一个制度嵌入视角的分析》，《兰州大学学报》（社会科
　学版）2019 年第 2 期，第 24~33 页。
② 朱健刚、陈安娜：《嵌入中的专业社会工作与街区权力关系——对一个政府购买服务
　项目的个案分析》，《社会学研究》2013 年第 1 期，第 43~64、242 页。

由此可见，"基准线"一类准入门槛的设置让政府对社会组织的管理进一步强化。而未能达到各项准入门槛的社会组织在组织表现形式上总是与政府呈现疏离的关系，甚至将自己视为基层政府的工作负担。

在项目实施的社区内部，社区妇联的管理者兼任社区主任和妇联主席，社区妇联因为同社区的这种特殊关系在社区内部占有主导地位。而社工开展工作时，常常要借助妇联的资源，因此，总的来看，J社工机构在项目中处于比较低的地位。在开展"妇女之家"系列活动的初期，J社工机构的社会工作专业服务其实也是游离于已有的妇联社会服务制度之外的，这主要表现为社会工作在与妇联社会服务的实际合作中基本上处于辅助性地位。

虽然后来我们确定了合作服务的几个原则，但是她们还是不觉得我们能够做成什么。事实上，她们对自己很有信心，觉得自己是最熟悉妇女的那一批人，我们则是毛头小子，更别说还有学生，被轻视是肯定的。（20211009YY访谈记录）

可以看到，这时候社会工作仅仅进入了社会服务体系的边缘部分。

（二）嵌入程度较浅

"核心"或"边缘"只是结构意义上的嵌入分类，它更多地表示社工嵌入的服务内容、嵌入的领域重不重要。而嵌入的分类还包括程度上的区别，即"深度"和"浅度"，换句话说，就是对社工嵌入妇联组织是否深入的判断。从嵌入主导体制的深度来看，如果说浅层嵌入是专业社会工作比较表面地进入社会服务体系，那么深度嵌入就是指社会工作进入社会服务体系的领域深处。考察"浅"或"深"其实是在考量社会工作进入社会服务时二者共事的层面。换句话说，深或浅的标准在于社工与基层妇联之间结合的程度。如果两者在各方面的结合度都很高，那么我们就可以说它是深层次的嵌入；如果两者在各方面的结合度都一般，那么它们之间的嵌入程度并不高。这同样和格兰诺维特所理解的嵌入性是基本一致的，他所论述的市场行为离不开社会结构，经济行为不能脱离社会关系，两者交织在一起的那种状态恰好说明了"嵌入"这个概念深层次的意涵。

调研发现，J社工机构同当地妇联的协同程度可以被看成是浅层的。这种判断包含了这样的问题：什么意义上的嵌入程度应该被看成是浅层的？这应当从三个方面进行指标化的考量。

首先，体现在社工服务与妇联服务嵌入方面。专业社会工作浅层嵌入体现为，社工推进的项目与妇联已有的服务项目之间是不好对接的，两者"自说自话"，彼此的服务项目之间没有相互交叉的部分，同时在项目主题、项目推进方法、项目服务内容上，双方都没有可借鉴参考的内容。我们观察到，2018年J社工机构与B社区的妇联虽然协同开展了"妇女之家"项目，但是在具体开展过程中，J社工机构所谓的"嵌入"最多只能算作"接触"，双方并没有"理解"对方的工作内容，甚至在形式上都很难认为J社工机构是嵌入妇联的，因为J社工机构只不过是在借用妇联的场地、组织资源开展活动，社工甚至没有进入妇联工作的空间。

其次，体现在社工人员与妇联组织嵌入方面。这种浅层次的嵌入表现为社工与基层妇联组织之间的互动不够。社工不熟悉基层妇联的日常性任务和工作模式，不了解基层妇联的组织结构和职能分工，她们仅仅把基层妇联工作当作普通的社会工作，忽视了其在女性群体中的特殊地位，仅仅把妇联视为资源提供者而非伙伴，自然不可能与其有深入的互动。

最后，体现在社工价值与妇联伦理嵌入方面。浅层次嵌入模式下的社工与妇联互动最重要的一个特征是，双方基本上没有价值观、专业伦理、工作伦理之间的对话与碰撞。这意味着两者没有交流、磋商和重新议定行动规则的互动过程，这样的协作模式是很松散的。

（三）社工机构对社区妇联的依附性较强

社会工作在嵌入过程中无论处于社会服务体制的"核心"还是"边缘"，与基层妇联联系的程度是"深"还是"浅"，最终都只有进入已有的社会服务系统并发挥其专业作用才意味着"嵌入"过程的完成和结束。同样地，只有当它发挥作用时，社会工作才能被社会以及社会服务的责任系统承认和接纳，才能得到进一步发展。

这种依附式的嵌入模式既是历史的产物，也受到制度环境的影响。

社会工作恢复重建之初乃至现在，在有些地方和某些领域，并未被赋予独立提供服务的资格，它没有独立的活动空间，只能依附于主导性的社会服务。在这种情况下，社会工作被纳入主导性的社会服务之中，作为它的附属物而存在。实际上，无论是在社会工作发展的初期，还是在新进入的社会服务领域，这种依附现象一直存在。

J社工机构与B社区妇联的互动比较明显地体现出这种依附式嵌入关系，具体表现为J社工机构为了能够进入已有的基层妇联服务体系，不得不采取政策迎合等一系列策略。政策迎合向当地社区和妇联发出了一系列信号，其目的是通过生产政治性符号达成依附式合作的前提。

为了获得更多的政治性资源以及法律上的合法性，社工机构不得不主动寻求行政性社会工作的依附，具体的操作办法是生产政策迎合，迎合是人们主观猜测或揣度他人的心意以便顺从或投合。所谓政策迎合，就是为获取更多政策性资源、获得合法性地位而采取的一些迎合政策导向的举措。

J社工机构一直在生产"政治正确"的共识，为此其采取了宣传、迎合的策略。J社工机构一直为某幼儿园的留守儿童提供支持服务。该幼儿园教师资源稀缺，对留守儿童照顾不到位，留守儿童的处境亟须改善。J社工机构提炼出该项目对社会的各种正面价值并加以宣传，满足了留守儿童关爱政策的需要，获得了基层政府和领导对该项目的关心与支持。

J社工机构依附式嵌入的结果是组织的外形化。J社工机构虽然不设机构章程，但其给每个工作人员乃至机构内的社工安排了不同的职务，即主任、副主任、干事、社员，这一套职务体系与社区的"书记、主任+副主任+专干+网格长"的行政层级非常相似，同时与妇联系统中的"妇联主席+妇联专干+妇女执委"的职位安排非常相似。但是在实际运作中，工作的开展仍旧是以任务为中心的弹性工作制，因为在具体项目实施的过程中，机构没有独立开展业务的能力，经常需要与妇联展开各种形式的组织间工作对接。因此，J社工机构主动进行了组织的外形化，以更好地与政府进行信息的对接和人员的往来。

（四）社工机构受到行政约束

"社会工作参与社会治理的模式是服务型治理，即通过有效地提供社会服务而参与社会治理。"① 社会工作参与社会治理是通过服务实现的，社工机构通过直接或间接的服务解决困难群体的基本问题，从而促进社会和谐。

20世纪90年代中后期以来，基层政府社会治理的功能经历了从维稳到强调服务再到功能再组织的转变，虽然更加强调对资源、结构、权益的整合能力建设，但其所承担的行政管理职能始终不变。而基层政府往往以"一元化"的行政管理来平衡多元的社会利益，以绝对控制式的管理手段来解决动态变化的社会问题。这不仅是基层政府管理社会组织的方式，也是当下社会治理的难点所在。

作为一个需要多方参与的互动网络，社工机构等社会组织必然要与基层政府建立良好的关系，当传统的以"管控""管理"为中心的基层政府与以"服务""助人"为中心的社工机构共同进行社会治理时，势必会产生碰撞与博弈。"我国传统的社会治理实际上是以管控为中心的社会管理，这种维稳思路和社会治理常常采取高压和快速的处理的办法，平复各种问题。这也产生了治标不治本、对问题的简单化处理的状况。"② 社会工作则强调服务的作用，希望通过更高阶、更深入、更专业的方式来解民济困。与基层政府不同，社会工作的重点往往在于对服务对象本身的关注。

当前我国的社会服务仍是由政府主导的供给模式，在基层社会服务领域内依旧处处体现着传统社区管理时期的政府意志。虽然社区治理的转型要求行政力量撤出基层社区，但其影响并未消除。在我国许多地区，社工站是作为居委会或街道的从属组织存在的，社工机构被纳入自上而下的行政管理网络，其工作职责自然也就包括自主开展活动和协助上级政府两大类，而上级下派的行政性任务多且繁杂，此时社工就变成了基层政府的"伙计"，而非专业服务者，这就直接导致"社会工作在社区治理实践中始终处于专业服务体系与行政管理体系交叉的夹缝中"③。

① 王思斌：《社会工作参与社会治理的特点及其贡献——对服务型治理的再理解》，《社会治理》2015年第1期，第49~57页。
② 王思斌：《社会工作参与社会治理的特点及其贡献——对服务型治理的再理解》，《社会治理》2015年第1期，第49~57页。
③ 闫臻：《嵌入社区治理中的专业社会工作介入——以天津KC社区为例》，《华东理工大学学报》（社会科学版）2016年第1期，第46~55、61页。

社区需要寻求政府的认同，但又难免在这一过程中被纳入政府行政化的轨道之中。原本以服务为中心的社会工作承担了基层政府规划的管理型任务，其行动越来越多地反映着政府的意志，以服务对象需求为本的专业使命被淡化，居民也开始将社会工作者当作社区工作人员，身份的混淆加大了社工开展工作的难度。在基层政府以管理为中心的理念下，当来自政府的行政权力推行规范化管理的力量大于社工机构提供高质量服务的力量时，社会工作的角色、关系便应寻求新的定位以践行服务的初心与使命。

案例："管理"与"服务"的博弈

以J社工机构某一试点项目为例，项目由当地街道发起、街道妇联承办，项目的承包实际上是由街道妇联委托J社工机构负责的，制订项目计划和撰写项目方案书也都由J社工机构完成。因此，该项目实际上是由街道发起、街道妇联和社工机构承办的。由于项目申报期间人手不足，街道妇联便要求J社工机构承担了许多行政报表填写和整理的工作。出于申请资金和机构发展的需要，J社工机构同意了街道妇联委托项目的请求，但项目在开展过程中出现了许多问题。该街道项目是针对中年女性的成长项目，计划将面点培训作为系列活动的开端，以吸引足够多的社区女性参与后续活动。但在活动的组织上，社工机构的负责人希望以面点培训为契机帮助女性建立起社会关系网络，而妇联主席则希望将项目做成面点知识讲座的形式。这是在该项目中妇联与社会工作的第一次焦点碰撞，更是潜在的妇联"以管理为中心"和社工机构"以服务为中心"的观点博弈。

项目进行中也暴露了社工团队嵌入妇联服务项目的一系列问题和困境，尤其体现在项目开展的主导权上。社工机构与街道妇联的关系倾向于管理与被管理，社工团队更像是完成指标的机器，在中心事务的决策上无权参与。社工想要提出建议，但常会被推脱或婉拒；社工希望街道协调工作，但往往会得到"需要请示上级"的回复。同时，传统妇女工作方法与社会工作方法相对立、行政关系与专业助人关系相冲突等也是摆在社工面前的难题。

综上所述，通过对 LX 社区 LX 社工机构的有机嵌入、TY 街道 H 社工服务站的机械嵌入以及 J 社工机构的依附式嵌入这三种不同嵌入形式呈现的特点与困境进行考察可以发现，LX 社区社会工作对妇联工作的有机嵌入模式虽然实现了社工机构与基层妇联的资源整合、队伍整合、专业方法和价值观的融合，充分发挥了基层妇联的主导作用，但存在过于依赖关键人物作用的发挥、上级妇联的督导缺失及社会工作的"专业稀释"等困境。TY 街道社会组织的平台整合式机械嵌入模式虽然整合了辖区内外部人、财、物、场地、信息、专家、技术等相关资源并进行了有效的匹配，改善了社会组织资源缺乏、功能单一的状况，但存在社工队伍的稳定性不足、社工项目制的形式化倾向严重、社工机构自主性被弱化等局限。而 J 社工机构的依附式嵌入模式是当前较为普遍的嵌入形式，也是局限性较大的嵌入模式，呈现社工机构被边缘化、嵌入程度较浅、社工机构对社区妇联的依附性较强、社工机构受到行政约束等特点。

笔者将三种嵌入模式的优点与缺点进行了归纳，对各机构在对应模式下嵌入妇联的后果进行了横向比较（见表6-2）。

表6-2　各机构不同模式嵌入妇联后果的横向比较

	专业性	行政干预	自主性	社工队伍稳定性	资源整合能力	依赖性	需求对接能力
LX 社工机构	较弱	强	弱	强	较强	强	较强
H 社工服务站	较强	强	弱	弱	强	强	强
J 社工机构	较强	强	弱	弱	弱	较强	弱

从表6-2中可以看出，在 C 市 N 区，社工机构无论以哪种路径嵌入基层妇联都会存在各种各样的问题，且随着社工机构嵌入基层妇联程度和方式的变化，新的问题将会产生，或者社工机构曾经的优势将会变成劣势。这些变化是否有规律可循？在哪种嵌入模式下更容易产生哪些问题？哪些问题是嵌入过程中的核心问题？我们可以将其代入嵌入性发展的各个阶段去寻找答案。

王思斌认为，社会工作嵌入性发展是一个过程，并将社会工作的嵌入性发展进行了时间维度的阶段划分。[①] 赵琼在这一研究的基础上，根据嵌入主体与制度环境的关系，从目标体系、评价体系等维度对社会工作的嵌入性发展阶段进行了进一步划分，提出专业性参与、结构性融入、互惠式建构和专业互构四个目标递进的阶段。[②] 这四个阶段对应不同的主要任务、面临不同的挑战。我们尝试将 LX 社工机构、H 社工服务站以及 J 社工机构的三种嵌入模式按照其特点代入这几个发展阶段之中，并总结它们所处的发展阶段以及在这一发展阶段它们所面临的核心任务与挑战。

在专业性参与阶段，社会工作开始以专业的理念与方法在社区内参与服务。这一阶段的主要任务是培养专业的社会工作人才，并将社会工作的理念与方法应用于社会服务，面临的挑战包括政府对专业社会工作合法性认同问题、配套体系不完善问题、社会成员对社会工作专业认同问题、人才缺失且职业化进程缓慢问题等。[③] 可以看到，呈现"依附式""浅层"嵌入特征的 J 社工机构正处于这一发展阶段。J 社工机构作为民营机构自负盈亏，看似保留了很强的专业性，实质上仍需依赖所在社区的资源才能"存活"。自主性弱、社工队伍稳定性弱、资源整合能力弱、需求对接能力弱、依赖性较强都是其必须解决的问题。而这些问题的解决不仅需要社会工作自身的发展，而且需要依靠社会工作所嵌入主体环境的改善，也就是妇联组织必须给予社工机构合法性认同、与其建立对等关系并实现配套体系的完善。在这一阶段，J 社工机构与所在社区妇联需要解决的首要问题是机构的"进场"问题。"进场"是社会工作开展实践的前提，而得到社会服务体系的支持、信任与理解是社会工作功能实现的基础。"进场"问题的解决与否决定着社会工作对妇联是否能实现深度嵌入。社会工作作为一个整体嵌入妇联之中，必然会经历被所进入系统的排斥、质疑或阻碍。对这一问题的解决，是社会工作迈向下一发展阶段的基础。

---

① 王思斌：《中国社会工作的嵌入性发展》，《社会科学战线》2011 年第 2 期，第 206~222 页。

② 赵琼：《专业社会工作嵌入性发展的阶段性再探索》，《社会工作与管理》2016 年第 6 期，第 5~12 页。

③ 赵琼：《专业社会工作嵌入性发展的阶段性再探索》，《社会工作与管理》2016 年第 6 期，第 5~12 页。

　　在结构性融入阶段,社会工作的合法性认同得到保障,社会工作作为一个独立主体进行嵌入,开始了专业化、职业化发展,社工价值理念和方法发挥着作用。[1]通过调查研究发现,在 LX 社区社会工作对妇联工作的有机嵌入模式下,LX 社区基本完成了社工机构与基层妇联的资源整合、队伍整合、专业方法和价值观的融合,且社工党组嵌入了妇联组织,社工机构入驻"妇女之家",初步实现了社会工作对基层妇联工作的嵌入。从实现功能机制的角度来看,社工机构可以在 LX 社区独立开展实质性工作。在这一阶段,社会工作的主要任务是进一步拓展嵌入领域,推进自身的职业化,挑战是社会工作职业化相关制度体系尚未完善,一些政策措施落实不到位;专业社工在服务中的总体比例不高,难以满足社会需求。社会工作还面临过于依赖关键人物作用的发挥、在项目进行中因处于"强机构"状态而失去上级妇联的"陪伴"与督导等问题,且由于机构的社工并非全部为"学院派",原有的行政性工作在一定程度上挤占了社会工作的空间,最终易产生社会工作的"专业稀释"等困境。在这一发展阶段,LX 社工机构要解决的核心问题是建立一套完善的可操作的合作、监督、评估体系来保障社会工作专业性的发挥,减少妇联行政性的反向强嵌,推进社会工作的职业化。

　　在互惠式建构阶段,社会工作能够对相应领域的发展起到一定的推动作用,并对所嵌入的客体形成一定程度的建构。[2]TY 街道的 H 社工服务站对妇联组织的嵌入正处于这一阶段。TY 街道社会组织枢纽平台的搭建将政府的权力资源与组织的专业资源共同倾注在平台之上,妇联通过社会组织平台对社工机构进行孵化与培育,并通过社工机构等社会组织将服务更好地整合并输送给妇女。而社会组织也通过枢纽平台获得了更多资源,实现了自身发展。TY 街道社会组织枢纽平台的搭建实现了资源的整合、供需的对接,让各个社会组织得以发挥自身的优长,使社工机构可以依靠平台对妇联进行嵌入,进而开展专业化、职业化服务。双方依靠枢纽平台在服务妇女领域对彼此的发展起到了推动、促进及帮助作

---

① 　赵琼:《专业社会工作嵌入性发展的阶段性再探索》,《社会工作与管理》2016 年第 6 期,第 5~12 页。

② 　赵琼:《专业社会工作嵌入性发展的阶段性再探索》,《社会工作与管理》2016 年第 6 期,第 5~12 页。

用。这一阶段枢纽平台的建设是社工机构嵌入基层妇联的主要途径，而如何完善枢纽平台功能，发挥枢纽平台作用，联合更多社工机构的力量，在社工机构服务于妇女的同时为机构赋能，向下一发展阶段迈进，是 TY 街道妇联需要解决的核心问题。

通过对不同嵌入阶段三家社工机构与基层妇联面临的核心问题的梳理，我们可以明确各个阶段面临的重点任务，并尝试通过嵌入机制的建设解决这些共性或个性问题，为其他机构嵌入基层妇联可能面临或正在面临的重点问题提供解决思路。

第三节 社会工作嵌入基层妇联工作的机制创新思考

所谓机制，是指各要素之间的结构关系和运行方式，是有机体的结构、功能及其相互关系的有机联结。妇联作为一个扮演党和政府与妇女群体之间中介角色的层级化组织，在改革中需要理顺不同组织目标之间的关系，实现从组织结构调整向运作机制调整的深化。[①] 机制建设可以使妇联组织改革的结构和功能得到有效运转并持续性释放能量。

社会工作嵌入基层妇联工作的每种路径都有其独特的优势，但也都存在一定的缺陷。那么，如何优化路径以达到彼此增量？王思斌说："若人们对这种关系处理得好，能够通过比较和良性竞争达致合作，从怀疑、不理解到相互信任，进而双方协力达致共同的目标。这种嵌入就是成功的，也就实现了发展，也就从机械嵌入走向了有机嵌入，进而实现了二者的密切合作甚至融合。"[②] 然而，从专业社会工作与内部结构比较复杂的行政性妇联工作双主体的角度研究中国社会工作的发展问题，在学术上是一个相当复杂的问题。[③] 同理，探讨专业社会工作与行政性妇联工作双主体的互动运行机制，探讨如何通过嵌入或互嵌逐步走向协同性发展与融合性发展，也是一个复杂的理论与实践问题。本节基于基层妇联

---

① 陈伟杰：《治理现代化与新时代妇联组织改革》，《妇女研究论丛》2018 年第 1 期，第 8～10 页。

② 王思斌：《我国社会工作从嵌入性发展到融合性发展之分析》，《北京工业大学学报》（社会科学版）2020 年第 3 期，第 29～38 页。

③ 王思斌：《我国社会工作从嵌入性发展到融合性发展之分析》，《北京工业大学学报》（社会科学版）2020 年第 3 期，第 29～38 页。

改革和妇女工作的需要，尝试寻找社会工作嵌入基层妇联工作行之有效的策略与机制。

一　社会工作嵌入基层妇联工作的策略分析

作为全国妇女工作的中枢，妇联是全国多元化、差异化妇女组织的最主要网结。发挥妇联枢纽组织作用，凝聚各种妇女社会组织和妇女工作力量，动员社会力量服务妇女是妇联工作创新发展的题中应有之义，也是防止妇联发展内卷化的重要举措。

（一）协同性发展：联合妇女工作力量，发挥妇联枢纽组织作用

专业社会工作要想得到发展，就必须处理其与外在的制度环境和工作环境之间的关系。同样，基层妇联要创新发展，也必须处理好其与外在的制度环境和工作环境之间的关系。专业社会工作在解决微观社会问题方面具有理念和方法上的优势，各种女性社会组织的成立也有其存在的合理性和作用。那么，妇联如何处理与这些组织外部的各种服务力量的关系？借用王思斌的观点，最基本的策略就是协同，通过协同实现发展。如果说"嵌入"比较强调单主体的话（实际上它隐藏于话语后面），协同就已经变为看重双主体，协同是双主体或多元主体之间的关联模式及行动。①

王思斌认为，协同是指双方或多方为了同一个目标而共同努力的过程，共同的目标是双方或多方共同努力的价值基础，共同的目标是有层次的。此外，协同的参与各方是有差异的，这种差异主要表现为能力、实力、方法或技术上的差异。因为参与的各方各有优长，所以只有通过协同工作、合作共事，才能共同解决遇到的问题，以实现共同的目标，达到共赢。②

作为我国最大的妇女群众组织，妇联长期致力于妇女解放、妇女发展、男女平等、妇女权益保障以及为妇女提供服务，发挥党在社会治理中的重要社会支柱作用。此外，妇联还把自己的基本职能和本职工作与

① 王思斌：《我国社会工作从嵌入性发展到融合性发展之分析》，《北京工业大学学报》（社会科学版）2020年第3期，第29~38页。
② 王思斌：《我国社会工作从嵌入性发展到融合性发展之分析》，《北京工业大学学报》（社会科学版）2020年第3期，第29~38页。

党的中心工作和大局紧密结合起来，将广大妇女团结在党的周围，引领妇女为实现党的中心工作任务、实现中华民族伟大复兴贡献力量，作为党的助手发挥桥梁和纽带作用。

　　事实上，基层妇联与来自民间的各种服务妇女的社会组织和社会力量具有服务妇女的共同目标和共同价值。来自民间的女性社会组织和社工机构大多以非营利组织、公益组织、志愿组织、学术团体、行业协会等形式存在，女性可以根据自己的需求加入女性社会组织，借助女性社会组织搭建的平台获得支持和更好的发展，女性社会组织为女性自身价值的实现提供了广阔的舞台。女性社会组织是女性群体的聚集地，全国妇联印发的《关于进一步深化改革 夯实基础 更好发挥基层妇联组织作用的意见》要求突破传统自上而下的层级组织框架，在"两新"组织等新领域、自由职业女性等新群体中，建立形式多样的妇联组织，培育城乡社区妇女议事会、妇女理事会、妇女互助组、妇女联谊会等妇女自组织。① 这些包括社工机构在内的各种妇女社会组织是妇联团结和凝聚广大妇女群众的重要载体，在服务妇女方面与妇联组织有着共同的目标。因此，妇联团结、凝聚女性社会组织协同性发展，共同服务于广大妇女，实现共赢，是可行的和必要的，也是妇联改革的题中应有之义。

　　学者们对妇联与女性社会组织的关系也有研究，并提供了多种发展思路，其核心都是建议妇联充分发挥联合女性社会组织和服务女性的社工机构的桥梁和纽带作用，实现社会女性联合体的创新。有学者认为，妇联要发挥对女性社会组织的统领聚合、培育扶持、管理指导、平台服务等作用，通过女性社会组织信息化管理系统的搭建，实现对妇女组织的分类指导；妇联要主动作为，为相关社会组织的成立登记提供指导，帮助其完善内部管理机制，每年评选、奖励优秀女性社会组织，积极开展政策研究，为社会组织管理服务创新提供思路；利用自身的工作平台，组织项目合作，鼓励社会组织积极参与，为社会组织承接政府购买服务提供指导，提升社会组织服务社会的能力。② 还有学者指出，妇联应积

---

① 《关于〈进一步深化改革 夯实基础 更好发挥基层妇联组织作用的意见〉解读》，《中国妇运》2017 年第 10 期，第 19~23 页。

② 上海市委党校四分校第 22 期中青班社会组织建设课题组：《上海市女性社会组织发展特征、问题及对策研究》，《学会》2016 年第 3 期，第 5~11 页。

极发挥其在群体凝聚、社区参与和文化融合等方面的作用，女性社会组织具有灵活多样的属性，更需要在妇联的领导下，形成合力。[①]

协同性发展是在尊重协同各方的主体地位基础上的"和而不同"。王思斌认为，协同性包含着差异性，各方在能力、实力、方法或技术上的差异可能会造成各方在共同行动中的权力地位、作用的不平等，这就是协同中的主辅关系。协同以参与者的一定程度的共识、信任或承认为基础，既然是不同主体之间的合作，而各主体在行动上又有相对独立性，那么各主体必须相互信任和彼此了解，才能真正实现双方或多方的有效协同。协同还是互相接触、相互了解、协同共事、共享成果的过程，这也是价值互认、能力互补、责任共担、成果共享的过程，是在遭遇困境时互相理解、互相支持的过程。总的来说，协同是在不同中看到相同，也在相同中容纳不同，互相配合努力，进而实现共同目标，并得到共同发展的过程。[②]

妇联担负着团结引导各族各界妇女听党话、跟党走的政治责任，以联系和服务妇女为根本任务，以代表和维护妇女权益、促进男女平等和妇女全面发展为基本职能。因此，妇联可以通过在女性社会组织中灵活多样地建立妇联组织、在社会组织中开展党建带妇建，增强女性的向心力和凝聚力。

协同性发展亦是通过妇联组织外部联合，达到联系群众方式以及发展团体会员等组织体系的延伸，构建与体制环境、社会条件、产业布局、行业分工和妇女流向变化相适应、最广泛联系和服务妇女群众的基层妇联组织网络。[③] 研究发现，平台可以为社会组织链接资源、对接需求提供一系列便利条件。基层妇联可以和基层政府共同搭建社会组织服务平台，引入女性社会组织和社工机构，发挥服务妇女的社会力量。妇联以平台为载体培育和孵化社工机构等社会组织，能够形成并发挥社会组织的合力，细化妇女权益保障、妇女群体发展的服务目标、服务对象、服

① 袁彦鹏、方晴：《城市社区治理演进与女性参与——社区治理共同体的视角》，《学术交流》2021年第11期，第133~144页。

② 王思斌：《我国社会工作从嵌入性发展到融合性发展之分析》，《北京工业大学学报》（社会科学版）2020年第3期，第29~38页。

③ 《关于〈进一步深化改革 夯实基础 更好发挥基层妇联组织作用的意见〉解读》，《中国妇运》2017年第10期，第19~23页。

务内容，引领组织发展、联动，一方面实现社会组织服务与妇女需求的有效对接，另一方面实现供给方与需求方的资源直递，从根本上解决社工机构等社会组织在嵌入妇联的行动中存在的需求脱节、资源整合能力弱等问题。

妇联改革要解决党政所需、妇联所能、妇女所急。对党政所需，以往妇联工作往往将重心放在围绕中心、服务大局开展各种引领和宣传活动，通过对女性精英群体的动员和联合体现先进性，在对弱势群体的帮扶上有品牌亮点工程，对多样化的妇女需求的服务主要通过自上而下的现金和实务求助等形式进行，而这些求助不能惠及所有有需求的个体妇女。那么，如何关照妇女的个体化需求？要做到精准服务、兜底服务，服务妇女所需和所急，让妇联工作覆盖每一位有需求的妇女，真正做到解决妇女所急，妇联需要联合社会工作力量。妇联通过平台吸引各种服务妇女的力量，利用妇女组织的优势对自身的工作形成有益补充，可以延长工作手臂，激活网络联结，在妇联无暇顾及或不方便开展工作的情形下开展工作，而社会工作的"助人自助""增能"等服务理念，以及专业实务工作的开展，可以有效解决妇联在资源输出方面存在的对弱势群体倾斜力度不足的问题。

案例：C 市妇女组织联合会的建立

为解决 C 市妇联自身存在的人手不足、服务单一、专业程度不够、服务效果不明显、评价体系不科学等现实问题，以及当前 C 市面临的女性社会组织数量少、自身管理不完善、缺乏专业人才、组织经费短缺、社会认同和支持力度不够等诸多困难，2022 年 10 月 20 日，在 C 市妇联的指导下，C 市妇女组织联合会正式成立。联合会由 C 市女企业家协会、家庭教育协会、妇女草编协会、巾帼司法顾问团等多家女性社会组织自发成立，是服务于 C 市妇女儿童家庭公益事业的地方性、联合性、非营利性社会组织。

联合会致力于通过链接政府、社会等多方资源，探索社会化妇女工作发展道路，推动妇联和女性社会组织共同参与社会治理和公共服务，实现妇联组织服务专业化、服务效果可视化，切实解决妇联力量欠缺、女大学生就业创业困难等现实问题，以增进 C 市妇女儿童福祉。

在C市妇联的引领下，C市妇女组织联合会开展了服务妇女儿童的家庭活动，充分整合了社会政策、资金资源，同时以公益创投形式嵌入C市专业社工机构，围绕妇女儿童家庭主题，共同开展专业化社工服务，促进了妇联社会服务专业化，实现了社工机构服务妇女儿童家庭精准化，确保了妇女儿童公益服务落到实处、妇女切实受益，实现了妇联、妇女组织联合会与社工机构的协同性发展。

总之，协同性发展是一种保持协同各方主体地位的优化组合发展。协同的前提是为了共同的工作目标和服务目标，存异是协同各方的优势以实现共赢。

（二）融合性发展：由机械嵌入到有机嵌入

王思斌认为，中国社会工作的发展一开始是嵌入非专业的行政社会工作体系之中的，是一种嵌入性发展。但是很难说凡是嵌入就一定会带来发展，因为这里涉及嵌入者与嵌入对象的关系，涉及两者之间怎样对待和处理这种嵌入关系。[1] 研究发现，社会工作嵌入性发展的初期阶段是一种机械嵌入，双方在价值理念和工作方法以及服务内容上还没有达成一致，各有各的目的，是一种目标分离式的嵌入。这种嵌入性发展会导致依附性关系，削弱专业社会工作的优势，很难实现中国政府大力发展社会工作的初衷，即充实公共服务和社会管理部门，充实即增强公共服务和社会管理部门的服务力量与服务能力。

早在2013年民政部、财政部印发的《关于加快推进社区社会工作服务的意见》就已指出，要"坚持专业引领、融合发展。积极培养社区社会工作专业人才……逐步用专业社会工作理念丰富社区工作理念，用专业社会工作制度创新社区管理服务制度，用专业社会工作方法提升社区管理服务水平，加快实现社会工作与社区建设在更高层次、更广范围、更多领域的融合发展"。这一指示精神蕴含了社会工作要与非专业行政社

---

[1]　王思斌：《中国社会工作的嵌入性发展》，《社会科学战线》2011年第2期，第206~222页。

会工作融合发展的理念。正如王思斌所说，促进双方的融合既是我国社会工作发展的总体目标，也是实现这一目标的策略和手段。①

　　所谓融合，是指具有差异的双方或多方通过互动达致和洽的过程和状态，是指原本有差异的双方实现了有机结合，参与各方并非完全相同，但它们实现了异质整合。我国社会工作的融合就是指专业社会工作与行政性社会工作（本土实践）密切合作、结成一体，进而达成共同目标的过程。在融合过程中，由融合引致的发展就是融合性发展。融合性发展只有在融合的基础上才能实现。融合与融合性发展是嵌入性发展的初级形态，融合性发展不是一般的协同性发展，而是其高阶状态，融合会更有效地促进我国社会工作的整体发展，有助于更有效地利用资源，提高社会服务专业水平、改善民生，加强和创新社会治理。②

　　社会工作与妇联若要实现融合性发展，不仅需要社会工作对妇联的单方面嵌入，而且需要妇联主动改变、积极接纳，只有双方共同改变，才能使双方最终走上融合性发展之路。但社会工作与妇联之间无论是在结构、角色上还是在功能、位势上都存在差异。在调研过程中我们发现，这些差异所衍生的问题也曾一度成为社会工作有机嵌入妇联的阻碍因素，但也有社工机构并未受其所困，而是主动找到了行之有效的嵌入策略。这些策略也可以成为未来更多社工机构嵌入妇联，或专业社会工作嵌入行政性社会工作，并最终实现融合性发展的可行路径。

案例：与民政部门融合发展的 Z 社工机构

　　C 市的 Z 社工机构是一家较有影响力的老牌社工机构。为响应 J 省民政厅关于在乡镇（街道）设立社工站的通知要求，C 市民政部门与 Z 社工机构进行了多次沟通交流，民政部门希望 Z 社工机构能够帮助各辖区建设乡镇（街道）一级的社工站以及村（社区）一级的社工服务点，Z 社工机构也希望能够与民政部门开展更深入的合作，承接民政部门更多的项目。基于此，双方多次进行沟通交流并

---

① 王思斌：《中国社会工作的嵌入性发展》，《社会科学战线》2011 年第 2 期，第 206～222 页。

② 王思斌：《中国社会工作的嵌入性发展》，《社会科学战线》2011 年第 2 期，第 206～222 页。

开展密切合作。在建设社工站、社工服务点的过程中，Z 社工机构与民政部门实现了理念、队伍与目标的初步融合。

实现理念的融合首先需要解决的是社会工作的"进场"问题。马福云指出，"进场"是社会工作实践的前提，而得到社会服务体系的支持、信任与理解，是社会工作功能实现的基础。社会工作只有将自己纳入现行的社会服务体系之中，才能更容易地获得社会支持，解决自身实践的合法性问题。[①] Z 社工机构虽然在市级层面得到了民政部门的认可与接纳，但当其下沉到乡镇（街道）时，便要重新解决自身的"进场"问题。在调研访谈中，Z 社工机构的负责人WK 女士说道："比如到了乡镇，我们不只会和乡镇一层的民政去聊，还会和他们的主管领导去聊。我们会说，领导，我们把人派在这，帮你们服务，我们也有自己的任务，那领导是不是可以给我们一些支持，因为我们建的社工站都是以您的辖区命名，说白了这是政府的一部分，我们的活动也关系到政府，我们还会帮助您完成许多宣传工作，同时，我们也确实想把社工做好，做出成绩，这也是您的成绩。一般这样说完，许多领导就都会愿意在能力范围内给我们支持，也愿意承担一部分我们的经费。不仅如此，我发现随着我们社工站的建设，民政也会更愿意将一些需要购买的民生服务类项目向我们这边倾斜，由我们来承接。"（20220624WK 访谈记录）Z 社工机构的负责人通过与民政部门核心人物的沟通交流完成了"进场"的第一步。在这之后，Z 社工机构还借助民政部门的权威和影响力，稳固了自身"局内人"的身份。

"因为我们是承接民政部门项目的第三方，我们和民政部门打交道已经很多年了。在民政部门开大会的时候，我们是其中的参与者。我们在会上主要有两个任务：一是听民政部门全年的工作安排，看我们可以从哪些方面进入；二是我们要跟乡镇（街道）对接，对接时主管领导和民政负责人也要一起参与。"（20220624WK 访谈记录）

可以看到，在民政部门的支持下，Z 社工机构顺利解决了自身

---

① 马福云：《社会工作的嵌入与外展机制及其融合发展》，《社会福利》（理论版）2019年第 1 期，第 23~27 页。

的"进场"问题，通过强调自身工作理念与政府价值取向的同质性获得了体制的接纳，并通过进入大会成为其中的参与者，稳固了自身的"地位"。

Z社工机构在队伍建设中充分结合各地实际，将开源节流并实现人力资本最大化利用纳入考量范围，为民政部门解决了不少民生工程的难题。

Z社工机构负责人说道："在乡镇（街道）没主意的时候，我们可以出谋划策。我们可以帮助他们沟通协调，同时做许多民政部门的辅助性工作，并且在这些工作中加入社工的元素。在有的乡镇，我们还会带着经费去，所以基层民政部门对我们很满意的地方在于，他们有了一支自己的队伍。所以即使我们有的社工站合同到期了，当地也是不愿意让我们撤出的。事实上，我们已经深度嵌入进去，我们这样一支队伍帮助他们解决了很多问题。"（20220624WK访谈记录）

事实上，Z社工机构的设置并不复杂，分为总站和乡镇（街道）一级的分站。总站只有包括财务在内的五名员工，主要负责宣传工作以及每个月拟定三套策划方案；分站的员工则在各乡镇（街道）建立社工站后就地招聘，分站负责执行总站的活动方案，并配合民政部门开展辅助性工作。因为无论是总站还是分站的项目设计与执行都是围绕民政部门的民生工程展开的，所以Z社工机构的队伍在某种程度上是民政部门延长的手臂，Z社工机构也在为民政部门培养人才，就这样双方实现了队伍的融合。

无论是大目标还是小目标的设定，Z社工机构与民政部门都是高度统一的。Z社工机构负责人说道："比如在大的方向性的目标上，我们会在民政部门的大会上与民政部门对接并明确每年我们社工要完成哪些量化指标以及哪些辅助性工作。我们也会跟当地政府商量，看看它们制定的3~5年的目标是什么，我们可以就此开展哪些工作。在小目标上，比如有的社区要建'一社一品'，可能完全不知道怎么下手，我们就会利用我们的优势帮助他们设计，看看根据这个可以开展哪些活动、做哪些宣传。我们多以开展活动为主，这最容易看到效果，最容易得到老百姓的认可，也是民政部门比较乐于见到的形式。总之，我们的方向一定是符合民政部门的大方向

的，民政部门的任务也是我们活动设计的基础。换句话说，民政部门就是我们真正的甲方。"（20220624WK 访谈记录）

Z 社工机构将自身的工作设计融入民政部门的大方向之中，围绕民政部门的民生工程拓展自身的服务半径，服务活动灵活多样却不离其宗（民政部门），实现了自身发展目标与民政目标的融合。

Z 社工机构与民政部门融合的一系列策略，可以为社会工作与基层妇联工作融合提供参考。首先，社工机构要积极解决自身的"进场"问题，尝试从核心人物进行突破，或借用可以依靠的体制资源，嵌入基层妇联。其次，在后续的合作与问题处理中，社会工作可以寻找与妇联互动、互联、互通、互相理解的有效路径，尝试进行双方队伍的融合。最后，社会工作在开展活动的过程中可以尝试将自身的目标与妇联的目标相结合，对自身的工作理念与工作方法进行传播，使妇联认同社会工作的价值理念，最终实现融合发展。

尤其值得注意的是，Z 社工机构与民政部门的融合性发展并未以牺牲自身的专业性为前提。Z 社工机构虽然以民政部门为"甲方"，围绕民政工作开展活动，但其始终是在民政工作中寻找社会工作可以开展活动的"点"与"面"并进行展开。即使在开展民政部门的辅助性工作时，Z 社工机构也会在这一过程中寻找、发现、了解需要社工服务的对象，并进行后续服务的策划工作，而非为了服务而"创造需求"，真正实现了服务的精准化。也就是说，Z 社工机构的专业服务是将社会工作与民政任务紧密结合在一起进行展开的，其从未脱离自身的专业，也在完成民政任务的过程中完成了服务对象的确定与需求调查的部分环节，直接避免了社工机构在嵌入客体时可能存在的"专业稀释"或"专业纯度下滑"等问题。

王思斌曾指出，专业社会工作嵌入实际社会服务，与传统的行政性社会工作进行合作与磨合，或许在政策到位的情况下，经过一段时间，这种嵌入可能会变为融合。[①] 在调研过程中我们还发现，LX 社区之所以

---

① 王思斌：《中国社会工作的嵌入性发展》，《社会科学战线》2011 年第 2 期，第 206～222 页。

能够实现社会工作对基层妇联工作的有机嵌入，是因为 LX 社区妇联十分注重社会工作作用的发挥，不仅接纳社会工作的理念，认可社会工作的方法，还主动要求社会工作进行嵌入，并愿意为社会工作提供资源、政策等方面的支持。

案例：巧用妇联资源、政策优势的 LX 社工机构

LX 社区书记 L 女士不仅拥有自己的社工机构——LX 社工机构，还是居委会主任兼妇联主席。多年的社区工作经验让 L 书记意识到传统的社区工作已经无法满足社区精准化、精细化的服务需求，于是她主动学习社会工作专业知识和技能，实地走访调查居民的真实需求，建立社区居民档案，从居民的需求出发，秉持社会工作助人自助的专业服务理念，运用个案工作、小组工作、社区工作等专业方法为居民提供专业化、自主化服务。L 书记将社会工作的理念和方法充分融入社区妇女工作，依托妇联的体制优势，为社会工作提供强有力的支持，如物质支援、信息咨询、服务供给、新的社会接触等，同时积极联络社区领袖及志愿人员，为近百名社区妇女提供了专业的社会工作服务，积累了大量的实务经验。如今她所带领的社区已经成为 C 市的标杆。在 LX 社区，专业社会工作在与妇联的合作与磨合中实现了初步的有机嵌入。这种构建基于双方达成广泛共识、被嵌入客体主动吸纳并给予资源、政策等支持的共同发展模式，也是未来社会工作与妇联实现融合性发展的重要策略。

由此可见，融合性发展的核心便是社会工作与妇联彼此认同、目标一致，达成广泛共识，这不仅需要专业社会工作的主动争取，而且需要妇联的积极推进。

二　社会工作嵌入基层妇联工作的机制建设

走协同性与融合性发展之路，厘清基层各种妇女工作力量之间的关系，还需要给予机制保障。就社工机构与基层妇联的关系来看，虽然在不同嵌入性发展阶段社工机构面临的主要困境不同，但总的来看，可以概括为"进场"问题、资源问题、专业性问题、未来发展方向问题这几

大方面，这些问题的解决必须依靠一套完善的工作机制的建设。党建带妇建机制建设可以解决社工机构嵌入妇联最基本的"进场"问题，妇联枢纽组织机制建设可以解决社工机构面临的资源问题，"前置评估+过程评估+结果评估"全方位评估机制建设可以为社会工作的专业发展提供保障，而长期与短期相结合的项目购买机制建设可以为社会工作嵌入基层妇联工作指明未来发展方向，协同机制建设可以增强妇联"联"的功能。

（一）党建带妇建机制建设

党建工作和社会工作的优势互补、协同发展，将是社会工作专业服务深入开展的机遇。[①] 在党建引领的社会治理格局下，社会工作可以通过借鉴和整合党政系统优势，如组织动员居民优势、情感治理优势、社区信任优势、准入优势等，再结合自身专业优势，不断形成在地化社会工作服务模式。[②] 而各级妇联组织接受同级党委领导，不仅有专项经费的支持，还具有链接广泛社会资源的组织优势。社会工作与基层妇联的联合党建是实现基层治理的有效手段，也是社会工作嵌入基层妇联工作的有效机制。

当前，各类社会组织成立党支部已成为新的管理形式，社工机构通过与社区、妇联的联合党建，一方面可以依靠党政系统优势开展服务实现自身发展，另一方面能够夯实妇女工作阵地，巩固党的基层组织基础。目前的联合党建工作主要通过两种方式进行：一是依托妇联"妇女之家"进行党建阵地建设，二是社工机构与基层妇联共用一套党委班子，进行社区服务中心与党群服务中心的整合。社工机构依托"妇女之家"进行党建阵地建设，能够实现党群宣传的常态化、制度化。"妇女之家"作为基层妇女工作阵地，已经成了宣传党的方针政策的有效载体，是妇女儿童的"坚强阵地"，也是"温暖之家"。在妇联利用党建方式网络妇女社会组织开展工作的过程中，社工机构的入驻不仅改善了"妇女之家"无法长效提供服务的境况，还让妇联的服务能够更直接、更专业地

---

① 王思斌：《促进社会工作与党群工作的协同发展》，《中国社会工作》2018 年第 25 期，第 61 页。

② 徐选国：《从嵌入系统到嵌入生活：我国社会工作的范式转向与时代选择》，《社会工作与管理》2019 年第 3 期，第 7~15 页。

传递给服务对象。而且社工机构能够利用"妇女之家"的党建系统优势，广泛动员党员、服务群众，取得社区与居民的信任，让各类形式多样、内容丰富的活动能够更加顺利地开展。社区服务中心与党群服务中心的整合则能够最大化地精简人员队伍，节省办公面积。比如，LX 社区与妇联、社工机构共用一套党委班子，在社区内构建了完整的"红色网格"体系，实现了"党建引领、网格联动、资源共享"三位一体，将辖区内二十余家单位、非公企业、社会组织的区域化党建工作整合起来，使基层党员的存在感被充分激活，实现了"小事不出网格、大事不出社区"的民生服务常态化。

另外，党建带妇建工作能够将党员的"传帮带"与妇女的"半边天"作用充分结合，进一步增强基层妇联的凝聚力、号召力，为基层党建工作贡献巾帼力量。以妇联执委的"领头雁"作用、妇联融媒体、"妇女之家"的阵地作用、妇联的"联"字优势带动社工党建，能够完善社工机构发展的顶层设计，让社工机构与妇联可以共同在服务妇女、服务基层中发挥作用。联合党建机制还能够解决社工机构党员少、党组织规模小、党员作用难发挥的问题，让社工机构与党的关系从间接联系转变为直接联系，使社工机构更易获得党和政府的认可与支持，从而获得更好的发展环境。

成立了党组织的社工机构通过开展党建工作与党和政府保持密切联系，通过党建联结让自身的资源得到拓展，结合新时代的新特点、借助党政优势，开展党建引领下以人民为中心的、与当下政府核心目标相一致的新时代社会工作，以实现自身的本土化。而在这种与基层党政主体使命共担、目标一致的发展思路的指引下，社会工作也将更易达成对妇联组织的深度嵌入。由此可见，联合党建机制建设能够为社工机构嵌入妇联提供正确的政治发展方向，其所带来的益处也是社工机构主动嵌入妇联的动力机制。

（二）妇联枢纽组织机制建设

枢纽型社会组织是一个新兴的概念。关于枢纽型社会组织的权威界定主要源于北京市社会建设工作领导小组于 2009 年颁布的《关于构建市级"枢纽型"社会组织工作体系的暂行办法》以及《广东省社工委关于构建枢纽型组织体系的意见》两个文件。根据这两个文件，枢纽型社会组织是指由政府部门认定，在同类别、同性质、同领域的社会组织体系中处于龙头地位，政治上发挥桥梁和纽带作用，能统筹协调、集约服务、合作发展、党团管理的联合性社会组织。由此界定不难发现，妇联组织是中国最大的妇女工作组织，处于所有从事妇女工作社会组织的龙头地位，是被党赋予联系群众的发挥桥梁和纽带作用的组织。

为加强同领域社会组织之间的联系，更加便于向社会组织提供服务或对其进行管理，各地开始探索建设枢纽型社会组织。枢纽型社会组织是联结政府与社会组织以及社会组织之间的桥梁和纽带，以跨部门协作的方式进行资源的吸纳、整合，是政府与社会多元主体之间互动共存的公共能量场。① 所谓枢纽型社会组织，是指在政治上发挥桥梁和纽带作用，在管理上承担指导职能，在业务上处于引领地位的联合性组织，具有合法性、排他性、资源整合性和代表性，往往是政府和社会组织的"中介"。② 枢纽型社会组织相比于其他社会组织拥有更强的人力、物力和公共资源的整合分配能力。③

当前已有许多城市颁布文件将妇联纳入枢纽型社会组织的建设范畴。枢纽型社会组织建设最直接的功能就是对国内社会组织"双重管理"体制的突破④，让社会组织得以在政府的让渡空间内尽可能地成长、发展。尤其是改革后的妇联组织通过对优秀妇女代表的吸纳、执委队伍的扩充，极大地增强了妇联的群众性与社会性，扁平化的组织结构、群众性的特点直接拉近了妇联与妇女之间、妇联与社会工作之间的距离。同时，妇联对社工机构等社会组织的培育和孵化又可以从根本上解决社工机构服务力量薄弱、服务对象缺失的问题。这些都是妇联枢纽型组织建设的有利条件与直接基础。

妇联应搭建自己的平台，加强枢纽组织建设和社会治理创新，平台的核心功能就是团结一切可以团结的妇女工作力量服务妇女。当前女企

---

① 朱晓红：《协同共治格局下妇联枢纽型社会组织参与社区服务研究——以广东 D 市 H 家庭服务中心为例》，《社会工作与管理》2016 年第 1 期，第 55~60 页。
② 沈荣华、鹿斌：《制度建构：枢纽型社会组织的行动逻辑》，《中国行政管理》2014 年第 10 期，第 41~45 页。
③ 王鹏：《什么是枢纽型社会组织》，《中国青年报》2013 年 10 月 28 日，第 2 版。
④ 彭善民：《枢纽型社会组织建设与社会自主管理创新》，《江苏行政学院学报》2012 年第 1 期，第 64~67 页。

业家协会、女医师协会、女画家协会等女性社会组织虽然在服务自己行业领域的妇女群体时发挥了一定作用，但很难与基层社区发生天然的"化学反应"，而且妇联对社工机构的团结往往只停留在项目制的合作上。也就是说，在很多地区，妇联虽然对各类社会组织进行吸纳，并尝试进行枢纽型平台的建设，但在对平台的定位中并未明确要去团结谁以及如何团结这个底层逻辑。因此，对妇联枢纽组织机制的建设，可以尝试从以下几个方面进行完善。

第一，妇联要搭建好组织架构，将社工机构、女性行业协会、基金会、协商会等分为支持类、服务类组织并引入平台。功能定位要更加细化，在枢纽平台上对各种社会组织进行合理分工，使它们能够发挥自身的组织特色优势，运用所在领域的专业技术与资源，开展合作、协作或提供服务，最终搭建一个结构全面的枢纽平台。无论是社工机构还是其他各种女性协会都能在妇联主导的这个枢纽平台上，借助妇联的组织优势、强大的公信力、丰富的社会资源等开展工作，同时通过枢纽平台实现与妇女的广泛密切的联系，最终将服务通过妇联枢纽平台输送给妇女。

第二，妇联枢纽组织要做好政治引领和畅通渠道的工作。妇联枢纽型组织的建设因主体是妇联，具有天然的政治优势。妇联应充分利用这一优势，激发枢纽平台上各种社会组织的活力：一方面广泛动员社工机构、妇女组织等；另一方面为它们畅通沟通渠道，妇联组织在政策倡导和立法建议等方面拥有通畅而制度化的渠道，这是其他妇女组织无可比拟的优势。[1] 因此，妇联枢纽组织内的社工机构或其他妇女组织不仅要在妇联的政治引领下开展工作，还要通过妇联进行建议或意见的"上传"，实现向上沟通渠道的畅通。

第三，妇联枢纽组织要做好联结功能建设。枢纽组织建设不仅可以扩大妇联工作的覆盖范围，进一步实现妇联组织网络的横向拓展，还可以增加妇联开展工作的深度。对于不同性质、不同类型的社会组织，妇联可以尝试将它们有序地联结起来，使它们协同开展有组织的研究、统

---

① 马焱：《妇联组织履行基本职能的优势与制约因素研究》，《中华女子学院学报》2009年第6期，第58~63页。

一行动或共同提供服务。对于同领域、同性质、同类别的社会组织，妇联要建立起同业支持的行动体系，避免不同社工机构之间可能存在的因同时争取一个项目而产生的恶性竞争行为，或对彼此避而不见、漠不关心，使社工机构间可以彼此合作、共同成长，帮助社会组织走向有序、健康发展。妇联枢纽机制联结功能的建设可以实现多家妇女社会组织的合作，使妇联枢纽组织既可以作为妇女社会组织服务、沟通交流制度化的平台，也可以成为共建共享的合作平台。

第四，妇联枢纽组织要主动帮助社会组织摆脱困境。妇联作为拥有浓厚官办色彩的组织，有着天然的公信力。妇联凭借在国家政治体系中的特殊地位，有着其他社会组织无法获得的资源，且在代表和维护妇女权益方面有着不可替代的优势。[①] 妇联枢纽组织平台自然也会拥有公众对之天然的认同。妇联可以通过对这一优势的发挥，解决困扰社工机构已久的"进场"问题。当妇女群众需要帮助时，也会优先想到妇联，此时妇联枢纽组织便可以直接为妇女链接社工机构资源，帮助社工机构得到服务对象的信任，使社工机构的工作可以顺利开展，提高服务的效率。为解决社工机构等社会组织资源不足的问题，基层妇联需要强化其社会属性，利用官办社团的权威地位、半官半民的组织形态、枢纽平台的治理优势，帮助社工机构等社会组织解决问题，将社会组织的运作模式与既有体制对接，实现基层治理现代化。

第五，妇联枢纽组织要主动为社会组织赋权。妇联可以通过枢纽组织平台的搭建实现人才、资源的整合，培育和孵化妇女组织，利用自身横向动员的组织能力，调度社会资源，为社工机构等社会组织赋能赋权，帮助其发展壮大，以更好地服务妇女。此外，在争取资金、协调关系上，妇联也别具优势，因此妇联枢纽组织机制的建立能够将这些优势赋予其所联结的组织，社会组织也会以自身的各类专业性优势"反哺"妇联。尤其是对于被妇联枢纽组织孵化的社工机构来说，其优势更为明显。在成立之初，它们就可以在妇联提供的平台上运作，妇联强有力的资源支持能够让社工机构利用妇联政治上的先进性直接"进场"，赢得妇女群

① 马焱：《妇联组织履行基本职能的优势与制约因素研究》，《中华女子学院学报》2009年第6期，第58~63页。

众的认可。而社工机构则可以利用妇联枢纽组织强有力的资源支持，实现资金、人才、项目的扩充，服务对象、工作经验的积累，实现借妇联之势，深度嵌入妇联之中。

此外，在枢纽组织的建设过程中，基层妇联还要积极地嵌入各种妇女社会组织中，紧密联系妇女群众，了解妇女群众的需求。只有获得妇女群众的认可，拥有广泛的妇女群众基础，基层妇联才能持续获得国家的政策、资源等支持，并继续拥有政府让渡的发展空间。妇联组织枢纽作用的发挥还要求其在广泛联系妇女组织、广泛动员妇女群众的基础上，增强横向联合的工作意识，建立健全妇女组织联动的长效机制。总之，枢纽组织机制建设不仅是社工机构等社会组织嵌入妇联的重要机制，也是基层妇联桥梁和纽带作用以及妇联多种优势得以发挥的有效路径。

（三）"前置评估+过程评估+结果评估"全方位评估机制建设

科学的、动态的、完善的监督评估机制是社工机构朝着专业、科学的方向发展的保障。在社会工作嵌入基层妇联工作的过程中，监督评估机制的建设与完善是重中之重，既能有效避免社工或妇联为项目运行而"创造需求"的情况，又能避免社工机构在项目或服务提供中可能存在的"走过场、走形式"问题，还能解决妇联陪伴式监管和深度参与缺失的问题。

因为评估公共服务本身就是一个难题，所以许多地区的妇联对社会工作服务的评估尚无明确的量化指标。对于公益创投项目，妇联往往采用自己设计、自己组织、自己评估的封闭运行模式，采取"一刀切"的项目验收标准，且往往也只有一个对最终目标达成与否的结果评估。与此同时，在许多地区，受限于专业水平，妇联对社工项目的评估往往停留在对经费使用情况、活动开展次数、物料投入、书面记录材料等浅层次的评估上，对更深入的服务效果、介入程度、专业度展现等深层次的评估明显不足，难以实现以评促建的目标。至于对社会组织服务项目的监督，妇联则往往表现出两个极端：一种是放手不管的全程"零监督"，另一种是行政权力强力渗透的"全程控制"式监督。由此可见，当前妇联对社工机构的监督评估机制仍有待完善。

社会工作的服务成果和社会效益必须通过专业的评估机制来检验[1]，而一个良好的监督评估机制必须是动态的、全过程的、科学的、专业的。妇联可以通过探索建设以"前置评估+过程评估+结果评估"为基础的"三位一体"评估体系，实现监督评估机制建设的科学性、全过程、动态性的目标。

首先，在前置评估阶段，妇联可以根据新修订的《中华人民共和国妇女权益保障法》第九条中关于定期开展妇女发展状况与权益保障统计调查和分析的要求，对妇女发展状况、妇女权益保障问题以及妇女需求进行充分的调查分析。通过对妇女工作、生活、健康、教育、家庭、生育等方方面面的调查，分析妇女发展状况，了解妇女实际需求，发现妇女问题，并以此为评估社会工作服务制定科学与否的前置环节，对与调查中妇女实际需求脱节的社工项目予以淘汰，扶持妇女所急所需的服务项目。妇联要以对妇女需求的精准识别为基础，筛选优质项目并在项目的目标制定、方案策划中占据重要地位，对项目内容及总方向进行宏观指导与严格把关。

其次，妇联可以借助过程评估为社工机构提供及时的专业引导，充分发挥陪伴式监管效力。在这一过程中，妇联可委派妇联干部担任督导员，要求她们每月不定期到项目点进行现场指导，要求社工机构主动与妇联进行联络和沟通，通过提交活动记录表、月总结与月度计划等形式，让妇联能够及时知悉项目开展情况，再结合每月交流会、中期推进会，就项目实施进度、实施过程中遇到的重难点等问题向妇联进行反馈，以便及时调整服务方案，总结经验。这样才能有效保证项目内容和重点工作的一致性，也能为项目的持续开展提供资源支持。

最后，妇联要对项目实施的成效与影响进行结果评估，运用访谈等方式，对服务对象的满意度及反馈意见进行调研，并为后续项目优化出谋划策，使项目内容真正满足服务对象的期待和需求。妇联不仅要收集服务对象和专家的意见，还要收集党政部门对项目的评价，通过各方的多元评价，与社工机构共同反思工作内容，发现成功之处与缺点所在。

---

[1]　韩江风：《嵌入性理论视域下中国特色社会工作的转型与制度化建构》，《重庆三峡学院学报》2019年第3期，第33~43页。

为使监督评估机制更具科学性、专业性，弥补妇联组织自身在项目参与中可能存在的因专业性缺乏、认知偏差或基层力量不足而无暇对社会工作进行监督与评估等问题，妇联组织可以尝试引入独立的、专业的、权威的第三方评估机构或专家团队，对社工项目或服务的过程、方式、互动、效果等进行科学评估与监督。这种评估更侧重于对机构专业性发挥的评估，着重关注社工或社工机构是否在项目中展现了应有的专业水平，是否正确、恰当地应用了社会工作的专业理论，是否遵守了社会工作的专业伦理，在项目的整体设计、活动方案的设计、活动频率的安排、资源链接上是否科学灵活地应用了社会工作的专业方法，是否体现了社工的价值观与价值取向等。在评估的同时，第三方评估机构或专家团队可以发挥其专业性优势，为其所负责的社工机构提供直接的辅导与帮助。这样的监督评估机制无论是对妇联组织还是对社工机构而言，都是一种赋权。它强化了妇联组织的专业性，弱化了其行政性，实现了行政权威向专业权威转化，为妇联组织提供了项目管理和项目实施的专业支持。此外，第三方评估机构或专家团队的引入还可以为妇联节省大量的人力与精力，将社会服务类的工作交给社会，激发项目执行方与评估方主体的活力，为基层工作人员减负。社工机构也可以在这种监督评估机制下，在项目管理能力、设计能力、工作方法上有所发展。因此，第三方评估机构或专家团队的引入可以使监督评估工作不再流于形式，而是真正从专业出发，以专业为评估依据，以专业赋权，实现妇联与社会工作的共同发展。

（四）长期与短期相结合的项目购买机制建设

在服务妇女领域，项目制为妇联与妇女社会组织的合作提供了广阔的空间。国务院办公厅印发的《关于政府向社会力量购买服务的指导意见》要求在公共服务领域更多利用社会力量，加大政府购买服务力度，并对政府购买的各个环节提出了规范化要求。《中共中央关于加强和改进党的群团工作的意见》明确提出，支持工会、共青团、妇联等群团组织"依法参与社会事务管理，把适合群团组织承担的一些社会管理服务职能按照法定程序转由群团组织行使；支持群团组织立足自身优势，以合适方式参与政府购买服务"。

当前妇联组织主要通过购买岗位和项目制的方式获得社会工作提供

的服务，也就是社会工作嵌入基层妇联工作的主要形式为岗位嵌入和项目嵌入。作为一种国家治理制度，项目制已经成为妇联组织能力建设的重要路径，妇联可以通过项目制对传统的组织架构和科层逻辑进行修正，打破条块限制，拓展管理职能，统合系统内外的资源，进一步获得自主权、合法性、权威性。① 在购买社工项目的同时，社会工作的方法与技巧等一并被引入妇联工作，这也提高了妇联的服务质量，提升了妇联干部的专业知识水平。

社工机构以项目制的方式嵌入妇联，为妇联的妇女工作提供了新的高效服务工作模式。妇联可以在这个过程中精简机构和人员，通过与社工机构共同打造系列品牌项目实现自身功能的外化，这也可以帮助妇联由行政向服务转变，减轻基层的工作负担。项目化运作让妇联服务的群体更为广泛，多元主体的介入使妇联体系越发清晰，这也是妇联由行政型转为服务型的重要体现。同时，项目化运作是妇联从体制内向体制外拓展工作路径的探索实践。从更长远的角度来看，妇联对社工项目的购买可以让社工机构更为专精地开展业务，让自身的社工服务计划始终处于项目运作的过程之中。在项目制中，社会工作与妇联既通力合作又各司其职。项目制突破了传统条块的格局，让社工机构参与社会治理，在共建共享共治的理念下，实现了国家对妇联的让渡式统合和对民间妇女社会组织的福利式吸纳。②

尽管当前妇联购买社工机构项目已然成为妇联与社工机构互动互通的普遍形式，但是一系列问题也在项目制的实践中显现出来，需要妇联进一步完善购买机制。

首先是项目目标制定与妇女实际需求脱节的问题。当前妇联购买社工机构项目的主要流程是：妇联发布项目征集公告；各社工机构进行需求调研、项目设计及申报；承办单位对社工机构的申报材料进行汇总，并对项目进行初审；对通过初审的项目进行书面评审、项目优化辅导、现场评审；由承办单位组织专家评分确定获得资助的项目、签订协议。

① 王颖：《妇女社会组织的项目制治理——以北京市为例》，《中华女子学院学报》2016年第3期，第47~52页。
② 王颖：《妇女社会组织的项目制治理——以北京市为例》，《中华女子学院学报》2016年第3期，第47~52页。

可以看到，在这一过程中，服务范围与内容的确定是社工机构自行选择的，其选择的依据虽然大多是切切实实根据妇女需求制定的，但也不排除有机构会选择其本身更擅长、更易出成果的专业领域，或者根据往年经验判断更易中标的服务内容，这样"创造需求"的出发点本身就脱离了妇女的实际需求。而妇联也可能存在"为了购买而购买"的现实问题，其购买项目只是为了完成某项指标，或达成某种"政治任务"，这也必然会导致项目购买与妇女需求的脱节。为解决这一问题，妇联可以充分发挥自身联系妇女的优势，用科学的方法了解并确定妇女需求，在妇联确定妇女需求后，社工机构再根据妇联给出的需求，进行服务内容的确定，以及项目的设计与申报，让社工机构真正实现从源头上对接服务需求，变需求为项目，对项目进行深入研究，推动公共政策的出台，最终实现社会的良性发展。只有当项目设计紧扣妇女需求时，妇联才能实现"为服务妇女而购买服务"，社工也才能实现"为妇女需求而设计服务"。

其次是项目服务短效性问题。妇联与社工机构往往会给项目设定一个短期目标，项目的执行也以实现该特定目标为原则，目标达成后项目会立刻终止，妇联与社工机构间的关系即宣告结束。只有社工机构再次获得新项目，才可以重新接触服务对象。这样的设置常常会使社工在多个项目间来回奔波，服务效果也难以保证。而且同一机构申请的项目往往是固定的一类，所以服务的案主也是处在相似阶段、处于相同困境中的人群。虽然项目制的目标导向特点会在极大程度上提高服务的效率，但也存在社会组织无法实现对自身服务领域的长期、完整、系统的规划以及深耕的问题，无法实现规模化的生长。与此同时，如果妇联组织出于行政逻辑惯性，将服务项目进行具体且过于细致的分类，制定过于严格的时间节点，也会造成社工机构的组织碎片化与服务短期化。因此，从宏观发展角度出发，妇联组织在进行项目规划时要给予社工机构一定的空间，使其可以自主地调整，同时引导社会组织制定长期服务规划。

最后是妇联缺乏长期连续性购买服务的问题。这一问题在欠发达地区尤为显著。欠发达地区往往会因缺乏资金而产生项目购买短期化问题，即便是需要长期解决的问题，也往往因缺乏资金而只能购买短期的服务或某一阶段的服务。要解决这一问题，妇联可以通过在招标前制定连续的、长期的、纵向的服务规划后再征集项目，并利用自身优势动员社会力量募集资金，将资金合理地分配于长期项目的各个阶段，健全资金保障体系，积极开发多元的资助渠道，鼓励、引导并支持社工机构提供连续性服务。与此同时，妇联要有选择性地着重培育妇女急需的、具有引领性和支持性的项目，而不是面面俱到地"大把抓"。在购买社工项目时，欠发达地区妇联还可以与同一机构进行连续长期的合作，避免人力、物力、财力的浪费。例如，当社工机构对某一类型的妇女群体已经充分了解，并通过调研掌握了一定信息，且服务开展情况符合妇联预期时，后续与这一群体相关的项目，妇联也可以尝试继续与这家机构开展合作，这样就节省了重新与服务对象建立关系、信息调研等前置环节，避免了社会工作的重复性，节省了人力、物力、财力。

长期与短期相结合的项目购买机制建设不仅可以为不同类型的服务项目匹配适宜的服务时间，而且能够让社工服务项目的可持续性得到保障。一些临时的、紧急的任务可以运用短期项目购买机制迅速解决，避免时间拖沓造成的资源浪费。而诸如家暴一类的问题，不仅要解决暴力本身，还要为受暴妇女提供一系列支持，最终建立起一套反暴力的服务机制、保护机制等，这些需要社工机构提供长期连续性的服务，并非一场活动、一次宣讲就能达成目标。

（五）协同机制建设

党的二十大报告提出，要"统筹推进政党协商、人大协商、政府协商、政协协商、人民团体协商、基层协商以及社会组织协商，健全各种制度化协商平台，推进协商民主广泛多层制度化发展"[1]。"多元主体协同共治格局是当前我国社会治理变革的方向"[2]，打造社会治理新格局，需要多元主体参与。社会工作等社会组织以其专业的理念与服务参与社会管理与服务，他们的参与是治理现代化的必然要求。[3] 我国基层社会

---

① 习近平：《高举中国特色社会主义伟大旗帜 为全面建设社会主义现代化国家而团结奋斗——在中国共产党第二十次全国代表大会上的报告》，《人民日报》2022年10月26日，第1版。

② 朱晓红：《协同共治格局下妇联枢纽型社会组织参与社区服务研究——以广东D市H家庭服务中心为例》，《社会工作与管理》2016年第1期，第55~60页。

③ 张乐：《植入、嵌入和融入：社会工作的"在地化"路径》，《社会工作》2019年第2期，第3~17、108页。

治理领域将社会组织作为参与主体的"三社联动"机制，实现了社区、社会组织与社会工作者之间的优势互补与资源共享。"三社联动"具体是指"社区组织发现居民需求、统筹设计服务项目、支持社会组织承接、引导专业社会工作团队参与的工作体系"①。当前，在服务妇女领域，有许多地区开展了妇联、社工机构、妇女组织的协同机制建设。

在协同机制的建设过程中，如何实现妇联、社工机构、妇女组织一体化发展；面对多样化、复杂化的妇女需求和妇女问题，妇联组织如何充分动员社工和妇女组织为妇女提供服务；当社工机构面对困难求助无门时，妇联组织应如何予以帮助；除项目制外，当面对临时性的、紧急的、机动的妇女问题需要解决时，妇联、社工机构、妇女组织应如何发挥自身优长，解决妇女问题；等等，这些都是协同机制建设需要考虑的问题。

首先，妇联必须明确自身职责，发挥核心引领作用及政治优势，在社会组织和社工机构中建立妇联和党组织，实现党建带妇建，通过妇建把服务妇女的社会组织和社工机构凝聚在党的周围，引领它们听党话、跟党走，充分发挥它们各自的优势服务广大妇女，最终实现妇联引领下的协同发展。同时，妇联要坚持发扬民主和增进团结相互贯通，在服务妇女领域与各社工机构等社会组织凝聚共识，广开言路。妇联要加强自身制度化、规范化、程序化等功能建设，提高深度协商互动、意见充分表达、广泛凝聚共识水平，完善联络各社工机构等社会组织机制。

其次，社工机构要有主动性，主动去挖掘妇女真正的需求，而不是为了获得项目"捏造"需求。社工机构可以配合妇联共同开展妇女发展状况与权益保障统计调查和分析，关于妇女项目的工作内容、服务范围、服务水平和实施方式都应基于妇女的实际需求。社工机构要坚持妇女需求导向的工作理念，扎根于不同面向和层次的妇女群体，调查妇女群体现实需要，明确不同阶段的妇女需求重点和难点，进而有效地开展工作以使服务落地。同时，社工机构要与其他妇女组织保持密切的沟通联系，了解妇女之所急所需，创新工作思路，尝试除项目嵌入外与妇联或妇女

---

① 《中共中央 国务院关于加强和完善城乡社区治理的意见》，人民政协网，https://www.rmzxb.com.cn/c/2017-06-12/1588809.shtml。

组织更多元的合作方式。在具体的服务之外，社会工作可以发挥自身善于链接、整合资源的优势，配合妇联联系和动员妇女组织、社区居民、社区潜在的公益力量等共同为妇女服务。

最后，其他女性社会组织也是协同机制建设必不可少的构成要素，必须广泛联结起来。女性社会组织能够在妇联推进其工作过程中发挥出独特的作用，具体表现在：女性社会组织能够积极动员组织内的骨干力量和成员参与妇联统筹下服务妇女的各种活动；即使是小型的女性社会组织，也能够为社区的女性群体构建社会支持网络，通过物质支持或者教育、就业帮扶等渠道改善该类群体的生活处境，实现回馈社会的公益功能，为社会工作提供支持与助力，甚至成为社会工作可以链接的主要资源。

三　建设服务型基层妇联组织与社会工作嵌入的进一步思考

建设服务型基层妇联组织是时代要求，是妇女群众期盼，也是妇联组织的职能所在。[①] 目前，我国妇女全面发展还存在基层妇联组织的服务能力与当前妇女群众的多元化需求不相适应的问题。解决这一问题的关键主要在基层，在普通妇女群众中，这就决定了妇联的工作重点在基层，服务主要在基层。因此，要"以建设服务型基层妇联组织为抓手，更加有效地激发基层妇联组织内在活力，最大限度地调动广大妇女群众的主动性积极性，让广大妇女更好地实现价值、促进发展"[②]。

中共中央办公厅印发的《关于加强基层服务型党组织建设的意见》指出，"建设基层服务型党组织，要坚持服务改革、服务发展、服务民生、服务群众、服务党员"。建设服务型基层妇联组织，既要符合这个总的要求，又要体现自身特点。建设服务型基层妇联组织要做好两种服务：对上要围绕中心、服务大局，做好"公转"，这是妇联组织发挥作用的根本遵循，是工作主线，不能偏离；对下要围绕妇女的需求做好服务基层妇女工作，践行党的根本宗旨和群众路线，履行代表和维护妇女权益

---

① 沈跃跃：《深入学习贯彻习近平总书记重要讲话精神 以改革创新精神建设服务型基层妇联组织》，《中国妇运》2014 年第 8 期，第 6~11 页。
② 沈跃跃：《深入学习贯彻习近平总书记重要讲话精神 以改革创新精神建设服务型基层妇联组织》，《中国妇运》2014 年第 8 期，第 6~11 页。

的职责，做好"自转"，推动落实男女平等基本国策，实施巾帼维权、巾帼关爱行动，做好解疑释惑、理顺情绪的工作，让广大妇女儿童得实惠、普受惠、长受惠，使妇女群众更多更公平地享有改革发展成果[①]，履行妇联的基本职能。两种服务体现了妇联工作的两重属性，既要服务党和国家的工作大局，又要服务妇女群众。这两种服务是统一的，不是对立的，不能把两者割裂开来，也不能畸重畸轻。服务大局做好"公转"，目的是保证妇女运动和妇女工作沿着党指引的方向前进，最大限度地把广大妇女汇聚到实现中国梦的伟大征程中；联系和服务妇女做好"自转"是妇联工作的生命线和根本任务，因为妇女群众的需求是妇联工作的方向，只有帮助妇女解决一个一个的具体问题，才能增强妇联组织的吸引力、凝聚力，赢得妇女群众的信任，才能凝聚妇女，把妇女团结在党的周围，才能使妇联组织的工作价值得以体现。

妇联改革前，传统的科层行政架构与建设服务枢纽型基层妇联组织的要求不相适应。妇联在组织架构上与党委和政府有着对应的科层管理体系既具有明显的政治优势，又面临发展瓶颈。妇联有限的人力大部分都被用来应对上级行政化指令下的日常事务，这些日常事务常常被妇联干部们视为"规定动作"，凸显着行政化官僚化作风。改革后的妇联虽然重塑了组织架构，扩大了基层妇联组织队伍，但是在科层组织外部环境中发挥"联"的优势，把所有服务妇女的社会力量都汇聚在妇联组织之下，凝聚为妇女儿童和家庭服务的专业组织、社会力量，不断获得有利于妇女事业发展的各类资源，提高服务工作水平，形成妇女工作共建协同新格局，这方面的改革创新还有理论与实践空间，需要我们进行路径的实践探索和理论思考。

在调研中笔者发现，由于基层妇联在资源供给、需求把握、人员招募与规范制定等方面处于绝对的优势地位，以及社工机构自主选择和拓展自身的生存与发展空间的能力不足等原因，社工机构的服务领域受制于基层妇联主动开放空间的大小以及对其进行支持的力度。这一系列问题也引发了对未来社会工作与妇联深度互动的一些思考。

---

① 沈跃跃：《深入学习贯彻习近平总书记重要讲话精神 以改革创新精神建设服务型基层妇联组织》，《中国妇运》2014 年第 8 期，第 6~11 页。

（一）社会工作嵌入基层妇联工作的制度限制与行动短板

1. 妇联让渡空间内的权威渗透

在嵌入原有的社会治理体系的过程中，社会工作得以不断发展，但社会工作的嵌入也是行政管理体系"让渡"的结果。当前我国许多地区都已经开展了政府购买服务工作，社会工作已相对独立地在政府让渡的空间里发挥作用，其主体性得到了较高程度的表现。但值得注意的是，唯有充分发挥政府购买服务的功能，方能在购买服务过程中发挥政府的作用，所以政府的职责并未在让渡空间内得到削弱，反而由于群众的期待与社会治理的需要得到了加强，这对政府部门的履职能力提出了更高的要求，同时带来了在让渡空间内政府的权威渗透。

这种权威渗透在妇联与社会工作的互动中可见一斑。虽然妇联也为社会工作让渡出一定的基层治理空间，但其权威渗透在双方边界难以辨明的模糊地带体现得尤为明显。例如，在妇联购买社工服务时，其与社工机构订立的合同可能并不涉及对自身的约束以及责任划分，或者当社工机构需要妇联出面协调、提供便利和协助时，结果可能是诉求被忽视、行政部门履职不足。此时的妇联与社工机构并非合作共事的关系，而是社工机构要仰赖妇联的权威、寻求妇联的帮助方能得以运行。与之相对的则是妇联的过度监督。购买服务协议赋予妇联项目的管理监督权力，而过于强大的妇联组织则将自身强大的行政化运行模式传递给社工机构，通过严格的约束机制对社会化服务进行规范。妇联工作人员基于行政性思维惯性要求社工机构常开会、常报告，文山会海、突击检查、常态监管常常让基层社工苦不堪言。不仅如此，妇联的管理权力也可能不断延伸，社工的服务范畴、外出时长、服务对象、完成指标等可能被纳入妇联的管理权限内。妇联可以通过任命更契合其行政目标的人作为社工机构的实质管理者重组社工团队，在人事任免中拥有对机构的绝对管理权。在科层制的管理思维下，妇联最终完成了自身的权威渗透，此时的专业社工机构被行政性社会工作进行了反向嵌入，专业权威被行政权威替代。妇联权威渗透的结果可能是使社工服务走向行政化，社工机构内部治理逐渐官僚化。

2. 社会工作对妇联的资源依赖

资源依赖理论是指任何组织都并非完全自主，必然会受到外部环境的制约，特别是需要依赖其他组织来提供其所需要的资源，而一旦一个组织需要依赖另一个组织的资源时，另一个组织自然便拥有了控制该组织的权力。社工机构便是该理论的典型案例代表。为了自身发展，它不得不依赖妇联提供的物质资源、制度资源以及社会结构资源。它在依赖妇联所提供资源的同时，可能无力为妇联提供对等的资源，这样的依赖关系让社会组织的自主性变得极低。妇联通过购买服务实现了在财务上对社会组织的掌控，并将绩效考核体系引入项目化管理环节。同时，妇联可以通过准入门槛的设置将资源分配给符合其要求的社会组织，从而使各个社会组织对其经济依赖更甚。这导致另一个现象的泛滥，即部分社会组织为求生存只得围绕短期政策性的社会治理需求制定服务标书，背离了服务初衷，走向短视的扭曲型发展。①

妇联投入资源的本意是希望社会组织能在现代治理体系建设中有所作为，所以其往往更愿意投入能够直接产生效果的项目，而未将对社会组织能力的建设放在短期工作计划之内，致使社会组织无法承担起其所应承担的公共责任。尤其是对于许多新成立的专门从事妇女社会工作的机构来说，妇联可能是它们唯一的资金来源。为了维持自身的运营、筹得活动经费，社工机构不得不将自己置身于妇联划定的条框内，从服务目标的制定到服务对象的选择，再到服务领域的划定，全都在妇联的指导下进行，最终结案的标准也要对标妇联的考核指标，全面服从妇联的管理，不重视自身能力建设以及专业能力提升，最终失去了自己的弹性与活力，迷失在资源与资金的"功利陷阱"内。由此可见，妇联部分规范化、公开化的政策性、指标性体系的引入，在某种程度上给本就难以量化的社会服务埋下了"变味"的隐患。我国社会组织当下的状态是，当一个社会组织承包了政府购买的项目时，它便同时获得了资金、场地、税收优惠、培训等其他资源。在这样的"利诱"下，不断有新的社会组织成立，既有的社会组织开始放弃对其他社会资源的依赖，转投政府的资源支持。而这种趋势下的结果必然是社会组织对行政资源依赖的强化，乃至完全依赖。

---

① 张乐：《植入、嵌入和融入：社会工作的"在地化"路径》，《社会工作》2019 年第 2 期，第 3~17、108 页。

通过调研笔者发现，在社会工作嵌入基层妇联工作的过程中，基层妇联的问题也在逐渐显现。

第一，部分基层妇联干部的专业水平较低，对社会工作的认可度不高。由于专业社会工作缺乏独立开展工作的职能空间，在很多情况下，社工需要与基层妇联工作人员一起工作，并常常被派去协助处理行政性事务。这就使社工的任何一个举措都会深受行政性做法、规则、要求的制约和影响。[①] 例如，统计居民信息、整理社会保障卡、协助举办活动、帮助服务对象申请补助、节日期间送慰问品以及解决日常生活困难等非专业性事务成为社工难以避开的工作内容。除此之外，一些基层妇联的工作部门习惯于将社工机构当作自己的附属单位或下属部门，理直气壮地"吩咐"社工帮助他们策划活动、撰写总结材料、张贴公告、布置会场，甚至在节假日期间仍然要求社工去值班或顶班等。基层妇联安排的这些专业范畴以外的工作，不仅占据社工大量的本职工作时间，也导致他们疲于应对，根本无暇顾及和有效回应弱势群体的真正需求。[②]

第二，部分基层妇联干部缺乏横向联合的意识。妇联作为党和政府联系妇女群众的桥梁和纽带，拥有党和国家赋予的一定权力；同时，妇联又属于群团组织，隶属于党群系统，既是国家的代表，也是社会的代表。因此，妇联往往习惯于纵向管控的工作方式，在行动上十分依赖政府，缺乏横向联合的意识。虽然妇联改革要求妇联"强三性""去四化"，但妇联作为官办社团仍存在过度依赖政府资源、处于形式主义和工具主义的执行状态等问题，没有致力于开发社会组织属性的业务，工作创新性不足，主动性不强。这便要求基层妇联积极发挥联系社工机构等社会组织的优势，将自身的既有体系与社会组织的运作模式进行对接，主动创新组织结构，利用半官半民的优势，改进工作方式，既与党政部门合作，又联合好社会组织，真正发挥权威性与社会性，做好"联"字文章。

第三，部分地区的基层妇联缺乏从需求出发提供服务的能力。基层

---

① 王思斌、阮曾媛琪：《和谐社会建设背景下中国社会工作的发展》，《中国社会科学》2009 年第 5 期，第 128~140、207 页。

② 唐斌：《社会工作机构与政府组织的相互嵌入及其影响》，《社会工作》（下半月）2010 年第 7 期，第 9~12 页。

妇联对服务对象需求的挖掘不够深入，使社工与基层妇联在提供服务过程中往往无法聚焦，社工关心活动的开展，而基层妇联则关注政治任务的完成。尤其是在开展工作时，部分基层妇联干部会对服务对象、服务方式等进行策略性的选择，主张以普通居民的发展性为服务重点，倾向于开展专业含量低而社区影响力大的活动，较少开展个案工作。文书记录多是流水账式，较少涉及对理论、技巧、成效的分析。在基层政府以管理为中心的环境下，基层妇联与社工机构将服务对象分成了各个群体，如青少年群体、妇女群体、老年人群体、单亲家庭等。"在此模式之下，某类服务对象是由许多有共同特征的个体集合而成的空名，不是一个真实存在且内部有特异性需求的真实群体。"[①] 服务的提供方式更多从人力、指标、活动空间、活动资金等角度考虑，服务对象的特异性需求被有意忽略了。

（二）基层妇联工作对社会工作反嵌与双方互嵌的探讨

针对妇联组织覆盖不足、资源缺乏的问题，2016 年 9 月，中共中央办公厅印发的《全国妇联改革方案》提出了通过做强基层、夯实基础实现妇联组织重心下移的工作目标。基层妇联要推动在城乡社区普遍建设妇联组织，重点关注乡镇（街道）妇联组织建设，同步推动在"两新"群体中建立妇联组织，激活基层妇联组织的神经末梢；加强对女性社会组织的联系引导，培育扶持专业类、公益类、服务类女性社会组织；探索基层妇联与各类女性组织资源整合、协同发力的服务模式。妇联组织在社工机构等社会组织内的建立，正是基层妇联工作对社会工作进行反嵌的重要表现形式。这种反嵌能够实现社工中有妇联，拓宽妇联妇女工作的阵地，延伸妇女工作触角，同时引领社会工作走上"党建带妇建，妇建服务党建"之路。虽然基层妇联工作对社会工作的反嵌可以给社会工作带来更多的资源，但这种反嵌的缺陷也很明显。基层妇联在社工机构内作用发挥的方式、领域、尺度会影响社会工作的服务质量。尤其是当基层妇联因其行动惯性对社工机构进行过度指挥时，便极有可能使社会工作的专业权威向基层妇联的行政权威让步，甚至可能使社工机构变

---

① 刘龙强：《"嵌入性发展"背景下社会工作机构服务与管理的关系——基于组织环境的分析》，《社会工作》2014 年第 1 期，第 118~127、155 页。

成专为基层妇联服务的"伙计",而非专业服务的提供者。

在一些社区内,妇联工作人员被安排兼任社区内社工机构的几位负责人之一,这也是基层妇联工作反嵌社会工作的表现形式之一。这种嵌入方式虽然可以给尚在起步阶段的机构带来一些急需的资源与便利条件,但若机构的权力被掌握在一位"依附型"负责人的手中,那么机构也可能会进一步被弱化,负责人会以机构的权益置换政府的好感与信赖,让政府对机构拥有更多控制权,使政府权威进一步强化。[①] 而原本的社工队伍在基层政府的授意下,在被安排进社区服务人员或被安插进一些冗余干部的队伍时,其原本队伍的稳定性便被破坏了,行政背景的社区人员与社工之间天然的隔阂让后者没有了归属感,失去了安全感,最终形成了"一个机构,两派人马"的体系,也就是所谓的"两张皮"。在这种情况下,基层妇联与社工机构无法发挥各自的优长,甚至会互相掣肘,此时探索双方的互嵌或许可以摆脱这一窘境。

互嵌是基于两者均具有"制约性"的一种机制建构。基层妇联在为妇女群众提供服务时具有局限性,主观上需要通过外部元素的嵌入来弥补其不足,而社工机构在提供服务时的身份合法性、人员招募、需求把握、项目开展等方面需要基层妇联通过嵌入的方式赋予。基层妇联工作与社会工作互嵌关系的展开并不是彼此之间互相制约与博弈的过程,而是更多地表现出一种互相赋权的状态。互嵌关系强调社工机构与基层妇联组织之间并不是简单的静态从属关系,而是动态调适关系。对于社工机构来说,如何获得政府的协助和支持是事关其生存发展的重要议题。在此大环境背景下,几乎所有的社工机构在发展初期的各种生存策略都是围绕如何获取政府部门的支持制定的。因此,这时的社会工作是嵌入基层妇联工作的从属品。但随着双方互信关系的建立,社会工作逐步具备了向基层妇联工作强嵌的能力,社工机构在提供社会服务时的优势不断凸显,开始影响基层妇联的价值理念以及工作方法和技巧。

基层妇联工作与社会工作互嵌的重要作用在于,基层妇联可以充分发挥方向引领作用。与单方面的社会工作嵌入基层妇联工作不同,双方

[①]　朱健刚、陈安娜:《嵌入中的专业社会工作与街区权力关系——对一个政府购买服务项目的个案分析》,《社会学研究》2013年第1期,第43~64、242页。

的互嵌可以让妇联的政治引领、示范带动、联系和服务的功能与社会工作直接联系群众的优势更好地结合，实现更高效、权威地联系妇女、凝聚妇女，引领妇女群众听党话、跟党走，落实习近平总书记对群团组织提出的"一呼百应"的要求，实现"哪里有妇女，哪里就有妇联组织"。同时，基层妇联工作与社会工作的互嵌能够让双方的社会治理功能得到双向强化，社会工作的专业性得到重视，基层妇联的资源得到最大限度的开发，双方通过彼此的赋权让服务水平得到提高，达到"1+1>2"的效果。在社会工作理论的指导下，妇联可以通过一个个的个案推进结构和环境的改变，从帮助一个人逐渐延伸至帮助一个群体。而在评估总结的过程中，妇联与社会工作又会共同发现新的需求、确立新的议题、设计新的活动，良性的循环也就此展开。在整个过程中，妇联与社会工作双方自始至终都是紧密相连的，而非妇联定期问询或社工定期汇报，这也让双方对妇女需求变化的跟踪、对活动的调整、对妇女的服务变得高效。双方的互嵌让社工机构将自己对妇联的资金依赖逐步转化为妇联对自己的专业依赖，妇联的"服务行政化"也走向了"服务社会化"，社会组织帮助妇联分担了联系和服务妇女的工作任务，多元主体积极参与社区治理，也提升了社区公共服务的整体水平。

基层妇联工作与社会工作的互嵌是一个过程的两个方面：一方面促进了基层妇联工作的专业化，另一方面促使社会工作的专业化服务更多惠及妇女群体，扎根基层，推进社会工作本土化发展，进而获得持续性的资源支持以及群众接纳。在社会工作与基层妇联工作的互嵌过程中，二者在功能机制上建立了协作性关系，社会工作深入社会治理内部发挥作用，其扎根本土、落地实践也就自然而然地发生了。

基层妇联在处理与社工机构的互动关系时往往会出现一种矛盾的心态：一方面意识到自身的局限性，认为只有与社工机构合作才能更好地为妇女提供服务；另一方面又担心放任社工机构发展会失去对它的管控。此外，部分妇联工作人员囿于自身知识水平的限制而缺乏"社会投资"意识，对购买社工服务的认识不足，特别是在难以把握监管指导与社工机构自主运作之间关系的情况下，基层妇联对社工机构在资源、管理、人才、话语权等方面进行严格管控也在所难免。而基层妇联工作与社会工作的互嵌则可以让基层妇联在把控全局的基础上，让社会工作的专业性、主体性得到最大限度的发挥。同时，在未来的社区工作中，社工机构与基层妇联的合作与互动最终走向更为紧密的互嵌，或许是创新社会治理的重要表现。

（三）培育服务妇女的社会组织和力量

中共中央办公厅、国务院办公厅印发的《关于改革社会组织管理制度促进社会组织健康有序发展的意见》指出，以社会团体、基金会和社会服务机构为主体组成的社会组织，是我国社会主义现代化建设的重要力量，社会组织在促进经济发展、繁荣社会事业、创新社会治理等方面发挥了积极作用。社会组织是社会治理的主体之一，女性社会组织是妇女参与社会公共事务的重要载体。但在调查研究中笔者发现，妇联在培育女性社会组织方面仍存在一些问题，可以继续探索改进。

首先，妇联应注重培育多种多样的女性社会组织，使有需求的妇女都能联系到为其服务的社会组织，都能找到可以代表并维护自身利益的女性社会组织，尤其是要注重对代表基层妇女力量的社会组织的培育与扶持。虽然当前女企业家协会、女医生协会等社会组织的建设较为成功，但在基数庞大的妇女群体中，其覆盖范围、服务范围并不广泛。妇联唯有培育多种多样能够代表各个阶层利益的女性社会组织，方能实现对妇女的广泛服务与全面覆盖。

其次，妇联可以尝试简化女性社会组织登记流程，优化女性社会组织发展环境。作为女性社会组织的业务主管部门，妇联可以通过主动降低女性社会组织登记的准入门槛、简化登记流程吸引、培育更多的女性社会组织。妇联可以在妇女工作中发现并鼓励有潜力的致力于服务妇女儿童的团体或组织，引导并支持她们成立女性社会组织；培育社区内的女性社会组织或女性自组织，帮助她们进行社区备案，因为诞生于社区内部的女性组织往往更"接地气"，更了解社区内妇女的实际情况与妇女需求，更能够代表社区内妇女的权益。同时，社区内的妇女组织可以依托社区开展活动，妇联可以为她们提供"妇女之家""妇女活动中心"等活动场地，提供活动经费、组织队伍等方面的支持，便于她们开展活动，实现社区内的妇女组织化。

最后，妇联要发挥引领优势，凝聚妇女力量。现阶段还有许多妇女对女性社会组织的了解程度不深，且对参与公共事务的渠道和平台了解不多，虽然和许多周围的人有着同样的诉求，或者渴望与相同处境的人互帮互助实现联合，但宣传力度不足使许多妇女对女性社会组织缺乏了解与认同，阻碍了其争取更多资源发展自身的机会。基层妇联应对妇女进行广泛的宣传与动员，增强社会各界尤其是广大妇女对女性社会组织的了解与支持；畅通信息传递渠道，广泛吸纳各行各业、各个阶层的妇女群体，帮助她们组建或进入相应的女性社会组织，壮大组织力量；探索建设女性社会组织孵化培育基地，帮助女性社会组织落地生根。

对女性社会组织的培育可以减轻基层妇联繁重的组织与服务任务，其与妇联是互生互荣的共存关系。① 此外，对女性社会组织的培育还能够有效帮助基层妇联摆脱"上面千条线，下面一根针"的处境，帮助基层妇联广泛联系妇女。因此，基层妇联要利用自身的地位优势、资源优势、政治优势，广泛培育女性社会组织，利用女性社会组织与妇女直接接触、频繁互动的优势，实现与广大妇女的紧密联系、对妇女需求的精准把握，将服务传递至各个阶层的妇女，让服务覆盖妇女生活的方方面面。

结论与思考

为了探索社会工作嵌入基层妇联工作的有效路径，探索妇联组织与外部服务妇女社会组织协同与融合发展的机制，本章引入嵌入理论，通过对 C 市社会工作与基层妇联工作嵌入性与协同性、融合性发展的实证研究，揭示了社会工作嵌入基层妇联工作的多重路径。研究发现，LX 社区 LX 社工机构的有机嵌入、TY 街道 H 社工服务站的机械嵌入和 J 社工机构的依附式嵌入虽然各具优势，但也存在各自的短板，如 LX 社工机构存在过于依赖精英人物作用的发挥以及社会工作的"专业稀释"等问题；TY 街道 H 社工服务站存在社工队伍的稳定性不足、项目制的形式化倾向严重、社工机构自主性被弱化等短板；J 社工机构存在机构被边缘化、嵌入程度浅、依附性强、受行政约束强等局限。为解决社会工作嵌入的共性或个性问题，本章运用王思斌提出的从嵌入性发展走向协同性与融合性发展的路径模式，结合 Z 社工机构嵌入基层民政部门融合发展

---

① 张钟汝、程福财：《民间妇女组织的兴起与妇联组织的回应》，《中华女子学院学报》2002 年第 5 期，第 44~47 页。

的案例及经验做法，为社会工作与基层妇联工作由嵌入性发展到协同性发展再到融合性发展提供了路径思考。

　　社会工作与基层妇联要走协同性与融合性发展之路，还需要给予机制保障。鉴于社会工作在欠发达地区发展的局限性，以及妇联改革对基层妇联组织的要求，本章提出了基层妇联组织与服务妇女的社工机构和妇女社会组织协同性与融合性发展的策略，并进一步提出五大机制建设，即通过党建带妇建机制建设解决社工机构嵌入妇联最基本的"进场"问题；通过妇联枢纽组织机制建设解决社工机构面临的资源问题；通过"前置评估+过程评估+结果评估"全方位评估机制建设为社会工作的专业发展提供保障；通过长期与短期相结合的项目购买机制建设为社会工作嵌入基层妇联工作指明未来发展方向；通过协同机制建设增强妇联"联"的功能。

　　目前基层妇联在与社会工作深度互动中存在制度限制与行动短板，社会工作对妇联资源的依赖性较强，还有些妇联组织仍不擅长处理自身与社会组织间的关系，甚至担心女性社会组织的发展壮大会动摇自身的政治权威地位，这些问题的解决需要妇联组织在未来的工作中不断"强三性""去四化"，做好"联"字文章，摆正"服务"心态，高瞻远瞩、战略擘画，在未来与社工机构等社会组织的深度互动中不断磨合、共同发展，在更好地服务妇女这一大方向的指引下，凝聚众智、发挥合力，最终建成覆盖广大妇女的"大妇联"，实现融合性发展的大目标。

附录 研究成果一览表

表 1 妇联组织角色功能研究一览

序号	作者	篇名	期刊名称	时间	引用次数
		关于妇联角色的研究			
1	李鹏飞 王晶	《新时代基层妇联组织角色与工作机制创新思考》	《湖北社会科学》	2020 年	17
2	王靓靓	《社会管理创新视角下的妇联角色定位探究》	《中国集体经济》	2013 年	13
3	萧红梅	《妇联干部在创新社会管理中的角色定位》	《中共济南市委党校学报》	2013 年	2
4	黄粹	《妇联组织官办性的成因分析：一种路径依赖》	《大连理工大学学报》（社会科学版）	2011 年	36
5	吴宏洛 苏映宇	《社会管理创新中的社区妇联角色探微——基于福建省的调查》	《中共福建省委党校学报》	2011 年	6
6	张睿丽	《利益观视角下妇联组织的角色及其职能定位》	《新疆大学学报》（哲学·人文社会科学版）	2011 年	8
7	方亚琴	《新时期妇联组织身份的重新建构与认同》	《渤海大学学报》（哲学社会科学版）	2011 年	14
8	赵明	《浅析社会转型期妇联组织的社会角色调整》	《中国妇运》	2009 年	6
9	肖百灵	《妇联组织在促进妇女参与社会管理中的角色和作用》	《湖南社会科学》	2007 年	47
10	罗贵榕	《论群团组织的角色转型——发挥工会、共青团、妇联等群团组织在建构公民社会中的领航作用》	《法制与社会》	2006 年	52
11	蔡秋红	《基层妇联干部的职业素养状况与角色期待教育》	《中华女子学院学报》	2005 年	5
12	周健	《妇联所处网络关系的厘清——对妇联定位及其路径选择的一点思考》	《妇女研究论丛》	2004 年	36

续表

序号	作者	篇名	期刊名称	时间	引用次数
13	付春	《性质转型、功能演化与价值变迁——建国以来我国妇联组织的转型分析》	《兰州学刊》	2004 年	32
14	雷水贤	《双重角色对妇联履行职能的影响》	《妇女研究论丛》	2002 年	74
关于妇联职能的研究					
1	刘潘婷	《简述新时代妇联组织职能发挥的新要求》	《经济研究导刊》	2021 年	5
2	唐永春	《紧扣职能做实妇联工作》	《社会主义论坛》	2020 年	1
3	范红霞 夏雨佳	《立足职能与时俱进推进妇联工作》	《中国妇运》	2019 年	4
4	弭媛	《积极推进妇联承担公共职能转移的思考》	《才智》	2019 年	—
5	彭丽敏	《积极推进妇联承担公共职能转移的思考》	《政策》	2018 年	1
6	宋军生	《发挥职能优势 实现互促共进——甘肃省妇联联村联户工作侧记》	《甘肃农业》	2015 年	—
7	梁金丽	《在加快推进"三化"建设中发挥妇联组织的职能》	《兵团工运》	2012 年	—
8	张洪林	《论妇联维护妇女权益社会职能的历史变迁与现实理路》	《求索》	2012 年	21
9	张睿丽	《利益观视角下妇联组织的角色及其职能定位》	《新疆大学学报》（哲学·人文社会科学版）	2011 年	8
10	王革冰	《履行妇联职能 谱写团结乐章》	《中国妇运》	2010 年	—
11	王文	《妇联组织的发展变迁与职能定位（上）》	《中国妇运》	2010 年	10
		《妇联组织的发展变迁与职能定位（下）》			19
12	马焱	《对妇联组织基本职能的再认识——由"邓玉娇事件"引发的思考》	《中共山西省委党校学报》	2010 年	19
		《妇联组织履行基本职能的优势与制约因素研究》	《中华女子学院学报》	2009 年	4
		《妇联组织职能定位及其功能的演变轨迹——基于对全国妇联一届至十届章程的分析》	《妇女研究论丛》	2009 年	70

序号	作者	篇名	期刊名称	时间	引用次数
13	黄晴宜	《履行职能 强化服务 推进妇联维权工作创新发展——在全国妇联维权工作会议上的报告》	《中国妇运》	2009 年	2
14	本刊评论员	《跟进社会建设新变革 拓展妇联新职能——二论新形势下的妇女工作》	《中国妇运》	2009 年	—
15	何平	《婚姻法下乡中的政治动员——侧重于妇联职能的个案考察》	《中共宁波市委党校学报》	2009 年	12
16	莫文秀	《坚持履行妇联基本职能 维护妇女儿童合法权益》	《中国妇运》	2008 年	4
17	杨湘岚	《充分发挥妇联组织职能作用 推动〈条例〉全面贯彻落实》	《吉林人大工作》	2007 年	—
18	曲雯 陈慧平	《妇联在承担政府推进性别平等职能中的作用研究》	《妇女研究论丛》	2006 年	17
19	丁娟 马焱	《妇联承担政府职能的优势与阻力研究》	妇女研究论丛	2006 年	59
20	丁娟 曲雯	《妇联在政府职能转变中的作用研究》	《云南民族大学学报》（哲学社会科学版）	2006 年	24
21	李锦魁 李薇	《政府形象营销，从行政到服务沟通职能的转换——顺德妇联广告片拍摄纪实》	《大市场》（广告导报）	2006 年	3
22	邢江霞	《强化服务职能 提高新时期妇联维权能力》	《中国妇运》	2005 年	—
23	苗宁	《浅谈妇联组织代表职能的实现途径》	《中国妇运》	2005 年	1
24	广东省妇联	《积极履行妇联职能 扎实推进维权工作》	《中国妇运》	2005 年	—
25	邓丽	《关于在妇女法中强化妇联组织的职能和作用》	《中华女子学院学报》	2004 年	14
26	汪军庆	《政府职能转变和妇联作用的发挥》	《浙江青年专修学院学报》	2004 年	12
27	葛瑞芳 王志英	《新时期妇联组织职能定位的思考》	《探索与求是》	2003 年	3
28	雷水贤	《双重角色对妇联履行职能的影响》	《妇女研究论丛》	2002 年	74
29	河北省妇联	《实践"三个代表" 履行妇联职能》	《中国妇运》	2002 年	—

序号	作者	篇名	期刊名称	时间	引用次数
30	红英兵	《履行妇联职能 推进妇女儿童事业发展》	《柴达木开发研究》	2000 年	—
31	三军	《履行妇联职能要学会抓重点》	《中国妇运》	1997 年	—
32	沈辉	《浅议社会转型期的妇联组织职能》	《妇女学苑》	1997 年	2
33	龙静琴	《在社会主义市场经济机制中强化妇联职能》	《中华女子学院学报》	1997 年	2
34	刘海荣	《充分履行妇联职能 依法维护妇女权益》	《中国妇运》	1996 年	—
		《充分发挥妇联组织在打拐工作中的职能作用》		1995 年	—
35	周茂龙	《关于妇联维权职能的思考》	《中国妇运》	1996 年	—

表 2　关于妇联的社会服务功能研究一览

序号	作者	篇名	期刊名称	时间	引用次数
1	郑粟文 王中萍 叶春辉	《探析基层妇联组织参与品牌家政服务打造的作用——以 S 市"越乡嫂"为例》	《湖北科技学院学报》	2022 年	—
2	陈伟杰	《政法传统背景下的妇联妇女权益维护（1980—2016）》	《社会学研究》	2021 年	6
3	张彬彬 李雪芹	《第三方评估何以促进政社关系转型——基于对上海市 H 区妇联购买社会服务项目的经验研究》	《长沙民政职业技术学院学报》	2020 年	4
4	丁瑜 杨凯文	《妇联购买"反家暴"社会工作服务的制度变迁研究——以 M 市某反家暴专项服务项目为例》	《社会工作》	2019 年	14
5	钟耀林 康进 钟小珍	《合力与张力：基层妇联协同社会组织创新妇女儿童服务经验研究》	《通化师范学院学报》	2019 年	6
6	李文 简瑞燕 张永英 杨慧	《妇联基层组织服务妇女群众的创新路径探讨——基于广州市海珠区妇联基层组织改革创新案例的分析》	《妇女研究论丛》	2018 年	30
7	陈伟杰 矫杨	《社会工作承认过程的多元分析框架——妇联服务专业化中的迂回式承认》	《妇女研究论丛》	2018 年	23

序号	作者	篇名	期刊名称	时间	引用次数
8	隋秀娟	《浅析妇联组织对家庭暴力的干预——以淮安市妇联为例》	《法制与社会》	2017 年	6
9	侯淼	《妇联组织在推进家政行业规范化、职业化建设中的作用与路径》	《法制与社会》	2017 年	—
10	姜秀花	《进一步发挥妇联组织在妇女脱贫攻坚中的重要作用》	《妇女研究论丛》	2016 年	13
11	朱晓红	《协同共治格局下妇联枢纽型社会组织参与社区服务研究——以广东 D 市 H 家庭服务中心为例》	《社会工作与管理》	2016 年	15
12	李晓杰	《妇联组织承接政府购买公共服务的几点思考》	《中国妇运》	2014 年	10
13	何玲	《新农村建设中农村妇女发展道路探析——以妇联组织在农村妇女组织化发展中的独特作用为例》	《山东女子学院学报》	2012 年	14
14	张翠娥 于亚娟	《性别权力、意识冲突与妇女维权——基于赣南桔县妇联信访资料的分析》	《山东女子学院学报》	2012 年	6
15	陈苇 唐国秀 石雷	《妇联在防治家庭暴力中的作用研究——重庆市某区妇联防治家庭暴力情况调查报告》	《中华女子学院学报》	2012 年	23
16	祝韵 李安红 刘明燕	《浅析妇联在社工介入社区妇女维权工作中的作用——以福州市妇联社区维权为例》	《社会工作》（学术版）	2011 年	18
17	马焱 吴菁	《建国以来妇联组织开展妇女健康工作的历程》	《浙江学刊》	2011 年	5
18	李迎春 姜洁	《妇联组织参与社会管理和公共服务的思考》	《沈阳干部学刊》	2010 年	10
19	桂在泓	《妇联在社区建设中存在的问题和对策分析》	《合肥工业大学学报》（社会科学版）	2010 年	11
20	孔静珣	《论妇联组织参与社会管理和公共服务的机遇和障碍》	《妇女研究论丛》	2009 年	44
21	刘莉	《妇联组织参与社会管理和公共服务的新思考》	《妇女研究论丛》	2008 年	61
22	李亚平	《关于妇联组织参与社会管理和公共服务的思考》	《妇女研究论丛》	2008 年	31

续表

序号	作者	篇名	期刊名称	时间	引用次数
23	蒋月娥	《妇女维权工作——从全国妇联维权工作谈开去》	《中华女子学院学报》	2008 年	12
24	于晓琪	《妇女权益保障法》法律适用难点与对策研究——立足妇联工作的视角》	《苏州大学学报》（哲学社会科学版）	2008 年	2
25	王宏亮 刘梦	《下岗女工再就业服务研究：以天津市妇联再就业服务为例》	《妇女研究论丛》	2006 年	2
26	唐娅辉	《对加强妇联基层组织服务能力建设的思考》	《中华女子学院学报》	2006 年	9
27	汪琦	《试论社区建设中加强妇联组织建设的重要性》	《中华女子学院山东分院学报》	2002 年	7
28	王舒波	《深化改革中的妇联维权工作》	《妇女研究论丛》	1993 年	—

表 3　妇联参与社会治理文献一览

序号	作者	篇名	期刊名称	时间	引用次数
1	张禹	《加强女性社会组织建设 促进社会治理创新——以天津市滨海新区妇联为例》	《求知》	2023 年	—
2	杨柯 唐文玉	《"群社协同"：群团组织参与社会治理的重要路径——以 H 市妇联协同女性社会组织为例》	《思想战线》	2022 年	8
3	任大鹏 尹翠娟 刘岩	《粘（黏）性与弹性：妇联组织参与基层社会治理的路径研究》	《中州学刊》	2022 年	3
4	陈福英	《乡村振兴背景下基层妇联参与社会治理现状研究——以福建省基层妇联改革为例》	《山东女子学院学报》	2021 年	10
5	马焱	《家庭家教家风：创新基层社会治理体系的新视角——兼论新时代妇联组织的家庭工作》	《中华女子学院学报》	2020 年	9
6	郑长忠	《"基层社会治理与家庭建设"专家笔谈：新时代家庭工作的逻辑定位与妇联作用》	《妇女研究论丛》	2019 年	6
7	党日红 李明舜	《构建基层社会治理新格局须纳入家庭视角》	《妇女研究论丛》	2019 年	10

序号	作者	篇名	期刊名称	时间	引用次数
8	田蓉 仇晓源	《群团组织参与社会治理创新——以南京市栖霞区妇联为例》	《社会治理》	2019年	10
9	李晓英	《在推进国家治理现代化进程中充分发挥妇联组织作用》	《中国妇运》	2019年	4
10	贾玉英	《在推进国家治理体系和治理能力现代化中体现妇联组织的担当作为》	《中国妇运》	2019年	3
11	陈伟杰	《治理现代化与新时代妇联组织改革》	《妇女研究论丛》	2018年	23
12	吴亚慧	《妇联组织参与社会治理问题研究述评》	《探求》	2018年	20
13	范铁中	《新时期上海市妇联组织参与社会治理的困境与对策研究》	《湖北社会科学》	2017年	32
14	葛亮	《群团组织参与社会治理创新——共同参与和搭台唱戏》	《浙江社会科学》	2017年	56
15	林哲	《基层妇联组织在创新社区治理与服务中的作用初探》	《福建理论学习》	2017年	1
16	廖敏 王晶洁	《探析妇联组织参与社会治理创新》	《湖北经济学院学报》	2016年	9
17	罗宁	《在推进国家治理现代化进程中更好发挥妇联组织作用》	《中国妇运》	2015年	10
18	李慧英	《妇联组织在社会治理中的作用》	《山东女子学院学报》	2014年	26
19	陆春萍	《国家治理视域下妇联基层组织改革的社会性实践——以G省妇联基层组织改革为例》	《甘肃社会科学》	2019年	18
20	董颖	《论基层妇联组织如何有效参与社会管理创新》	《延边党校学报》	2012年	22
21	晏海清	《妇联组织参与社会治理的思考》	《商》	2015年	9
22	李军	《有效发挥妇联组织参与社会治理积极作用》	《中国妇运》	2014年	5

表 4　妇联组织改革与工作创新研究一览

序号	作者	篇名	期刊名称	时间	引用次数
1	李文	《新时代深化妇联组织改革的实践探索与制度创新》	《中华女子学院学报》	2023 年	—
		《群团改革背景下基层妇联执委队伍建设及其作用研究》	《山东女子学院学报》	2019 年	11
2	杨柯唐文玉	《路径依赖、目标替代与群团改革内卷化——以 A 市妇联改革为例》	《华中师范大学学报》（人文社会科学版）	2022 年	4
3	陈福英	《乡村振兴背景下基层妇联参与社会治理现状研究——以福建省基层妇联改革为例》	《山东女子学院学报》	2021 年	10
4	高丽徐选国	《中央群团改革视阈下地方妇联购买服务的实践逻辑及其理论扩展——基于对上海 H 区的经验观察》	《妇女研究论丛》	2020 年	10
5	张永英	《新时代群团干部队伍建设改革的创新路径探讨——以专挂兼相结合的妇联干部队伍建设改革为例》	《山东女子学院学报》	2020 年	7
6	雷明贵	《扩大新的社会阶层女性群体参与 推动妇联组织改革》	《江苏省社会主义学院学报》	2019 年	6
7	陆春萍	《国家治理视域下妇联基层组织改革的社会性实践——以 G 省妇联基层组织改革为例》	《甘肃社会科学》	2019 年	18
8	张永英李文李线玲	《新时代妇联组织改革的创新实践与思考》	《妇女研究论丛》	2019 年	33
9	高丽徐选国徐永祥	《迈向社会本位：群团改革语境下地方妇联的实践机制探索——以 S 市 A 区妇联为例》	《妇女研究论丛》	2019 年	22
10	陈伟杰	《社会网络视角下的政治整合与群团改革——以妇联组织为例》	《中华女子学院学报》	2018 年	19
		《治理现代化与新时代妇联组织改革》	《妇女研究论丛》	2018 年	23
		《群团改革和妇联组织的体系性：一个重要的"结构——机制"议题》		2019 年	12
11	陈毅华蕊	《群团改革中的制度安排与情感治理——以上海市 C 区妇联为个案的田野调查》	《秘书》	2019 年	6

序号	作者	篇名	期刊名称	时间	引用次数
12	李文 简瑞燕 张永英 杨慧	《妇联基层组织服务妇女群众的创新路径探讨——基于广州市海珠区妇联基层组织改革创新案例的分析》	《妇女研究论丛》	2018 年	30
13	钱雪飞	《群团改革背景下妇联工作方式方法创新：现状与影响因素——基于南通市 1961 名妇女工作人员与 593 名妇女的问卷调查》	《山东女子学院学报》	2017 年	6
14	毛丹 陈佳俊	《制度、行动者与行动选择——L 市妇联改革观察》	《社会学研究》	2017 年	56
15	向羽 袁小良 邱俊华	《"有机再造"：基层妇联组织的拓展与升级——以珠海市前山街道办妇联试点改革项目为例》	《中共珠海市委党校珠海市行政学院学报》	2017 年	5
16	陈丽琴	《乡镇妇联改革的挑战与对策研究——基于对 H 省乡镇妇联主席的访谈》	《领导科学》	2017 年	11
17	邹国珍 赵祺玎	《推进妇联工作改革创新的思考与探索》	《江南论坛》	2017 年	1
18	濮敏雅	《妇联改革的困境与出路》	《法制与社会》	2016 年	8

表 5　社会工作嵌入妇联组织研究一览

序号	作者	篇名	期刊名称	时间	引用次数
关于社会工作嵌入的研究					
1	何威	《现实形塑与科学回归：社会工作"嵌入式发展"的规范图景及其超越》	《社会科学》	2023 年	——
2	陆杰华 黄钰婷	《过渡性治理体制下社会工作嵌入社区的困境与应对策略——基于 W 市 Z 街道购买公共服务的质性研究》	《社会政策研究》	2022 年	——
3	范雅娜	《双向嵌入谱系：政府购买社会工作服务的一个分析框架》	《华东理工大学学报》 （社会科学版）	2021 年	8
4	王思斌	《我国社会工作从嵌入性发展到融合性发展之分析》	《北京工业大学学报》 （社会科学版）	2020 年	121
5	徐选国 罗茜	《嵌入何以发展：社会工作本土化进程中嵌入观的流变与再构》	《新视野》	2020 年	35

续表

序号	作者	篇名	期刊名称	时间	引用次数
6	何雪松	《改革开放 40 年与中国社会工作的发展——"结构-行动"的视角》	《西北师范大学学报》（社会科学版）	2019 年	35
7	孟亚男程达	新中国本土助人系统 70 年演进——以社会工作嵌入为视角的历史考察	《社会工作》	2019 年	8
8	王磊王青芸	《整合社会工作嵌入社会服务：逻辑、优势及路径》	《中共福建省委党校学报》	2019 年	11
9	张乐	《植入、嵌入和融入：社会工作的"在地化"路径》	《社会工作》	2019 年	37
10	徐盈艳	《社会工作专业建构：一个制度嵌入视角的分析》	《兰州大学学报》（社会科学版）	2019 年	26
11	罗强强	《"嵌入式"发展中的"内卷化"——社会工作参与基层社会治理的个案》分析	《江西师范大学学报》（哲学社会科学版）	2018 年	60
12	尹阿雳赵环徐选国	《双向嵌入：理解中国社会工作发展路径的新视角》	《社会工作》	2016 年	84
13	宋言奇余力	《"嵌入"视角下我国社会工作发展的困境与对策》	《南通大学学报》（社会科学版）	2016 年	18
14	赵环尹阿雳	《增量嵌入：专业社会工作之于社区服务的一种解读——以深圳市 Y 社区服务中心为例》	《中国社会工作研究》	2015 年	32
15	朱健刚陈安娜	《嵌入中的专业社会工作与街区权力关系——对一个政府购买服务项目的个案分析》	《社会学研究》	2013 年	648
16	葛道顺	《社会工作制度建构：内涵、设置与嵌入》	《学习与实践》	2012 年	41
17	王瑞华	《从嵌入性理论看中国社会工作的专业化战略》	《河南师范大学学报》（哲学社会科学版）	2011 年	61
18	王思斌	《中国社会工作的嵌入性发展》	《社会科学战线》	2011 年	1193
19	唐咏	《关系和嵌入性之外：中国社会工作理论本土化研究的路径选择》	《深圳大学学报》（人文社会科学版）	2009 年	38
关于妇联工作与社会工作嵌入关系研究					
1	陈伟杰矫杨	《社会工作承认过程的多元分析框架——妇联服务专业化中的迂回式承认》	《妇女研究论丛》	2018 年	23

续表

序号	作者	篇名	期刊名称	时间	引用次数
2	王如月 李卓 郭占锋	《雷洁琼妇女社会工作思想略述及启示》	《社会工作与管理》	2017 年	3
3	陈伟杰	《层级嵌入与社会工作的专业性——以 A 市妇联专业社会工作服务试点为例》	《妇女研究论丛》	2016 年	64
4	谢平	《探索妇联开展专业化社会工作的思考》	《中国妇运》	2014 年	4
5	刘梦 焦开山 胡艳红	《妇联系统社会工作专业能力建设——基于项目的个案研究》	《社会工作》（学术版）	2011 年	19
6	祝韵 李安红 刘明燕	《浅析妇联在社工介入社区妇女维权工作中的作用——以福州市妇联社区维权为例》	《社会工作》（学术版）	2011 年	18
7	子木	《将社会工作理念与方法嵌入妇联工作》	《中国妇运》	2010 年	4
8	谢建社	《社会工作嵌入妇女工作之思考》	《甘肃社会科学》	2009 年	53
9	蒋美华	《社会建设视野下的妇女社会工作》	《理论探索》	2009 年	12
10	方英	《妇联工作引入社会工作模式的探讨——以广州市单亲家庭为例》	《广州大学学报》（社会科学版）	2009 年	7
11	蔡立	《妇女社会工作的探索与思考》	《中国妇运》	2009 年	4
12	毛飞飞 曹振飞	《改革开放以来我国妇联妇女工作社会化的历史沿革及发展趋势》	《中华女子学院山东分院学报》	2009 年	5
13	张洪英	《专业妇女社会工作知识体系浅论》	《中华女子学院山东分院学报》	2008 年	12
14	曹振飞 毛飞飞	《构建新时期我国妇联妇女工作社会化的框架体系》	《中华女子学院山东分院学报》	2008 年	15
15	徐宏卓	《浅谈妇女社会工作队伍建设——以上海市为例》	《中华女子学院山东分院学报》	2008 年	12
16	张洪英	《专业妇女社会工作知识体系浅论》	《中华女子学院山东分院学报》	2008 年	12
17	蒋美华	《社会转型期的妇女社会工作》	《妇女研究论丛》	2004 年	43
18	李晓燕	《妇女工作社会化与妇联基层组织建设网络化的深层思考》	《中华女子学院学报》	2001 年	18

续表

序号	作者	篇名	期刊名称	时间	引用次数
19	李洪涛	《专业社会工作对妇女组织介入》	《中国妇运》	2000年	3
20	朱东武	《妇女工作与社会工作之我见》	《中华女子学院学报》	1996年	25
关于妇联购买社会工作服务的研究					
1	吴佳峻 高丽 徐选国	《第三方评估何以促进政社关系转型——基于对上海市H区妇联购买社会服务项目的经验研究》	《社会工作与管理》	2021年	2
2	高丽 徐选国	《中央群团改革视域下地方妇联购买服务的实践逻辑及其理论扩展——基于对上海H区的经验观察》	妇女研究论丛	2020年	10
3	丁瑜 杨凯文	《妇联购买"反家暴"社会工作服务的制度变迁研究——以M市某反家暴专项服务项目为例》	《社会工作》	2019年	14
		《妇联购买"反家暴"社工服务案例——一项性别与新制度主义相融合的研究》	《中国研究》	2020年	3
4	陈伟	《浙江省妇联枢纽型社会组织的社会服务购买模式研究》	《改革与开放》	2019年	4
5	弭媛	《谈妇联购买社会工作服务的方式演变与路径建构》	《才智》	2019年	1
6	钟耀林 康进 钟小珍	《合力与张力：基层妇联协同社会组织创新妇女儿童服务经验研究》	《通化师范学院学报》	2019年	6
7	巨东红 殷春兰	《妇联购买社会工作服务的方式演变与路径建构》	《长春大学学报》	2018年	6
8	李晓杰	《妇联组织承接政府购买公共服务的几点思考》	《中国妇运》	2014年	10
关于妇联与女性社会组织的协同关系的研究					
1	何玲	《新农村建设中农村妇女发展道路探析——以妇联组织在农村妇女组织化发展中的独特作用为例》	《山东女子学院学报》	2012年	14
2	黄粹 刘秀伟	《浅析民间妇女组织对妇联组织的依附》	《经济与社会发展》	2010年	8
3	马东玲	《在促进农村妇女参与村委会选举中推进社会性别平等——妇联组织与民间妇女组织的努力》	《妇女研究论丛》	2006年	24

序号	作者	篇名	期刊名称	时间	引用次数
4	徐宇珊	《浅析妇联与其他妇女组织的关系》	《妇女研究论丛》	2004 年	35
5	张钟汝 程福财	《民间妇女组织的兴起与妇联组织的回应》	《中华女子学院学报》	2002 年	29

后　记

本书是国家社会科学基金后期资助项目"社会工作嵌入妇联组织创新发展的路径与机制研究"（19FSHB004）的研究成果。2019 年，全国规模的基层妇联组织改革基本结束，但是深化妇联组织建设改革还处于进行时。2020 年，全国妇联印发《关于深化妇联组织建设改革 实施"破难行动"的意见》，要求全国基层妇联贯彻习近平总书记关于"把妇联改革进行到底"的重要指示精神，聚焦瓶颈和硬骨头，进一步强化责任、大胆创新、攻坚破难，以钉钉子精神解决突出问题，将妇联组织建设改革向纵深推进。本项目正是在深化基层妇联改革背景下，回应基层妇联改革的时代要求和解决现实问题酝酿产生的。

本项目坚持实事求是原则，坚持马克思主义的辩证法观点，基于调研的实际，总结了妇联改革和攻坚破难所取得的实践成就，剖析了基层妇女工作面临的问题，围绕进一步发挥基层妇联组织服务功能和提高服务质量，研究了社会工作嵌入基层妇联工作的路径，探讨了实现社会工作与基层妇联工作协同合作、融合发展的机制保障，为打造共建共治共享的妇女工作新格局提供了对策思考。

本项目从申报到结项，得到了学界专家和同人的鼎力相助，得到了各级妇联和社工机构的积极帮助，得到了社会科学文献出版社的大力支持。感谢于佳宁、姜文、方雪、刘梦甜、莫晗、张传运在项目申报过程中的辛勤付出，感谢李鹏飞、朱丹、王欣然、王艳丽、刘航、唐哲衡、张鹏飞在项目后期研究和结项过程中的辛勤劳动，本项目的结项和本书的出版是课题组全体成员集体智慧的结晶。

本书出版之际，中国妇女第十三次全国代表大会已胜利召开。大会以习近平新时代中国特色社会主义思想为指导，对进一步做好妇女工作提出了明确要求，为新时代新征程妇女事业和妇女工作指明了前进方向、注入了强大动力。习近平总书记在同全国妇联新一届领导班子成员集体谈话时强调坚定不移走中国特色社会主义妇女发展道路，组织动员广大妇女为中国式现代化建设贡献巾帼力量。我们相信，基层妇联在党的正确领导下，紧紧围绕新时代中心工作任务，贯彻党的二十大战略部署，将以更精准、更精心的高质量服务把党的关怀和温暖送到妇女儿童身边，使基层妇联组织成为妇女群众更加信赖、更加依靠、更加贴心的"娘家"。